U0755037

中国现当代社会文化学论丛
第六辑

社会生活

SHEHUI SHENGHUO TANSUO

探索

梁景和　主　编
褚怡敏　副主编

首都师范大学历史学院中国近现代社会文化史研究中心　主办
"首都师范大学史学丛书"出版资助

首都师范大学出版社
CAPITAL NORMAL UNIVERSITY PRESS

图书在版编目（CIP）数据

社会生活探索.6/梁景和主编. —北京：首都师范大学
出版社，2015.11
ISBN 978-7-5656-2462-9

Ⅰ.①社… Ⅱ.①梁… Ⅲ.①社会生活－研究－中国
Ⅳ.①D669

中国版本图书馆 CIP 数据核字（2015）第 177055 号

中国现当代社会文化学论丛　第六辑
SHEHUI SHENGHUO TANSUO
社会生活探索
梁景和　主　编
褚怡敏　副主编

责任编辑　张成水
首都师范大学出版社出版发行
地　址　北京西三环北路 105 号
邮　编　100048
电　话　68418523（总编室）　68982468（发行部）
网　址　www.cnupn.com.cn
印　刷　三河市博文印刷有限公司
经　销　全国新华书店发行
版　次　2015 年 11 月第 1 版
印　次　2015 年 11 月第 1 次印刷
开　本　710mm×1000mm　1/16
印　张　21.5
字　数　403 千
定　价　46.00 元

编　委　会

序　言

　　改革开放以后，中国近现代史研究开始突破革命史的研究范式，向着更加广泛的领域拓展，经济史、政治史、思想史、国际关系史、军事史、环境史等都有了长足的发展。在 20 世纪 80 年代初文化史复兴，在 80 年代中期社会史复兴，在 80 年代末又兴起了社会文化史。文化史、社会史和社会文化史成为中国近现代历史学科的重要领域。

　　20 世纪 80 年代初我在攻读硕士学位的时候，开始对文化史产生兴趣。90 年代初，我在做博士学位论文的时候，是以婚姻、家庭、妇女、性伦作为切入点来研究近代中国陋俗文化的演变问题，我觉得这实际是社会文化史的一个研究课题。2000 年我申请了一个国家社会科学基金项目，主要研究现代中国(1919～1949)婚姻、家庭、妇女、性伦等文化问题。之后我开始考虑研究中华人民共和国成立以后的社会文化问题。共和国成立至今已经 66 年，从历史学的角度来研究这段历史已经显得非常重要。这段社会文化历史从宏观的角度可以划分为三个大的阶段，即共和国初期(1949～1966)、"文革"与徘徊时期(1966～1978)、改革开放时期(1978 年至今)。当然每个大的时期内还可以划分为几个小的阶段。这些年我的博士后、博士生和硕士生已经开始探索共和国的婚姻、家庭、妇女、性伦、娱乐等文化问题。

　　当我在思考研究改革开放以来社会文化问题的时候，我发现这一时期的社会文化是诸多学科共同关注的学术和现实问题。社会文化问题相当广泛，仅就婚姻、家庭、妇女、性伦等问题而言，就是历史学、伦理学、宗教学、经济学、社会学、政治学、法学、民族学、文学、教育学、心理学、生物学、医学等多学科所共同关注的。用多学科的理论和方法来研究当代的社会文化将有助于问题的深入探究。所以组织一个多学科的科研队伍共同研究社会文化问题势在必行。

　　这实质涉及学科交叉和交叉学科的问题。学科分类是人类根据以往的探索所创造的对自然与社会认识的系统知识的类别划分。它反映了知识系统的性质，也反映了人类认识自然和社会的程度。中国从传统的四部之学到七科之学，再到今天的十几个学科门类、几十个一级学科、几百个二级学科，都反映了以往知识系统和人类认识自然和社会程度的变化。人类探索自然和社会的奥秘是无尽的，所以学科的调整也不会完结。由于学科分类的束缚和产生的惯性，在各学科之间的边缘地带，往往成为被人忽视之领地，此处也就容易成为知识的贫瘠之地或知识的盲点之域。所以相关学科关注和探索这块边缘地带就显得格外重要，这个知识的贫瘠之地或盲点之域可能就会成为新知识系统的起点和未来学科发展的增长点，甚至会成为新知识系统的亮点之处。可见进行学科交叉或促进交叉学科的建设就有了特殊的重要意义。

近些年来国家和各省市都非常重视交叉学科的建设，就是为开拓新的科研和学术领地，为人类社会的发展创造新的知识系统和学术平台。首都师范大学自2007年以来也开始注重学科交叉和交叉学科的建设。我负责申报的"中国现当代社会文化学"，就是在以往思考研究和大环境具备的基础上，通过专家的评审被选为学校的重点交叉学科的。

"中国现当代社会文化学"是因知识发展需要而力求建设的一门新交叉学科。本学科是研究中国现当代社会生活与其内在观念形态之间相互关系及其形成新知识体系的学科。本学科涉及哲学、经济学、法学、文学、历史学、教育学所有人文社会科学的六大学科门类，涉及伦理学、应用经济学、政治学、社会学、中国现当代文学、中国近现代史、教育学、心理学、生物学等一级或二级学科，所以是典型的交叉学科，有非常重要的建设意义。

中国社会发展至今天，与世界先进国家一样，关注和改善人们的社会生活成为国家文明进步的一个标志。追求文明进步的社会生活既是人类与国人生命历程的一个向往，也是当今世界和中华民族发展的一个重要目标。我们能够清醒地体会到，无论是当今建设和谐社会，还是实现小康的发展目标，无论是提倡以人为本，还是关注当代民生问题，其实质都是要真正改善和提高国人的社会生活水平，提高国人的生活质量。从历史学的演进来看，当今西方新社会史和新文化史的发展以及国内社会文化史的兴起，都反映了历史学在关注政治史、精英史和上层社会史的同时，也开始关注民众史、个体史及社会生活史，把真正的民众个体关怀变为史学的一个重要功能，进而体现史学的致用态度和实用价值。关注社会生活不是历史学独有的学术志趣，人文社会学科的诸多领域都具有这样的关怀。从这个视阈来看，我们研究中国现当代社会生活与其内在观念形态之间相互关系及其形成的新知识体系，就具有了重要的现实意义。那么中国现当代以来民众的社会生活状态如何，为什么会是这样，决定这种生活状态的主要因素和相关因素是什么，有哪些经验和教训，今天的社会生活有哪些发展和新的内容，有哪些具体的实际问题，人们需要反思什么，要做些什么，要发扬什么，要控制什么，对中国未来的社会生活我们有哪些期盼、有什么创意的设计和预测，如何推动社会生活向文明健康的方向发展等，这些问题是中国现当代社会文化学需要思考和关注的，也是建设中国现当代社会文化学学科理论与现实意义的体现。

本学科的理论与方法主要包括三个方面：一为传统的史学理论与方法；二为借鉴其他人文社会科学及自然科学等学科的理论与方法；三为创新的理论与方

法。可以说本学科所采用的是以历史学理论方法为纵向，以其他人文社会科学和自然科学理论方法为横向的纵横交错的综合性的理论与方法的协调统一。

本学科是研究和探索 20 世纪以来，特别是改革开放和 21 世纪以来的中国现当代社会生活与其内在观念形态之间相互关系及其形成系统知识体系的学科。本学科的问题意识是历史的，涉及的具体问题是历史、现实与未来所共同拥有的。它是在扎实的历史研究的基础上，来深入思考社会生活的历史与现实、现实与未来的走向问题。

社会生活的很多问题是伦理问题，需要从伦理学的哲学高度去诠释。社会生活的具体样法又是经济的一种反映，需要从经济学的角度去研究。社会生活又是社会学的研究对象，社会学的理论和方法可以直接进行社会生活的探索。文学作品是从文学的视阈揭示社会生活的本质，从这个问题本身来看，它与历史学是相通的。社会生活又反映着社会政治，政治影响着社会生活。社会生活与教育和心理也存在着互动的关系，所以政治学、教育学和心理学的理论方法也同样可以用来探讨社会生活问题。社会生活是运用多学科理论方法综合探讨历史与现实问题的领域。

本学科不但涉及理论方法的建构和创新，也涉及本学科知识体系的架构，所涉及的内容宽泛复杂，主要包括衣食住行、婚丧嫁娶、两性伦理、休闲娱乐、流行时尚、装饰美容、强身健体、休养生息、医疗救治、心理卫生、生老病死、福利保障、民俗风情、节日旅游、日常消费、宗教信仰、迷信祭祀、求职就业等，并随着我们认识的扩展和社会的发展而不断增加新的内容。

梁景和
2015 年 6 月修改于首都师范大学

目录

【理论卷】

关于社会文化史的几对概念

梁景和[①]

中国社会文化史的研究已经迈进了一个新阶段。在进一步发展的时期内，深入思考和探索有关社会文化史的理论方法问题更显得十分重要，也是学术发展的内在要求。根据以往的学习体会，我觉得对下面的几对概念做一些研讨，有助于开展社会文化史的深入研究和探索。

常态与动态

这里所谓的常态与动态是指历史发展一定的长时段内，历史事象的不变部分和变化部分的总和。不变部分即为常态，变化部分即为动态。这里的长时段是个相对概念，它可能是几年、十几年，也可能是几十年、上百年或更长的时间，这要根据研究的具体事象和研究的特定问题意识而定。常态的历史事象指在一定的长时段内基本处于不变的历史事象，比如一直到清末中国有着两千多年的王朝统治；比如清代很多男人穿长袍马褂，很多女人穿旗装；比如新中国三十年我国基本上是"以阶级斗争为纲"作为国人政治生活的指导方针；比如在 20 世纪 90 年代，很多人以"大哥大"作为通信工具，等等。可见在几千年里、几百年里、几十年里、几年里都存在着相对常态的历史事象。动态的历史事象指在某个历史时期新出现的历史事象，比如春秋战国时代出现的诸子百家；比如辛亥革命后出现的共和制度；比如 20 世纪 60 年代爆发的"无产阶级文化大革命"；比如新世纪以来的"闪婚""裸婚""滚婚"现象，等等。有些常态的历史事象和动态的历史事象是相对而言的，是属于常态还是动态，这要看我们的问题意识而定。比如若以新中国成立后为何会产生"文革"为问题意识，"文革"就是个动态的历史事象；若以"文革"时期中国人有着怎样的政治生活、文化生活为问题意识，"文革"就是个常态的历史事象。

还有，一个具体的历史事象在一定的时期内，也会存在着常态和动态等不同的存在方式，这是历史发展变化错综复杂的原因决定的。比如 20 世纪 90 年代的餐饮生活，从动态上看，一些人吃起了麦当劳和肯德基，但从常态上看，很多人

---

① 梁景和：首都师范大学历史学院教授、博士生导师。

并不吃这些食品；比如改革开放后，一部分人炒起股票、买了汽车、住上楼房，但也有人不炒股票、未买汽车、未住楼房，等等。历史是错综复杂的，由于不同的问题意识，所以历史研究的侧重点是不同的。由于我们的问题意识，需要研究有车族的时候，就不应当以相当一部分人没有家庭用车而否定前者的研究；由于我们的问题意识，需要研究国民劣根性的时候，也不应当以相当一部分人的优良品格而否定前者的研究，如此等等。

相比之下，社会文化史更要注重动态历史事象的研究。历史总是在发展变化的，所以注重动态历史事象的研究本来就是历史研究中的应有之意。历史研究就是让人们去了解和认识历史，去了解和认识不同历史时期的不同历史特点。而研究动态历史事象是我们了解和认识不同历史时期特征的基本路径。当然动态历史事象和常态历史事象的分类是相对的，只要我们的问题意识明确，我们的研究就具有针对性和目的性，进而消解作者和读者的模糊性（或曰含糊性）。

碎片与整合

前些年有人对社会史研究有些微词，认为社会史研究存在碎片化倾向，研究的历史现象似乎是些鸡零狗碎、残羹剩饭般的一些微不足道的东西，所以进行这样的研究意义不大。这样的说法可能有其一定的道理，但却不免有失偏颇。

问题在于，什么是碎片？以往的研究似乎没有给出明确的界定和回答，这就让人有些丈二和尚摸不着头脑。琢磨一下，所谓"碎片"，其一好像就是些摆不到历史台面上的无足轻重的"小玩意儿"，诸如洪秀全有没有胡子，张家媳妇多高，李家媳妇多胖之类。其二好像是那些按照以往历史研究的观念，似乎有些猎奇或看不出有什么所谓的重大意义的历史现象，诸如研究妓女、乞丐之类。

如果说"碎片"研究是相对于"宏大"研究的话，那么"碎片"研究和"宏大"研究孰有意义呢？其实这是不能回答的伪问题。"宏大"研究可能有意义，也可能没意义；"碎片"研究也可能有意义，也可能没意义。这要看你研究什么，怎么研究。比如就一般地讲中国改革开放以来，国家富强了，人民富裕了，并用一些数字说明之，这样的"宏大"研究其实意义不大。如果深入下去，国家在哪些具体的领域富强了，又有哪些充分的表现，是哪些重要的原因促成富强的，在发展过程中，遇到过哪些问题和阻力，是通过什么独特的路径克服和解决这些问题的，留下了哪些发人深省的历史经验和教训，这样的"宏大"研究就显得有意义了。再比如"文革"期间，某人被揪斗了，某个文物被砸毁了，某个"走资派"自杀了，如果只是孤立的研究这些"碎片"问题就意义不大，如果把这样的"碎片"研究与更深层的政党政治、法律制度、社会矛盾、领袖崇拜等结合起来，就可能会揭示出更为深刻的历史面目，这样研究的意义就显得大些。

社会文化史要研究社会生活，而社会生活千姿百态、巨细相应，所以社会文化史并不回避"碎片"研究，但"碎片"研究正如上文所说，关键是你研究什么和如何研究。除此之外，社会文化史的研究还要处理好"碎片"与"整合"的关系，即多种"碎片"研究之后可连缀成一体，这是社会文化史尤其看重的一点，也是社会文化史研究的价值所在。这有些像孩童们的拼图游戏，好多的拼图材料犹如"碎片"，把这些"碎片"材料拼合起来，让人豁然开朗，展现出来的是一幅崭新的并具有实际意义的画面，这是拼图的意义。而社会文化史把社会生活的"碎片"整合之后就有了历史研究的真正意义。比如关于近三十年服饰的"碎片"研究，喇叭裤、西装、夹克衫、牛仔服、款式多样的女装，等等，如果把这些"碎片"研究整合起来，就会发现人们服装生活的变迁，物质生活的改善，中外文化的交流，审美情趣的改变，精神自由的提升，等等，这不正是社会文化史研究的旨趣所在吗？

生活与观念

在中国大陆，有部分学者认为社会文化史是研究社会生活与观念形态之间互动关系的历史，我到目前为止也主张这样的看法。这里的基本含义就是指社会文化史主要研究的是社会生活和观念形态，而且重在研究两者的互动关系。也就是说，人们的现实社会生活怎样影响了人们的观念形态，使人们的观念形态发生了变化，这种变化反过来又对社会生活产生了哪些影响，使社会生活发生了什么变化，这就是两者的互动。比如改革开放以来地方人大代表是通过普选而产生的，这种政治生活对民众的民主意识的提高和推进起到了积极的作用，促使民众民主政治观念的变化。反过来，民众提高了的民主意识又会对民主政治有更新的要求，也必然会促使民主政治生活的进一步改善和变革。再如计划生育国策改变了当代中国的家庭结构，这种家庭结构变化同时改变了家庭的教育观，在这种教育观念的影响下，中国当代的独生子女教育出现了中国历史上前所未有的一种新状态。

但是问题还不这么简单。社会生活不是简单地就促使了观念形态的变化，观念形态也不是简单地就改变了人们的社会生活，这里的错综复杂是需要多层面和多角度地去不断深入地探讨的。我们之所以倡导社会文化史是研究社会生活与观念形态之间互动关系的历史，其实就是要给研究社会文化史找一个切入点和突破口，目的是使社会文化史的研究能够有一个起点，好首先让研究者迈开步子，使研究能够开展起来，以促进历史研究的丰富和发展，让一些社会文化史的研究者为史学研究做点贡献。

当然，我们还是要特别关注和强调生活与观念两者的关系和研究它们的重要意义。人都要生活，人都有观念意识。对不同时代的人在怎样生活，有怎样的生活观念，自然需要进行研究。对人应当怎样生活，应当有怎样的生活观念，也需要有历史的借镜。这是人生命存在的意义所在，那么社会文化史对生活和观念进行研究和探讨，也就有了实际意义。

一元与多元

社会文化史研究社会生活要有一元与多元的辩证眼光。一元与多元都是社会文化史研究探讨的范围，从这个维度讲，社会文化史研究所面向的领域是宏阔和博大的。

首先，社会生活有广义和狭义之分。广义的社会生活包括政治生活、经济生活、文化生活、日常生活。而狭义的社会生活是指一般性的日常生活。广义的社会生活是多元，狭义的社会生活是一元。社会文化史可以从一元的社会生活入手对日常生活进行探索，再渐次扩展，向广义的社会生活推进，逐步扩大社会文化史的研究领地。

其次，狭义的社会生活即我们所谓的日常生活也有广义和狭义之分。狭义的日常生活是指人们最基本的日常生活，主要包括衣食住行、婚丧嫁娶、两性伦理、生老病死，等等。广义的日常生活指在最基本的日常生活的基础上扩展开来的日常生活，比如当代社会的旅游观光、流行时尚、网络信息、心理卫生、消费娱乐、装饰美容、求职就业，等等。狭义的日常生活是一元，广义的日常生活是多元。社会文化史研究要注意一元与多元的关系，首先关注具体问题，然后逐步探索具体问题与其他问题的诸多联系。

再次，就狭义的日常生活而言，也存在一元与多元的关系问题。最基本的日常生活中仍然存在若干事象，其中任何一个事象与其他事象之间都属于一元与多元的关系问题。如此看来，我们这样的划分可以无限地进行下去，这样做的意义就在于，可以使我们的社会文化史研究出现繁博丰厚的景象。虽然层次可以无限地划分，每个层次也都可以寻求一元和多元的多重关系，但是历史事象的中心层次和重要层次以及重要的一元与多元的关系，我们还是可以判定的，这样的判定有助于我们遴选历史的重要问题，对历史重要问题的把握也有助于我们从事具有实际意义的社会文化史研究工作。

最后，我们要强调的是，若具有一元和多元的辩证眼光，有益于我们对社会文化史的研究领域进行多层面和多维度的分类；有益于我们识别社会文化史研究的重要问题和研究价值；有益于我们循序渐进地开展社会文化史的研究工作。

真实与建构

研究历史是要求真，要还历史的本来面貌，真实是历史研究的本质，这是无可争议的。同时，历史研究还需要建构。所谓建构是历史工作者通过对史料的把握，站在特定的立场，运用相关的理论方法，对历史实象（包括历史呈现的形式及其本质规律）进行阐释的一般性模式（或曰模型）。建构需要最基本的条件，这就是上文所谓的一定要掌握大量的第一手素材，这是我们建构的基本材料，是最原始的资料依靠。研究者要站在特定的立场上，不同的立场研究问题的视角是不同的，所以得出的历史结论会有差异。研究历史问题要运用理论方法的指导和规范，理论和方法可以是研究者自己创建和发现的。历史的呈现形式是指历史的外象，是可见的。本质规律是指历史的内在感知，是看不见的，是可以认识和理解的。而一般性模式是指通过文本、图像和声音等多种形式表现出的历史实象。

历史的建构需要关注几个问题：其一，语言、概念与结构。语言要质朴、准确、流畅、精练、优美，不主张使用佶屈聱牙的语言，读起来让人费解。要根据研究，提炼出必要的新概念，新概念要界定明确。结构不要八股化，根据研究的需要和研究的意义进行合理设置。其二，想象求真。历史是研究过去，建构历史的一个重要方法就是通过想象以求历史的真实。这种想象是有条件的，是在多种证据基础上的想象推理和逻辑论证，想象是形象的推理和论证过程，史学研究的想象力是还原历史真实的重要途径。其三，建构包括理论方法的建树，历史研究有不同的领域、不同的层面、不同的目的和不同的价值，其中对理论方法的创建就是其中的一种意义。理论的建构有助于我们分析历史，有助于我们认识历史的本质与规律。而方法的创建同样有益于我们研究历史和建构历史。其四，历史学是艺术。历史学是科学，历史学是人文科学，同时历史学也是艺术。说它是艺术不仅仅是说它可以通过艺术形式来展现历史，为艺术形式提供素材，更在于研究者提供的历史研究成果能给接受者以艺术的感染和享受。这对历史研究的艺术性要求是高层次的，也是很难的，也就需要去建构。当然这要求研究者和接受者两者的统一。我们不要求所有的历史研究都要呈现艺术的魅力，这既不现实也不可能，但对历史研究应当有这样的认识并要试着践行。

社会文化史繁盛庞杂，研究的难度很大，凭借"建构"的思维方式有益于社会文化史研究路径的拓展。

【婚恋卷】

近代北京婚姻生活变迁

袁　熹①

社会革命批判了以父权和夫权为基本特征的封建宗法制度，人们鲜明地提出了"家庭革命""婚姻革命"的口号。争取个性解放、男女平等的呼声使许多年轻人勇于冲破旧礼教的束缚，争取婚姻自由。人们的婚姻观念以及婚姻质量都有了很大的提高。

一、婚姻观念与制度的变革

封建社会的婚姻是宗法制度下的产物，强调的是两个家庭之间经济和政治的利益，是为了传宗接代。因此决定婚姻的是"父母之命，媒妁之言"。为了贯彻父母的绝对权威，用"男女之大防""男女授受不亲"等伦理道德将男女隔离起来。在夫妻关系上，"夫为妻纲"是夫妻的关系准则，据《白虎通义》卷七《三纲六纪》说："夫者，扶也，以道扶接也；妇者，服也，以礼屈服。"在法律地位上，历代的法律都规定妇女的行为能力和权利能力必须依附于丈夫。如《唐律疏议》规定："夫者，妻之天也。移父之服而服，为夫斩衰。恩义既崇，闻丧即须号恸。而有匿哀不举，居丧作乐，释服从吉，改嫁忘忧，皆是背礼违义，故俱为十恶。"②

清末，改革维新思潮不断深入人心，争取个性解放、男女平等的呼声使许多年轻人勇于冲破旧礼教的束缚。辛亥革命结束了封建帝制，同时有力地促进了传统婚姻与家庭的变革。1912 年 10 月由刘清扬、张继等发起，孙中山、黄兴、袁世凯、黎元洪等政府大员和社会名人赞成的"中华民国家庭改良会"在北京成立，它集中反映了当时人们改革或改良婚姻与家庭以适应社会变革的要求。在婚姻问题上《中华民国家庭改良会暂行草章》提出婚姻自由，但非达法定年龄不得结婚；厉行一夫一妻制；守义、守节、守贞听其自由，父母翁姑等不得强迫行之；置纳婢妾者不得为本会会员，等等。③ 鲜明地提出婚姻自由，厉行一夫一妻制。北京许多进步团体和报刊用大量篇幅介绍西方的男女交往自由、婚姻自由之风尚，主张男女社交公开、婚姻自由等新思想、新观念，向旧的婚姻家庭观念进行公开的

---

① 袁熹：北京市社科院历史所研究员。
② 《唐律疏议》，卷一，《名例·凡七条》。
③ 《中华民国家庭改良会暂行草章》，《北京档案史料》，1993 年第 2 期。

挑战。

五四新文化运动更是对旧的婚姻家庭制度给予了彻底的不妥协的批判。陈独秀在《一九一六年》一文中，就直接抨击了三纲之说，指出："夫为妻纲，则妻子于夫为附属品，而无独立自主之人格矣。"他号召："自负为一九一六年之男女青年，其各奋斗以脱离此附属品之地位，以恢复独立自主之人格!"[①]鲁迅在他的《我之节烈观》和《我们现在怎样做父亲》的文章里向夫为妻纲、父为子纲进行了有力的批判。《新青年》还发表大量文章，反对旧式婚姻，主张婚姻改革。首先，他们提出反对父母包办婚姻，主张自由结婚。他们痛斥旧式婚姻皆是"金钱肉欲，卑污野心，物的苟合耳"，[②] 公开宣称父母没有干涉婚嫁的权利和经营婚嫁的义务，男女应婚姻自由，"恋爱是结婚之第一要素"，[③] 只有自由恋爱的结合，才算是真实、正确、含有意义的婚姻。他们在强调结婚自由的同时，提出离婚自由、再婚自由，鲜明地提出了"家庭革命""婚姻革命"的口号。其二，反对"男女授受不亲"，主张男女社交自由。他们认为社交公开，是男女了解与友谊的开始，是改良婚姻不可避免的要素。其三，反对早婚。很多文章从生理、个人学业、家庭利益等角度论述了早婚的害处。除《新青年》外，北京地区探讨妇女解放问题的报刊不下十余种，仅《晨报副刊》在 1919 年 2 月至 1921 年 10 月期间就发表这类文章 67 篇。男女平等、社交公开、婚姻自由等在北京形成了一个强大的舆论氛围。

许多青年知识分子身体力行，在婚姻问题上做出表率。高君宇和石评梅基于革命理想的生死恋，在社会上得到了广泛的同情。赵元任夫妇以契约形式缔结婚姻，并采取简朴别致的婚礼仪式，在当时的知识界引起轰动。《晨报》曾以特大标题《新人物的新式结婚》见报，一时传为美谈。

五四运动以后，批判封建家长制度，争取人格独立，实现男女平等、社交公开已成为很多人的共识。更有许多年轻人激烈地反对父母包办的缠足或无文化的配偶。在大多数知识阶层里，已经觉得没有爱情的婚姻是不道德的了。婚姻自由、恋爱自由是多数知识分子追求的一种婚姻理想。在夫妻关系上，人们更渴望建立夫妻平等恩爱的小家庭生活。对于西方的小家庭生活人们抱着一种极羡慕的态度，称之为西洋家庭乃人生最乐的区域。

20 世纪二三十年代有不少学者对于人们的婚姻观念和婚姻状况做过调查，从这些调查中可以看出人们的婚姻观念发生了巨大的变化。

1922 年 11 月 14 日《晨报》副刊载《高师纪念日民意测验》，有关于"中国有许多不良的风俗和习惯，你觉得那一种应当首先改良?""结果以关于婚姻者最多，

---

① 陈独秀：《一九一六》，《青年杂志》，第一卷第五册，1916 年 1 月。

② 高素素：《女子问题之大解决》，《新青年》，第三卷三号，1917 年 5 月。

③ 高素素：《女子问题之大解决》，《新青年》，第三卷三号，1917 年 5 月。

有 106 票；缠足次之，80 票；迷信又次之，50 票；其他得票较多的有'旧家庭制度''吸烟'（主要指鸦片烟）、'男女交际不公开''娼妓''旧式礼节'等"。可见改革旧的婚姻制度，是人们普遍的要求。

1922 年甘南引通过提问、问卷以及报刊征求等方式，调查了八百多人。关于多妻制问题，不赞成多妻制的人最多，占 87%，赞成的只占 10%；关于婚姻决定权的问题，在未订婚者中有 86% 的人希望自己决定婚姻，有 5% 的人希望和家庭共同决定婚姻；关于是否愿意妻子服务于社会，答愿意的最多，达到 71%，其中已婚的占 59%，未婚的占 82%，说明丈夫不再把妻子看作是私有财产。[①]

20 世纪 30 年代，围绕北京大中学生进行的几次婚姻调查，则显示人们的婚姻观又有了不小的进步。如 1930 年葛家栋对燕京大学两百多位男生进行调查，学生中有 92.3% 的人反对多妻制，93.8% 的人反对纳妾，他们认为，当今提倡男女平权，多妻纳妾"固无存在之余地"。关于婚姻的目的：40.67% 的人认为婚姻是调剂两性，15.25% 的人认为是人生使命，14.68% 的人认为是实现人生幸福，13.55% 的人认为是实行互助，12.42% 认为是继续人类，3.38% 认为是为了爱。总之，已没有人认为婚姻是家族赋予的联两家之好，绵延家族的使命。因此婚姻的决定权，在未婚的 132 人中，只有 1 人，即占 0.75% 的人愿意由家庭订婚，由自己做主的占 63.63%，愿意与家庭共同决定的占 35.6%，亦即有 99% 以上的人要求参与婚姻的决定权。[②]

男女双方缔结婚姻的方式，在对燕京大学 60 位女生的调查中，有三分之二的人倾向于通过双方建立友谊，互相了解后缔结婚姻。另有 15% 的人认为应通过恋爱、交际而相识结婚。"社交公开"是男女了解与友谊的开始，人们呼吁改良婚姻，必须先从社交不公开开始。因而赞成社交公开的人达到 74.74%。可以说"父母之命，媒妁之言"，在知识青年的心中几乎绝迹。

关于择偶标准，燕大男生的标准是：性情为第一重要，身体为第二；品行第三，品貌第四，学问第五，才能第六，年岁第七，家世第八，交际第九。燕大女生的择偶标准是：性情第一，学问第二，身体第三，才识第四，年龄第五，相亲第六，家世第七。各类标准，又有具体条件，如性情，以慷慨为第一，活泼为第二，温柔为第三，静淑为第四。男女生的择偶标准略有不同，男生更注重于品行、身体相貌；女生则更注重于学问、才能，但是总的原则是一致的，即都以个人的条件为第一标准，至于传统社会最为重视的家世则放在最后位。

---

① 甘南引：《中国青年婚姻问题调查》，李文海编：《民国时期社会调查丛编》（婚姻家庭卷），第 98—223 页。

② 葛家栋：《燕大男生对于婚姻态度之调查》，李文海编：《民国时期社会调查丛编》（婚姻家庭卷），第 34—56 页。

关于婚后家庭模式，50％以上的人希望建立西洋式的小家庭。特别是女子，即使是愿意同父母同居，也是只和父母同居，不包括其他如妯娌叔伯等关系的亲属。虽然有8.33％的人回答随环境而定，但也并不认同大家庭制度。①

关于婚后妻子是否走出家门服务社会的问题，由于社会上宣传男女平权，不仅被调查女性的四分之三都赞成婚后服务社会，而且男子也有相当一部分人赞成妻子婚后服务于社会，或者是服务社会兼顾家庭。她们认为妇女是社会一分子，不是专为男子做妻子的，应当为社会的进步尽一份力量；同时妇女服务社会可以经济独立，提高妇女地位，等等。传统社会妇女"不逾门户之训"，已在社会革命的冲击下荡然无存。

总之，经过五四运动的洗礼，许多年轻人的婚姻观念都有了改观，同时也为民国政府颁布的《中华民国民法·亲属编》的实施，奠定了思想基础。

1930年12月26日，民国政府颁布《中华民国民法·亲属编》，并于次年5月5日施行。这部法律，作为从传统社会向现代社会过渡期间的一部法律，既存在着不可忽视的局限性，也存在着引人瞩目的进步性。如第九百七十二条规定："婚约由男女当事人自己订定。"②这排除了他人干涉，肯定了子女在决定自己婚姻方面的地位。

关于婚龄，在第973条规定："男未满17岁，女未满15岁者都不得订定婚约"。第980条规定："男未满18岁，女未满16岁者都不得结婚"。③

关于离婚，第1049条规定："夫妻两愿离婚者得自行离婚，但未成年人应得法定代理人之同意"；第1050条规定："两愿离婚应以书面为主，并应有二人以上证人之签名"；④尽管《民法》规定，双方自愿，可自行离婚，然而离婚后的子女监护权由夫任之，另有约定者从其约定。对离婚后女方的财产、生活却只字不提，离婚后的妇女生活无法保障。

关于重婚，第985条规定："有配偶者不得重婚"，⑤在肯定了一夫一妻制的婚姻制度的同时，否定了传统的媵妾制度。

这部法律是在从传统社会向近现代社会过渡时期所定立的，必然带有浓厚的时代特征。首先《民法》肯定了一夫一妻制，肯定了婚姻自由和离婚自由，同时肯定了夫妻关系是平等的。但是在很多方面都有维护父权、夫权的倾向。如居住权规定，妻以夫之住所为住所；姓名权规定，妻以其本姓冠以夫姓；财产权规定，

---

① 葛家栋：《燕大男生对于婚姻态度之调查》，李文海编：《民国时期社会调查丛编》(婚姻家庭卷)，第34—56页。

② 《中华民国民法·亲属编》，《现行六法全书》，上海法学书局，1935年版，第2页。

③ 《中华民国民法·亲属编》，《现行六法全书》，上海法学书局，1935年版，第4页。

④ 《中华民国民法·亲属编》，《现行六法全书》，上海法学书局，1935年版，第18页。

⑤ 《中华民国民法·亲属编》，《现行六法全书》，上海法学书局，1935年版，第5页。

婚后女方应将自己原有的财产交丈夫统一管理，丈夫对这部分财产有使用、收益和事实上的处分权；家庭管理权，《民法》规定家庭设家长，家务由家长管理，子女从父姓，未成年子女父为法定代理人，子女的特有财产，由父管理等，保留了许多旧时代的东西，维护家长制统治。

新《民法·亲属编》的制定和实施，给予近代以来"婚姻革命"家庭观念变革的一个总结和法律认定。随着社会的进步，传统的婚姻观念和婚姻关系逐渐淡化。

二、婚姻关系的变化

清末民初以来，随着反对封建专制制度，要求平等自由的启蒙运动的深入开展，特别是对封建婚姻的批判，北京市民的婚姻开始出现了新的变化。

在婚姻决定权上，开始有勇敢的年轻人反抗父母包办的婚姻，追求自己的幸福。特别是受到五四运动洗礼的青年知识分子，已经再也不愿忍受包办婚姻的束缚，他们冲破牢笼，走出家庭，公开反抗封建包办婚姻的事层出不穷。像湖南长沙的赵欣淑女士，因对父母包办婚姻不满，反抗出走，到北京实行工读。她在《出走启事》上申明："我于今决计尊重我个人的人格，积极的和环境奋斗，向光明的人生大路前进。"[①]

普通的市民中，原来的"父母之命，媒妁之言"也开始有所松动，取代为"取男女之同意，以监督自由"。即是先由男子向父母提出自己的意愿，父母同意后，请人向女方父母求婚，双方父母同意后，再请介绍人约期订约男女会晤，男女同意婚约才算定。订婚后，男女立约，先以求学自立为誓言。婚礼务求节俭，以改变奢侈陋习。过去那种在结婚时男女才见第一面的现象逐渐减少，婚前"相亲"逐渐成为北京订婚程序中的一项仪式。据1982年对宣武区东河沿居委会所属的685户居民进行的调查表明，1937年以前结婚的人，有47.62%是属于父母包办的，只有3.57%是自己认识的。1938年至1945年结婚的人中，父母包办的情况有所下降，占32.22%；亲戚、朋友介绍的占37.78%和18.89%；自己认识的占4.44%。1945年至1949年期间结婚的人中，父母包办的下降到22.41%，亲戚、朋友介绍的占到了34.48%和36.21%，自己认识的上升为5.17%。[②] 这一现象说明，随着社会的开放，男女社会交往的增多，个人在婚姻上的自主权越来越大。在父母包办的婚姻中，还有一部分是父母征求了本人的意见，获得了本人的同意。据20世纪30年代初期对燕京大学已婚青年的调查显示，在42人中，自

---

① 赵欣淑：《启事》，长沙：《大公报》，1920年2月28日。

② 五城市家庭研究项目组：《中国城市家庭》，济南：山东人民出版社，1985年版，第308页。

已订的占 7.14％，与家庭合订的占 30.95％。① 说明已有四成的人参与了自己的婚姻。20 世纪 40 年代以后尤其是在知识界中，自主婚姻已占有相当的数量。

婚姻自由一方面表现为缔结自由，另一方面则表现为解除自由。关于离婚，过去只有男方休妻，绝无女方提出离婚的。在 1912 年冬，北京第一例由女方提起的离婚诉讼案由北京地方审判厅判决。判决说，"可见双方爱情业已断绝"……"若因钱债之故，而遂拘束其离婚之自由，与法理未免径庭"②审判厅判决离婚，但女方要限期偿还男方债务。又，1913 年 10 月 25 日，《女界》报道："京师地方审判厅受理一北京人因成婚时不见'落红'，谓其妻不贞，请求离婚的民事案件。而审判厅则以'各国民法，曾无此离婚之理由，以'落红'与否验女子之贞操实吾国习惯上一种恶劣风俗，驳回上诉。"③1931 年清逊帝溥仪的"淑妃"文绣，以民国法律为依据，向溥仪提出离婚，并获法院判决，这应该说是对几千年男权的最大挑战。

据统计，1917—1932 年，北平经法院的诉讼离婚案的数量逐年上升，1917年为 28 件，每 10 万居民中只有 4.48 人诉讼离婚。以后逐年增长，1925 年达到51 件，讼离率在 8.06％。1928 年以后，北平法院开始改用南京政府颁布的新法，离婚案件增多，1930 年达到 100 例，讼离率在 14.9％，1932 年更是达到了205 例，讼离率达到 27.8％。④ 离婚案的出现和上升趋势也体现了人们突破传统婚姻束缚的勇气和追求自由婚姻的向往。但是总的说，离婚的还是极少数，落后封建婚姻观念还不同程度制约着人们，尤其是大多数妇女，因经济的原因、社会舆论的原因而不能离婚。

随着婚姻自主程度的提高，夫妻关系趋向平等和谐。特别是随着兴女学、禁缠足、办女报、结团体、谋自立等社会思潮与活动的兴起，女性积极地参与各种社会活动，逐渐将自己融入社会之中，赢得了社会的尊重。随着妇女享有受教育权，部分妇女走入社会，就业率的增多，获得了相对独立的经济地位，改变了以往完全依附丈夫的地位和状况，传统家庭内部男性支配一切的状况受到了猛烈的冲击，男权受到了实质性的挑战。据陶孟和 1927 年对北京 48 户工人家庭进行的调查显示，47 名妻子中有 41 人在外做工，补助家用。⑤20 世纪 40 年代初期大中专毕业的女生几乎全部参加了工作。据市政府的调查，1947 年全市就业妇女已

---

① 葛家栋：《燕大男生对于婚姻态度之调查》，李文海主编：《民国时期社会调查丛编》（婚姻家庭卷），第 42 页。

② 《阆妓离婚案》，李定夷：《民国趣史》，上海国华书局，1915 年版。

③ 《欲离婚须看生理学》，姜泣群：《朝野新谭》，已编。

④ 吴至信：《最近十六年之北平离婚案》，李文海主编：《民国时期社会调查丛编》（婚姻家庭卷），第383 页。

⑤ 陶孟和：《北平生活费之分析》，上海：商务印书馆，1930 年版，第 26—27 页。

占妇女总数的 37.8%。① 女大学生的自立意识则更为强烈，燕京大学被调查的女学生中有 75% 的人认为婚后应参加社会服务，不赞成的仅为 10%。② 而未婚男生对于妻子婚后参加社会服务的态度，有 70% 的人持赞同的意见，已婚男生相对保守一些，但仍有 52% 的人持赞同意见。③ 经济的独立和部分独立，提高了妇女在家庭中的地位，使女子对男子的片面依附关系渐渐松弛。夫妻双方共同承担家庭生计的状况日益增多，丈夫对妻子再没有绝对的权威，家庭权力结构逐步改变，夫妻关系逐渐向平等方向转变。

婚姻的满意程度，即婚姻的质量有所提高，据 20 世纪 30 年代对燕京大学 42 位已婚者的调查中，对于自己婚姻满意的有 28 人，占 66.66%。这 28 人中，有 14 人是参与了自己婚姻的订立。在对婚姻不满意的 14 人中，有 12 人的婚姻都是由家庭订立的。④

对于孀妇再嫁、离婚再嫁问题，北京人的观念一直比较保守。直至 20 世纪 30 年代末，北平人仍然"多以再嫁为耻"，对再嫁的寡妇颇有"轻视之意"。至于守寡的妇女，自然有些是因夫妻感情融洽而自愿守节以纪念死去的丈夫，也有的是为了旧礼教的教养和公婆的侍奉而自愿守寡的，但大多数人还是受了旧礼教和社会习俗的限制而失去再嫁的勇气，为求名节而甘愿忍受一切生理上和物质上的痛苦。当然，另一方面大多数男人也不愿娶寡妇为妻，其中有的十分重视处女的身份，有的人认为"寡妇命硬克人"，也有的害怕寡妇"在侍奉前夫时受到传染而将病菌带来。"⑤孀妇再嫁的婚礼也区别于一般人的婚礼。如民国后，北京人结婚多在白天迎娶，而寡妇再嫁却在下午；有的寡妇再嫁坐轿子，必须脸朝里，谓之"倒轿正脸"，为的是把世俗所谓的"寡妇改嫁不要脸"的说法正过来。⑥

在结婚年龄上，由于对早婚习俗的抨击以及求学、就业的关系，人们婚龄较过去有很大的提高。1930 年国民政府颁布的《民法》之"亲属编"中对结婚年龄进行了规定，虽然所定年龄的下限偏低，但对自古流传下来的早婚陋习毕竟有了第一次明确的限制，也从法律上公开禁止娃娃亲、童养媳等婚姻恶俗。1930 年北平市公安局卫生科统计的居民婚龄表明，男子普遍以 20 岁至 24 岁结婚为最多，

---

① 北平市政府统计处：《北平市政统计手册》，1947 年。

② 梁议生：《燕京大学 60 女生之婚姻调查》，李文海编：《民国时期社会调查丛编》（婚姻家庭卷），第 65 页。

③ 葛家栋：《燕大男生对于婚姻态度之调查》，李文海编：《民国时期社会调查丛编》（婚姻家庭卷），第 50 页。

④ 葛家栋：《燕大男生对于婚姻态度之调查》，李文海编：《民国时期社会调查丛编》（婚姻家庭卷），第 42 页。

⑤ 周恩慈：《北平婚姻礼俗》，引自岳庆平：《家庭变迁》，北京：民主与建设出版社，1997 年版，第 120 页。

⑥ 常人春：《红白喜事》，北京：北京燕山出版社，1993 年版，第 154 页。

女子普遍以 15 岁至 22 岁为最多，25 岁以上，年龄越高，结婚的人数就越少。

表 1　北平居民结婚年龄分配

年　龄	1929 年		1930 年	
	男（人）	女（人）	男（人）	女（人）
10—14 岁	36	31	44	61
15—19 岁	875	2368	967	2888
20—24 岁	1447	1318	2031	1871
25—29 岁	1071	441	1545	564
30—34 岁	494	146	666	179
35—39 岁	260	65	400	88
40—44 岁	119	28	178	25
45—49 岁	65	11	101	12
50—54 岁	24	4	53	1
55 岁以上	25	2	23	1
合　计	4416	4144	6008	5690

（资料来源：《公安局卫生科婚嫁登记表》，1930 年）

据对东河沿地区的调查，结婚年龄随着社会进步而逐渐增高，早婚现象逐渐减少。1937 年以前，有 15.48％的男性和 12.50％的女性在 15 岁以前结婚；1946 年以后，男子只有 4.48％，女子 5.80％在 15 岁以前结婚。1937 年以前，有 78.46％的女性多在 20 岁以前结婚，1946 年以后，只有 69.47％的女子在 20 岁以前结婚。17 岁以前结婚的男子在 1937 年以前为 19.05％，以后逐渐减少，1946 年以后，只有 14.93％。

结婚仪式也出现了变革，文明结婚形式首先发端于南方各大商埠都会，后迅速传到内地、京师。清末民初，北京已开始有举行文明婚礼的报道。1908 年《北京女报》即以大幅篇幅介绍新式婚礼，乃至结婚年龄、定亲等仪式，在当时确实具有开风气之先的作用。民国初年，曾有人调查北京民间婚俗，调查的结果认为，自由思想广泛为人们所接受，"一般时髦士女，既已心醉欧风，而旧式婚礼大半属无谓难行，此新式婚礼之所以逐渐推广而行之日见其多也。"[1]据对东河沿地区的调查，1937 年以前结婚的人中，有 91.25％的人是采用拜天地的形式，采

---

[1]　朱琪：《北京民间婚姻礼俗》，《民国档案》，1994 年第 3 期。

表2　结婚年代与结婚年龄交互分类表

人数 年龄	1937 年以前				1938—1945 年				1946—1949 年			
	男		女		男		女		男		女	
	人	百分比	人	百分比	人	百分比	人	百分比	人	百分比	人	百分比
15 岁以下	13	15.48	11	12.50	7	7.87	6	6.52	3	4.48	4	5.80
16—17 岁	3	3.57	27	30.68	8	8.99	27	29.35	7	10.44	16	23.19
18—20 岁	14	16.67	31	35.28	23	25.84	36	39.13	15	22.39	28	40.57
21—24 岁	27	32.14	13	14.77	25	28.09	14	15.22	16	23.88	17	24.64
25—29 岁	15	17.86	6	6.82	17	19.10	4	4.35	17	25.37	3	4.35
30—35 岁	9	10.71	0	0	5	5.62	3	3.26	7	10.45	1	1.45
36—40 岁	2	2.38	0	0	3	3.37	2	2.17	0	0	0	0
41 岁以上	1	1.19	0	0	1	1.12	0	0	2	2.99	0	0
总　计	84	100	88	100	89	100	92	100	67	100	69	100

（资料来源：五城市家庭研究项目组：《中国城市家庭》，济南：山东人民出版社，1985 年版，第 24 页）

用文明结婚形式的占 5％。1938 年至 1945 年采用拜天地形式结婚的人占 68.84％，文明结婚的占 15.58％，其他形式结婚的占 15.58％。1946 年至 1949 年采用拜天地形式的占 70.18％，文明结婚的占 19.30％，其他形式结婚的占 10.53％。在对团结湖地区的调查中，采用拜天地结婚的人在这三个时间段中依次为：94.74％、79.07％和 61.02％。可见旧式的婚礼形式逐渐为人们所抛弃。

文明结婚的主要特点是：结婚当事人有一定限度的自主权，废除了请星命家测男女双方的"八字"，取"龙凤帖"等陈旧迷信的繁文缛节和仪式过场，新郎、新娘采用结婚证书，请证婚人、介绍人和男女双方主婚人用印的形式，证明婚姻的合法性，注重了双方个人的婚姻契约。新郎、新娘的服饰也多以当时最为时尚的礼服、鲜花、马车为主。婚礼的仪式采用主婚人致贺词，新郎、新娘行鞠躬礼，贺客们拍手致贺的形式竟显文明规则。最初采用新式婚礼的主要是新的社会阶层，如教育界、金融界、外贸洋行、政界等。创建于 1934 年的紫房子婚庆公司主持的婚礼采用西式，时尚豪华，是当年各界名流承办婚礼的首选。1937 年 6 月 21 日，北平市政府为了改进旧习俗，提倡节俭，尊重婚礼起见，特举办集体婚礼。集体婚礼地点设在中南海怀仁堂，由市长或社会局长证婚，仪式俭朴、庄重。20 世纪 40 年代以后不仅社会上层人士采用西式婚礼，就是一般的中层人士也都采用这种形式了。传统的婚礼礼俗虽然还有巨大的惯性，但旧的"六礼"形式或被简化或被改造。封建社会的等级制度，在民国以后也彻底崩溃。

总的说，婚姻自由平等的风气开始形成，但落后的封建婚姻习俗并没有根除，就使这一时期的婚姻形态呈现出新旧并存的状态。

民国时期婚姻文化悖论现象解析

王栋亮①

自鸦片战争以来，在西力东渐的影响下中国近代社会艰难地迈出了社会转型的步伐。社会的变迁源于思想文化的嬗变，而文化是价值观的反映②，思想文化的嬗变则是新价值系统的确立过程。文化嬗变不是非此即彼的，而是一个新陈代谢的过程，是新文化逐渐战胜旧文化的过程。在此过程中必然出现新旧杂陈并且博弈的状况。两套价值系统并存的现状，容易使人格发生分裂，产生矛盾或困惑。文化转换的特征在清末民初时体现得尤为明显，个体的思想或事件的发展往往呈现矛盾的综合体。作为文化的重要分支，婚姻文化也拥有转型期新旧交替的特征，新与旧两种相互矛盾的思想导演着婚姻的悲喜剧。以往婚姻文化的研究成果虽属不少，但多停留于基本特征的阐述，缺乏深入细致的文化分析。鉴于此，本文试图从三个方面呈现婚姻文化变迁的复杂性，并借此来透视近代社会文化转型的艰难历程。

一、"有意识"解放与"无意识"束缚的存在

近代以来，先进的中国人以西方价值系统做参照体系，不断地进行自我反思。从戊戌维新到五四运动，中国知识分子通过"顺向性思维"向"逆向性思维"的转换，逐步确立了以"自由""平等"为核心的价值系统。在此理念的推动下，中国人进而追寻恋爱及婚姻的自由，于是"自由恋爱""自主结婚"在新青年中成为新潮流。这股潮流是对传统"尚情而无我"③伦理特征的转变，符合近世发展的方向。

但有一点需要注意，这就是中西方社会环境的差异，以及国人学识水平参差不齐导致人们对于自由的理解产生差异。"西哲之言曰自由者，以他人之自由为界旨哉。是言自非私德，素优学行，纯粹有完全之人格者。盖未足以语此非然者，则野蛮之自由。优为之能行文明之自由者，鲜矣。"④西方"文明之自由"，转移到中国则往往演变成"野蛮之自由"。转变的原因何在呢？有人解释说"我国男

① 王栋亮：河北民族师范学院副教授。
② 刘云德：《文化论纲——一个社会学的视野》，北京：中国展望出版社，1988年版，第106页。
③ 梁漱溟：《东西方文化及其哲学》，北京：商务印书馆，2009年版，第157页。
④ 竹桩：《女权说》，《女子世界》第一卷第五期，《女子世界》月刊社，1904年。

子，学问纯美者鲜，奸猾邪慝者多，一闻维新学说有所谓自由结婚者，于是谬讬志士结交女学生，颇有高尚纯洁之女士而几陷于骗贼之手者。"①自由的空气带来了婚姻解放的契机，但也给女性带来了潜在的危险。这些无良男青年以"恋爱自由"之名，行玩弄女性之实。一些女性在感性自由的支配下，追赶"恋爱自由"的潮流，因缺乏判别能力，结果陷入无良青年的圈套。这些女性在感情乃至肉体被玩弄、抛弃之后，思想、精神陷入苦闷、颓废状态，严重的甚至自杀。如1928年在上海发生了轰动一时的马振华和汪世昌事件。汪世昌是一名军人，对素不相识的马振华一见倾心，二人诗文往来，感情一日千里，并在交往三个多月后发生了肉体关系。在这之后汪怀疑马不是处女，导致马愤而投江自杀。②

"马汪事件"在当时不是孤例，像马振华此类女性的行为当时被称之为"新思想旧道德"。那么，这些自诩为新时代的新女性为什么在贞操受到质疑的情况之下就愤而自杀呢？至少从表象上看此种女性的反应与传统旧女性并没有什么分别，这种一致性我们应该如何看待呢？这是个值得深思的问题。

梁漱溟先生曾说，西洋文化"就是只看人心理的有意识一面，忽却那无意识的一面；于是差不多就有以有意识心理为全个心理的见解，而种种误谬见解悉从此生。不晓得有意识一部只是心理的浅表而隐于其后无意识之部实为重要根本。"③从这里我们可以知道，研究人的行为与心理不仅要从表面行为着手，还要从其深层的潜意识分析。"新思想旧道德"恰恰就是"有意识"的趋新与"无意识"守旧相结合的产物。

有资料说："二十世纪生下来的人，差不多个个都有着改革大家庭制度的一个革命的观念"④，此话虽带有夸张的意味，但我们也可以由此推断，"自由""平等"等来自西方的理念是当时部分青年女性为自身解放去刻意追求的目标之一，当然也是她们乐于接受的新理念。从外表来看，她已经是一个被新思想、新知识武装起来的新一代知识青年，那么这就代表她是个真正的新式人物了吗？当然未必。作为新旧交替的一代人，不管其承认与否，毫无疑问新旧两套价值系统同时会影响其行为。爱因斯坦曾说："我们待人接物的态度，大部分取决于我们在童年时代无意识地从周围环境吸取来的见解和感情。换句话说，除了遗传的天赋和品质以外，是传统使我们成为现在这个样子的。但我们极少意识到，同传统的强有力的影响相比，我们的自觉的思想对于我们行为和信念的影响是那么微弱。"⑤

---

① 竹桩：《女权说》，《女子世界》第一卷第五期，《女子世界》月刊社，1904年。

② 《关于马汪事件》，《新女性》第三卷第四号，1928年4月。

③ 梁漱溟：《东西方文化及其哲学》，北京：商务印书馆，2009年版，第173页。

④ 仲芬：《告小家庭的主妇：工作与娱乐因袭大家庭之弊害》，《民国日报》，1931年2月2日。

⑤ ［美］爱因斯坦：《黑人问题》，许良英、赵中立、张宣三编译：《爱因斯坦文集》第三卷，北京：商务印书馆，1979年版，第210页。

文化就是生活方式①，旧的价值观念习以为常的生活方式悄无声息地内化于潜意识当中，以不自觉的方式支配人的行动。"潜意识是真正的精神现实"②，这些深层次的内质有可能才是人的本来面目。也就是说，表面思想亮丽光鲜的年轻人，由于传统文化的长期熏陶、浸润，一些陈腐的旧观念已经潜移默化地楔入了她们内心深处，骨子里她们仍然秉承着旧思想、旧观念，是传统的中国女性。那么，两套价值系统不自觉的冲突导致像马振华这些女性"既要服从旧道德，又要学做新人物"③，在情感、肉体等方面的短暂欢愉之后，带来的是深深的"失贞"的痛苦，其内心无意识的贞节观念不由自主地勒住了她，让她感到羞愧，甚至无颜存活于世。由此可见，个体只有将接触、学习到的新思想从表面的"有意识"内化为"无意识"状态，才算真正完成了思想的转变或解放。只有这样，她才能避免转型社会带来的"双重"人格造成的苦恼或苦难。

另外，我认为，造成当时女性苦恼或苦难的另一原因可能是部分女性对"自由""平等"的理解有偏差。"自由""平等"是推动个性解放的前提，同时也是个体追求婚姻幸福的必由之路。但这仅仅是对事物发展的趋向而言的，具有普世的意义。如果要具体到个体的实际恋爱、婚姻之中，"自由""平等"理念并不能与恋爱成功、婚姻幸福直接画等号，即它本身并不能保证每一桩"恋爱""婚姻"都成功，它只是赋予了女性与男性同等的权利。中国的女性长期生活在重压之下，先觉者们追求幸福的心情极为迫切，以为拿来了"自由""平等"就等于踏上了幸福之舟，定会到达理想的彼岸。事实上，追求幸福之人，不仅是乘客，还是驾驶员，是否能到达理想的彼岸，不仅取决于乘船的资格，更取决于驾驶技术。没有相当的学识来指导驾驶，多数则会舟覆人亡。时人早已敏锐地观察到，"西人自由恋爱而多美满结果者，盖渠辈自幼男女同学，能互知性情底蕴故也。今我国男女同学，尚未普遍实行，而稍受新鲜空气之青年男女，皆以为自由恋爱，必较旧式婚姻为善。于是相识不多时而结为夫妇者有焉。结婚不数日而离婚者有焉。"④中国的社会环境与西方相比，其开放性非常有限度，男女社交自由度相对较小，双方在缺乏深入了解的情况下就仓促以"自由"的名义步入婚姻。事实恰恰相反，新思想给她带来片刻的欢娱之后，现实的痛苦让她的理想瞬间幻灭，从而产生了对新思想的怀疑与失望。"个性伸展的时候，如果非同时社会性发达，新路就走不上去；新路走不上去，即刻又循旧路走，所谓个性伸展的又不见了。"⑤在此情此景下，

---

① 梁漱溟：《东西方文化及其哲学》，北京：商务印书馆，2009 年版，第 32 页。

② ［奥］弗洛伊德：《释梦》，北京：商务印书馆，2006 年版，第 614 页。

③ 岂凡：《马振华的自杀及世评》，《新女性》第三卷第四号，1928 年 4 月。

④ 《余友之婚姻谈》，《申报》，1923 年 6 月 15 日。

⑤ 梁漱溟：《东西方文化及其哲学》，北京：商务印书馆，2009 年版，第 47 页。

新道路行不通，旧思想则不由自主地沉渣泛起，像绳索一样紧紧地束缚着她。在新旧思想的双重挤压之下，悲剧就不可避免了。

二、自我与角色的张力

1918 年，《中华新报》曾刊登了朱尔迈的《会葬唐烈妇记》，里面有绝妙的评论："嗟乎，俞氏女盖闻烈妇之风而兴起者乎？……俞氏女果能死于绝食七日之内，岂不甚幸？乃为家阻之，俞氏女亦以三年为己任，余正恐三年之间，凡一千八十日有奇，非如烈妇之九十八日也。且绝食之后，其家人防之者百端，……虽有死之志，而无死之间，可奈何？烈妇倘能阴相之以成其节，风化所关，猗欤盛矣！"[1]此论一经刊出，竟然得到舆论的广泛赞扬。有学者认为，社会舆论对俞氏以死殉夫的态度与《中华新报》鼓吹不无关系。[2]诚不知，如若社会缺乏深厚的传统礼教土壤，仅仅靠几次宣传怎会引起广泛的舆论赞扬呢？袁世凯称帝与张勋复辟可能是此论最好的注脚。由此可以推断，新的婚姻观念作为传统婚姻的对立面在中国虽已生根发芽，但在当时对社会的影响力还非常有限，并没有被大多数民众所接受，即新式婚姻缺乏充分的"社会性"。在大多数民众之中，根深蒂固的封建礼教仍然支配着他们的婚姻生活，新式婚姻在社会上立足还是相当难的。

这种社会氛围不仅影响了一般民众的婚姻观念，而且对当时的反封建斗士们的婚姻无疑也造成了负面的影响，如大家熟知的鲁迅、胡适等，从而造成了"自我"与"角色"的紧张。"自我是人们对自己所持有重要信念的集合"[3]，所代表的是理性和判断[4]，这里指代的是五四新文化运动中倡导的人格独立和个性表达；"角色"在这里属于社会学范畴，指围绕人的社会地位的一套权利义务和行为模式[5]。如上所述，"自我"体现的是个性，在婚姻中表现的是自己真实意愿的表达，体现的是婚姻当事人人格的独立与自主。角色既然体现的是社会关系定位，那么对于鲁迅、胡适等人而言，他们在婚姻中社会关系的定位首先是作为母亲的儿子而存在的，这是传统孝道的体现。"夫孝，始于事亲，中于事君，终于立身。"[6]也就是说，孝道是传统中国人安身立命之根本，"不孝之子，这可是让这

---

① （清）朱尔迈：《会葬唐烈妇记》，《中华新报》，1918 年 7 月 24 日。

② 何黎萍：《试论近代中国妇女争取婚姻自主权的斗争》，《西华师范大学学报》（哲学社会科学版），2012 年第 2 期。

③ ［美］S. E. Taylor, L. A. Peplau, D. O. Sears 著，谢晓非、谢冬梅等译：《社会心理学》（第十版），北京：北京大学出版社，2004 年版，第 101 页。

④ ［奥］弗洛伊德：《弗洛伊德心理哲学》，北京：九州出版社，2003 年版，第 15 页。

⑤ 杨心恒、宗力：《社会学概论》，北京：群众出版社，1986 年，第 92 页。

⑥ （唐）李隆基注，（宋）邢昺疏：《孝经注疏》，上海：上海古籍出版社，2009 年版，第 5 页。

个国家的每个男人都闻之丧胆的一个罪名啊!"①理念中的"孝",在实践中就是要事事顺从。鲁迅、胡适等人要扮演好作为儿子的社会角色,自然要听从母亲的安排,真实意愿的表达只能埋藏在心底。这里潜伏的危机就是父母安排的婚姻可能并不符合自己的意愿,但要做孝顺的儿子,此时必须牺牲"自我",这样"自我"与"角色"之间的价值紧张就不可避免了。

以鲁迅、胡适为代表的反封建斗士对传统婚姻的批判可谓不遗余力,其犀利的批判锋芒与热情的宣传和鼓动激励着许多年轻人走向反抗包办婚姻之路,但他们自己的婚姻却依旧因袭了传统的老路。"自我"与"角色"的张力,二者之间的矛盾在他们身上体现得非常充分。之所以出现这种状态,其根源应是当时深厚的封建礼教土壤。鲁迅在给许广平的信中非常坦诚地指出了这一点:"我自己还是世人,离不掉环境,教我何从说起。但倘到必要时,我算是一个陌生人,假使从旁发一通批评,那我就要说,你的苦痛,是在为旧社会而牺牲了自己。旧社会留给你苦痛的遗产,你一面反对这遗产,一面又不敢舍弃这遗产,恐怕一旦摆脱,在旧社会里就难以存身,于是只好甘心做一世农奴,死守这遗产。有时也想另谋生活,苦苦做工,但又怕这生活还要遭人打击,所以更无办法,'积几文钱,将来什么事都不做,苦苦过活',就是你防御打击的手段……但我们也是人,谁也没有逼我们独来吃苦的权利,我们也没有必须受苦的义务的,得一日尽人事,求生活,即努力做去就是了。"②由此可见,即使像鲁迅这样被誉为反封建斗士的人物在某种程度上也要向社会低头。

有学者曾撰文深入分析了鲁迅与朱安结婚的理由:其一是要身处革命时代,死无定期,母亲要有人陪伴,因此遂了母亲的愿望;其二是要富裕妻家的经济援助;其三是鲁迅年轻时代反封建认识的模糊。③ 由这三点理由可见,鲁迅自身的主观愿望与现实的巨大反差,使其选择了顺从。他之所以这样做,是因为"人类的每一个体生存于文化环境之中,同时也生存于自然环境之中,个体所生存其内的文化包围着并制约着他的行为"④。生活在世俗社会中的个人,任其思想天马行空,但在实际生活中他仍要考虑社会环境对其行为的容忍与接纳,如果个人连在社会上立足都难以实现,那么其他的理想与宏图自然也就无从谈起。因此,当时深厚的社会土壤仍然可以束缚住这些斗士们的手脚,给他们的婚姻造成了缺憾,那么一般的社会青年要为自己理想的婚姻去抗争无疑则更困难。

---

① [英]麦高温著,朱涛、倪静译:《中国人生活的明与暗》,北京:中华书局,2006年版,第231页。

② 鲁迅:《两地书·八二》,《鲁迅全集》修订编辑委员会:《鲁迅全集》第十一卷,北京:人民文学出版社,2005年版,第224页。

③ 段国超:《鲁迅家世》,北京:教育科学出版社,1998年版,第194—195页。

④ [美]怀特著,曹锦清等译:《文化的科学》,济南:山东人民出版社,1988年版,第120页。

三、独立人格的追求与依附性的双重存在

经过新文化运动的推动，来自西方的"自由""平等""民主""科学"等价值理念逐渐为中国人熟知，并有不少青年以此为思想武器去追求自己的新式婚姻生活。众所周知，思想的变迁是经济变动的表征，正如李大钊所言："新道德既是随着生活的状态和社会的要求发生的，就是随着物质的变动而有变动的，那么物质若是开新，道德亦必跟着开新，物质若是复旧，道德亦必跟着复旧。"①陈独秀曾在1916年撰文说："现代生活，以经济为之命脉，而个人独立主义，乃为经济学生产之大则，其影响遂及于伦理学。故现代伦理学上之个人人格独立，与经济学上之个人财产独立，互相证明，其说遂至不可摇动，而社会风纪，物质文明，因此大进。"②此文将西方伦理道德产生及与经济发展的关系阐述的非常到位，即个人主义伦理产生于独立的经济基础之上，二者相互推动，成为西方世界不可动摇的信条。反观中国，我们会发现这些来自西方的价值武器虽然被一部分人接受，但其产生条件在中国始终不充分。这些理念在中国的出现，与其说是经济变动的硕果，倒不如说是民族危难刺激的结果。

熟悉西方文化的人都知道，西方的个人主义伦理观念不仅仅由经济基础催生，它还与西方的整个文化系统紧密相连。西方伦理以个人为本位，中国伦理以家庭为本位，这种伦理观念的差异是由什么因素导致的呢？有学者认为，伦理差异的源点在于东西方宇宙观、宗教观等因素的根本不同。③从宇宙观上来讲，中国推崇有机体宇宙观，而西方的则是离散集合体宇宙观。这样产生的思维方式就不相同，中国的类似于"原逻辑思维"④，而西方则属于逻辑思维。从宗教上来讲，西方文化把人理解为肉与灵的结合，肉体等同于无机物，可以分割独立；灵魂是理性、意志和欲望的组合，这样每一个人就都有一个仅仅属于自己的精神实体。这样，人在精神方面就是独立的个体，由此产生了西方的个人主义。由此观之，西方的"自由""人格独立"等理念不仅仅产生于经济因素，还与其信仰体系有关联，是广义上的文化系统相综合的产物。因此，在"团体结构"社会产生的"自由""平等"等理念虽为中国人所熟知，但很难植入生活在以"差序结构"为社会特

---

① 李大钊：《物质变动与道德变动》，见《李大钊文集》（下），北京：人民出版社，1984年版，第152页。

② 陈独秀：《孔子之道与现代生活》，见《独秀文存》，合肥：安徽人民出版社，1987年版，第82—83页。

③ 魏光奇：《中西文化观念比较》，北京：经济科学出版社，2012年版。

④ ［法］列维-布留尔著，丁由译：《原始思维》，北京：商务印书馆，1985年版，第71页。

征的中国人的内心深处。① 那些高喊"民主""自由"言论的人，内心深处可能依然存在皇权或者威权思想。

宇宙观、伦理观念以及宗教观等文化因素我们不妨统称之为信仰体系。那么，个人独立人格的追求不仅需要追求个体经济的独立，还要信仰体系的变更。中国婚姻文化的改变要从两个方面同时着手：一是经济的改变；二是信仰体系的改造，二者缺一不可。

民初论者在倡导婚姻自主的要件时，多数都提到了经济独立对于婚恋自主的重要性。② 经济地位的提升有利于提高婚姻个体在家庭的地位，这是确定无疑的。但婚姻文化的变革，仅仅依赖于经济因素是远远不够的。经济因素从长远来看，可能会出现波动，而经济地位的下降则可能导致脆弱人格的崩溃，因为像中国这样的特殊情况，独立人格缺乏多体系的支撑。倘若出现这种情况，防止人格堕落的长久的支撑因素就是伦理观念的改变。伦理观念的改变依赖于信仰体系的改造。信仰作为民族文化特征存在，一经形成则具有长久的稳定性，不会因经济的变动而骤然崩溃，它会根深蒂固地植根于个体之中，并支配着个体的思想与行为，使婚姻文化脱离经济的干扰而保持长久的稳定性。

如上所述，信仰体系一经形成就具有超强的稳定性，并对民族的性格塑造起了很大作用。传统中国伦理讲究"尚群"而"无我"："在母亲之于儿子，则其情若有儿子而无自己；在儿子之于母亲，则其情若有母亲而无自己；兄之于弟，弟之于兄，朋友之相与，都是为人可以不计自己的，屈己以从人的。他不分什么人我界限，不讲什么权利义务"。③ 这种"无我"之特性，在生活实践中表现为"屈己以从人"，该特性以自己个性的牺牲，维持了人与人之间关系的融洽。以此最大限度地保证了社会自身的协调统一。但自我的丧失，使每一个个体受制于群体当中，使其缺乏追求个人权利的自由，包括婚姻在内。中国人人格的不独立，必然会产生社会依附性，特别是女性对于男性的依附心理根深蒂固，并不因社会制度的变革而与传统发生断裂。中国共产党长期致力于妇女解放运动，新中国更是积极推行新婚姻，保障女性的地位与人格。当今社会出现了诸多需要解决的问题，如就业难等，因问题一时无法解决部分妇女独立的念头随之被摧毁，思想发生了重要变化，许多人萌生了"干得好不如嫁得好，嫁得好不如生得好"④的想法，并得到了为数不少的女性的认同。

---

① "团体结构"与"差序结构"请参阅费孝通著：《差序格局》，《乡土中国》，上海：上海世纪出版集团，2007 年版，第 23—29 页。

② 济苍：《把妇女问题爽爽快快的解决一下》，《新妇女》第一卷第四期，上海《新妇女》杂志社，1920 年。

③ 梁漱溟：《东西方文化及其哲学》，北京：商务印书馆，2009 年版，第 157 页。

① 李亚沛：《干得好不如嫁得好这样想的人少了一成多》，《河南商报》，2012 年 5 月 25 日，A(2)版。

之所以出现这种旧社会才有的女子对于男子的依附思想，恰恰是提升女子人格仅仅注意经济因素导致的恶果。鉴于此，婚姻文化的变革或改造除了要注意经济因素，同时也要注意文化源头的改造。民族信仰体系是一个民族思维方式、思考问题的起点，人格独立意识的树立犹赖于此。

四、结论

民初婚姻文化的变革反映在个体上，表现为人格的分裂，这种分裂是新旧两种文化冲突造成的。也就是说，个体的人格分裂状态可以折射那个转型社会时期新旧文化冲突的特征。

对于这种分裂的矛盾我们应该怎么看待呢？从上述三方面看，这些矛盾集中到个体上无疑都是悲剧，但从社会发展的历程看，这又是中国社会进化过程中不可逾越的阶段。毫无疑问，这些矛盾的呈现表明外来文化作为新生元素，已开始在一部分国人身上起作用了，它在一定程度上起了思想解放的作用。但这些矛盾的存在以及造成的悲剧不得不让人反思，我们应该如何对待传统文化以及如何实现新旧文化有机融合的问题。或许李大钊所说能给我们提供一个思路："宇宙的进化，全仗新旧二种思潮，互相挽进，互相推演，仿佛象［像］两个轮子运着一辆车一样；又象［像］一个鸟仗着两翼，向天空飞翔一般。"①只有善待新旧文化，才有可能实现文化的有机融合，建立有效的价值系统和信仰体系，也只有这样才能真正解决新旧文化集于一身造成的人格分裂的问题，才能实现"新民"之目的，从而为民族的发展建立坚实的根基。这不仅仅关系中国千千万万人婚姻解放的问题，还直接影响到中国现代化的进程与方向。

---

① 守常：《每周评论》第十二号，1919年3月9日。

新中国十七年(1949—1966)北京地区民众初婚年龄探究

李慧波[①]

婚龄是依据男女当事人的生理、心理和社会等条件而规定的男女结合年龄。它是由许多因素影响和决定的。婚姻的确立标志着人的性生活的正式开始，所以结婚年龄首先应以性成熟作为基本条件。但是达到性成熟的年龄只是婚姻成立的必要条件，婚龄还受到其他因素的影响和制约。本文试分析新中国成立后十七年间北京市不同群体的初婚年龄的特点。

一、不同阶段的婚龄状况

1950 年颁布的《婚姻法》规定男女结婚年龄的最低限度为男 20 岁，女 18 岁。但是在不同群体中和不同的历史阶段，结婚年龄却有所差别。笔者通过不同时期民政局结婚登记部门所登记男女婚龄状况试分析这一时期男女婚龄的特点。

(一)20 世纪 50 年代初期的婚龄状况

表1　1952 年西城区登记男女的婚龄状况

性别、所占同性比例	年龄					
	18～20 岁	21～25 岁	26～30 岁	31～35 岁	36～45 岁	45 岁以上
男	64	310	271	143	126	59
占男性总数百分比	6.58%	31.86%	27.85%	14.70%	12.95%	6.06%
女	328	318	172	82	50	23
占女性总数百分比	33.71%	32.68%	17.68%	8.43%	5.14%	2.36%

资料来源：西城区档案馆，档案号：4—2—100，《(1952)市民申请结婚离婚情况统计表》[②]

---

① 李慧波：中华女子学院图书馆馆员。

② 笔者在档案记录中只选择其中的初婚者，余表同，不再赘述。

表2　1952 年京西矿区登记男女婚龄状况

性别、所占同性比例	年龄					
	20 岁以下	21—25 岁	26—30 岁	31—35 岁	36—45 岁	46 岁以上
男	32	65	17	9	10	3
占男性总数百分比	23.53％	47.79％	12.50％	6.62％	7.35％	2.21％
女	85	24	7	9	7	4
占女性总数百分比	62.50％	17.65％	5.15％	6.62％	5.15％	2.94％

男性为 20 岁以下，女性为 18—20 岁之间，下表同此。

资料来源：门头沟区档案馆，档案号：7—2—922，《1952 年市民申请结婚情况统计表》

表3　1953 年京西矿区登记男女婚龄状况

性别、所占同性比例	年龄					
	20 岁以下	21—25 岁	26—30 岁	31—35 岁	36—45 岁	46 岁以上
男	582	1173	442	222	202	99
占男性总数百分比	21.40％	43.13％	16.25％	8.16％	7.43％	3.64％
女	1563	571	216	142	156	72
占女性总数百分比	57.46％	20.99％	7.94％	5.22％	5.74％	2.65％

资料来源：门头沟区档案馆，档案号：27—2—30，《京西矿区民政科 1953 年 1—12 月份结离婚情况统计表》

通过表1、表2、表3的资料我们发现 20 世纪 50 年代初期，北京市女性结婚年龄基本是在 18—25 岁之间。在城区，女性初婚年龄一般集中在 18—25 岁之间，而在郊区，女性的初婚年龄集中一般在 18—20 岁之间。而且女性的婚龄与结婚人数多寡基本上成反比例关系，女性随着年龄的增大，结婚人数逐渐递减。特别是在郊区或远郊区这种现象更为明显。北京市男性的初婚年龄的基本是在 21—25 岁之间。无论男性还是女性超过 26 岁以后结婚的人数很少。换句话说，年龄越大，其婚配的可能性越小。

(二)20 世纪 60 年代初期的婚龄状况

表4　1963 年西城区登记男女婚龄状况

年龄	男性初婚年龄				女性初婚年龄			
	20—22 岁	23—25 岁	26—30 岁	31 岁以上	18—19 岁	20—22 岁	23—25 岁	26 岁以上
人数	507	1394	2152	518	330	1548	1867	976
占同性人数比例	11.09％	30.50％	47.08％	11.33％	6.99％	32.79％	39.55％	20.67％

资料来源：西城区档案馆，档案号：8—1—602，《1963 年婚姻登记年报表》

表5　1963 年京西矿区登记男女婚龄状况

性别、所占 同性比例	年　龄				
	18—19 岁	20—22 岁	23—25 岁	26—30 岁	31 岁以上
男	0	1687	1052	605	154
占男性总数百分比	0%	48.23%	30.07%	17.30%	4.40%
女	1590	1663	935	197	0
占女性总数百分比	36.26%	37.92%	21.32%	4.49%	0%

资料来源：门头沟区档案馆，档案号：40—1—1，《1963 年度(各公社)婚姻登记年报表》

表6　1963 年宣武区登记男女婚龄状况

	男性初婚年龄				女性初婚年龄			
年龄	20—22 岁	23—25 岁	26—30 岁	31 岁以上	18—19 岁	20—22 岁	23—25 岁	26 岁以上
人数	484	1068	1034	218	305	1144	1003	450
占同性总数比例	17.26%	38.09%	36.88%	7.77%	10.51%	39.42%	34.56%	15.51%

资料来源：宣武区档案馆，档案号：2—2—19，《1963 年(宣武区民政科)婚姻登记年报表》

表7　1964 年海淀区温泉公社登记男女婚龄状况

性别、所占 同性比例	年　龄				
	20 岁以下	20—25 岁	26—29 岁	30—35 岁	40 岁以上
男	0	34	29	13	1
占男性总数百分比	0%	44.16%	37.66%	16.88%	1.30%
女	13	49	11	4	0
占女性总数百分比	16.88%	63.64%	14.29%	5.19%	0%

资料来源：海淀区档案馆，档案号：55—101—302，《温泉公社 1964 年 1—12 月婚姻登记情况统计表》

从表4、表5、表6、表7中数据可以看出，20 世纪 60 年代初期北京市登记男女初婚年龄在市区、近郊区和远郊区略有不同，男性初婚年龄在市区集中在 26—30 岁之间，在近郊区如海淀区集中在 20—25 岁之间，而在远郊区，男性的结婚年龄集中在 20—22 岁之间。女性初婚年龄在市区集中在 23—25 岁之间，而在近郊区和远郊区则集中在 20—25 岁之间。

与 20 世纪 50 年代相比，20 世纪 60 年代初期，男女初婚年龄均有所提高。

我们看到，在城区(表5，表6)20岁以下结婚登记的女性所占的比例明显减少，也就是说城区女性的初婚年龄相对推迟。我们还看到男性在31岁以后，女性在26岁以后，结婚人数呈现出明显下降趋势。也就是说男性年龄大于31岁，女性年龄大于26岁之后，或许在择偶方面会存在一定的困难。但总体而言，新中国成立之后，无论男性还是女性结婚年龄呈逐渐提高趋势。表8所反映的是《北京志·人口志》20世纪五六十年代，北京市女性初婚年龄变化状况，也能看出随着时间的推移，女性初婚年龄呈递增的趋势。

表8　20世纪五六十年代北京市女性初婚年龄状况

年份	初婚年龄
1950—1954	19.39
1955—1959	20.13
1960—1964	21.60
1965—1969	22.65

资料来源：《北京志·人口志》，北京：北京出版社，2004年版，第239页

二、男女配偶的婚龄差

婚龄差，指的是男性结婚年龄与女性结婚年龄之差，若男性结婚年龄大于女性结婚年龄，年龄差为正数，反之为负数。

表9　1950年6月北京市第五区男女配偶婚龄差

年龄差	20	18	16	15	14	13	12	11	10	9	8	7
对数	1	5	3	2	1	2	3	6	11	13	15	14
百分比	0.51%	2.56%	1.54%	1.03%	0.51%	1.03%	1.54%	3.08%	5.64%	6.67%	7.69%	7.18%
年龄差	6	5	4	3	2	1	0	−9	−4	−2	−1	
对数	14	16	23	15	17	14	9	1	2	2	6	
百分比	7.18%	8.21%	11.79%	7.69%	8.72%	7.18%	4.62%	0.51%	1.00%	1.03%	3.08%	

资料来源：北京市档案馆，档案号：45—4—51，《北京市第五区人民政府民政科(1950年)六月份结婚申请书》

表9的散点图如下：

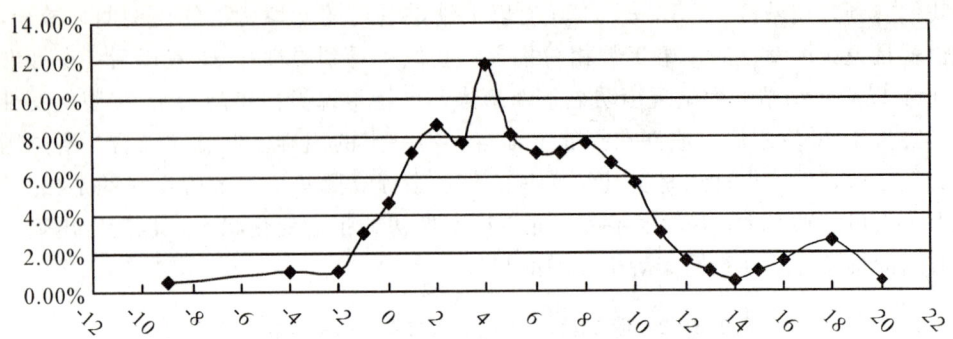

图1　1950年6月北京市第五区男女配偶婚龄差

表10　1950年7月北京市第五区男女配偶婚龄差

年龄差	−2	−1	12	10	9	8	7	6	5	4	3	2	1	0
对数	1	8	1	2	1	1	5	5	3	11	10	17	9	3
百分比	1.30%	10.39%	1.30%	2.6%	1.3%	1.3%	6.49%	6.49%	3.9%	14.2%	12.99%	22.08%	11.69%	3.9%

资料来源：北京市档案馆，档案号：45—4—51，《北京市第五区人民政府民政科(1950年)7月份结婚申请书》

表10的散点图如下：

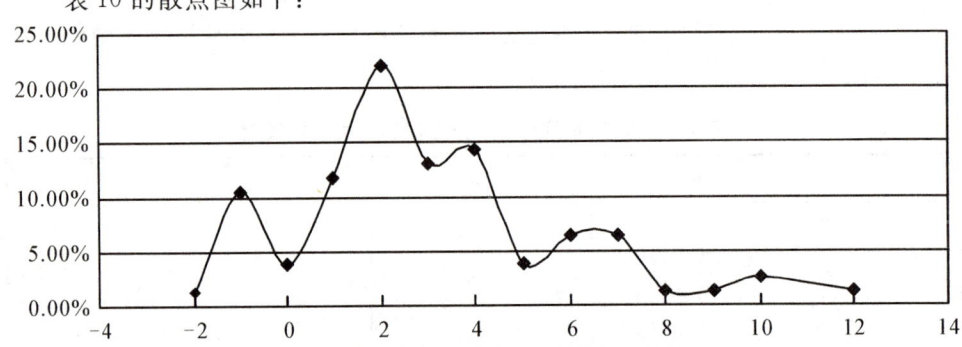

图2　1950年7月北京市第五区男女配偶婚龄差

表11　1964年海淀区男女配偶婚龄差

初婚男女年龄差	0岁	1—3岁	4—5岁	6—9岁	10岁以上
对数	3对	45对	14对	12对	3对
百分比	3.90%	58.44%	18.18%	15.58%	3.90%

资料来源：海淀区档案馆，档案号：55—101—302，《温泉公社1964年1—12月婚姻登记情况统计表》

通过对表9、表10、表11的分析，我们发现，男女婚龄差主要分布在3—4岁这个区间，而且男女年龄差的阈限基本是在1—10岁之间，即男性年龄与女性年龄之差在1—10岁内属于社会多数人认可的范围。女性年龄大于男性年龄的配偶数量较少，即使有少量的女性年龄大于男性年龄，其年龄差也基本分布在—5——1的范围内，即女性大于男性年龄的最大数值不超过5岁。说明女性年龄大于男性的婚姻，社会认可程度较低。如"昌平县一女24岁介绍来本区与18岁一男结婚，经政府审核未予批准。"①而且，登记工作的干部也会因为"男女年龄相差太多，肯定没有爱情，坚决打回。"②在表10中，77对配偶中有9对女性年龄大于男性，且婚龄差距很小。8对配偶中女性大于男性1岁，1对配偶女性大于男性2岁。除去3对同岁的夫妻，其余65对男性的年龄均大于女性，婚龄差平均数字为3.8岁。这即是通常所说的择偶的"年龄梯度偏好"。如果年龄差较大的男女结合，会被认为是不合乎常规。在不同的历史时期，婚龄差并不相同。由于女性的初婚年龄开始上升，从总的趋势来说，婚龄差在缩小。我们从表11也可以看到，与20世纪50年代初期相比，20世纪60年代以后的婚龄差从所占比例最高的4岁，下降为1—3岁。这种"男大女小"的婚配模式的由多种因素影响和决定的。从生理状况而言，有人认为，"男性生理上发育成熟一般比女性晚2—3年"③。历史上形成的"男大女小"婚配模式可能与此有关。现实生活中，人们也倾向于婚龄上"男大女小"这种的婚龄择偶标准。而且这种婚配习俗一旦形成，就具有相对稳定的特点，在短时间内很难改变。另外，男性的事业成就与其择偶条件优越与否有很大关系，而事业成就大小又与年龄有直接的关系。所以很多人一般在事业成功后，才考虑婚姻问题。这种"男大女小"的婚配模式在一定程度上反映出男女两性对配偶事业成就要求的性别差异，而且还有助于缓解婚姻市场上男性婚姻受到挤压的矛盾。

三、婚龄与职业的关系

婚龄在不同职业之间也存在着差异。这一方面是由于国家的相关规定如对军人婚龄的规定造成的，另一方面不同职业有着不同的社会属性，从而也会造成职业差距。笔者通过档案中记录的已婚男女职业登记状况，试分析婚龄与职业之间的关系。

---

① 北京市档案馆，档案号：45—3—10，《北京市第14区人民政府1950年婚姻工作总结报告》。
② 宣武区档案馆，档案号：11—1—7，《(1953年)宣武区宣传贯彻婚姻法运动工作报告——干部学习及检查婚姻法执行情况》。
③ 陈友华：《中国和欧盟婚姻市场透视》，南京：南京大学出版社，2004年版，第305页。

表 12　1964 年海淀区温泉公社不同职业男性及配偶的初婚年龄

	教师		工人		农民		干部		技术员或职员		军人	
	男性年龄	配偶年龄	男性年龄	配偶年龄	男性年龄	配偶年龄	男性年龄	配偶年龄	男性年龄	配偶年龄	男性年龄	配偶年龄
平均初婚年龄	26.27	23.54	25.30	23.00	23.46	20.96	27.50	23.50	27.67	25.67	29.09	24.72
平均婚龄差	2.73		2.3		2.5		4		2		4.37	

资料来源：海淀区档案馆，档案号：55—101—302，《温泉公社 1964 年 1—12 月婚姻登记情况统计表》

在表 12 中，我们看到，所有职业的男性当中，干部与军人的初婚年龄最大，分别为 29.09 岁、27.50 岁，其次为技术员或职员、教师和工人，其初婚年龄分别为 27.67 岁、26.27 岁、25.30 岁，农民的初婚年龄最低，为 23.46 岁。也就是说，经济地位和文化程度较高的男性其初婚年龄较大。不同职业的男性配偶中，男性农民的配偶年龄最低，为 20.96 岁，其次为男性工人、干部、教师和军人的配偶，其年龄分别为 23 岁、23.50 岁、23.54 岁和 24.72 岁。男性技术员或职员配偶的平均年龄最大，为 25.67 岁。也就是说文化程度越高的男性，其配偶的年龄也较大。而且我们还发现男性干部和军人与配偶的平均婚龄差最大，分别为 4.37 岁、4 岁。其次为男性教师、农民、工人，他们与配偶的平均婚龄差分别为 2.73 岁、2.50 岁、2.30 岁，男性技术员或职员与配偶的平均婚龄差最小，为 2 岁。

表 13　1964 年海淀区温泉公社不同职业女性及配偶的初婚年龄

	教师		工人		农民		医护人员		技术员或职员		军人	
	女性年龄	配偶年龄	女性年龄	配偶年龄	女性年龄	配偶年龄	女性年龄	配偶年龄	女性年龄	配偶年龄	女性年龄	配偶年龄
平均初婚年龄	24.5	28.67	23.89	25.89	22	25	22	28	26	28.57	25.57	29.57
平均婚龄差	4.17		2		3		6		2.57		4	

资料来源：海淀区档案馆，档案号：55—101—302，《温泉公社 1964 年 1—12 月婚姻登记情况统计表》

表 13 中我们看到，女性农民和女医护人员平均初婚年龄较小，为 22 岁，其次为工人、教师、军人，分别为 23.89 岁、24.50 岁、25.57 岁，女性技术员或职员平均初婚年龄最大，为 25.67 岁。女性农民配偶的年龄最低，为 25 岁，其次为女性工人、医护人员、教师、技术员或职员、军人的配偶，其年龄分别为

25.89 岁、28 岁、28.57 岁、28.67 岁。女军人配偶的平均年龄最大，为 29.57 岁。结婚年龄与职业状况也有很大关系，对于受教育程度高的女性而言，在学校的时间较长，而高校对学生的婚恋又做出了种种限制，另一方面她们还不具备独立的经济能力，而且这部分人的自主性相对较大，不愿意依赖家庭。这就意味着她们要结束学业，并有了一定经济的独立性后才有条件结婚。因此，这部分人的初婚年龄较大。下面是笔者的访谈：

M 女士，1933 年生，籍贯北京，高校行政干部，1963 年结婚。

采访者：您是哪一年结婚的？

受访者：我是六三年结婚的，较晚，都 30 岁了。那会儿国家提倡晚婚晚育嘛！我们那个年代比较特殊。特积极，一般都 30 岁左右结婚。

采访者：您为什么 30 岁才结婚？

受访者：念书啊。本来新中国成立前念半截，周围没有学校。新中国成立前，北京就这么几所学校，海淀区有 6 个中心小学有 6 年级。八里庄有一个叫 6 中心，西直门有一所，北下关有一个，现在易初莲花这里有一个叫 3 中心，海淀有一个叫 4 中心，青龙桥有一个叫 5 中心。其他的学校就到 5 年级或 4 年级。所以我新中国成立前因为周围没有学校就断断续续念了一点，新中国成立后又接着念。你想想大学那时候上 5 年，除非在学校里就交朋友，如果工作再谈再结婚不都二十八九了？

另外，还有许多步入社会的女性，她们不愿意囿于家庭的小圈子，过早地结婚生子。如"福德斋药厂的女工委员韩淑芳怕失业"[1]而不敢结婚。还有些女工"虽达婚姻年龄，因顾虑婚后不能养家不敢结婚。"[2]下面是笔者的访谈：

访谈一：冯女士，1936 年生，籍贯北京，1959 年结婚。

采访者：您结婚的时候算晚婚吗？

受访者：算吧。

采访者：是什么原因呢？

受访者：我跟我老伴谈了 5 年呐。反正也不想结婚。就想挣钱养家，供我弟弟上学，他上大学的费用都是我管的。

访谈二：M 女士，1937 年生，籍贯吉林，技术干部，1962 年与大学同学结婚。

采访者：您结婚那年多大？

---

① 北京市档案馆，档案号：38—2—77，《(1953 年)前门区婚姻法办公室工作计划、报告、总结》。

② 北京市档案馆，档案号：101—1—331，《(1951 年)当前女工工作中存在的问题》。

受访者：27。

采访者：算大龄吧？

受访者：比较接近大龄吧。

采访者：是因为什么呢？

受访者：我是五九年毕业，那年家里有变故。我就承担下来了家里的负担。
　　　　全凭自己供养家。

女性医护人员与配偶的平均婚龄差最大，为6岁。其次为女教师、女军人、女农民、女技术员或职员、女工人，她们与配偶的平均年龄差分别为4.17岁、4岁、3岁、2.57岁、2岁，女工与配偶的平均婚龄差最小，为2岁。在不对等的上行婚姻中，女方年龄较低，男女婚龄差较大。与文化程度较高的职业妇女相比，女性农民年龄越低选择配偶的范围相对较宽泛。而且她们还可以通过年轻这一资源与职位和经济地位较高的男性相交换。笔者在档案中发现13位20岁以下登记结婚的女性中，除一名为医生外，其余均为农民。这名女医生的配偶为军人。其余12位农民的女性，其配偶除2名为工人外，其余均为农民。而且女性农民与其职业为工人的配偶年龄差距较大，这两对配偶的婚龄差分别为7岁和10岁。也就是说婚龄差在上行婚模式中比较明显，而且上行的幅度越大，婚龄差也越大。

四、国家对晚婚的提倡

据统计，"北京市1957年人口自然增长率达33.9％，1963年达到35.3％。"而且净迁入人口的数量为106.8万人[1]。三年困难时期，粮食供应的紧张使得北京市不堪重负。所以，1962年国家提出了晚婚和计划生育的号召。晚婚成为缩减人口政策的一种工具。当时国家主要是从以下几个方面来进行晚婚教育的：

第一，从生理学角度分析早婚的害处。虽然《婚姻法》规定的结婚年龄是男20岁，女18岁，但又告诉人们，刚满18岁的男女青年，虽然在心脏、肾脏等器官已经发育完成，但是还没有达到成熟的地步。"所以最好的结婚年龄是男子卅岁上下，女子廿五岁上下。"[2]并且早婚不但妨害本人的健康，而且还会影响孩子的健康。

第二，从个人前途及家庭经济状况等方面分析早婚的害处。在晚婚的宣传中，告诉青年过早地结婚后，既要处理好复杂细致的夫妇关系，照顾好家务，又要担负起组织家庭和生育教养子女的责任，而年轻人往往缺乏独立生活的经验，

---

① 《北京志·人口志》，北京：北京市地方志编辑委员会，2004年版，第80页。

② 东城区档案馆，档案号：6—1—318，《（1963年）东城区妇联关于计划生育的宣传材料及建国门地区典型材料》。

从而加重自己的负担，会影响到生产、工作和学习。"尤其是女青年，因结婚后的负担比男同志要重得多，怀孕、生育、哺乳都要花费很多精力和时间，再加上自己不善料理这样繁重的家务，就更要影响生产、工作、学习。如有的女工因为结婚过早，受孩子、家务的牵累，影响了技术的提高。"①

第三，从提高思想觉悟和革命的人生观的角度告诫青年，青年时期是在人的一生中最为重要的时期，是为革命事业打基础的时期，青年是生力军，是革命事业的接班人。所以，应该把革命事业放在第一位，"应该先学习、立业，然后成家"②。

第四，通过制定相关制度来限制青年早婚。除了当时部队干部要达到"二八五团"的标准方可结婚外，在工厂里，制定了学徒工制度来限制工人早婚。从1963年开始规定，"技术工种的学徒工和练习生，均不得招收已婚男女青年。""（男）徒工在24岁以下，（女）徒工在22岁以下者在学徒期间，不准结婚。如不听劝告而结婚者，或劝其退厂，应延长升级年限。"③另外，北京市各高校也做了"学生在学习期间如要结婚令其退学"④等限制早婚的规定。

从新中国成立十七年来北京市婚龄模式的发展趋势来看，男女的结婚年龄在逐渐增大，而且男女的婚龄差距在逐渐缩小。在不同阶层间，人们的初婚年龄也存在差异。就其结果来说分为三种情况：第一，对于社会网络比较广的人来说，其婚龄受到国家和社会的制约更大一些。如在部队、机关、工厂的工作人员或者高校的学生，他们往往会因为自己所在组织的一系列制度限制而推迟结婚年龄。第二，对于把婚龄与个人的前途如入党、入团、职位晋升等联系起来的人而言，他们往往积极响应晚婚号召。第三，社会网络相对简单的人而言，其婚龄受到的国家和社会的控制相对较小，相反他们由于长期以来受到了传统早婚习俗的影响，往往在刚刚达到法定的结婚年龄就登记结婚了。

综上所述，我们看到与社会条件相比，生理条件对婚龄的影响并不大，而国家政策、文化程度、职业状况和经济状况却成为制约婚龄的主要因素。

---

① 东城区档案馆，档案号：6—1—36，《(1957年)婚姻问题宣传参考材料：和青年同志们谈谈有关恋爱、婚姻的几个问题》。

② 东城区档案馆，档案号：6—1—318，《(1963年)东城区妇联关于计划生育的宣传材料及建国门地区典型材料》。

③ 东城区档案馆，档案号：25—1—134，《(1963年)建国门人民公社计划生育在福利待遇方面的暂行办法》。

④ 北京市档案馆，档案号：15—1—55，《市教育局关于高校学生晚婚的意见》。

改革开放以来"彩礼"婚俗的变化与特点
（1978—2000）

董怀良[①]

彩礼亦称聘礼、聘金，指旧社会男女双方订婚和结婚时，由男方家付给女方家的财物和货币，既表示双方议定婚事，又是现实婚姻的前提条件。彩礼是伴随着私有制的产生而出现的，是由中国古代结婚程序——"六礼"之一"纳征"演变而来的，在传统婚姻中，彩礼具有买卖婚姻的特征。自古代到共和国成立后的婚姻法规均未出现"彩礼"一词，也未规定相应的彩礼制度，彩礼被排除在国家法之外，一直作为习俗存在。改革开放后，随着女性的社会、经济地位和文化素质的提高，以买卖婚姻为特征的要或送彩礼的情况逐渐减少，城市婚姻中买卖性质的彩礼已经基本消失，但这并不是说结婚不用花钱了，实际上彩礼婚俗并未杜绝，并且出现了新的特征。本文研究 1978 年改革开放到 2000 年的彩礼变化，意在探索改革开放对彩礼的影响及彩礼在 20 世纪末变化的程度。

一、改革开放以后彩礼的变化

第一，彩礼数额大幅增长。彩礼既然是一种风俗，不具有法律约束力，政府不会规定彩礼的数额，所以其数额在不同时期、不同地区和不同人群也不同。从 20 世纪 70 年代末开始，彩礼上涨的幅度明显增大，行情急剧飙升。赣中南农村的调查显示：20 世纪 80 年代彩礼保持在 3000 元以下，20 世纪 90 年代中期以前的普遍水平是 3000～5000 元，后期开始有人突破 5000 元。[②] 孙淑敏根据对西北赵村的实证调查发现，20 世纪 80 年代赵村的彩礼为 2069 元，20 世纪 90 年代中期为 6320 元，20 世纪 90 年代后期为 15720 元（金额是由礼钱、衣服钱、开箱钱、钥匙钱和衣物的折合现金）。[③] 根据山东省妇联对高青县的调查，该县彩礼数额 1983 年一般为 800～1000 元，1985 年升到 2500～3000 元，1986 年又上升到

① 董怀良，聊城大学讲师，首都师范大学历史学院博士研究生。

② 韩玲：《论当代赣中南农村婚姻习俗中的彩礼和嫁妆》，《农业考古》，2010 年第 3 期。

③ 孙淑敏：《农民的择偶形态——对西北赵村的实证研究》，北京：社会科学文献出版社，2005 年版，第 223 页。

4000～6000 元，最高的达 8000 元。[①] 据对全国 3402 份调查问卷的统计，1980—1985 年，农村青年结婚的彩礼上涨十倍，而同期农民的人均收入增长却较慢，据 1981 年及 1985 年国民经济和社会发展统计公报显示，1980 年为 191 元，1985 年为 397 元，才提高了 1.1 倍。[②]

从以上各地的调查和统计可以看出，虽然各地的彩礼上升的幅度不一，但是都是呈现大幅度升高的趋势，而且彩礼上升的程度明显高于同期百姓的收入水平，可以说人们在彩礼上的负担加重了。

第二，彩礼支付形式由实物向现金转变。彩礼在其发展过程中，主要包括两种形式：现金和实物。其具体内容随着时代的变迁而不断变化，在改革开放以后越来越呈现出实物越来越少，逐渐向现金发展的趋势。从 20 世纪 80 年代后期开始，出现了一种新的彩礼形式——干折，就是把用于购买婚事礼物的花销折合成现金交到新娘手中。以黑龙江省下岬村为例，干折的发展经历了两个阶段：

表 1　新郎家婚事支出的变化：1970—1993 年[③]

1970—1979 年	1980—1989 年	1990—1993 年
礼钱	干折 a	干折 b
买东西钱		
装烟钱		
家具钱	家具钱	
被褥钱	被褥钱	
大件	大件	

下岬村的案例基本上代表了改革开放以后彩礼形式发展的一个典型趋势，由表 1 可以看出，20 世纪 70 年代彩礼主要包括六项内容，到了 80 年代，礼钱、买东西钱、装烟钱被折合为干折 a；到了 90 年代初期，买家具、被褥、大件的钱与干折 a 合到一起，一并被合成一个现金干折 b，由新郎家把现金交给新娘本人。干折的出现表明彩礼支付的方式发生了根本性变化，现金支付逐渐取代实物成为主要的彩礼支付方式。

第三，彩礼内容向现代化发展，从实用到时髦，具有鲜明的时代特征。20 世纪 70 年代末，国家实行改革开放政策后，人们物质生活逐渐丰富起来，彩礼

---

① 山东省妇联：《农村婚嫁移风易俗状况调查》，《山东法学》，1987 年第 3 期。

② 黄瑞旭、杨新连、靳光谨：《"彩礼"问题调查》，《青年研究》，1986 年第 8 期。

③ ［美］阎云翔著，李放春、刘瑜译：《礼物的流动——一个中国村庄中的互惠原则与社会网络》，上海：上海人民出版社，2000 年版，第 180 页。

的内容也发生了新变化。80年代原有的四大件(自行车、缝纫机、手表和收音机)已经逐渐进入普通家庭里，不再是人们向往和渴望的物件，礼单上出现了新的、时髦的物件，包括电视机、录音机、洗衣机、摩托车。[1]到90年代结婚时，彩礼上，人们更开始注重生活包括精神上的享受，家庭影院、电冰箱、洗衣机、空调等时髦、气派的物品成为追求。[2] 在农村彩礼中也要求一套体现城市生活品位的沙发。[3]

20世纪90年代，一些新的、前所未有的事物成为彩礼的目标，比如一块田地、一家家庭谷物加工厂或一头奶牛，这类彩礼是基本的生产资料，可以带来更多的财富。[4] 随着时代的发展，人们也越来越看重文化素质，80年代曾有这样一则报道：某生产队某老汉，有三个女儿，大女儿、二女儿出嫁，任凭干部怎样开导，他非要彩礼不可。实行联产承包责任制以后，老汉生活逐渐富裕，眼界也开阔了，有人给他的三女儿提亲，问他要多少彩礼，他说："要一张高中文凭!"从老汉的彩礼观念的变化，可以看出人们的眼光放远了，择偶更看重人的发展潜力。[5]

第四，彩礼功能和性质的变化，由偿付逐渐走向资助。学界对解释彩礼支付的具体实践主要有两种理论：一种是婚姻偿付理论，一种是婚姻资助理论。[6] 婚姻偿付就是男方家庭必须为女方的加入向女方家庭提供补偿，这把女性看成一种礼物，一种具有剩余价值和劳动价值，可以带来人口和财富增长的礼物。婚姻偿付更强调群体之间的关系，对代际关系忽略不计。婚姻资助突出了新建立家庭在群体中的位置，强调代际关系在婚姻交换中的重要作用，从这个视角看，彩礼就不是一种补偿，而是一种资助。改革开放以来，彩礼的偿付功能逐渐弱化，而资助功能逐渐突出，彩礼的流向发生了变化，不再是从男方家庭到女方家庭的财富流动，女方父母把绝大部分彩礼用嫁妆的形式送给新婚家庭。在这种情况下，彩礼的性质也发生了变化，逐渐成为家庭内部代际之间财产的转移，即儿子继承家产的一种方式，对儿子来说，结婚是继承家产的一个重要时机，大量的家产都投入到结婚消费中，待到分家时可用于分割的家产越来越少，所以结婚时家产继承

---

① [美]阎云翔著，李放春、刘瑜译：《礼物的流动——一个中国村庄中的互惠原则与社会网络》，上海：上海人民出版社，2000年版，第179页。

② 杨虎：《六十年巨变：结婚彩礼奏鸣曲》，《传承》，2009年第21期。

③ [美]阎云翔著，李放春、刘瑜译：《礼物的流动——一个中国村庄中的互惠原则与社会网络》，上海：上海人民出版社，2000年版，第179页。

④ [美]阎云翔著，李放春、刘瑜译：《礼物的流动——一个中国村庄中的互惠原则与社会网络》，上海：上海人民出版社，2000年版，第197页。

⑤ 刘达临：《婚姻社会学》，天津：天津人民出版社，1987年版，第78页。

⑥ [美]阎云翔著，李放春、刘瑜译：《礼物的流动——一个中国村庄中的互惠原则与社会网络》，上海：上海人民出版社，2000年版，第192—193页。

的重要意义更突出，意味着家产继承的时间提前至结婚时。[①]

二、彩礼变化的原因分析

首先，彩礼数额升高的原因。据阎云翔的调查，高额彩礼持续升温的最重要的原因是"年轻小夫妻渴求独立"。改革开放以后，女人们追求高额彩礼的深层动机在于想把未来的家庭建设得更美满，而这不仅仅涉及新娘本人，还关系新郎。随着自由恋爱逐渐增多，男女青年多为自己结识、自由交往，感情基础深厚，容易提前产生夫妻共同体的意识，这种共同体意识会促使他们为了即将建立的小家庭谋求更丰厚的物质基础，"现在新郎鼓动新娘向他家索要一份高额彩礼——以期汲取更多家产来建立自己的新家，倒是司空见惯"[②]。年轻人想方设法从父母那里挤出更多的彩礼，并且闹着提早分家单过，阎云翔把这种现象解释称为年轻人个人权利意识的觉醒，体现了"这代人对自身权利的强调、对个人在家庭财产中份额的要求，以及对把握自己家庭生活的欲望"[③]。

但笔者却认为彩礼升高的原因主要在于风俗的推动，至于新郎和新娘合谋要高额彩礼的情况并非司空见惯。彩礼的高或低都是相对的，高于一个地方的约定俗成的水平就可以视为高额。根据笔者的调查，到了20世纪90年代，男女青年内心里大部分认同"只要感情好，彩礼高低无所谓"，但是在实际的行动中，却不得不依据当地的风俗习惯和约定俗成的彩礼标准走一遍程序，因为"如果不这样做，会被别人认为女孩可能有问题，而且会议论一辈子，真受不了这个舆论。""男方家庭如果送的彩礼高，会在当地有面子，形成好的名声，对以后孩子结婚也有利，而且对女方家庭也是一种面子，女方父母也认为男方父母是明白人。"[④]并且在实际的操作中，彩礼还要略高于约定俗成的金额，这样在熟人圈里就有面子，此后的未婚青年结婚时，大多数会超过以前的彩礼最高金额，最低也要持平，彩礼在攀比之下越来越高。

另外，男女比例失调也推动了彩礼金额升高。受"重男轻女"等多种因素的影响，加上20世纪80年代国家推行计划生育政策，客观造成的后果是男多女少。20世纪80年代以来，中国出生人口性别比一直居高不下，1982年中国尚有一半的省、市、自治区的出生人口性别比（每100名女婴对应的男婴数量）在正常值

① 韩玲：《论当代赣中南农村婚姻习俗中的彩礼和嫁妆》，《农业考古》，2010年第3期。

② ［美］阎云翔著，李放春、刘瑜译：《礼物的流动——一个中国村庄中的互惠原则与社会网络》，上海：上海人民出版社，2000年版，第197页。

③ ［美］阎云翔著，龚小夏译：《私人生活的变革：一个中国村庄里的爱情、家庭与亲密关系（1949—1999）》，上海：上海书店出版社，2009年版，第180页。

④ 访谈对象：D女士，40岁，1995年结婚，山东DHT镇教师，结婚时收彩礼10000元，在娘家所在的村里属于当时最高的，访谈时间：2013年2月18日。

107 范围内，1990 年这一数字缩减为三分之一；到了 2000 年第五次全国人口普查时，全国 31 个省、市、自治区中只有 3 个省（西藏、新疆和贵州）的人口性别比处于正常范围，江西、广东、海南、安徽、河南人口性别比甚至超过了 130，显示出人口出生性别比持续偏高现象的愈演愈烈之势。① 这种结构性矛盾，决定着女性在婚姻选择上权利的上升。随着男女平等、婚姻自由的观念深入人心，女性在婚姻选择上的自主性也大大增加，这些条件都决定了女性一般会找到比自己强的男性为伴，彩礼上的层层加码表明了女性在婚前的优越地位。

其次，彩礼的内容和形式变化的原因。彩礼变得丰富多彩。这得益于改革开放，许多商品在改革开放前比较匮乏，并且要有购物券才能买到，国家控制较严，即使有钱也不见得保证新郎和新娘能买到想买的东西，② 而随着市场经济的发展，物质极大丰富，物品种类也多起来，使买到丰富多彩的东西成为可能。

青年男女们慢慢认识到彩礼中的实物很快就会过时，而现金方便支配，想什么时候买就什么时候买，想买什么就买什么，这推动了干折的出现，以黑龙江下岬村为例：1985 年出现干折，是因为有谣言说那一年过后就不分盖房子的宅基地了，那时准备结婚的人都担心失去获得宅基地的机会，许多人就让他们的未婚妻在要彩礼时全部要现金，这笔钱用来买盖房子的建筑材料。③ 从此以后干折就逐渐流行了。自从干折出现后，新郎和新娘就对彩礼有了更大的支配权，有一位新娘说："时装变得太快，我可不想浪费钱买太多转眼就过时的东西"，另外新娘还将一部分的定亲礼钱以较高的利息借给别人。④ 干折的出现体现了青年男女考虑问题更加长远了，日益重视彩礼的用途和家庭的长远建设。

三、彩礼支付的特点

首先，彩礼的买卖性质日趋淡化。1950 年《中华人民共和国婚姻法》明确规定"禁止包办、买卖婚姻和其他干涉婚姻自由的行为，禁止借婚姻索取财物。"1981 年《婚姻法》也规定"禁止包办、买卖婚姻和其他干涉婚姻自由的行为""禁止借婚姻索取财物"。新中国成立后的三十年，国家把彩礼视为资产阶级劣俗批判，所以彩礼之风不盛，1978 年后，彩礼的兴起并非是因为生活富裕了，而是"国家

---

① 赵捷：《反对拐卖：行动与研究的反思》，昆明：云南人民出版社，2012 年版，第 81 页。

② ［美］艾米莉·韩尼格、盖尔·贺肖著，陈山、延宁、侯玉海译：《美国女学者眼里的中国女性》，西安：陕西人民出版社，1999 年版，第 121 页。

③ ［美］阎云翔著，龚小夏译：《私人生活的变革：一个中国村庄里的爱情、家庭与亲密关系(1949—1999)》，上海：上海书店出版社，2006 年版，第 171 页。

④ ［美］阎云翔著，李放春、刘瑜译：《礼物的流动——一个中国村庄中的互惠原则与社会网络》，上海：上海人民出版社，2000 年版，第 187 页。

对要彩礼的干预不再是政治手段强制制止，而是把其视为风俗，改为引导。"①但是，人的思想观念并未随着新制度的出现而立即发生变化，在相当一部分人的旧思想中仍顽固存在，加上当时的社会生产力不够发达，很多人家不富裕，想趁女儿出嫁捞点儿钱的想法大有人在。买卖性质的彩礼在全国尤其是贫穷落后的农村仍大范围存在。比较典型的情况就是 80 年代到 90 年代中期，在较贫困的农村盛行买老婆，女方居住地以四川、贵州、云南等省份贫困山区为主，彩礼钱在 1000 ~2000 元，钱的数额在男方看起来不算高，但在女方往往会被认为很高，据笔者访谈，这些地方的女性之所以愿意被人买走做媳妇，H 女士的想法具有一定的代表性：

一是能把得来的钱补贴父母或资助自己的兄弟成家，再就是能走出贫困的山区，到平原生活"地平，路好走，能吃饱饭"，父母都认为出去有个活路，总比饿死强，所以交钱就能领人走。②

买卖性质的婚姻势必追求高额的彩礼，从《中国妇女报》《农村青年》杂志社和中国社会科学院《青年研究》编辑部在 20 世纪 80 年代中期所做的全国婚恋问题的调查统计表中可以看到，高额彩礼成为众多家庭的沉重负担，并引发了诸多社会问题，如表 2 所示：

表 2 高额彩礼引发的社会问题③

事件次数的多少	因给不起彩礼解除婚姻	因彩礼婚后夫妻不和	婚后长期还债经济困难	为彩礼去偷、去抢	因彩礼被迫换亲转亲	自杀	杀人	逃婚	其他
第一位	1358	578	1001	51	106	16	11	26	54
第二位	286	1108	1022	101	419	38	14	92	62
第三位	343	288	769	234	495	95	47	275	538

随着人们思想观念的转变，尤其是 20 世纪 90 年代，农村的买卖性质的彩礼大幅减少，在城市中基本消失，但这并不意味着彩礼没有了，由上文可见，彩礼的数额在改革开放后呈升高的趋势，但买卖的性质已经淡化甚至消失，女方父母收彩礼的目的发生了变化，恰如一位女性的家长说：

彩礼是必须要收的，这和俩孩子的感情好坏没关系，和我们两家的经济状况

---

① 张塬：《一千对私奔者的悲喜剧》，《中国青年》，1987 年第 3 期，第 19 页。

② 访谈对象：H 女士，贵州人，51 岁，1982 年被以 1600 元的价格买到山东 D 村做媳妇，访谈时间：2013 年 2 月 5 日。

③ 黄瑞旭、杨新连、靳光谨：《"彩礼"问题调查》，《青年研究》，1986 年第 8 期。

没关系，我家就很富裕，能缺这点彩礼钱吗？根本不缺，但是要彩礼这个事情还必须要做，就是因为社会的风气就是这样，你不要彩礼，或者彩礼的数额低于大家都认可的标准，社会舆论就会认为我家的姑娘是不是有问题，人家都说"便宜没好货，好货不便宜"，不能因为这点事让社会上议论一辈子，不能当异类。实际上，我家收的彩礼又当作嫁妆给了我姑娘，另外我还给了姑娘姑爷两万元。①

在大多数情况下，彩礼的支付还是男方为了维护"面子"的必要行动，例如有一位男子说：

给女方的彩礼少，首先会让女方感到没面子，另外，彩礼的数额达不到社会的标准，社会上会认为男方经济拮据或者人抠门，如果给的彩礼多，会体现男方家的经济实力，无形中抬高男方家庭的社会地位。②

这说明习俗是一定社会历史条件和生产力水平下的产物，具有深刻的社会、历史和自然根源，习俗一旦形成，就蕴藏在群众的共同心理感情里，具有很强的稳定性，这决定了彩礼婚俗走向文明是随着社会的政治、经济、文化的发展而缓慢、潜移默化地变化。从访谈对象的话中还可见，彩礼已经没有了买卖的性质。

其次，彩礼的个性化。越穷的地方彩礼越高。社会地位较高、知识层次较高的人群反而不在乎，越是处于社会阶层较低人群的越重视。根据 1986 年全国妇联联合调查组的调查，经济、文化落后的地区，人们易形成封闭、狭隘的文化心理结构，"见闻不出乡里，交往止于四邻"，人们在生活中最大的希望莫过于娶一个好媳妇，嫁一个好丈夫，生一个胖娃娃；最大的乐趣莫过于婚姻嫁娶的酒席排场。虽然经济条件好转了，但文化依然落后，在调查中了解到，文化素质越低的女孩，自我意识越弱，认为出嫁要来的彩礼要为家庭增加一些收入，为兄弟娶媳妇助一臂之力。③

自由恋爱的女性对彩礼要求随意，依靠介绍结亲的女孩要求彩礼高。随着市场经济的发展和国家恢复高考，越来越多的女孩子走出自己的生活圈，其择偶圈由地域生活圈转变为同学圈、朋友圈和工作圈，缔结的是以自由恋爱、感情为主的婚姻，能力强、学历高、知识层次高的女孩往往不在乎彩礼，只要男孩人好，女孩子对彩礼多点儿、少点儿并不看重，关注的是男方的知识、能力和发展前景。感情基础是影响彩礼数额的重要因素，自由恋爱者由于感情基础相对好，在彩礼数额上往往灵活性较大，例如一位 D 先生说：

我和我爱人是大学同学，她家是城市里的，经济条件很好，我是农村的，家

---

① 访谈对象：G 先生，65 岁，山东平原人，退休法官，访谈时间：2013 年 3 月 11 日。
② 访谈对象：W 先生，40 岁，山东高唐人，农民，访谈时间：2014 年 2 月 9 日。
③ 全国妇联联合调查组：《农村婚姻彩礼上升的社会成因——福建省清流县婚姻彩礼情况调查分析》，《福建论坛(经济社会版)》，1987 年第 4 期。

里穷，所有的经济来源全靠父母种田，弟兄三个都上学，花销比较大，所以家里没有什么积蓄，我和我爱人在大学毕业的时候，我跟她表白，说我什么都没有，不能指望父母，只能靠自己以后奋斗好了才能过好日子，问她愿不愿意，她没犹豫就答应了，我们在大学里的感情是很深的，已经没有什么可以把我们分开了，她父母对我本人也很满意，只要我们两人好，经济上没要求，2000 年我们订婚，我没给彩礼，在饭店订婚都是她家出的钱。①

在外面生活的崇尚自由恋爱的女孩子，很多已与男友同居，并且多数已经未婚先育，"事实婚姻"会为彩礼打折扣。相反性格内向、不善于交往的"古板"女孩，靠媒人介绍对象往往倾向要较高的彩礼，因为和男方没有感情基础，所以倾向站在自己家庭的立场上，一般是"说多少就是多少""要钱实在"并且很难打"折扣"。② 依靠介绍认识的男女青年大多没有感情基础，在彩礼数额上一般由女方决定，很难有商量的余地，当然如果要求过高，媒人会从中调解，但是彩礼一般不会低于社会公认的标准，一位受访者说：

我们是 1991 年订婚的，那个时候农村不兴自己搞对象，只能靠媒人介绍，结婚和买卖东西一样，媒人就是一个经纪人，他跑了男家跑女家，把价格搞定了这桩买卖就算敲定了，我那口子当时真狠，订婚的见面礼、订婚以后逢年过节的礼物都是要求最高标准，甚至在结婚之前三天她家还狠狠又要了一笔钱，不拿钱就不能举行婚礼，好像遇见打劫的人了，但是一个愿打一个愿挨，还能有什么感情呀，凑合着过吧。③

另外也出现不送彩礼的情况。随着市场经济日渐发展，男孩子出去打工成为常事，如果男孩比较"狡猾"，可能不用花钱就能让女孩跟自己回家过日子。山东D村有极端贫困的兄弟二人，都是通过外出打工带女孩回家过日子，没拿彩礼，没办婚事，领结婚证就完事，一位 D 先生说：

没办法，父母没有任何能力为我们娶媳妇，我们只能自己想"邪招"，不可能在家里找对象，因为家里的情况熟人都知道，没有女孩愿意跟我们，只能出去找对象，在打工的时候，我和她感情也越来越深，她父母不愿意，但是她喜欢我，和她父母都闹僵了，我们没订婚，结婚也没举行仪式，更不用说拿彩礼。④

这是不送彩礼的例子，代表了一部分人的想法。

---

① 访谈对象：D 先生，37 岁，山东莘县人，大学文化，企业干部，访谈时间：2012 年 12 月 24 日。
② 宋丽娜：《从彩礼的层次看农村女性的婚姻自主性》，《湖北财经高等专科学校学报》，2010 年第 1 期。
③ 访谈对象：Z 先生，43 岁，山东聊城人，研究生文化，济南某国企员工，访谈时间：2013 年 8 月 21 日。
④ 访谈对象：D 先生，39 岁，山东莘县人，1998 年结婚，访谈时间：2013 年 2 月 2 日。

四、小结

由上述研究可见，改革开放后的彩礼日益体现出男女平等的趋势。在传统婚姻中，家长多认为养育女儿赔钱，出嫁了就不是自己家的人，自己有了损失，在这种思想观念指引下，新娘的父母对于男方家送来的彩礼，主要是留作己用，如弥补儿子娶亲时所需的彩礼开支、为儿子结婚筹建新房、买结婚家具，等等，这种彩礼是女方家庭把男方的彩礼视为养育女儿的偿付。改革开放以后，女方父母在各种因素的影响下，例如因为计划生育政策，就只有一个女儿的客观情况，另外传统观念在新风尚的冲击下也逐渐改变，认识到女儿也能防老，所以，对于男方家送来的彩礼，女方家庭多以嫁妆的形式，部分或全部甚至超额返还到新郎和新娘组成的新家庭，有时候甚至还再加一些钱资助女儿组建家庭。所以改革开放后的彩礼越来越呈现资助性质，彩礼的传统流向是由男方家庭流向女方家庭，改革开放后逐渐转变为由男方家庭和女方家庭流向子女组建的新家庭，传统彩礼的重男轻女色彩逐渐减弱。

另外，改革开放后彩礼的变化还体现了婚姻的家庭本位向个人本位转变。家庭本位强调的是个人对家庭的服从，要为家族利益做出自己的贡献，从而获得个人生活的意义；个人本位的观念更重视个人，强调个人的意志、利益、自由和发展。[①] 改革开放后，婚姻当事人逐渐主导了彩礼的内容、数额和使用，在彩礼支付中的发言权越来越大，体现了当事人的个体意愿，这逐渐不同于传统婚姻的父母对彩礼的控制。

---

① 丁璟：《家庭本位 vs 个人本位——婚姻家庭稳定的价值观因素分析》，《经济与社会发展》，2006年第 10 期。

民国初年东北地区婚姻问题探微

——以《盛京时报》为中心

黄　巍[①]

一、民国初年东北地区已有女性接受文明结婚、自由结婚观念

民国初年，南京临时政府倡导要革除社会恶习，改进社会风尚，如严禁鸦片、禁止赌博、限期剪辫子等，这些措施都对当时良好的社会风尚的形成起到了引导作用，而劝禁妇女缠足的主张，更对女性的身心健康起到了积极作用。虽然东北地区地域相对偏远，但在民国初年也不同程度地受到了文明的洗礼，婚姻问题亦受到影响。民国初年，东北地区的婚姻问题无论是从婚礼仪式的表象来看，还是从婚姻观念的传承来看，都体现出新中有旧、旧中有新、亦新亦旧交融并存的态势，与此同时，一些传统的婚姻陋俗形式如童养媳婚、指腹为婚等逐渐被民国的法律禁止，"生子以前先行抱媳此等婚姻预约（订婚）法律上自始不能有效。指腹割衫襟为亲者则在禁止之列，此项订婚自属当然无效，若先抱养媳较之指腹为婚于法更不应许可"[②]。这些法律条款对引导民众自由结婚、保障女性权利起到了一定作用。

民国初年，一些受过教育的女性已经意识到追求男女平等的重要性，如《中华民国女界代表要求参政权请愿书》中把中华女性文化进行溯本追源，她们认为夫妇之间是初无男女尊卑之别的，《请愿书》写道："人类进化，则社会盛兴，民气发扬。夫妇初无大小尊卑之别，也基于社会负义务，也同享权利。"[③]民国初年，东北地区的婚姻仪式也开始掀起文明之风，婚礼仪式也逐渐简约化。而率先传播与实践新式婚礼，倡导文明结婚、自由结婚的女性，主要是一些受过教育，或受进步思想影响的女性。据1913年1月15日的《盛京时报》报道，辽宁铁岭陈列馆有一位姓张的华侨商人，人非常开明，后来娶了一位叫高玉珍的女师范毕业

---

①　黄巍：辽宁社会科学院民俗学文化学研究所助理研究员。

②　《大理院判例要旨 第二节婚姻之无效及撤销》，《司法公报》临时增刊，1915年第43期，第102页。

③　《中华民国女界代表要求参权请愿书》，《盛京时报》，1912年3月12日，第1版。

生，他们两人用文明结婚的形式庆祝自己的婚礼。"高玉珍……遂于昨日与张某举行文明结婚礼式，删除一切俗套，男女来宾甚多，并摄影以为纪念云。"①还有案例如 1913 年 5 月 18 日，辽宁安东审判厅厅长与女子师范学校一位姓韩的女教员在位于奉天大南关军械厂胡同的寓所内也采用了文明结婚的形式，这位审判厅厅长毕业于日本的早稻法政大学，而韩女士则是以第一名的成绩毕业于女子师范学校，而且前去参加婚礼的也都是受过教育的人士。②

民国初年，也有女性虽不明白"自由"其真正本意，但由于受到进步思想的影响，也不妨碍她们效法自由结婚之行为。吉林北极门外回民麻某有一女儿十六岁，姿色绝丽，与董姓书生相爱。一日，此女与女师范生林某谈论婚姻问题时，由于受林某提倡自由结婚观念的影响，顿觉恍然大悟，并于当晚即与董姓书生订夫妇之约，并于次日行聘。次日，当董姓书生来拜见岳父时，"其父不知何故，嗣经向女问询，该女以自由结婚相告，其父以木已成舟亦不谴责矣"③。

中国传统的婚姻礼仪程序主要由六步骤组成，俗称"六礼"，分别是纳采、问名、纳吉、纳征、请期、亲迎。民国初年，"问名"俗称"合八字"在法律上已经不是非存在不可的程序，"定婚婚贴应否填写年庚八字，法律并无明文不得认为法定之要件"④。这反映出民国初年婚姻自由度较之以往有所增强。有新式文明结婚仪式要求女性在公开场合演说的，如辽宁营口有国民党党员许士贵之子与姓宦的女士结婚时举行了新式文明婚礼。其婚礼仪式如下："(一)男女新人同向北方行三鞠躬礼。(二)男女新人对面行一鞠躬礼。(三)男女新人谢水人行一鞠躬礼。(四)男女新人谢父母行一鞠躬礼。(五)男女新人谢来宾行一鞠躬礼。(六)宣读婚证。(七)宣读各界祝词。(八)男来宾演说。(九)女来宾演说。(十)宾主答谢各来宾。(十一)鼓乐。(十二)酒席各界员绅前往参观者约四百余人颇为热闹云。"⑤从上述文明结婚的婚礼仪式上看，已体现出和传统婚礼仪式的不同之处，尤其是让女来宾演说的这一程序已体现出尊重女性的意愿，而能在四百多人的宾客面前发表演说的女来宾想必也是受过教育之人，否则是很难在公开场合演说的。

民国初年，虽然自由、平等观念逐渐被提倡，但真正有勇气追求婚姻自由的女性却是寥寥无几，对于那些处于社会底层的女性来说，在婚姻中往往扮演着牺牲者的角色。如辽宁绥中城南小施保屯孙某年十七岁时聘定姓叶的女士为妻，早在十年前，孙某因事逃往东城不知下落，而叶姓女的父母竟然于当年双亡，因当

---

① 《文明结婚》，《盛京时报》，1913 年 1 月 15 日，第 5 版。

② 《文明结婚之热闹观》，《盛京时报》，1913 年 5 月 20 日，第 7 版。

③ 《自由结婚》，《盛京时报》，1912 年 5 月 15 日，第 7 版。

④ 《大理院判例要旨 第一节成婚之要件》，《司法公报》临时增刊，1915 年第 43 期，第 100 页。

⑤ 《文明结婚之仪注》，《盛京时报》，1913 年 3 月 6 日，第 7 版。

年叶姓女年仅七岁，遂成为孙家的童养媳。在此十年期间，孙某杳无音讯。不料在 1911 年冬天，忽得孙某已死在他乡的噩耗。于是，孙某之兄要把叶氏卖给同屯于子清为妾，而叶氏认为其夫已死，而其依然是处女，所以婚姻应该由其本人自由选择，双方争执不下，最后只能用法律解决。"叶氏自言虽在孙家，依然处女，吾夫既死，婚姻仍需自择，孙姓不允，现已诉讼不知如何了结也。"①民国初年的法律规定如果女子在其夫逃亡三年以上不还而愿意改嫁的，经审判厅认定其夫逃亡属实而年限也合法的，女子是可以改嫁的，"女子如实因夫逃亡三年以上不还因而改嫁者，经审判厅认其逃亡属实而年限又属合法者，纵未具备告官领有执照条件其改嫁仍属有效"②。此案件中，孙某之兄把叶氏当成是自家的私有财产，不顾叶氏的意愿，强行要把叶氏卖给别人，可以看出民国初年东北地区的婚姻自由只达于法规与舆论层面，在社会现实中还会遇到重重困难，男权社会的绝对权力和不易改变的传统习俗，都是制约婚姻自由的巨大障碍。

虽然，民国初年东北地区已有女性逐渐接受文明结婚、自由结婚的观念，能够接受婚姻仪式简约化的形式，并身体力行地去进行尝试。但接受文明结婚、自由结婚观念的多是生活在城市的受过教育的女性，而从民国初年东北地区的生活水平现状来看，受过教育的女性是较少的，所以从总体上来看，当时能够接受文明结婚、自由结婚观念的女性是较少的。对于大多数的社会底层女性来说，由于观念的落后和知识的匮乏，其接受文明结婚、自由结婚的可能性较小。所以，在当时要想使大部分女性实现真正意义上的文明结婚和自由结婚确实尚需时日。

二、民国初年东北地区已有女性产生自主离婚的意愿

民国初年，东北地区已有很多离婚案件。1914 年 11 月，《盛京时报》报道了一则吉林省的离婚案件，"年来吉垣离婚案件不可胜数"③。在民国初年东北地区的离婚案件中，不乏有女性主动提出和丈夫离婚的，离婚的因素也是复杂多样的。1914 年 1 月 11 日，《盛京时报》报道了一则辽宁奉天的离婚案件，奉天大东关牛奶圈胡同住户曹双成因无正业坐吃山空，家贫如洗，遂逼其妻韩氏做皮肉生意以资辅助，韩氏不允，曹某因之终日殴打韩氏，韩氏受苦不堪于 1914 年 1 月 10 日赴地方审判厅呈请离异。④ 民国初年的东北地区，在经济生活殷实的家庭中，女性的正常生存需要还没有受到威胁；但是在经济破产的家庭中，女性往往成为家庭换取钱财的可利用资源，当要求妻子单方面守住贞节牌坊的传统观念和

---

① 《婚姻不得自由之困苦》，《盛京时报》，1912 年 6 月 20 日，第 7 版。
② 《大理院判例要旨 第一节成婚之要件》，《司法公报》临时增刊，1915 年第 43 期，第 100 页。
③ 《离婚者何多》，《盛京时报》，1914 年 11 月 22 日，第 7 版。
④ 《呈请离婚》，《盛京时报》，1914 年 1 月 11 日，第 7 版。

强迫妻子卖淫挣钱的现实生存问题之间发生矛盾时，显然生存问题占了上风，而当生存问题成为第一需要时，夫妻关系也会转化为赤裸裸的金钱关系。上述案件中的韩氏在丈夫逼迫她卖淫后，向地方审判厅呈请离婚的请求，最后也不知能否成功，"未知该厅如何判决"①。也有女性因和其他男性相好而提出和丈夫离婚的。据1914年12月29日的《盛京时报》报道，辽宁奉天城南十王坟村住户吴庆财以农为业，其妻子于氏已生有二子，不料于氏却和其他男性相好，并提出和吴庆财离婚，吴庆财始终不允。于氏遂撇下二子来审判厅请求离异。时人对于氏作为有夫之妇却和其他男性相好这种行为是持否定态度的，如《盛京时报》这样评价于氏，"该氏妖冶风流酷嗜小白脸……该氏遂与奸夫姜国臣私订百年"②。

上述两桩案件中，韩氏是因为丈夫逼迫她卖淫而提出和丈夫离婚的，于氏是因为和其他男性相好而提出和丈夫离婚的，前者让人同情，后者遭人痛恨；但是根据民国初年法律准予离婚的条件，"夫妇离异之规定除夫妇不和谐而两厢情愿者准其离异外其它以虐待等事为理由者非合于法定条件不可"③。这两名女子的离婚请求都不符合《大理院判例》中规定的夫妇两厢情愿离异才准予离异的条件，所以从法律上看，她们的离婚请求都是很难被批准的。

当然，也有不被准予离婚的案件，既不符合民国初年的法律离婚条件，又不符合人们观念中的传统伦理道德，但是却反映出女性追求婚姻自由的意愿。如1914年5月14日，《盛京时报》报道了辽宁凤城的一则离婚案件。凤城西街居民孙殿奎娶得本城窑姓之女为妻，过门一年后，窑姓女嫌弃孙家贫困，就到地方审判厅提出要和孙殿奎离婚，后经调解，该审判厅做出速将孙窑氏带回夫家安心度日的判决，并令孙窑氏不准再滋闹，"如敢仍前滋闹定即传局惩办"④。此案中，虽然窑姓女嫌弃孙家贫困要求离婚的做法并不符合人们"嫁鸡随鸡，嫁狗随狗"的传统观念，但是从婚姻自由、维护女性权利的角度来看，其要求离婚的做法也属于正当要求，但是，孙窑氏的离婚要求非但没有成功，反而被认为是自讨没趣，"该妇屡次扰闹，悍状百出，几无宁日……说者谓离婚未遂反讨没趣云"⑤。

当然，民国初年文明之风的兴起，法律政策的制定，也在一定程度上保护了女性的生存权利。如辽宁奉天大西关有住户刘某素无正业，寄住在叔父家，刘某于1914年阴历九月迎娶南关某姓之女为妻，该妇入门后，发现刘某家道贫困，衣食不给，遂与刘某冲突，刘某将该妇毒打不堪。该妇遂将刘某告上审判厅，审

① 《呈请离婚》，《盛京时报》，1914年1月11日，第7版。

② 《呈请离婚》，《盛京时报》，1914年12月29日，第7版。

③ 《大理院判例要旨 第四节离婚》，《司法公报》临时增刊，1915年第43期，第103页。

④ 《离婚未遂》，《盛京时报》，1914年5月14日，第7版。

⑤ 《离婚未遂》，《盛京时报》，1914年5月14日，第7版。

判厅在了解刘某与妻子冲突的缘由后，对刘某进行了处罚，"刘某判罚苦力一月"①，随后该妇又呈请审判厅准予两人离婚，但却不知审判厅如何判决，"昨间该妇又呈请要求离婚但未知如何判断耳"②。此案件中，该妇在遭到毒打后，将其夫告上审判厅，审判厅也对其夫进行了处罚，但随后该妇又呈请审判厅判决他们离婚，而民国初年法律对于夫妻因殴打行为而要求离婚是需要具备一定条件的，那就是要看夫妻双方的殴打程度，"如有妄冒已成婚者离异，又妻妾殴夫，夫殴妻非折伤者勿论，必至折伤以上夫妇如愿离异者离异"。③从《大理院判例》中可以看出，夫妻之间因为殴打行为必至折伤以上才准予离婚的，上述案件中的刘某虽因毒打妻子而被判罚做苦力一个月，但其妻的离婚请求最终也会因为没有被打到折伤以上而不会被审判厅准予离婚。而此项法律条款势必纵容那些经常打骂妻子的男性，给予他们一定的法律保障，所以可以想象家暴在民国初年的东北社会中是司空见惯的。

也有女性在离婚不成后，做出极端行为的。如奉天地方审判厅在 1914 年 3 月 24 日审理了这样一桩案件，"奉天有孙胡氏者和其夫孙登三到厅呈请离婚，当经问官判孙登并无不是，着仍领回安度，该妇以未允所请当即将所怀利刀抽出将自己腹部剖开，立时昏倒不省人事。该厅派人送至医院疗治，未知能否保全性命耳。"①《盛京时报》并没有具体说明孙胡氏因何离婚，但孙胡氏离婚不成竟不顾性命而自剖其腹的行为，足以证明该妇离婚的决心，从而可以推断出她对丈夫和婚姻的彻底绝望。而审判厅对该夫妇的判决结果，也在一定程度上反映出民国初年东北地区的法律对女性的实际支持不力，女性的社会和家庭地位并没有得到实质性的保障，女性在求助无门的情况下，自杀往往是她们的终极目标。

民国初年，东北地区已有女性主动提出和丈夫离婚的请求，表明女性已有维护自己权益、追求自我幸福生活的意识，但是，有这种意识的女性毕竟只是凤毛麟角。而民国初年的法律除对夫妻离婚条件有一定的限制外，对离婚后女性的私产也是有一定限制的。民国初年的《大理院判例》这样规定，"为人妻者亦得有私产，其行使私产之权利夫在时不无限制，夫亡后有完全行使之权。嫁媳对于夫家财产及原有妆奁已因改嫁而失其效力。现行律裁夫亡改嫁者，夫家财产及原有妆奁并列前夫之家为主"⑤。从《大理院判例》内容可以看出，妻子在丈夫活着或死亡后，如果不改嫁的话，对其私产有完全行使权力。但是如果改嫁，前夫的财产

① 《呈请离婚》，《盛京时报》，1914 年 12 月 13 日，第 7 版。
② 《呈请离婚》，《盛京时报》，1914 年 12 月 13 日，第 7 版。
③ 《大理院判例要旨 第四节离婚》，《司法公报》临时增刊，1915 年第 43 期，第 103 页。
④ 《离婚不允自剖其腹》，《盛京时报》，1914 年 3 月 26 日，第 7 版。
⑤ 《大理院判例要旨 第三节婚姻之效力》，《司法公报》临时增刊，1915 年第 43 期，第 103 页。

连同自己当年的嫁妆都归前夫家所有，自己是无权带走的。这种规定实质上限制了女性改嫁，特别是限制了有一定资产的女性，而对于那些处于社会底层的女性来说，其法律效力也由于她们的一无所有而失效，对她们而言，解决生存问题才是第一需要。

三、民国初年东北地区未婚女性、已婚少妇离家出走的案例较多

民国初年，东北地区未婚女性、已婚少妇离家出走的案例较多。未婚女性离家出走多和婚姻相关，有逃婚的，也有背着父母私定终身逃跑的；已婚少妇离家出走的原因一般都是和丈夫不和，于是选择和早已相好的其他男性离家出走。当时的社会舆论对这类私自离家出走的女性是普遍不原谅的，例如形容她们的词汇多为"淫妇""荡妇""私奔""淫奔""野鸳鸯"等贬义词汇。如1914年4月，"辽宁奉天大北关神庙后胡同住户赵氏孀妇年逾花甲，生有一女名唤桂荣，年方二八，风姿俊俏，尚未许人，因与邻右某无赖有染，遂暗定白头之约。日昨该妇将女许于西关景德当胡同张广发之子为室，得身价洋二百五十元，无赖得知即携该女秘密逃去。"《盛京时报》作为当时东北地区较有影响力的报刊，对桂荣这种行为是持否定态度的，例如认为和桂荣相好的邻居是"无赖"，"无赖闻知即偕该女密私逃云"[①]。那么，未婚女性未经父母许可，私定终身后，当时的法律会如何判决呢？当时有案例证明法律是站在父母一方的，判决未婚女性私定终身无效。如1912年5月，"辽河西有刘姓女年约二十许，貌仅中人，被同屯无赖盖某调戏成奸。前月某日，该女乘隙奔赴盖某家拜堂成亲。当经该女之父兄闻知，因畏盖某凶横未敢分辩，遂即赴府署呈控，昨经程守提讯以该女自寻丈夫殊署非是，判令其父兄带回另行择配下堂，以后该女与奸夫尤恋恋不舍，嗣被其兄连批其颊，始将该女扯去云。"[②]此案例中，该女已与盖某拜堂成亲，但是他们的婚姻最后还是被判决无效，这说明法律对女性的实际支持不力，而传统的"父母之命，媒妁之言"在民国初年的东北地区还是有很大影响力的。《盛京时报》对此女和盖某也用"淫荡""淫女""私奔""无赖""奸夫"这样的词汇形容，可以看出当时的社会舆论对女性私定终身的事件还是普遍不原谅的，女性追求自由结婚在民国初年的东北社会还是有很大难度的。

民国初年，东北地区民生凋敝，而对于处于社会底层的普通女性来说，更是缺乏教育管理，很多年轻女性自我保护意识不强，与人私奔现象比较普遍。据1912年3月21日的《盛京时报》报道，辽宁奉天民妇李崔氏女儿只有十四岁，因与其义兄李某结不解缘，后来竟瞒着父母和其义兄李某私奔，其母李崔氏因找不

---

① 《野鸳鸯双双飞去》，《盛京时报》，1914年4月5日，第7版。
② 《淫女私奔》，《盛京时报》，1912年5月11日，第7版。

到女儿就控告李某奸拐幼女罪。对此，《盛京时报》也认为此女子私奔是由于其家教不严的原因，"本邑李崔氏有女年十四因素少母教，遂与其义兄李某结不解缘于昨日竟双双飞去……要亦知家教不严咎由自取耳。"①女性受教育程度低，社会伦理道德意识薄弱，经常有违背伦理道德的案件发生。例如有母亲和义子通奸的案例，1913年2月，"辽宁奉天小西关天德店胡同门牌365号陈姓寡妇接交某营兵，明为义子，实则通奸，该营兵继而嫌陈寡妇年迈色衰，又与近邻谭姓女有染，因该女与陈寡妇常相往来，故得勾引成奸，于客岁阳历十二月二十一号在陈寡妇院内比翼飞去。"②还有一则是姐夫和妻妹通奸的案例，"辽宁东平城东住户张某之妻妹因无所依赖寄居张某家，早年其父受洋八百元将女许与糖房伙计，不料其女与张某早有不薄情事，糖房伙计急欲迎娶，而该女于迎娶之前晚竟逃匿无踪矣。"③

也有已婚少妇抛弃家庭，和其他男人离家出走的案例。1913年4月，"辽宁奉天小东关老虎庙后胡同住户崇某之妻黄氏年已二十有九，秉性淫荡，与奸夫李某情意甚热，欲结永远夫妻，于二十号晚间私自潜逃，崇某闻知报该管警署，查找已无踪影矣。"④当时的社会舆论对少妇背夫离家出走是持谴责态度的，认为她们不安于室，风流成性，这也在一定程度上反映出当时人们的价值观。由于当时生活条件的限制，女性受教育程度较低，有很多女性自我保护意识很差，她们很容易被引惑而离家出走。如1913年11月，"辽宁奉天大西关第五警察署管界门牌334号住户刘玉德之媳张氏，与邻居孙连级有染，日久情热，与孙某逃跑无踪，经刘某知之，当呈该管警察署防查云。"⑤还有如"辽宁奉天王玉亮之妻李氏年方少艾，姿色颇佳，因不安于室，被人拐走经其夫在地方审判厅呈控，经警寻获，判令领回安度，谁料李氏昨复与情人潜逃，杳如黄鹤，其夫王某又在地方厅呈控，尚不知如何能否寻获获也。"⑥民国初年，东北地区少妇离家出走的案例较多，仅1912年至1914年三年时间，《盛京时报》报道少妇离家出走的案例就有二十多起。⑦

民国初年，东北地区女性离家出走案件的频发，反映出女性教育的匮乏和自我保护意识的薄弱，她们极容易受诱惑而被他人骗走，而无论是未婚女性，还是已婚女性在离家出走后，她们未来的生活一般都很难得到保障，因为当时生活条件的限制，她们在离家出走时普遍没有经济基础，到异地他乡也是很难生存的，

---

① 《有女怀春》，《盛京时报》，1912年3月21日，第7版。

② 《野鸳鸯双双飞去》，《盛京时报》，1913年2月21日，第7版。

③ 《淫女外匿》，《盛京时报》，1913年4月23日，第7版。

④ 《淫妇私奔》，《盛京时报》，1913年4月22日，第7版。

⑤ 《少妇背夫而逃》，《盛京时报》，1913年11月7日，第7版。

⑥ 《淫妇私奔》，《盛京时报》，1914年1月1日，第11版。

⑦ 详见1912年至1914年的《盛京时报》。

加之她们的行为很难得到社会舆论和法律的支持，所以她们离家出走后的生活是很艰难的。

四、余论

民国初年，东北地区的很多离婚、悔婚案例都和贫困相关。贫困、生存问题成为阻碍婚姻幸福的重要障碍。如有夫妻感情很和睦，但是当生存问题来袭时，他们被迫选择离婚。1914年12月，辽宁奉天赵金魁与赵王氏夫妇平日和睦无间，但却以贫困原因选择离婚，"家无担石冷灶乏炊，遂即商议妥协赴地方厅请求离异"[①]。还有如1914年8月18日，《盛京时报》报道这样一则案例，"辽宁奉天有杨春榆者因贫困艰难度日，遂与其妻杨朱氏商议，双方赴地方审判厅请求离婚。杨朱氏承认暂将其子代为抚养，俟成年后再行归宗，并愿退还彩礼洋一百元，承审员以夫妇自愿离异，法所不禁当即准如所请。"[②]

民国初年，东北地区的很多悔婚案例也因贫困而起，而女性在此过程中则往往成为牺牲的对象，成为男性任意买卖的对象。如1912年9月，辽宁丹东市大孤山二道沟居民房某有一女已二十六岁，自幼许配给刘某为妻，后来房某嫌弃刘某家庭贫困，无力婚娶，遂将女儿另许配给王某为妻，得彩礼大洋600元。刘某得知此事后，遂到房某家提亲，房某要求刘某拿彩礼大洋200元，或者给刘某200元大洋了结此事，遭到刘某反对，房某遂设宴席邀请左邻右舍逼迫刘某退婚，刘某仍未同意。[③]此案例中，贫困成为房某不愿意将女儿许配给刘某的主要原因，而其女的个人意愿完全被忽视，无论是自幼许配给刘某，还是后来许配给王某，都是其父亲在主导着她的命运，掌控着她通过嫁人得来的经济资源，而其自幼许配的刘某如果愿意，也可在此过程中得大洋200元，在此过程中，房某之女成为男性任意宰割的工具。无独有偶，同年10月，辽宁奉天大西关王翰林后胡同居民贺如九有女十八岁，其女自幼许配给小南关娘娘庙西胡同赵恩禄为妻，赵恩禄因贫困无力婚娶，贺如九又将其女许配给高某为妻，得彩礼大洋500元，赵恩禄闻知后到贺家要求娶其女儿，贺如九想给赵恩禄大洋200元了结此事，遭到赵恩禄反对，双方争执不下。[④]

上述两个案例都是因贫困而悔婚的，此种类型的悔婚也可叫一女二聘，而一女二聘案件在民国初年的东北地区也是频发的，从1912年至1914年，仅《盛京

---

① 《夫妇离异》，《盛京时报》，1914年12月19日，第7版。
② 《自愿离婚》，《盛京时报》，1914年8月18日，第7版。
③ 《因贫悔婚》，《盛京时报》，1912年9月19日，第7版。
④ 《因贫悔婚》，《盛京时报》，1912年10月20日，第7版。

时报》就报导东北地区一女二聘案件十起左右①。如 1912 年 5 月，辽宁奉天大西关西局一所管界内住户张奎之女许字两婚，先时聘定之边某找张奎理论，张奎竟然不承认，并大肆殴打边某，边某随即到地方审判厅控告张奎，张奎闻知不敢赴案，远逃无踪。此案件中，边某是先聘定张奎之女的，后边某到地方审判厅控告张奎后，地方审判厅最后是要求缉拿张奎的，"地方审判厅批饬巡警缉拿张奎来案核办矣"②。还有如 1913 年 1 月，辽宁奉天住户汪秋来将其女许字两家，后审判厅将汪秋来和其女传案堂讯，"仍将其女断归前夫李大亮为妻，并令汪某退与现许之夫婚礼洋二百元两造具结了案云"③。上述两个案件都是保护了先时聘定女性的男性，这是和《大理院判例》相吻合的。"凡女子已与人订婚而再许他人者，无论已成婚与未成婚及后定娶者知情与不知情，其女应归前夫。"④还有如 1912 年 6 月，辽宁丹东市大孤山孟某之女许配给陈某多年，后孟某有意悔婚，找到陈某要求退婚，遭到陈某反对，后两人对簿公堂，先后有两位法官都把孟某之女判给陈某，孟某不服，后被收押，"孟某卒未遵断，故已将其收押矣"⑤。此案件中，可以看出法律的实际执行效力，虽然会打击一部分靠女性赚取钱财的人，但同时也可能限制一部分真正意义上想自由结婚的人。

民国初年，有些婚制仍按照清朝的规定，如"今民法未颁布婚姻制防前清现行律当然继续有效"⑥。这一时期，很多西方文化不断传入我国，文明之风逐渐兴起，但是对于地处相对偏远的东北地区，由于信息不发达，交通不便利，文明之风也很难在短时间内影响到这些地区。所以，民国初年东北地区的婚姻多是以传统为主，但也融入了西方元素，总体呈现出新中有旧、旧中有新、中西结合的状态。民国初年的法律在实际发挥的效力中往往只是保护了男性的权利，对真正表达女性意愿的离婚、悔婚请求实际支持不够，女性在社会舆论和社会法律机制面前的反抗也多是徒劳的、无意义的。从民国初年的东北地区社会整体上看，无论是有资产的女性，还是无资产的女性，在婚姻中仍然处于被动的地位，很难真正把握自己的幸福，其家庭地位和社会地位都很低，很不自由，有很多女性在整个婚姻过程中成为男性任意摆布的对象，成为他们换取钱财的可利用资源，而最可怕的是女性自身的浑然不觉，女性并没有真正意识到自我的价值和尊严，并为改变自己的命运而努力。这种启蒙仅凭文明风尚的引入及法律法规的制定是无法完成的，是需要来自社会各方面的努力才可完成。

---

① 详见 1912 年至 1914 年的《盛京时报》。
② 《再志一女二字案》，《盛京时报》，1912 年 5 月 14 日，第 7 版。
③ 《一女二字案判决》，《盛京时报》，1913 年 1 月 26 日，第 7 版。
④ 《大理院判例要旨 第一节结婚之要件》，《司法公报》临时增刊，1915 年第 43 期，第 100 页。
⑤ 《有意悔婚》，《盛京时报》，1912 年 6 月 15 日，第 7 版。
⑥ 大理院覆湖北高审厅统字：《犯婚姻制防者即属奸非罪函》，《司法公报》，1915 年第 65 期，第 6 页。

【性别卷】

当代女性小说婚恋书写的性别文化研究

王红旗[①]

21 世纪以来，当代女性小说创作的婚恋书写，呈现出越来越繁荣的趋势。女作家们以同根、同源的中国文化经验，不同的、个性的女性生命体验，在多元矛盾的冲突与融合之中，穿越虚拟与现实，从社会政治、经济和文化结构的深层，书写在爱情、婚姻、家庭不同状态下多变的女性命运。她们不仅反思造成女性身份危机、生存艰难、精神困惑、灵魂漂泊的自我的、家庭的、社会的多重原因，指破男女两性在精神生活中的"性别盲点"，修正男女两性在性欲、爱情、婚姻、家庭与职业等不同层面的"性别误识"，而且，大声疾呼性别平等观念进入婚姻家庭日常生活实践。因为，在漫长的人类社会发展史上，男权文化总是以它独特的形式——不仅仅是社会的，更重要的是种族的、家族的、家庭的、亲情的，以"爱"的面纱编制成束缚女性身体与灵魂的络网[②]。

虽然，当代中国社会的婚姻家庭状况，已经打破了传统婚姻家庭的父权家长制。但是，一方面，流淌在文化意识里的男权传统婚姻家庭观念根深蒂固，不同程度地支配着人们的爱情观、择偶观、婚姻观与家庭观。尤其是当代中国男性，他们可以接受科技现代化、经济全球化，却在两性关系、婚姻家庭观念上，常常会以"我自岿然不动"的姿态，固守男权传统；另一方面，当代爱情、婚姻、家庭观念，在价值观多元化、婚姻形式多样化的影响下，正处于急剧变革的时期。社会上"闪婚""试婚""无生育婚""非婚同居""跨国婚姻""打工族婚姻"以及"不婚族""恐婚族""剩女族"的普遍存在，产生了更多的家庭样式。尤其是"包二奶""婚外情"的现象有增无减，威胁着婚姻稳定，影响着家庭幸福的质量。即使走进婚姻家庭的中青年女性，也常遭遇"家庭暴力""家庭危机""离婚焦虑"。当代女性婚姻家庭生活方式如何建构，面临着旧观念与新问题的种种挑战。

当代女性小说的婚恋书写，以女性的爱情、婚姻、家庭与事业为切入点，通过婚姻家庭日常生活和家族伦理叙事，发现了男女两性在多重生存空间里因性别观念的差异所造成的尖锐矛盾。女作家们在塑造生命个体的、独立的男性与女性

---

① 王红旗：首都师范大学中国女性文化研究中心编审、研究员。

② 王红旗：《中美性别文化三人行》，王红旗主编：《女性·社会焦点问题报告：中国女性在对话》，北京：中国时代经济出版社，2003 年版，第 204 页。

形象时，重新定义女性自我内在的生命秩序与男女性别关系，从不同维度与深度，书写着女性的生活史、灵魂史。其批判性、修正性、超越性与建构性融为一体的女性乌托邦，蕴含着指向未来的婚姻家庭文化新范式。下面我从三个方面来阐释：

一、书写女性血缘家族谱系，反思被"异化"的女性家庭角色

书写女性血缘维系的家族谱系，是女性认识自我，追溯生命的来路，对女性重塑自我形象有着重要意义。也是女作家在 20 世纪 80 年代"寻父""弑父"之后，一次集体"寻母""弑母"、寻找"自我"的精神之旅。因此，她们小说中的婚恋书写，是在承接现实与未来的纬度上，从中国社会大历史的褶皱里，延伸到女性血缘家族谱系史的深处，不仅凸现婚姻家庭日常生活叙事中性别个体生命的内在精神图像，而且，在批判社会文化历史中男权传统的"性别怪圈"所规定的女性形象时，深刻反思女性"妻性"在婚姻家庭内外的关系中，对"伟岸的父（夫、情人）"的精神依赖，母亲的"母性"在母与子的关系中以"母爱"的名义构成的控制欲的杀伤力。这对当代的婚姻家庭文化的建设很有启迪。这里主要分析的作品是张洁的《无字》、徐小斌的《羽蛇》。

张洁出版于 21 世纪初的三卷本鸿篇巨制《无字》，是以女性血缘维系的家族谱系为经，以四代女人的家庭日常生活故事为纬，诉说在男权文化压抑之下的女性生命悲剧。令人震撼的，不仅是她以四代女性的爱情婚姻悲剧，拆解她当年亲手构筑的爱情理想圣殿。更为她借禅月之口发表的："咱们家的这个咒到我这儿非翻过来不可"的精神独立宣言。因为，她通过小说的主人公吴为，为爱情而痴而疯而死的绝望悲剧，来理性反思造成女性爱情婚姻悲剧的根本原因，不仅仅是男性的男权中心婚恋观念、自私与伪善的人性缺陷，更重要的是女性自身被男权观念异化的内心，对自己所爱的男性从物质到精神的生死依赖，自我主体、独立精神的完全丧失。也正是张洁对四代女性自我灵魂的拷问，成就了《无字》女性心灵史和生命史"向死而生"的救赎意义。而且，更深层的隐喻在作品最后的文字里，她在超越爱情婚姻之绝望"继续前行"中"原谅了自己"。当然也就意味着宽恕了"他人"。比较 20 世纪末女性写作曾以极端的情绪代替理性的批判，造成思想的迷失而无法抵达更高的哲学层面而言，《无字》对"爱情爱到无字无写处"，其深邃思想融入精湛艺术的表达，对当代女性被传统爱情婚姻观念异化的心理病态的批判，是捣魂入骨的。

如果说《无字》是以女性经历的爱情婚姻的创痛体验，来反思女性把爱情婚姻作为自己生命的支点，就会毁灭女性的人生的话。那么，徐小斌发表在 20 世纪90 年代末的《羽蛇》，是从一个家族五代女性的生存命运轨迹，来打捞女性血缘

家族谱系记忆。她把叙事的核心聚焦在传统家庭日常生活的最底层，凸显被异化而生成的"后母系社会"中的女人与女人之间的复杂关系。从而对"母亲"的"神圣"进行了最大胆的质疑。《羽蛇》里塑造的五代女性，母亲、外祖母等都是远古的太阳神，"羽蛇"是远古时代亚洲太平洋地区的最高女神，可以说均为女神时代"母神文明"的象征喻体。但是，当历史进化千年、万年到了今天，小说中构建的"后母系社会""母神文明"温暖光耀丧失殆尽。女人与女人之间的关系，尤其是"母与女"之间的关系，竟然变成了控制、嫉妒、仇视……母系血缘家庭之树的变异，隐喻"异化"而成的"母权"文化："当'母性'一旦成为'母权'，它就变得与父权一样可憎，甚至更为可憎"①。从而撕开了母系血缘谱系的不可靠性，发掘出母系血缘谱系内在的尖锐矛盾、母亲人性的复杂性、"母爱"的多面性。集中从"母与女"关系揭示了"母权"对家庭的惊人杀伤力。也就是说，徐小斌并没有简单地把女性的苦难归咎于男性/男权统治，而是从社会家族、家庭生活文化历史出发，塑造了一位比"男权"更可憎的、被男权异化的、"母权"式的母亲形象。羽蛇和她母亲若木，母与女的仇视关系就是最有力的佐证。这是中国传统"母亲"文化的特殊构成。

因为，母亲和母性在黑暗中以脐带相连的亲密关系，使母爱具有最自私的一面。如齐美尔在分析《圣母》画后这样说："圣母在她自身之外的存在中找到了她的意义——圣子虽然是圣母的'非我'，但又是圣母的'我'，意味着母性特有的奥秘。"②所以，有时候一个母亲爱她的孩子，只因为那是她的孩子。她认为，她掌握着母亲与子女之间最私有的血肉产权。这是因为母亲的本性而产生的最原始和最自私的母爱。

女性血缘谱系的书写，可以说是女性超越双重绝望之后，斩断"父系"与"母系"血缘文化脐带，自我人格由内而外的独立性的诞生。这能够为现代家庭文化的建设提供哲学理论上的参照。也就是说，《无字》和《羽蛇》以几代女性亲历的创痛经验，甚至用生命的献祭，挖掘几代女性命运悲剧的根源，是数千年封建男权传统的爱情婚姻家庭观念，如"男尊女卑""夫为妻纲"，等等，成为男性包括女性自己在内的绝对的文化认同。那么，女性首先要重塑独立的精神自我，才能达到经济独立，进而彻底摆脱对男性（父/夫/恋人）精神与物质的生死依赖，才能在女儿/妻子/恋人的情感家庭角色中找到自己的位置。其次，女性要汲取母亲文化中"母爱"的优良因子，在婚姻家庭夫妻、子女关系中，倡导性别关爱伦理的日常生活哲学。

---

① 徐小斌：《羽蛇》自序，北京：人民文学出版社，2004年版，第1页。
② 丁建元：《母爱的礼赞》，《色之魅》，北京：中国文联出版社，2004年版，第23页。

二、书写女性双重负担之沉重，揭示女性重建生活方式之艰难

当代女性小说的婚恋书写，一直关注女性生存现状。尤其是知识女性事业与家庭的双重负担。谌容的小说《人到中年》、张辛欣的小说《在同一地平线上》、王海鸰《中国式离婚》，等等，塑造了第一代"陆文婷"的形象。

张辛欣的小说《在同一地平线上》，揭示出在 20 世纪 80 年代改革开放的初期，一个家庭的所谓"二保一"制度，通常是妻子做出牺牲以保丈夫升学与职业、职务的升迁。使职业女性陷入事业与家庭双重角色的困境，抨击在女性解放过程中出现的制度上的不平等。有的知识女性真的牺牲自己，把工作、升学的机会留给了丈夫。如王海鸰《中国式离婚》里的小凤，就是典型代表。谌容的小说《人到中年》，以自己的亲身经历，强调知识女性事业与家庭的双重负担给女性带来的生命危机。小说里的女主人公陆文婷（实际上就是作者自己），拖着疲惫多病的身体，勉强支撑事业与家庭，面临的却是耗尽健康肌体的生命重压。小说里的第一代"陆文婷"们，在事业与家庭的沉重负担之下的挣扎、抗争与追梦，之所以感人至深，是因为从她们身上，能够看到我们自己曾走过的生命轨迹的影子。

改革开放三十多年了，虽然中国女性解放的分阶层研究在深化，在极力倡导男女性别平等。但实际上无论是在社会还是在家庭中，女性与男性的地位均不"在同一地平线上"，当代知识女性遭遇的双重负担更加沉重。因为，女性一方面要像男性一样干事业，才能赢得与男性的"平等"，一方面还要做好贤妻良母；而男性，一方面要求女性独立自强，不依赖男性，一方面对女性的智慧与强大感到威胁、恐惧与不安。如果女性"回家"做贤妻良母，就意味着自我主体位置的丧失，如果执着事业，从中可以获得人格尊严和经济独立，却要承受情感上的孤独……而社会上不绝于耳的"妇女回家论"，多种媒体对"剩女""独身"新生活方式的"围剿"，又把当代知识女性拖入了"涅槃之城"。张抗抗的小说《银河》《作女》均书写了在商品经济文化和男权传统婚姻家庭观念的影响下，女性的爱情婚姻家庭呈现出的复杂形貌。这就是第一代"陆文婷"的生存命运。

徐坤的《爱你两周半》、陈谦的《望断南飞雁》，塑造了第二代、第三代"陆文婷"形象，在新世纪她们的生存命运面临新的困惑。徐坤的《爱你两周半》塑造了第二代"陆文婷"梁丽茹。梁丽茹智慧卓越、事业有成，是某所大学的系主任、博导，是单位里的顶梁柱，有较高社会地位与身份，备受重用和尊敬。但是，婚姻家庭与情感生活濒临中年危机。她和她的地产大亨丈夫顾跃进，十年夫妻分居。情感生活的缺失，死亡婚姻的压抑，吞噬着她的容颜和精神。而未婚青年男教师董强，处心积虑地预谋与梁丽茹以夫妻的名义去云南大理，是因为梁丽茹帮助他评上副教授，保住了他上岗的职位。他知道现在"改朝换代了，压在头顶上的，

到处都是女的"。因此，他把年轻、坚实、雄壮的身体投怀送抱，期望再一次获得晋升的良机。梁丽茹遭遇了被利用的红杏出墙、情感"易位"，经历了婚姻家庭危机，感到靠婚姻缔结的夫妻关系并不牢靠，最终交给丈夫一纸离婚协议书。也许与丈夫长时期的分居"冷战"成就了她的理性和独立。可谁能说清这就是女性彻悟后的福音呢！

旅美华人女作家陈谦的《望断南飞雁》塑造了第三代"陆文婷"南雁，大专毕业的南雁，随丈夫以陪读夫人的名义到了美国，做了全职太太，与丈夫一起度过艰苦的攻读学位的日子。如今丈夫的事业如日中天，两人也步入了美国优裕的上层社会。然而40岁的南雁却"离家出走"，远赴旧金山艺术学院去求学。她认为丈夫的成就不属于自己，不甘心做一个附属于丈夫的全职太太，不满足于只是一双儿女的母亲。这个第三代"陆文婷"形象的灵魂深处，有一个执着的信念，知识女性即便做了全职太太，有爱情、亲情，有富足的家庭生活，也不能放弃自己的社会角色价值。美国作家贝蒂·弗里丹的《女性的奥秘》里，这一信念被命名为"无名的烦恼"，曾启示许多的美国白人中产阶级女性走出家庭，走向社会实现自己的梦想，而如今正在激励南雁前行。

审视三代"陆文婷"的生存现状，比较三代"陆文婷"的形象，可以看到，第一代"陆文婷"，有一个清贫而完整的家，夫妻恩爱，她的困惑是自己在家庭以外的社会身份与价值。虽然，过度疲劳，身体多病，"家庭"却是她温馨的港湾。第二代"陆文婷"梁丽茹，与第一代"陆文婷"正好相反。如果说"陆文婷"只拥有一个幸福的家庭，而梁丽茹除了幸福的家庭之外，拥有一切。她的危机不是社会层面，是家庭与情感层面，是走出围城之后何处是归程的困惑。第三代"陆文婷"南雁，拥有富裕的家庭、高职高薪的丈夫，拥有爱情与亲情。但是，她追求的是按照自己的意愿生活，走向社会实现自己的梦想，成为一种自主的选择，可又不知结局究竟如何。是知识女性追求个体生命价值与心灵的解放的困惑。尤其对当代女性如何选择自己的生活方式，有现实意义。

也就是说，第一代"陆文婷"，是实现社会价值的生存困惑，第二代"陆文婷"，是家庭情感的精神困惑，第三代"陆文婷"，是在家庭与事业中重新寻找自我、追求梦想的灵魂困惑。知识女性事业与家庭的"三重困惑"的解决，有待于男女两性在爱情婚姻家庭中性别平等意识的真正觉悟。

三、改变男权传统婚姻家庭观念，构建以性别平等为核心的家庭文化

按照人类社会情感发展历史的理想轨迹，可以说是爱情诞生婚姻，婚姻诞生家庭，家庭诞生夫妻关系，夫妻关系诞生父母与子女的关系。建立在血缘与婚姻关系之上的家庭骨肉亲情之爱，以"爱吾爱以及人之爱，老吾老以及人之老，幼

吾幼以及人之幼"的多种方式，延展到人类社会的人与人、男人与女人、人与社会、人与自然的复杂关系，继而，由家庭构成的人类社会才能够生生不息。但是，当母系社会"母神文明"的家庭模式，被以父系家长制为核心的家庭形态所代替之后，女性在男权统治的等级制、纲常伦理之下，沦为家庭中最底层的"无名氏"。因此，近代以来，早期启蒙思想与"五四"新文化运动催生的妇女解放运动，首先就是从改变女性生活方式、改造封建婚姻家庭制度开始的家庭革命运动。倡导妇女恋爱自由、婚姻自由、走出家庭……因此，近代中国把婚姻家庭制度改造看成是妇女解放的必由之路，改造中国社会的"最便捷的路径"。

目前，在全球化语境下，北京要建成世界化城市，中国要建成世界化强国，重构当代婚姻家庭文化，成为关乎国家民族命运之大计。古人云"欲治其国者，先齐其家。"家庭是国家社会最基本的单位，家庭中的个人是国家社会最个体化的细胞。那么，构建以性别平等为核心的家庭文化，首先必须从改变男权传统的婚姻家庭观念、改变男女两性的生活方式开始。女作家小说的婚恋书写，在谈到当代男性的爱情婚姻家庭观念时，有几段精辟的描述，颇有代表性。

张抗抗在小说《作女》中谈到卓尔离婚的丈夫刘博的形象时说，他是一位留学美国的博士。但在婚姻家庭生活中刘博的毛巾千万不能动，移动了位置，刘博就怎么也看不见了；刘博的眼镜盒、茶杯、电动剃须刀不能动，一动就怎么也找不着了；刘博的鞋子、袜子不能动，一动就会穿错穿反了；刘博的写字台更不能动，一动就写不出字来了。刘博所有要用的东西都必须放在绝对固定的地方，任何时候刘博一伸手，它们就会主动地跳到他的手掌里。任何时候刘博奔着他的东西去，它们都老老实实地在那等着他。这样一个固守男权传统的丈夫，对于一个时时想改变着自己的妻子卓尔来说，当然只有选择离婚。

徐坤的小说《春天的二十二个夜晚》，演绎了一个当代"娜拉"女作家毛榛的丈夫离家出走的故事。而丈夫离家出走的第一个理由，是丈夫的"春宫图""鞋子"理论的爱情婚姻家庭观念。与丈夫恋爱时，丈夫常常给她发的爱情信件，就是一幅幅"春宫图"。丈夫的口头禅就是"婚姻就像鞋子，舒不舒服，只有自己的脚趾头知道"。一位当代知识精英男性的性别观念，与数千年封建时代男子把妻子作为"家里的"、取悦男人的"玩偶"，如出一辙的惊人相似。第二个理由，是丈夫无法忍受妻子的智慧才华比自己高，在自我内心压抑中"离家出走"。也就是说，封建男权传统的婚姻家庭观念"顽疾"，会使两个文化背景、学识相同，从同学、同乡而自由恋爱步入婚姻殿堂的男女知识精英，也很难生活在一起。性别观念的"鸿沟"也会使之家庭情感生活陷入噩梦。

比较"作女"卓尔和女作家毛榛这两个女性形象，"作女"卓尔独立自由，对"巴望每天的日子都一样"的丈夫，主动离婚出走，到大自然中去寻找她的"青鸟"，把命运掌握在自己的手里；女作家毛榛死守着，丈夫"天天在外面忙"，回到家里"说什么就是什么"。而自己天天在家写作，生蜂窝煤炉子，买菜做饭，收拾家，倒夜壶，所有的家务都承包了下来。但是，丈夫却用"出走"的方式胁迫她离婚。毛榛为了摆脱倾斜婚姻关系而被迫离婚，却在一段新的关系中仍重复着同样的模式。仿佛中国女性的解放道路，随着时代变迁而增加了新的变数。但其根源仍在于在每个人的内心没有形成真正的性别平等观念。

从《中国妇女社会地位调查报告》中的生活方式的时间分配比例来看，无论是全国还是北京市的女性，家务劳动的负担仍然比较沉重。在全国高校中，知识女性高级职称被渗漏问题非常严重。这与当代女性婚恋小说中所揭示的，女性遭遇爱情与婚姻、家庭与事业的"三重困惑"，有着异曲同工之妙。

也就是说，当代女性面临家庭与事业双重角色的沉重负担，改变之艰难，其根本原因在于社会文化对封建男权传统的爱情婚姻家庭观念的集体无意识。因为，中国百年以来，没有一次彻底的反封建传统家庭观念的文化运动。尤其是在当代"某些精英男性占据着社会文化和物质财富的中心，牢牢掌控着欲望制高点和话语中心权，居高临下，霸视一切，欲望在倾斜的关系中无限地膨胀"①。徐坤曾这样诠释当代的男女两性关系。当代女性就是在这样的生存文化处境里被物化和自我物化，失去自我生命的尊严与爱情。而且，当代的婚姻家庭，夫妻在家庭与事业的重压下，如购房买车、福利分房、评职称、提拔、考博，等等，"在同一地平线"起飞的路上，性别平等观念的缺失，更容易发生意想不到的情感隔膜、灵魂疏离，无法沟通而导致的家庭危机。

因此，我们渴望来一场男女两性共同参与的、彻底的爱情婚姻家庭观念的"大变革"。从社会政治、经济和文化结构的深层，辨识男性/女性的社会与家庭生活道德伦理关系，批判与修正其性别等级规则既定的男权文化本质。以性别平等为核心，以关爱伦理为灵魂，以和谐幸福为宗旨，建构当代家庭文化，是我们这一代知识分子的文化理想与社会责任。

---

① 徐坤：《爱你两周半》，北京：作家出版社，2004 年版，第 25 页。

男性视角的深刻书写

——鲁迅与莫言小说中的女性命运

李徽昭　　李继凯[①]

在现代中国小说的众多文本中，女性命运书写都以或隐或显的方式参与、推动着叙事行进，也以此折射出中国女性命运发展的历史状况，其中鲁迅与莫言小说叙事中的女性命运尤其具有"言说不尽"的解读价值。鲁迅与莫言对中国女性命运的书写是犀利的，从鲁迅笔下的祥林嫂、子君、爱姑、单四嫂子，到莫言笔下的戴凤莲、上官鲁氏、孙眉娘、林岚、万心等，都极具时代特色，鲜明地书写出了女性之命运。鲁迅、莫言以独具个性的叙事方式揭示了中国女性在爱情婚姻家庭、社会生产生活、身体与性表达三个方面，由精神奴役到相对苏醒，由蒙昧顺从到追求感觉，由自觉自立到无奈盲从，由勇敢担当到逆来顺受的复杂状况。总体上，鲁迅、莫言都深刻而贴切地书写了男权社会中女性艰难的生存处境与命运状况。不同的是，莫言的叙事形式丰富多元，对文化压抑下生命本能的自然释放强调得更多，其笔下的女性较之鲁迅所处的时代有更多的身体支配权、经济权，也能参与到公共事务中（由于莫言叙事视角的民间性及其"作为老百姓的写作"的文学立场，莫言并没有特别注意女性的政治地位的提升），但其命运状况较鲁迅所处的时代未有根本改观，精神上仍受男权中心文化的潜在制约。莫言、鲁迅女性命运书写的差异与两人的文学立场、叙事方式和女性观有关。文学立场上，鲁迅一直持知识分子"立人""张精神"的现代启蒙立场，[②] 莫言则持"作为老百姓的写作"的民间立场。[③] 叙事方式上，鲁迅的沉郁省思与莫言的热烈奔放形成了鲜明对比。女性观上，鲁迅深刻认识到封建伦理中男权的强势地位，莫言则以民间生命自由奔放的批判思维来审视女性境遇的艰难。这些不同形成了二人在女性书写时的叙述语调、视角与女性形象与命运的差异。审视鲁迅、莫言二人的女性观及其笔下的女性命运，可见二人的女性命运书写与20世纪前期冰心、陈衡哲、

---

① 李徽昭：淮阴师范学院讲师；李继凯：陕西师范大学文学院教授。

② 林非：《鲁迅的文学启蒙思想》，《文艺理论与批评》，1989年第3期。

③ 莫言：《文学创作的民间资源——在苏州大学"小说家讲坛"上的演讲》，《当代作家评论》，2002年第1期。

庐隐、丁玲等现代女性作家回归家庭的命运叙述形成较大反差，他们无法想象与认同冰心、陈衡哲等新女性对家庭的眷顾。在此意义上，鲁迅、莫言以他者化的男性视角，为 20 世纪中国女性的命运发展提供了一种审视路径，也创设了各自具有个性化的叙事方式。

一、爱情、婚姻与家庭中的命运书写

爱情与婚姻是社会与人类发展的基本形式，也是女性命运发展的直观体现。传统社会，男女婚姻受制于封建伦理，是"父母之命，媒妁之言"的包办婚姻；现代社会，爱情、婚姻自由是女性权力的基本立足点与现代文明的自然要求。女性在爱情、婚姻中的自由及其话语与抉择，反映了女性命运自我主宰的现实状况。历史地看，女性爱情婚姻家庭问题对于现代中国小说叙事同样具有重要意义，它既是小说叙事的重要母题，也是社会意识形态对现代小说叙事的必然要求。

鲁迅小说对爱情婚姻问题有自觉的关注，他以独具特质的叙述视角营造出极富意蕴的男女两性对话风格，这一现代叙事风格将旧时代女性的爱情婚姻命运展示得淋漓尽致，令人扼腕叹息或令人揪心痛楚。

鲁迅笔下的女性大多无法决定自己的爱情与婚姻，更有甚者，沦为封建家庭婚姻交易的工具。最典型的是《祝福》中的祥林嫂。在"我"（一个知识分子，在小说中承担了叙事功能，也以此呈示作者对女性命运沉思的声音，这种声音掺杂着作者的主体启蒙意识，但却是暧昧不明的①）的叙述中，祥林嫂的命运尤显凄惨。丈夫死后，祥林嫂从婆家逃出做工，本可以过着相对自主的生活，却又被"精明强干"的婆婆"抢"回家，以较高的彩礼嫁（实际是出卖）给了贺老六。在"我"与鲁镇村民的复调叙述中，祥林嫂完全沦为婚姻交易的商品。类似祥林嫂被封建婚姻家庭束缚命运的，有《药》中华大妈对旧家庭的维护，《明天》中单四嫂子对儿子的唯一寄托，《肥皂》中的四铭太太与《端午节》中的方太太对旧家庭男权的顺从甚至讨好。还有《在酒楼上》里的顺姑，通过吕纬甫耐人寻味的叙述，我们知道顺姑仅因为听闻了长庚对自己从未谋面的男人的诳语而郁郁死去。鲁迅以复调的女性命运叙述显现了启蒙思想立场，揭示了女性在旧婚姻家庭制度中既是受害者又是维护者的凄惨状况。

鲁迅也刻画了抗争婚姻家庭旧礼制的女性形象。《离婚》中，乡村人物的闲言碎语参与了爱姑的离婚叙事，也凸显了环境对女性命运的影响。爱姑在婚姻破裂后的决绝态度表现出女性抗争婚姻家庭不公的勇敢。还有《伤逝》中的子君，叙述者涓生对子君的过去时态的表述情感与语调暧昧、复杂，这一叙事策略让我们冷

---

① 吴晓东：《鲁迅第一人称小说的复调问题》，《文学评论》，2004 年第 4 期。

静地体悟子君形象的意义。子君做出了婚姻自我主宰的呐喊，她说"我是我自己的"，并选择与涓生同居，尽管最终以爱情缺失经济基础而失败，子君毕竟走出了反抗旧家庭的第一步。当然，在封建礼教依然控制一切的社会，女性的抗争很难看到希望（比如爱姑的抗争也只是基于"三茶六礼定来的、花轿抬来的"正统意识，其争斗的只是要恢复妻位，而所有的反抗都敌不过"七大人"为代表的男权政治①）。

在女性爱情婚姻命运叙述中，鲁迅超越了旧小说单一的全知视角，叙述语调沉重、视点多元，"我"的出场与内在的辩难确证着鲁迅启蒙的文学立场，女性的命运状况也以此立体呈现。鲁迅笔下的这些女性无论是被损害还是互相伤害，无论是挣扎还是去抗争，都归于悲剧（包括"几乎无事的悲剧"）的结局，从而揭示了女性异化的严酷真相。

新中国赋予了女性婚姻自主权，但旧礼制限制爱情婚姻的境遇并未彻底改变，女性依然要与旧婚姻观念进行抗争。"十七年"小说中的女性形象，继承了赵树理《小二黑结婚》和丁玲《太阳照在桑干河上》的革命化叙事方式，塑造了不少勇敢为爱情婚姻自由而抗争的女性形象，这推动着女性爱情婚姻自由的实现与自我命运主宰能力的提升。但遗憾的是，这其中也存在新的女性异化形态和叙事失真现象，这种异化和失真在"文革"期间便达至极端，连起码的爱情描写也被革除掉了。幸运的是，改革开放后，涌入的西方思潮加速推动了女性对爱情婚姻自主权的认知，女性的自我认知能力也得到提升，婚姻自主意识普遍提高，这在莫言具有现代多元风格、将现实虚幻化的小说叙事中得到了有效体现。

莫言以独特的叙述方式展现了戴凤莲、菊子姑娘、紫荆、上官鲁氏等女性自发的抗争意识和自主的爱情婚姻选择。《红高粱》由"我"参与小说叙述，随着叙事行进，"我奶奶"又以自己的视角表达个人的心理状态，叙述视角的变换表现了戴凤莲的爱情婚姻自主意识和奔放热烈的生命本能释放。戴凤莲依父母之命走进婚姻，面对身心残疾的男人，第一夜便"溜下炕，跑出房门"。轿夫余占鳌抢走她时，她敢于接受从天而降的源自生命意识的"幸福"，主动响应了余占鳌的举动。这是人性本能长久压抑后的无形释放，呈现出戴凤莲反抗旧礼制的朦胧意识。《透明的红萝卜》以沉默的儿童视角审视菊子姑娘与小石匠在生产劳动中产生的爱情，菊子姑娘的爱情具有公共生产生活中爱情的自发性与自主性。《金发婴儿》中，紫荆在日常劳作中与黄毛产生了爱情，并最终选择了与黄毛的爱情，而放弃了对在军队任职的丈夫的依赖。《丰乳肥臀》以上官金童的儿童视角展开叙述，上官鲁氏因三年未育，受到封建伦理的侮辱后，便通过"借种"改变自己的家庭地

---

① 李继凯：《全人视境中的观照——鲁迅与茅盾比较论》，北京：中国社会科学出版社，2003年版，第116页。

位，以这样的方式对封建家庭观念做出了耐人寻味的反抗。在莫言的女性爱情婚姻自由叙事中，其叙事结构开放灵活，语言放达恣肆，充分表达了乡村女性爱情婚姻自主与旺盛生命力的协调统一。

20世纪中国既有科学民主与女权主义等现代思潮的不断冲击，也有封建礼教与男权文化的久远传统，尤其在广袤的乡土社会，上千年积淀的男权文化的无形影响依然存在。中国女性，尤其是乡村女性在两种文化冲突中纠结不堪，她们既寻求生命自由的释放，又无法完全摆脱男权中心地位与恶化的政治意识形态的束缚，陷入了一种两难的命运境地。莫言正是以奇异新特的艺术感觉、灵活变换的叙述视角将女性在两种文化冲突中的命运状况进行了真切叙述，他笔下有一些女性也在两难的命运境地中陷入了畸形的婚姻家庭状态。《檀香刑》里的孙眉娘不甘心与懦弱无能的傻小甲的婚姻，于是和钱丁产生了恋情，又对县太爷产生爱慕之情，形成畸形的爱情婚姻状态。《白狗秋千架》中的暖接受了与哑巴丈夫无爱婚姻的现实，然而为了"要个会说话的孩子"，暖便要与返乡的旧情人偷情，荒诞却又合乎文学叙事情理。《红树林》中，林岚作为权力的交换品嫁给了地委秦书记的弱智儿子，她又接受了与秦书记的乱伦关系，充当了秦书记的生育工具，与公公形成了畸形的家庭关系。《蛙》中的姑姑万心早年曾钟情于带有强烈革命色彩的飞行员王小倜，为此而在乡村受到尊敬与羡慕。当年长她二十多岁的县委书记杨林看好她时，万心"为了这个家族"，"为了这些势利小人，也要嫁给他"，万心这两段爱情都包含着对权力与革命的崇拜。莫言笔下的这些女性形象对男性、权力等有着异化的情感，其命运无形中都会被男性、权力等诱惑与控制，她们对家庭与婚姻命运的畸形选择和被动接受昭示着女性命运的自我主宰之路依然漫长。

女性的爱情婚姻命运发展作为小说叙事行进的重要着力点，也以此透射出女性在爱情、婚姻与家庭中的角色变化。爱情、婚姻由父母包办向自主抉择转变，这是女性婚姻家庭现代演进的明线条，但这是条蜿蜒的曲线，男权中心地位及封建礼教依然隐形制约着女性爱情婚姻自主抉择的实现。从鲁迅到莫言，女性在爱情、婚姻与家庭中的角色书写有着一以贯之的深刻性，这种深刻性体现在对女性婚姻家庭命运曲折性的理解上，因而戴凤莲、上官鲁氏、孙眉娘都无法彻底改变祥林嫂时代的男权中心地位，只不过祥林嫂是被动的、戴凤莲是主动的，实际都是从这个男人换到了另一个男人那里，她们的反抗依然是不彻底的。可以说，莫言与鲁迅笔下的女性爱情婚姻命运十分类似，依然都是不公正男权社会制度的受害者。①

二、社会生产生活中的命运趋向

文学可视为社会现实的参照，"某些社会画面可以从文学中抽取出来，这是毋庸置疑的"②。作为意识形态的小说叙事受到社会生产生活的自觉影响，对文学作品中女性的社会生产生活进行解读可以透视女性命运的发展症候。20世纪早期，农业文明形态的中国仍以家庭生产为主，女性多承担失去了公共特征的家务劳作，即使稍有公共特征，也是相对简单的小生产劳动。到了"文革"时期，"妇女能顶半边天"的口号将女性推到一种假想的男女平等地位，女性可以参与社会生产与公共事务，也获得了一定的经济权。但不容忽视的是，革命话语下，女性所承担的一些社会生产过度抹杀了性别差异，反而伤害了女性。③ 改革开放后，现代工业文明开始大范围进入社会生产、生活，但全面彻底的现代文明之路依然遥远，女性在新旧两种生产方式交替时刻的命运发展更值得关注与思考。鲁迅、莫言小说叙事中女性的社会生产生活展现出小农经济到公共生产演变中的女性命运史。

鲁迅所处的时代，乡土社会的整体状况并未有多大改观，性别上的排斥依然"未能克服，妇女是不许参加公众事务的"④。鲁迅启蒙视角的悲悯情怀使得小说叙事的节奏也如同农业生产方式，沉静而迟缓，其小说人物的活动范围局限在小镇等逼仄的时空中，呈现出的社会生产生活相对平和宁静。鲁迅笔下的女性主要从事家庭料理性质的长短工，不带有公共性质，没有独立的经济地位，她们基本不参与公共事务，生产劳作很难得到社会认可。《祝福》以小说人物"我"（一个返乡知识分子）的视角讲述祥林嫂的故事，使作者的叙述掺杂了对祥林嫂的命运思考以及与作者辩难的情感关系。祥林嫂在鲁四老爷家做短工，所有的生产资料只是一双劳作的手，何以获得经济权呢？《明天》中，人物所处时空阴郁忧伤，女性生产生活的时代背景毕现。失去丈夫的单四嫂子从事家庭纺纱工作，生产资料有限，交往范围也受种种限制，更不必说参与社会公共事务。《阿Q正传》中，吴妈显然不是叙述的焦点，但她的生产生活却在非焦点叙事中成为值得深思的女性

---

① Duke, Michael, Past, Present, and Future in Mo Yan's Fiction of the 1980s, In Ellen Widmer and David Wang, eds., From May Fourth to June Fourth: Fiction and Film in Twentieth-Century China. Cambridge: Harvard University Press 1993, pp. 295~326, 转引自宁明：《莫言海外研究述评》，《东岳论丛》，2012年第6期。

② [美]勒内·韦勒克、[美]奥斯汀·沃伦，《文学理论》，南京：江苏教育出版社，2005年版，第111页。

③ 何雁：《当代中国女性文学的三种强调》，《当代文坛》，2003年第5期。

④ 费孝通：《江村经济——中国农民的生活》，北京：商务印书馆，2001年版，第77页。

命运现象，这个赵老爷家唯一的女仆是和祥林嫂一样做些家庭杂务。鲁迅小说中女性的生产劳作方式多附庸于男性，受自然条件与社会政治的多重制约，所以单四嫂子没有生产积累，给儿子买棺材的钱只能典当而来，祥林嫂、单四嫂子、吴妈等从事的生产方式也都是封闭保守的，其生产活动范围局限于村镇市郊，无需与外界过多接触联系。

鲁迅笔下还有一系列纯家庭女性，她们放弃了参与社会生产与小范围公共事务的机会，完全依附男性，这些女性虽然只是小说叙事中的配角，但却是叙事行进及叙事环境构成的必要元素。这些女性有三类：第一类是完全不从事生产劳作的老年女性，交往活动局限于家庭乡邻，显示了中国老年女性的生活常态。如《风波》中的九斤老太、《孤独者》中的祖母，她们过着被供养的日子，很少与社会生产生活产生联系。第二类是一些年轻女性，如《风波》中七斤嫂子是村子里面的"一名出场人物"，她只做些家务以及照顾孩子、婆婆。还有《肥皂》中的四铭太太和《伤逝》中的子君，也属于家庭妇女。这些家庭女性不需要承担生产重任，不参加社会公共事务，缺少了鲁迅所说的爱的附丽——经济权，公共视野也有局限，更使命运陷入了无从寄托的悲哀境地。第三类是可以控制一定的经济权却竭力维护男权中心的老年女性。如《祝福》中祥林嫂的婆婆，一位"精明强干""很有打算"的老年女性，她处心积虑地将祥林嫂卖给贺老六，只是为了小儿子的婚姻，也就是对男权中心家族的维护。

国家体制的演进使女性从事社会生产的内容有了新变化，新中国以法律形式确立了女性参与社会生产生活的众多权利，如参政权、教育权等，这种自上而下的女性命运解放从制度上改变了女性封闭的家庭生活方式，文学的敏感触角对女性的生产生活进行了细致生动的呈现。有着丰富农村生活经历的莫言以"作为老百姓"的切身体验描写了不少女性在"文革"时期参与集体劳动的情形，《透明的红萝卜》中，菊子姑娘和公社其他女性一样，有与男性平等的相对独立的生产地位，她参与了敲打石头的公共劳动，以此换取工分，确证女性经济权的相对独立。《白棉花》中的方碧玉是参与了公共生产的棉花厂女工，《红树林》中的林岚是"文革"时期红树林珍珠养殖场的女工，后来是广播站的播音员。这些女性确实进入了公共生产劳动领域，社会生产生活范围也得到了扩大，但"文革"时期抽象的男女平等不但不能抹平女性所受的歧视，反而使得女性失落了自己的性别体验，扭曲了自己的主体人格。①《月光斩》中，老铁匠接待的年轻姑娘颇具男性气质，草绿色的仿制军装和打一把刀的要求使这个姑娘呈现出被时代异化的特质。《红树林》中，林岚在身体尚未恢复的情况下，打着吊针为电台发送带着官僚气息的文

---

① 何雁，《当代中国女性文学的三种强调》，《当代文坛》，2003 年第 5 期。

稿。后来做了地委常委、宣传部长，和父亲说话也是官腔官调，具有令人吃惊的雄性特质。《蛙》中的姑姑万心在"革命"号召下，在"接生"和"计生"之间自然转换，为了工作，可以"动用一切手段"，女性性别特征在工作中渐渐消失。"文革"时期，尽管女性和男性平等地参与了社会生产和公共事务，也有了一定的经济权，但革命话语下的男性气质是"文革"时期女性共同的性别取向，女性的性别意识多受政治意识影响，最终使得女性沦为政治和男性的异化物。

女性的社会地位一定程度上受生产资料占有情况的制约，莫言对此有深切的体验和言说。新历史小说《红高粱》中的戴凤莲以特殊的方式"继承"了单家父子的酿酒作坊，成为作坊主，占有了生产资料，让戴凤莲具有成为一位雄强女性的重要经济资本。拥有经济权的女性才可能拥有与男性相对平等的社会地位，也才可能有话语权，因此，戴凤莲酿酒作坊主的生产活动与后来支持余司令"抗日"有一种内在关联。不过，女性命运的自主除了需要生产资料支撑，还依赖男女真正平权的文化保障，否则，即便女性占有社会生产生活资料、参与公共事务，也无法获得自主权。如《红树林》中的陈珍珠就是占有了一定生产资料的当代女性，但在男权中心社会，女性地位无法得到切实保障，她所拥有的一切很快便被侵占，二虎更是对其叫嚷"男人的文化就是金钱，女人的文化就是脸蛋"。《蛙》中的万心和小狮子都是在乡村生产生活中具有独立地位的女性，但对"革命"的绝对信仰反而使她们丧失了女性特征及应有的女性生活体验。《金发婴儿》中的紫荆生活在20世纪80年代，也有自己可以控制的生产资料，反而沦为如同封建礼教下女性（如鲁迅笔下祥林嫂、吴妈等家庭女佣）的命运，成为一名当代家庭女佣，这不能不说是20世纪后期出现的一种值得反思的女性命运现象。

恩格斯认为，"妇女解放的第一个先决条件就是一切女性重新回到公共的劳动中去"[①]。诚然如此，公共劳动的参与及经济权的获得对女性命运具有重大的支配作用。鲁迅、莫言二人在各自的社会生产书写中都注意到女性经济权、生产活动与女性命运状况的关系，并都以自身独特的经验和叙事方式真诚呈现了女性社会生产的发展演进情况。但公共劳动的参与、生产资料的占有是否让中国女性有了独立自由的命运，这种经济权的获得是否就为女性自我命运主宰提供了必要而充分的条件，从鲁迅、莫言小说的叙事来看，未必如此。在中国这样一个男权文化与封建传统深厚而久远的国家，经济权的获得与公共劳动的参与未必能真正解放女性。

---

① 中共中央马克思恩格斯列宁斯大林著作编译局编：《马克思恩格斯选集》第四卷，北京：人民出版社，1995年版，第70页。

三、身体与性表达中的命运状况

作为人本主义文化思潮的重要表征，身体解放是现代民主发展的重要一维，文学叙事中的身体与性书写既张扬了生命的力量与本能状态，又还原了人类本真的生命意识。在身体书写中，女性身体如何解放，女性如何通过身体表达自我，这些问题既是中国女性命运解读的重要一维，也是中国现代小说研究值得关注的问题。有的女性作家将身体书写视为"寻求女性自我认同的方式"，或以此表达女性被压抑、被扭曲的生存状态。① 从丁玲开始一直到当代诸多女性作家，对身体与性进行了女性方式的独特表述，呈现出性别视域下身体书写中女性的自我认同。尤其是在早期丁玲的小说叙事中，塑造了不少"在身体、行动与恋爱、性爱方面追求自主"、"在恋爱与性爱方面的表现也相当直爽"的"摩登女郎"。② 尽管丁玲小说中的女性身体与性表达颇为大胆，但并非当时文学主流，只是文学"摩登女郎"的文学"摩登"行为，女性在身体与性表达中很难建构自我主体地位，丁玲小说中的女性身体表达可看作对女性自我意识发展的一种呼吁。

与丁玲以及后来的其他女性作家不同，作为"男性中心社会（尤其是封建性的社会）及其文化的消解者、颠覆者"③，鲁迅小说叙事很少有直接裸露的性书写，但依然对身体有关部位（如眼睛、头、膝盖等）进行了深刻的叙述，他的身体书写"既不是站在科学角度，也非站在性别角度和爱情角度，而是立足民族立场，对近代中国人的身体和精神给予深切的关注。他是以'肉体/精神'的对应关系来描述身体"④。鲁迅的身体书写与性表达是含蓄的、潜隐的，其文字中女性身体与性表达的潜在的情节，显示了女性作为"人"及"女人"的异化的凄惨状况。鲁迅认识并透视了女性身体（物质的一种存在）封闭的状况，以此揭示女性生命本能的文化压抑，其笔下的女性很少有与肉身紧密相关的姓名权（祥林嫂、吴妈、四铭太太、单四嫂子皆如此，这些称呼显示她们附属于男人），姓名权的丧失使女性与"身体"的封闭（在封建礼教下，不敢也不能打开自己的身体）息息相关，她们只能被动接受男性对自己的身体表达与侵害，显示出男权社会迫害下的女性命运惨状。

《阿Q正传》中的吴妈（旧时代、旧礼教下的女性）在男性身体表达面前的慌

---

① 郭冰茹：《个人、身体与"个人化写作"》，《中国现代文学研究丛刊》，2012年第12期。

② ［日］江上幸子：《现代中国的"新妇女"话语与作为"摩登女郎"代言人的丁玲》，《中国现代文学研究丛刊》，2006年第2期。

③ 李继凯：《全人视境中的观照——鲁迅与茅盾比较论》，北京：中国社会科学出版社，2003年版，第114页。

④ 陈卫：《身体的秘密——由鲁迅作品中的身体意象看身体写作史》，《鲁迅研究月刊》，2009年第6期。

张、惊恐显示出小说叙事对现实人生的强烈的批判特质。阿 Q 对吴妈跪下，要和她"困觉"，大大吓坏了吴妈。生活于乡村底层的女佣吴妈无法接受男性（男性是社会的第一性，处于社会底层的阿 Q 在吴妈、小尼姑面前具有绝对优势，因而具有性猥亵与性袭击的"权力"①）直接要求"困觉"的求爱方式。受封建礼教熏陶的吴妈没有（也不能想到）去反抗男性对自己的攻击，只是连续哭诉，以致最后要寻短见。后来，阿 Q 又摸了小尼姑的头，小尼姑骂了一句便哭着跑开了（"小尼姑"形象与阿 Q 的身体表达构成了文化反差，也是鲁迅小说身体书写的深长意味所在）。男女之间尚未开始的身体表达既显示了男性"第一性"对女性的侵略与攻击，也将封建礼教下男女交往封闭以及女性被支配地位的情况书写了出来。透过鲁迅潜隐式的身体书写来看，他的白描手法及简练的叙述方式与郁达夫小说身体与性书写强烈的主观性有着鲜明区别，鲁迅小说是在主观性和客观性的强烈对抗性中显示出独特的艺术魅力②，鲁迅小说女性身体叙述强烈鲜明的主体性与高度的社会严肃性相结合，将封建礼教束缚下的封闭的女性身体揭露得淋漓尽致。《明天》中守寡的单四嫂子抱着沉重的孩子回家，蓝皮阿五过来帮忙，"从单四嫂子的乳房和孩子中间，直伸下去，抱去了孩子。单四嫂子便觉乳房上发了一条热，刹时间直热到脸上和耳根"。一同行走时，两人"离开了二尺五寸多地"。③《颓败线的颤动》中书写了一个母亲的身体。这个母亲为养活女儿，出卖过自己的身体。女儿成家后，其一家人却对老母亲进行羞辱与驱赶，我们看见的是一个立在荒野的母亲裸露的战栗着的肉体。鲁迅以视觉与感觉交织的通感表现女性身体的外在运动，用视觉语言来揭示女性身体呈现出来的内心的悲痛④。鲁迅对身体与性的隐含式书写将中国女性在身体与性表达中受支配的被动命运做了深刻的揭示，他以忧愤、内敛的叙述语调将女性身体与性表达的封闭性揭示得尤为深沉、哀婉。

改革开放推动了西方女性主义等各种新思潮的不断涌入，与此同时，市场经济发展中，"嘉年华式的肉体冲动，一朝解禁，真是一发不可收拾"⑤。莫言便是在这一思潮中策应"嘉年华式的肉体冲动"的重要作家，其小说叙事中的身体与性书写繁复热烈，充满着肉欲激情。但根本的意义上，莫言的身体与性书写更多地

---

① 李继凯：《全人视境中的观照——鲁迅与茅盾比较论》，北京：中国社会科学出版社，2003 年版，第 119 页。

② 王富仁：《鲁迅小说的叙事艺术》（上），《中国现代文学研究丛刊》，2000 年第 3 期。

③ 鲁迅：《鲁迅全集》，北京：人民文学出版社，1981 年版，第 252 页。

④ 陈卫：《身体的秘密——由鲁迅作品中的身体意象看身体写作史》，《鲁迅研究月刊》，2009 年第 6 期。

⑤ 王德威：《千言万语，何若莫言》，《当代小说二十家》，北京：生活·读书·新知三联书店，2006 年版，第 254 页。

洋溢着生命意识以及暗含着文化反思后的反讽精神。莫言探触到民间社会女性身体潜在的社会与文化功能，将女性身体表达作为小说叙事推进与人物情感表达的重要符码，进而以身体及性书写表达了长期人性与本能压抑下的自然反抗。莫言小说叙事中女性以身体做出文化反抗的思想资源是民间文化，"莫言迷醉民间文化，那种生生不息缭绕在一代又一代普通子民生活中的文化，并不是字面上或庙堂里张扬的那些文化，他对文化的感觉几乎是原生态的。在他的文化的体认中又常伴随对人性的挖掘，包括对潜意识、集体无意识的挖掘"①。正是在这样的意义上，莫言多声部、多元化的小说叙述才将女性的身体与性意识书写表达得酣畅淋漓，进而形成了独特的莫言风格。

莫言小说叙事主题的独特性还在于，其笔下女性的身体表达大都主动、居主导地位。《丰乳肥臀》里的上官鲁氏除了失身于她的姑父和被败兵轮奸外，都是主动与其他男人发生性关系。《红树林》中，开头就是林岚与一个"鸭子"（男性卖身者）的媾和故事，性与身体的表达在这里冲破了道德的防线，丧失了伦理的制约，成为情绪表达的重要工具。《红树林》后来又叙述了早期林岚与公公秦书记的乱伦关系。当秦书记在身体上侵略林岚时，起初她难以接受，但"双腿就像被水浸泡过的饼子一样酥软了"，伦理和理性的围墙最终被欲望冲破，便在身体上处处迎合秦书记，及至给秦书记生下儿子，林岚终于以身体作为物质要素换来了权力地位的不断上升。《白狗秋千架》中的暖主动向"我"——返乡知识分子提出了苟且偷情的要求。《红高粱》中，戴凤莲在被土匪余占鳌劫掠时甚至主动"揽住了那人的脖子，以便他抱得更轻松一些"，正如她临终前的表白"我的身体是我的，我为自己做主"，与鲁迅笔下的子君具有相同的叙述内容。《檀香刑》中，孙眉娘在和干爹钱丁的乱伦中也处于主动地位，孙眉娘心醉神迷于谈吐高雅的县太爷，想方设法接近这个男人，最终将身体献给了县太爷。《蛙》中王仁美、小狮子及其他乡村女性身体与性的主要功能是生男孩传宗接代。小狮子在结尾为了让"我""继承血统、延续家族"，找到了代孕中心，为"我"生下了一个男孩。

莫言的"许多小说中都弥漫着一种共同而强烈的心态，这就是性的躁动"②。确实如此，女性的身体与性表达几乎成为莫言所有小说的重要情节，也是莫言小说叙事主题与语言的独特标志。莫言笔下女性身体表达的主动可以看作是女性朦胧的主体意识的标志，毕竟女性身体表达的一个前提是其有了身体支配权。不过，莫言笔下女性汪洋恣肆的身体表达与传统乡土伦理并不相符，而且，莫言小说叙事中女性的身体与性表达中还有许多封建文化认同的心理存在，比如许多女

① 温儒敏、叶诚生：《"写在历史边上"的故事——莫言小说的现代质》，《东岳论坛》，2012 年第 12 期。

② 吴俊：《莫言小说中的性意识——兼评〈红高粱〉》，《当代作家评论》，1987 年第 5 期。

性仍有对男性中心地位潜意识中的认同、羡慕与崇拜，可以说，这些女性对自我身体的主宰是不彻底的，是附庸于男权中心的，其女性主体意识也是脆弱的。

四、女性观与女性命运的历史省思

作为现代中国杰出的思想家，女性命运问题是鲁迅思考的重要方面，鲁迅思考的出发点与其文学启蒙思想有一定关联。鲁迅抱有总体的启蒙主义思想观，他认为，"将生存两间，角逐列国是务，其首在立人，人立而后凡事举；若其道术，乃必尊个性而张精神"①，以此为出发点，鲁迅的文学活动几乎都毫不例外地将自己整体的启蒙主义思想（与儒家之"道"处于对立地位的"道"）贯彻于反对儒家传统思想的启蒙主义工作中。② 在"立人"和"张精神"的启蒙思想主导下，他的《我之节烈观》《娜拉走后怎样》《寡妇主义》等杂文对女性、女权问题做了独到的阐释，形成了其独特的女性观。鲁迅认为："女人的天性中有母性，有女儿性；无妻性。妻性是逼成的，只是母性和女儿性的混合。"③"既然平等，男女便都有一律应守的契约。男子决不能将自己不守的事，向女子特别要求。"④"从事理上推想起来，娜拉或者也实在只有两条路：不是堕落，就是回来"，"所以为娜拉计，钱，——高雅地说吧，就是经济，是最要紧的了。自由固不是钱所能买到的，但能够为钱而卖掉"。"在目下的社会里，经济权就见得最要紧了。第一，在家应该先获得男女平均的分配；第二，在社会应该获得男女相等的势力。"⑤与鲁迅上述文学立场、女性观一致的是其小说叙事对女性命运的犀利书写，其限制型的小说叙述方式更增添了读者对其笔下女性命运悲剧感、真实感的透彻体悟。

与鲁迅不同，成长于高密乡村、接受完整的"文革"时期小学教育的莫言没有海外生活经历和传统精英文化积淀，莫言受到乡土文化及"民间"自在的生活方式的熏陶，他的文学立场与鲁迅有着一定区别。莫言认为鲁迅是启蒙者，鲁迅的写作是"知识分子的视角"，具有批判性。他所认同的则是"作为老百姓的写作"⑥，

---

① 鲁迅：《文化偏至论》《坟》，《鲁迅全集》修订编辑委员会：《鲁迅全集》第一卷，北京：人民文学出版社，2005 年版，第 58 页。

② 林非：《鲁迅的文学启蒙思想》，《文艺理论与批评》，1989 年第 3 期。

③ 鲁迅：《小杂感》《而已集》，《鲁迅全集》修订编辑委员会：《鲁迅全集》第三卷，北京：人民文学出版社，2005 年版，第 555 页。

④ 鲁迅：《我之节烈观》，《坟》，《鲁迅全集》修订编辑委员会：《鲁迅全集》第一卷，北京：人民文学出版社，2005 年版，第 125 页。

⑤ 鲁迅：《娜拉走后怎样》，《坟》，《鲁迅全集》修订编辑委员会：《鲁迅全集》第一卷，北京：人民文学出版社，2005 年版，第 166 页。

⑥ 莫言：《文学创作的民间资源——在苏州大学"小说家讲坛"上的演讲》，《当代作家评论》，2002 年第 1 期。

这一写作方式"基本上是从个人出发的，站在个人的角度上写自我"①。他认为，真正的民间写作就是"作为老百姓的写作"，这种写作中，作家"不要当道德的评判者"②。由此可见，莫言的文学立场是"作为老百姓的写作"。女性问题上，莫言认为社会"深层意识里面，对女孩的歧视还是有。尤其年龄大一点的人，对男孩女孩还是不同的"，"女性面临的环境很严酷——不仅仅是精神上的，也包括肉体上的。例如那种病态的审美，裹什么小脚啊；还有落后的生育观念啊，确实很多女性就死于非命了，非常残酷"。由于作为老百姓的民间立场以及多年乡村生活经历，莫言对中国乡土民间中女性生存状况了解得更切实细致。他认为，"一个女人在一个中国传统家庭里如果不能生育，她就不是一个女人，她连一个丫鬟的地位都不如"，"只有能生男孩，为这个家族传宗接代，才能在这个家庭中赢得一席之地"③。他也因此认识了女人的母性特质及其力量。莫言认为"母性一旦被唤醒，它所产生的力量可真算是移山倒海"，"每当家庭和社会遇到重大动乱的时候，女性肯定是起到了一种坚强后盾的作用"，而且"女性表现得更有力量，更坚强。女性的生命力量更加强大"④。可见，莫言是以乡土民间灼热的生命温度感悟着中国女性独特的生存意识，这样的女性观是莫言小说叙事中女性形象的重要思想来源。

作为中国现代文学的重要传统，鲁迅对莫言的文学思想与创作产生了一定的影响。莫言"大约七八岁的时候就开始读鲁迅"，不但把鲁迅"通读了一遍"，有些文章还"反复读"⑤。在阅读与理解鲁迅的基础上，他撰写了《铸剑》的解读文章。⑥八十年代后期，莫言开始理解鲁迅，"一段特殊的体验使其对自己的周边环境有了鲁迅式的看法，或者说开始呼应了鲁迅式的主题"⑦。因此，在女性问题上，莫言和鲁迅都看到了男权中心意识对女性的无形戕害。但由于文学立场以及生活经历的区别，二人女性观也存在一定差异。鲁迅在一个启蒙的制高点上来审视与叙述封建道统崩溃中的女性命运，更多关注女性的经济独立与男女平权，他对乡土社会女性实际生存状况以及蓬勃的生命意识不能像莫言那样有自觉的感受与体认。莫言的文学立场、女性观及女性命运叙述是由乡土民间生发出来的，是贴合

---

① 莫言：《作家和他的文学创作》，《文史哲》，2003 年第 2 期。

② 莫言：《文学创作的民间资源——在苏州大学"小说家讲坛"上的演讲》，《当代作家评论》，2002 年第 1 期。

③ 莫言、刘琛：《把"高密东北乡"安放在世界文学的版图上——莫言先生文学访谈录》，《东岳论丛》，2012 年第 10 期。

④ 莫言、刘琛：《把"高密东北乡"安放在世界文学的版图上——莫言先生文学访谈录》，《东岳论丛》，2012 年第 10 期。

⑤ 莫言：《读鲁杂感》，《写给父亲的信》，沈阳：春风文艺出版社，2003 年版，第 119 页。

⑥ 莫言：《谁是复仇者？——〈铸剑〉解读》，《中国现代文学研究丛刊》，1991 年第 3 期。

⑦ 孙郁：《莫言：与鲁迅相逢的歌者》，《当代作家评论》，2006 年第 6 期。

乡村实际状况的文学视角。因此，在莫言奔放热烈、想象瑰奇的叙事风格中，莫言笔下女性浓烈葱郁的民间气息、蓬勃旺盛的生命意识、复杂两难的命运状况显得尤为新异独特。

在女性命运书写中，鲁迅更多关注的是在文化观念形态上女性被奴役的精神状况，莫言则"更加关注生命的物质形态（比如人的肉体需要和人性的生命力状况等），而不是文化的观念形态（诸如善、恶、文化原型或象征物之类）"①。莫言笔下的女性大多可以掌控自己的身体，通过身体这样一种可以自由支配的物质形态表达对男权、对生命力的尊敬或奉献。中国农民长期处于物质匮乏状态，加上根本性的男权中心地位影响，乡村女性的生存苦难更为严重。身体作为乡村女性最切近方便的物质要素，在民间自由自在的生命状态中得到蓬勃旺盛的表达，正显示了女性坚强的生命意识。尽管莫言笔下的女性可以自由支配身体，甚至也有了鲁迅所要求的经济权，却仍难从精神上摆脱鲁迅时代的厄运。《红树林》中的林岚是做了地委宣传部长及常务副市长的当代知识女性，《蛙》中的万心是拥有独立经济地位的乡村妇产医生。但林岚的爱情婚姻连《伤逝》中的子君都不如，反成为权力的牺牲品，沦为当代"性奴"。万心早年要么是钟情于带有炫耀性质的飞行员，要么是准备嫁给掌握大权的县委书记。可见，即便林岚、万心这样拥有经济权、参与公共事务的当代女性，依然无法摆脱男权中心文化在当代女性生活中及精神上的无形影响。

五、结语

从鲁迅、莫言小说叙事来看，在相对广袤的中国乡土社会中，夫权文化和其它男权特质文化还居于优势地位，男女平权还流于表面和形式，男权与无法根绝的封建意识也依然是不少女性精神上认同与建构的重要取向。因此，无论是祥林嫂、吴妈、戴凤莲、上官鲁氏等乡村女性，还是子君、林岚、万心等知识女性，她们都是被男性所书写和审视的男性性别的他者。② 在被男性审视中，祥林嫂、吴妈、戴凤莲、上官鲁氏与子君、林岚、万心们很难认识自我。也就是说，鲁迅与莫言笔下众多女性的爱情婚姻家庭与社会生产生活命运仍然无法由自我主宰，她们的命运仍然是男性视角下被他者化的一种命运状况。无论占有生产资料、参与公共劳动或接受教育与否，在男权依然是中国社会同一性与中心性的文化背景下，女性命运很难有根本改观。所以与鲁迅相近时代的新知识女性们，如冰心、

---

① 张闳：《感官王国：先锋小说叙事艺术研究》，上海：同济大学出版社，2008年版，第40页。

② 鲁迅、莫言对女性命运的艰难处境及其改变途径有着独特思考，一定意义上超越了男性性别。但在性别视域中，男性身份与视角对女性命运的小说叙事还有相当的影响，鲁迅与莫言潜在的男性性别意识仍然使他们的女性命运书写还隐约有着难以避免的无意识的认识偏差。

陈衡哲、庐隐、苏雪林、丁玲等，她们对此有着女性立场的独立认知："在男性的性别角色不发生任何变动的社会结构中，新女性要成为冰心所说的'贤妻良母'，或者如陈衡哲所倡导的以'母职是大多数女子的基本职业'，就必定要有所放弃，有所牺牲"，所以当她们"按照'女子解放'的思潮来设计和安排自己的生活时，便敏锐地感觉到传统的相夫教子的角色定位与个体人生价值的追求之间无法调和的矛盾"①。因此，在20世纪前期冰心、陈衡哲等部分新知识女性的婚姻家庭想象中，往往比倡导女性解放、呼吁女性人身自由与经济权的鲁迅等先行者更为传统和保守，这些新女性们更愿意回到家庭，在家庭中实现自己的价值。这种情形令人感到欣喜乐观，还是感到无望无奈？

无论如何，理性的学理探讨及人文求索仍须继续。梁景和曾说："社会文化的变革是一个长期动态的运演过程。五四时期社会文化虽然发生了很大的变化，但这种变化是有局限的。有的变化刚刚开始，有的变化刚刚扩展，有的变化至今还没有完成，仍在继续变革的过程当中。"又说"人的解放包括诸多方面，如形体的解放，教育的解放，经济的解放，政治的解放，伦理的解放，等等。而五四时期社会文化的演变正体现着人的解放的深刻主题。"②这些话说的是五四时期社会文化尤其是女性文化变迁问题，文史互证，对照而言，鲁迅和莫言笔下的女性命运也许能够生动地揭示，从五四走来的追求人文复兴、人之解放的知识者，仍须直面中国女性命运变革、女性解放及文化发展中存在的种种现实问题，上下求索，探觅实现双性和谐、幸福美满的途径。

---

① 郭冰茹：《"新家庭"想象与女性的性别认同——关于现代女性写作的一种考察》，《文学评论》，2009年第3期。

② 梁景和：《五四时期社会文化嬗变论纲——以婚姻、家庭、女性、性伦为中心》，《人文杂志》，2009年第4期。

以何种名义劝"你"？

——清末天津《大公报》"缠足之害"话语的审视

姜海龙[①]

　　戒缠足与放足是晚清时期女性从个体走向群体，从私人空间走向公共空间的第一步，也是近代中国女权伸张与妇女解放的逻辑与事实的起点。缠足成为一种"陈规陋俗"而遭到批判和扬弃，天足代表着自然、健康和优美，是晚清以来的"新认识"。

　　其实早在近代西方传教士的"异域观念"传入中国之前，缠足已经为不少有识之士所诟病，痛陈其给女性、家庭以及社会生活带来的种种弊端。宋人车若水大概可算是有文献记载的对"三寸金莲"表示反对的先驱，他在《脚气集》中称："妇人缠足，不知始于何时？小儿四、五岁，无罪无辜，而使之受无限之苦，缠得小来，不知何用？"[②]著名的理学家程颐则从行动上反对缠足之风，他规定程氏族中女子皆不得缠足。有清一代，诸如袁枚、李汝珍、龚自珍等人对于缠足都表示出质疑。不过，相对于整个社会文化大环境对于缠足的崇拜与肯定，少数的"异见"者的声音很快就被淹没了。诚如陈平原所言："文化及风俗的转变，受中间阶层的影响最大。"[③]朝代的更替与江山的易主，皆不能改变"兴也缠足，亡也缠足"的历史格局。只有到了晚清时代，随着异域卫生观念的渐沁人心、维新派保国强种的舆论鼓吹以及庚子事变之后的开民智运动，相当数量的"中间阶层"士大夫与地方知识分子逐渐接受放足的观念，从而使风行千年的"小脚为美"在短短几十年内迅速沦为野蛮与丑陋的"负面"形象。"国粹"变为"国耻"的急速历史进程中，可深究之处多矣。

　　关于晚清以来戒缠足与放足历史的研究由来已久。就史料而言，可约略分为时人的文集笔记、报刊数据、谕旨奏折与地方文献档案四大类。时人文集譬如郑观应的《盛世危言》中就有关于女性缠足之害的记载，梁启超的《饮冰室合集》则收

---

　　①　姜海龙：武汉大学历史学院讲师。

　　②　转引自李志生：《中国古代妇女史研究入门》，北京：北京大学出版社，2014年版，第212页。

　　③　陈平原引述夏晓虹的观点。夏晓虹：《晚清文人妇女观》，北京：作家出版社，1995年版，第2页。

录了他关于戒缠足的诸多言论。报刊数据中关于缠足的史料非常之多，几乎清末的所有报刊史料都有与此相关的记载，诸如《万国公报》《时报》《大公报》《女报》等报纸中就有大量关于缠足之害、劝诫放足的文章和各地"放足"运动的宣言和进程的报道。谕旨奏折中则集中了清末朝廷内部对于缠足的态度和措施。康有为、张之洞、袁世凯等人的奏折中均可见关于缠足的讨论。此外，1933 年天津人姚灵犀所编著的名为《采菲录》一书，取义《诗经·谷风》中的句子"采葑采菲，无以下体"。全书五卷，大约一百万字左右。书中不仅有关于缠足的"客观"的史料记载，还有很多"拜足狂"的文字和各种各样的奇谈怪论，是研究晚清以来缠足史至为重要的史料。

史料之外的晚清放足史研究，相关的论文与专著亦不在少数。诸如高彦颐：《缠足：金莲崇拜盛极而衰的演变》（左岸文化，2007 年版）；王冬芳：《迈向近代：剪辫与放足》（辽海出版社，1997 年版）。就研究范围而言，大概可划分为以下几类研究：第一类，西方传教士与近代中国废缠足运动关系的研究。一般而言，近代不缠足运动肇始于教会和传教士的努力，传教士所进行反缠足的舆论宣传和实践上推动不缠足运动发展的历史，已为研究晚清放足史的学者所承认。该方面的研究论文诸如王海鹏：《〈万国公报〉与天足会》（《贵州社会科学》，2006 年第 1 期）；郝先中：《传教士与近代中国的放足运动》（《河南师范大学学报（哲学社会科学版）》，2004 年第 3 期）等。第二类，戊戌变法时期维新派的废缠足思想与实践的研究。该类研究一方面侧重于对维新派人物康有为、梁启超等人的废缠足言论研究，诸如杜环欢的《康有为关于缠足"风习"改造的实践与构思》（《文史杂志》，2001 年第 4 期），另一方面也注重于维新派在中国各地展开的废缠足实践，诸如各地天足会的建立及运行状况研究等，相关论文亦不在少数，如闵杰的《戊戌维新时期不缠足运动的区域组织和措施》（《贵州社会科学》，1993 年第 6 期）。第三类，从社会风俗史与开民智角度的放足史研究。戊戌变法失败后，废缠足运动并没有随之而告一段落，在政治运动色彩渐趋消退之后，废缠足转而成为各地开民智与改良社会风俗中重要的社会议题与公共事务。因此，关于清末民初的废缠足运动的研究多集中在对于不同区域的具体研究上。诸如陶继波、马晓辉：《民国前期绥远地区汉族妇女由缠足到放足的嬗变》（《内蒙古大学学报（人文社会科学版）》，2004 年第 3 期）、杨兴梅：《从劝导到禁罚：清季四川反缠足努力述略》（《历史研究》，2000 年第 6 期）等。第四类，妇女史角度的晚清放足史研究。放足是女性从身体解放到主体独立的第一步，因此，无论是从近代妇女运动还是从女权伸张的角度研究女性历史的学者，都将晚清的废缠足与放足运动，视为研究的逻辑与事实的起点，从而展开对于近代女性历史的关注。诸如李海容：《论北京天足运动与思想解放——从解放小脚看解放头脑》（《北京联合大学学报（人文社会科学版)》，2005 年第 4 期)、邓如冰：《晚清女性服饰改革：女性身体与国家、细节和时尚——从废缠足谈起》(《妇女研究论丛》，2006 年第 5 期)等。

应该说以往的关于晚清以来废缠足与放足史的研究，就其整体而言，是一种"数量较多、质量相对一般"的研究格局。相比于其他研究领域，关于"晚清以来废缠足与放足史"的研究的相关专著与论文不可谓不多，但是大多数却停留在一般的泛泛而谈与"补白"式的研究之上，研究时段也大多集中在戊戌变法与晚清新政时期，高质量的深度性的研究相对较为匮乏。据笔者所见，近年来国内关于晚清放足史的研究中，夏晓虹、杨兴梅、杨念群的研究能够代表该研究所达到的学术水平。夏晓虹在 1995 年所出版的《晚清文人妇女观》一书中论及清末的不缠足运动较早地注意到男性话语下的女性感受。"夏君则详细考察放足女子可能碰到的各种难题，以及克服的途径。比如，放足的过程中如何减少痛苦，放足后没有合适的鞋子怎么办、'放大的小脚'日后婚姻的困难等。"①另一方面，在《晚清女性与近代中国》一书中，夏晓虹又以新文化史的研究视角诠释"晚清女性作为晚清整个社会图景的承载"在去旧迎新迈向"近代"的过程中，所充满的内在的丰富的话语歧义。这种丰富的话语下的缠足史的研究获得了另一种解释的维度，诸如"男降女不降"在晚清作为一种别有用意的"历史记忆"的唤起，其实在某种程度上是借女性身体来隐喻重新高涨的汉文化意识。夏晓虹的相关研究大大加深了晚清以来放足史的研究深度。此外，杨兴梅关于晚清以来放足史的研究，也颇为值得关注。她的系列论文——《观念与社会：女子小脚的美丑与近代中国的两个世界》(《近代史研究》，2000 年第 4 期)，《从劝导到禁罚：清季四川反缠足努力述略》(《历史研究》，2000 年第 6 期)，《被"忽视"的历史：近代缠足女性对于放足的服饰困惑与选择》，(《社会科学研究》，2005 年第 2 期)等，相对于一般的泛泛而谈，无疑更有研究的深度和学术关怀。杨兴梅除了承继夏晓虹对于废缠足运动中女性感受的重视并将女性所面临的具体困境进行深度挖掘之外，她还特别敏锐地注意到"女子小脚美"向"天足美"的审美标准转化的过程的曲折和复杂性，分析出近代以来关于缠足运动中多个世界并存的景观。在研究时段上，她也尤其注意一般研究者甚少涉及的民国之后的废缠足历史的研究。杨念群关于晚清以来的缠足史的研究的贡献集中在他那篇很受争议的《从科学话语到国家控制：缠足由美变丑过程的话语分析》(《北京档案史料》，2001 年第 4 期)一文。在这篇以《采菲录》为史料基础的文章中，杨念群大胆地提出"缠足的丑恶"乃是一种"现代制造"，其背后是"中国人身体成为医疗话语制作的对象，附着于中国人身上的种种'隐喻'就是这种制作的结果"。杨念群研究的意义在于提醒缠足史的研究者注意，在"就

---

① 夏晓虹：《晚清文人妇女观》，北京：作家出版社，1995 年版，第 3 页。

事论事"的背后，还可以从话语分析、权力结构以及医疗身体史角度切入晚清放足史的研究。

"盖棺不能论定"已是今日史学研究的共识。近年来，随着新文化史研究在中国近代史的逐渐展开，强调事实背后的话语的力量成为当代史学探讨诸多问题的路径。因此本文试图通过天津《大公报》创立之初的1902—1910年关于"缠足之害"的白话文章，来审视媒体话语与男性表述对于缠足运动历史的塑造，"放足话语"背后的深层时代话语，以期能够推进晚清以来缠足史的研究。

一、不道德的脚

天津《大公报》1902年初创之际，正逢晚清举国开民智运动进行之时。作为"社会陋俗"的缠足，成为此后《大公报》在一段时期内反复讨论的议题。在以白话文探讨"缠足之害"的报刊文章中，虽然从整体上看，显得凌乱、重复且过多"苦口婆心的说教"，不过，在这种杂音重重的表象下，其实能够看到这一时期《大公报》文章在言说"缠足之害"的时候，深受时代深层话语与逻辑的影响，具有清晰可见的表达策略。

一般而言，过渡时代的社会价值和知识体系是最为混乱的，常常呈现"众声喧哗"的局面。一方面，旧的格局已经打破，新的秩序没有建立起来，人们在论说同一件事情的时候，常常会有诸多不同的角度。另一方面，即使对于许多传统的破坏和涤除，除了援引新知之外，更需要从传统内部寻找资源"以子之矛，攻子之盾"，才能收到最佳的效果。《大公报》中"缠足之害"的论说就采取了这种以传统否定传统的言说策略，将本是中国传统的缠足习俗置于一种非道德的位置，进而结合其他话语，来完成对缠足的否定和缠足之害的宣传。

在《大公报》宣传缠足之害的文章看来，缠足并不符合中国传统伦理道德秩序。其最根本之处，在于有违圣制，悖逆儒家的根本伦理传统。"妇女裹足，事本不经，相沿既久，遂成浇风。考之三代，未有此刑。诗美庄姜，故不形容。秦汉而下，此装未成。"①此一段论述，首先指明妇女缠足乃是"不经"之举，而其能够形成一定的传统，完全是民间"愚民"相率沿袭而成。再者，缠足的传统并非是自古而来，在儒家理想社会的三代之际，其实并没有缠足的风俗。又云："至于南唐，后主始兴。有一嬖妾，窅娘是名。以帛缠足，如新月形。裹足根源，悦目荡心，奇装可惊。后主淫乱，唐祚遂倾。后世妇女，如留刖刑……"②缠足的真正起源乃是南唐后主为淫乐之故而兴起，遂后世妇女相率成风。

《大公报》这篇半文言体形式的《劝放足略》基本上概括了其论说缠足不道德的

---

① 《劝放足略》，《大公报》，1906年8月30日。

② 《劝放足略》，《大公报》，1906年8月30日。

话语模式，在许多白话的宣传文章中，也将这种"非道德化"的话语反复重复。"非道德化"的话语逻辑是首先确定缠足乃是"不经"和"可笑"之事。"其实这个缠足的风俗，绝不是从正道上传下来的。"①"中国有极可笑之一事，不知始自何时起自何人，统十余行省，多半数之人相沿此陋俗。"②这种"武断"的判断，一方面是承继戊戌变法时的舆论宣传话语，表示其不证自明。另一方面，这种带有明显价值判断的话语，也意图通过报纸的反复渲染，来影响读者的价值判断。在确定缠足乃是"不经"和"可笑"之事后，接下来是通过追溯其真正的起源，来说明其非道德化的特征。一般而言，关于缠足起源于何时，在晚清时尚有不少争论。不过，《大公报》的白话文章追溯缠足的历史并非是为严谨的学术考证，而是为了证明其非道德化的判断。"说起来这种坏风俗，是从谁遗留下来的呢？听说是五代时候南唐李后主遗留下的。这李后主是一国之主，他可是最好邪淫取乐儿。……自从李后主教宫娘缠脚取乐的事情传到外边，那正经人听见这件事，都骂李后主昏王无道，那不正经的女子听说缠足可以取人的喜欢，于是乎就在两只脚上极力的修饰，生了女孩儿，也给他把脚缠上，那不正经的男子，他也就专喜爱这缠足的女子。一点一点的传染，闹得通国多一半的妇女，不论正经不正经，全都缠起足来，反觉着女子若是不缠足，就不算是一个女子似的。"③而在另一篇文章述及缠足的起源时，又说："此种恶习由来已久，必欲知其肪于何代？始自何人？记载不详颇难参考。然窃尝阅六朝之陈后主在位，极欲穷奢，荒淫无度，后宫一窈娘，手弓鞋为缠足之形式已取笑乐，后主见而悦之，拿富人之幼者折其足而仿照焉，以为娱目之事。于是上行下效，一倡百随，风尚所趋，群国若鹜。"④显然，这两篇追溯缠足起源的白话文章形成一种相当有意思的对比，前者将缠足史追溯到南唐李后主⑤，后者将之追溯到宋齐梁陈时代的陈后主。虽然人物与时间彼此穿帮，但是话语模式却基本一致，即后主、妃嫔、淫乐乃是缠足产生的历史原因。后主、妃嫔的人物所指很容易使人联想到亡国之祸与女色误国，这在中国传统的儒家文化中，代表着一种纵乐的罪恶，是一种极大的不道德。既然缠足的起源就带有某种原罪性的不道德的特征，那么这种风俗的流布其道德之害也就可想而知了。

另一方面，儒家正统的圣哲之言也被用来从反面佐证缠足的非道德之害。"我们尊敬的是孔子，孔子教人是孝，当云身体发肤，不敢毁伤。今给女孩缠足，

---

① 《指明妇女缠足不是正道的凭据》，《大公报》，1904 年 1 月 9 日。
② 《警戒缠足说》，《大公报》，1904 年 1 月 25 日。
③ 《指明妇女缠足不是正道的凭据》，《大公报》，1904 年 1 月 9 日。
④ 《妇女缠足之历史》，《大公报》，1903 年 7 月 4 日。
⑤ 一般来说，当时《大公报》上撰文者大多数认为缠足起源于南唐李后主，而非陈后主。

既伤他皮肉又折他骨头，这合乎身体发肤不敢毁伤的道理吗？"①而南唐之前的历史并没有关于缠足的记载，"中国从立国以来，到如今差不多有五千年，遭缠足的坏风俗，才一千多年。那以前四千年的时候，咱们中国人老辈子的老祖母，全都是大脚，绝没有缠足的。"②则力图证明这种传统并非是真正的古已有之的传统，动摇其作为传统的合法地位。从而证明其"妇女缠足古无其说，圣教流传亦未道及"③的非道德地位。

为了进一步说明缠足的非道德之害，《大公报》的白话文章以传统伦理中女色不德的价值观念，来抨击缠足的丧德之害。"则以德为上，最贱的人，才以色惑人呢。缠足的法，真是以色惑人，人惑于色，没出息的根子可就来了。"④德为上，色为贱的观念，其实是传统儒家道德观中关于女性话语的一种很重要的表达，《大公报》的白话文章将缠足等同于女色，继而是女色惑人的推论，是将缠足置于传统伦理所反对的"不道德的女色惑人"的位置，来宣扬缠足的不道德之害。又如："比方女子未出嫁以前，专在两只脚上用功夫，缠的极小，甚至行走不得力。请问为的是什么？无非为的是教人看着爱，整天的不理正事，竟讲修饰，不自由的就露出一种妖冶的势派，这不是于美德上有妨害吗？"⑤在具体的家庭层面，用比较浅白的白话来指斥女子缠足的不务正业与妖冶态势，是与操持家庭的美德相违背的。甚至，一些持论激进的文章直接将女子缠足等同于妓女所行，如："古人尚德，礼记训明，以色惑人，妓女所行"⑥。显然，这种女色不德的表述，一方面是《大公报》白话文作者为宣传缠足的非德性而采取的一种表达策略，以传统的价值观念来否定同为传统的旧事物，可以获得更多的共鸣和支持。另一方面，不可否认的是，在看似拉家常的白话文章中，也不自觉地流露出宣传者本身关于女性的文化价值观，这种价值观自身亦是半新半旧、新旧掺杂。以此种价值观来开启女性之智，在启蒙之外，传统的教化也如影随形。男性道德话语的"缠足之害"在试图解放女性身体撕下裹脚布的同时，其实也在某种程度上重新换上另一副束缚的道德之布。

二、不科学的脚

缠足之害说服的力量来自传统的圣制之内，也来自外援的新知。这种新知，很大程度上是以西方的医疗卫生观念为核心的科学话语。如果说"内违圣制"叙述

---

① 《庆云毕君绶珊劝戒缠足浅说　再续前稿》，《大公报》，1905 年 4 月 19 日。
② 《附件　妇女不缠足不是学外国女人》，《大公报》，1904 年 1 月 9 日。
③ 《劝戒缠足》，《大公报》，1903 年 7 月 24 日。
④ 《庆云毕君绶珊劝戒缠足浅说　续前稿》，《大公报》，1905 年 4 月 18 日。
⑤ 《附件　妇女缠足于德育智育体育全有妨害》，《大公报》，1904 年 10 月 30 日。
⑥ 《劝放足略》，《大公报》，1906 年 8 月 30 日。

的是一种"道德身体"之害,那么科学话语下所叙述的更多的是一种"生理身体"之害。

在《大公报》甫一创刊的 1902 年 6 月 17 日这一期的附件上,就有关于缠足对于身体之害的劝诫。"第一件,伤身体。一个人周身的血脉,常要流通。缠了足,血脉便不流通,行走不便,日久便成肝郁的病。"① 又如在《劝放足略》中称:"先讲卫生,女子裹足,气聚心盈,日久月长,血不流通,十五六岁,血痞多成,此症每出,千不一生,出阁之后,娇弱多成。"② 由此可见,缠足致使妇女身体血脉不通,进而催生疾病的发生,这在当时的《大公报》的白话文宣传中,成为缠足对于身体之害的一个普遍的说法,其背后所援引的正是医疗卫生知识。是"斯既经生理学家之所证明,而为中西通人所许可"③ 的科学话语。不过,《大公报》的白话文在宣传缠足的身体之害时,由于其启蒙的目的、撰写文章的作者以及预期的读者的现实状况,使其在运用科学话语之时,往往是流于浅白和皮毛,没有太多的专业性与思想性。在使用白话进行宣传比较重视妇女缠足的痛苦感受,常常在极陈女性裹足惨状的同时,又以西方医学知识来说明缠足在科学上对于身体的害处以及天足的自然健康的道理。"使血气日益滞,皮肉日益肿,心神日益悸。富的坐卧香闺,必病于食物不化,变滋养为毒虫。贫的井臼躬操,必病于寒火疼痛,积有劳成症疾。他如或弱汗,或咳嗽,或风火,或经血不调。这种病端结积于此,若不赶紧劝戒,中国有一缠足女子,即多一疾病妇人。"④

另外,在《大公报》的白话文章看来,缠足对于女性"生理身体"之害,不仅仅是女性自身的身体,还牵涉胎儿与下一代的身体,这是作为对于女性"母亲的身体"的一种关注。"为先天母体强则先天充实,而生子亦强,母体弱质则先天微薄,而生子亦弱。……二万万巾帼同胞薄弱如此,遂使二万万须眉同胞称此颓靡不振之人格 岂不危与?"⑤ 显然,女性的身体关乎着生育的健康与否,进而联系到国民下一代的"生理身体",进而关乎种族的存亡,这是一套自严复以来的社会达尔文主义的典型的逻辑。

科学话语的援引,不仅在于通过它建立了一个女性"生理身体"之害的话语以及由此展开一套话语的论述。另一方面,从《大公报》的白话文章中可以看到,援引自西方的一套科学卫生观念,不仅成为知识支撑着废缠足者的论述。更为重要的是,它成为一种言说者普遍相信的意识形态,改变了当时知识分子对于传统事

---

① 《附件　戒缠足说》,《大公报》,1902 年 6 月 17 日。

② 《劝放足略》,《大公报》,1906 年 8 月 30 日。

③ 《来稿代论:〈拟办徽州不缠足会公启〉》,《大公报》,1903 年 11 月 12 日。

④ 《庆云毕君绥珊劝戒缠足浅说　五续前稿》,《大公报》,1905 年 4 月 22 日。

⑤ 《天足会演说简略》,《大公报》,1905 年 1 月 15 日。

物的态度，这其中就包括对于女子"足"的看法。传统女子缠足无论是陋俗还是荒淫之举，对于它的价值判断，主要还是社会审美领域，所以，女子的纤纤细足如同西方妇女的束腰一样，是一种文化意义上的美。然而，《大公报》的白话文章中对于足的概念，显然是接受了近代"西方看法"。在西方解剖学的基础上所建立起的身体观，认为人的足部自然、健康才是美的和合乎情理的。在此基础上来观看中国妇女的缠足，自然就是一种病态和丑陋的负面形象。不仅如此，在接受"西方看法"的同时，《大公报》的白话文还以这种天足观的观念结合中国古代的刑罚，将女子的缠足进一步负面化为一种"罪"的比喻。"今之缠足与刖刑等举伤筋折骨破肤裂脂之行，加之于髫龄弱质无辜无知之身，且执其刑而处之于上者，即生身爱护劬劳罔极之慈母"①。女子的缠足被"危言耸听"地表述为"母亲对女儿"实施的刑罚，营造出一种福柯所说的惩罚式的景观。女子成为一种无辜刑余之人，在于强调这种旧事物以及所代表的文化观念的极大的"不合理性"，从而能够震动读者和社会的判断。其逻辑起点正是科学话语权力下"天足"的观念代替传统审美意义的"小脚"的观念，然而这种替代又不是一种彻底的替代，也同样交织着传统的道德性话语。

三、野蛮的脚

《大公报》宣传缠足之害的白话文中，出于革除作者、编者眼中陋俗的需要，妇女的缠足常常被冠以"野蛮"的称谓。譬如《大公报》1902 年 11 月 24 日登载的《河北不缠足会章程》中称："本会以强种为宗旨，痛除野蛮之积习，以企战胜于文明之列。"又如"现在文明一天比一天进步，风气一天比一天开通，野蛮人爱小脚，文明人可不爱，以后人都文明，自人都不爱了，若至文明也大进了，小脚也没人爱了。"②缠足的风俗被称为"野蛮"之积习，喜欢缠足的人被称为"野蛮人"。

颇为耐人寻味的是，"野蛮"与"文明"两个词汇通常成对出现，暗示着白话文作者的观念取舍。缠足被冠以"野蛮"的称谓，与上文所讨论的科学话语的影响密不可分。从莲花之美到野蛮积习的转变，本质上是以西方为中心的科学话语逐渐替代传统的审美观念所致。不过，在这个过程中，"野蛮"这一词汇所表达的内涵却不仅仅只是科学话语的意义，而是交织着非常复杂的情感和认识。诚如杨念群所言："西方医学进入中国之后曾经促使中国社会重新界定身体、疾病、卫生观念和行为，这个过程往往和政治局势、文化思潮、社会形态、民族认同和国家观

---

① 《天足会演说简略》，《大公报》，1905 年 1 月 15 日。
② 《庆云毕君绶珊劝戒缠足浅说》，《大公报》，1905 年 4 月 17 日。

念纠葛成错综复杂的暧昧关系。"①《大公报》中 1903 年 3 月 14 日的《种类须争》一文，兹录如下：

> 今年日本大阪博览会设立人类馆，要把咱们中国列入野蛮，经驻日华商极力争阻，要万不得已也须分清部分，不能把中国全部都算野蛮。大约这件事人人全都知道，虽然知道，却不去管，以为野蛮不是凭他说的，这是懂得看报的如此说法。至于不看报的及妇女更不消说了。野蛮不野蛮，也是一样穿衣吃饭，这宗见识真是可怜可笑。大家可记得联军入津京那番举动，那就是待野蛮的样子。这回赛会要不力求挽回，从此中国这野蛮二字是各国公认的，真算奉了明文了。既是野蛮的国，就是瓜分灭种，也算说得去。就使眼前不如此，那种种吃亏受气，也难受的狠呢。这事官商士庶当争，就是妇女们也应当争，也应有爱国的心，保种的权。上次中俄条约，上海女士薛锦琴等，尚力为争阻。何况这事更紧要呢。大家听了这话，都要生个羞耻心，把这事争过来，总算爱国保种哪。

在这篇充满野蛮字眼的文章中，最初其实是针对日本大阪博览会将中国女子缠足与吸食鸦片制成模型列入展览馆之内。"日本大阪开办博览大会，将我国吸食鸦片及妇女缠足两丑态作为模型陈列其中，以任各国人之观览。我国知耻之士，皆引为大辱"。② 日本大阪博览会的缠足事件，在晚清的知识界引起了轩然大波。《大公报》也是连篇累牍发表了时人的看法，妇女的缠足再一次成为众矢之的的批评对象，一时间妇女缠足冠以"野蛮"的称谓极其流行。而《种类须争》这篇文章实际上把《大公报》白话文"野蛮"观念背后所隐藏的话语生成机制集中体现出来。一方面，妇女缠足被视为"野蛮"的象征，乃是以西方视角为中心的科学话语，是西方人对于中国妇女缠足的一种文化认识。这种认识被《大公报》的白话文所接受，体现了晚清以来西方科学话语的逐渐渗入。另一方面，《大公报》白话文在使用缠足野蛮的词汇时，一般都有欧美诸国或日本在场。换言之，"野蛮"这一词汇的背后不仅是科学话语下的认识，也暗含着一种民族主义的话语的支配。经过甲午战争特别是庚子事变之后，地方知识分子对于传统文化的自信力日益降低，在情绪中有一种自卑的心态，因此，对于西方视角的缠足为野蛮的价值判断，在《大公报》白话文的作者的心中基本是认可的。这种民族主义式的自卑感又在一定程度上转化为脆弱的自尊感，因此，当缠足作为陋俗置于万国观看之下的

---

① 杨念群：《再造"病人"——中西医冲突下的空间政治（1832—1985）》，北京：中国人民大学出版社，2006 年版，第 5 页。

② 《禁烟片宜并禁缠足说》，《大公报》，1907 年 10 月 16 日。

时候，强烈地使"知耻之士，皆引为大辱"。而这种耻辱感的在场则始终刺激废缠足者对于"西方观点"的敏感。是以日本大阪博览会造成《大公报》对于缠足风俗激烈地"野蛮"指斥的背后，是一种民族主义的情感所致。

显然，从戊戌维新开始，关于缠足的言论就不可避免地与民族国家的政治命运连接在一起。《大公报》的白话文章也很自然地继承了这个话语传统。"强国保种"成为女性废缠足的一种政治指向，鉴于前人所做的研究已相当之多，这里就不再赘述。

四、结语：舆论话语下的脚

《大公报》白话文宣传缠足之害的话语背后，隐藏的是道德话语、科学话语、民族主义话语等诸多话语的交织。这种多种话语交织的表达策略既是晚清过渡时代特有的时代逻辑的反映，也是出于宣传和劝诫效果的需要。此外，"缠足"成为被讨论的"议题"的同时，也反过来造就了一种基于地方、指向国家、呈现于媒体之上的舆论话语。

首先，可以清晰地看出，《大公报》许多宣传缠足之害的白话文，在就事论事的层面之外，常常是借助于对缠足之害的讨论，将缠足与其他议题联系起来，譬如缠足与女学的关系、缠足与时政的关系、缠足与禁烟的关系、缠足与庚子年的回忆，等等。这种以缠足为论述中心而旁涉各种晚清国事的表达方式，在无形中建立了一种呈现在《大公报》上的"公共话语"，"缠足"的话语在某种程度上其实是各种其他舆论话语的载体，借缠足一事而言其他的表述策略也是多样的。在借缠足而论述女学当兴的文章中，女学当兴作为根本解决缠足之道而出现，废缠足是女学当兴的逻辑起点，"缠足与女学不两立者也，自缠足兴，则女学坏，缠足废则女学工。二者有相为盛衰倚伏之势，如水火、如冰炭，终古不可合并者连篇累牍，罄竹难书"①。尽管在事实上二者并非具有如此强的逻辑关系。缠足与禁烟之间的关系，则将二者同归于民族主义的立场。"幸勿以缠足为琐细小节而不屑计及之也，此举关乎国耻，关乎家政，关乎道德，关乎种族。吸烟之大丑既设严禁以除之，何苦尚留此缠足之大丑于新世界乎？"②和缠足联系在一起的其他社会事务，有些甚至在推理上显得勉强和荒诞不经。不过，重要的是借助于反复述说缠足之害的白话文，《大公报》的这些编者与作者能够发出一种对于国家、社会事务的声音，形成许多重复论说、多角度阐释的议题，这些议题又反复为读者所阅读、思考、接受或者反驳，从而造就了作者、编者、读者之间的"舆论话语"。

另一方面，《大公报》许多宣传缠足之害的白话文章，在某种程度上起到了整

---

① 《禁烟片宜并禁缠足说》，《大公报》，1907年10月16日。
② 《论缠足于女学之关系》，《大公报》，1905年11月19日。

合各方资源，最终汇聚成关于缠足的"公共表达"的作用。媒体是现实的反映，《大公报》上宣传缠足之害的白话文章，则是对于现实的一种刻意的反映和聚焦式的反映。大概而言，《大公报》上涉及缠足的文章和信息可分为文人的呼吁、各地天足会的行动、章程内容、有关缠足事宜的上谕、清廷大员的奏折、著名人物的演讲、有关缠足的新闻。在晚清信息尚不十分发达的时代，这些废缠足的言论、行动、事件本来发生在不同的地域和时间，并且是分散的、断断续续的、彼此之间并无多少联系的。正是《大公报》的媒体话语将这些分散的事实连接起来，并在报纸上强化了这些事实，从而形成了一套很连续的、完整的"缠足之害"的舆论话语。

但是，又不能过于高估缠足之害的白话文宣传中所衍生的"舆论话语"的影响力。这种"舆论话语"在相当程度上只是一种媒体话语，而并不能有效地转化为"社会行动"。可以说，"缠足之害"提供了一种想象性的"理想状态"，但与实际的社会事实相距还很远。诚如陈平原所言"我们今天所能感觉到的，主要是'晚清文人'（以男性为主）关于'妇女生活'的'叙述'。……'文人'的'叙述'，与实际的生活形态之间，仍有好大的距离"①。舆论热闹而事实寂寥的状态，在《大公报》的诸多白话文章中，也充分显示出这一点。"缠足一事自从二十七年降旨劝诫后，至今竟不复提及。而官府之真能尊旨劝禁者亦寥寥无几，只赖二三志士自连其一发千钧之力，以奔走呼号于国中，用心良苦而收效甚微"②。又如"今已二年有余，其遵旨而不复缠足者甚属寥寥，其余不但抗不遵旨，而且漫骂劝戒缠足者为邪魔外道"③。可见，废缠足运动在社会现实中的推进与在《大公报》白话文"舆论话语"中的竞相言之并不是同步的，这种现实中的困境来源于如传统的习俗、婚配的压力、家族的势力等诸多方面。《大公报》1902 年 11 月 13 日的附件中有一篇署名抱愧生的《说戒缠脚事》一文，则将这种现实的困境体现无疑，兹节录如下：

> 我于二十一日看贵报上的一段白话，内有劝不缠脚的一节。我看完了，又着急，又惭愧。怎么着急呢？我有两个小女，从去年循着陋俗坏例，也把脚缠上了。我虽不乐意，无奈家里人等，不由我作主。直到今年秋天，我费了许多的口舌，生了许多的气，连劝带闹，教家里人把两个小女的脚全放开了。家里人说，放可是放，你须多劝过几家来，奖励可以作亲，要是一家也劝不过来，咱家两个小女，依旧还须缠上。我说要是把自己的孩子，教训得好好的，不怕没人聘娶。家里人说，你不知道咱的坏风俗吗？每逢议亲，他不论女孩的性格好不好，但论貌的丑俊与脚的大小，倘或咱一家不缠脚，将来咱家女孩无人过问，咱家穷的这个样子，难道养活他到老吗？我说我联

① 夏晓虹：《晚清文人妇女观》，北京：作家出版社，1995 年版，第 2 页。
② 《禁烟片宜并禁缠足说》，《大公报》，1907 年 10 月 16 日。
③ 《劝戒妇女缠足必须官为提倡说续》，《大公报》，1903 年 7 月 30 日。

合几个人，立一个会，先劝咱们的亲戚朋友，然后再劝别的人，这个风气或者从此大开，将来就可以议亲事了。我从此以后就逢人便劝，并说我家女孩已经不缠脚了。直到一个多月，一家也没劝过来，连会也没立成，人反笑我多事，说我要疯，家里人也说我胡闹。我还主张着不管人家怎么样，咱家一定不缠。家里人那肯听从，刻下又给两个小女缠上了。我这个气还没有消下去，忽然看见报上提这件事，又勾起我的气来，所以着急。怎么惭愧呢？我寻常总说咱中国人凡事能说不能行。又常听见人说，要变风俗，先从自己办起。我最恨的就是缠脚，所以我要从自己家里开风气，想把这个坏俗改了，那知道自己家里竟先办不到，因为这件事几乎同家里人闹生疏了。我看见报上所说这些话，能不惭愧吗？可是有一节，我虽没办成，我这个心总不能死，我还盼望着将来把这坏风俗去了。但是一件，空盼望也是无益，总须想个办法。我想这件事，还是由在上的办，可以能行。办法第一要严定赏罚，不稍宽假。况且去年，也下过上谕，官要是真心做事，就当遵着上谕的意思，把绅士聚齐了，立一个切实的章程，一面劝导，一面强迫，必可以办成了。最可恨的是作官的不办正经事，往往最要紧的事，一指望到官的身上，那就算是永无音信了。作官的要是真有心肝，要是真忠君爱民，必然议一个办法，定他一个严厉的赏罚，用十一点坚忍的工夫，始终勿懈的把他办好了，然后禀明上司，再由上司奏明朝廷，请朝廷再重申禁令，教官民人等永远遵守，这都是作官的当办的事。一则奉旨革除弊俗，可以有大功；一则妇女们的苦楚，从此绝去，也可以积大德，为什么不办呢？为什么不办呢？

按：上谕戒缠足亦为新政之一，官场并此而不奉行，可见今日所变之法，其设施何如矣。予谓如官场能将缠足事禁绝，则变法尚有可期，否则不必言变法矣。区区缠足一事，尚办不到，况其它之大者。作者又志。

这篇文章将一个在现实中提倡缠足者的苦衷很具体地呈现出来。可见，报纸上"缠足之害"的舆论话语转化到具体的社会行动中的艰难。诚如抱愧生在文章中所言："我想这件事，还是由在上的办，可以能行。"《大公报》这种白话文的"舆论话语"的有限性，一方面是现实社会中所面临的重重困难；另一方面，也与其"劝诫"的定位有关。尽管，《大公报》白话文章成功地营造出"缠足之害"的"舆论话语"氛围，使得"缠足"成为舆论竞相讨论的公共话题。但是，却也不能不看到这些宣传立足于劝诫的无权威性，在本质上只是一种报纸媒体舆论而非能够直接付诸实践的行动。与此同时，《大公报》白话文章的作者的观念中，更多的是寄希望于官府的权威来完成实际的行动。"中国的人格太低，不论什么事，要是没有在上的威力制服，他是不肯自办的。"①又如"中国人有服从官府之特别性质，无官以干涉之，虽有绅士倡导，其收效终不能广远，倘得由官颁发示谕，粘贴通衢，则一纸明文胜于百千绅士。"②"一纸明文胜于百千绅士"的观念，既是当时现实的写照，亦是白话文宣传者根深蒂固的观念。

因此，更准确地说，《大公报》的"缠足之害"的宣传是一种"舆论话语"而非有极大效力的社会事实。

---

① 《政务处果肯提倡天足否》，《大公报》，1904 年 9 月 15 日。
② 《劝戒妇女缠足必须官为提倡说》，《大公报》，1903 年 7 月 29 日。

由司法统计看民初女性犯罪的经济化趋势

艾 晶 张洪阳[①]

在中国传统社会，男女在政治、经济、法律和社会上的地位极不平等，"三从四德"将妇女置于男性的绝对统治下，并束缚在家庭中。即使她们有所反抗，一般也只限定在家庭这个狭小的圈子里。以犯罪而论，多为通奸、溺婴、不孝公婆以及家邻之间的偷盗等。[②] 其主要的犯罪类型有诱拐、犯奸，且以性欲罪为主。就连最严重的杀人，也大多限于勾结奸夫杀害本夫。其他社会上的犯罪，女性是很少涉足的。到了民国初年，女性的犯罪类型多样化。如民国初年的犯罪类型约为四十余种，除了少数几种类型外，女性都有涉及，且主要以鸦片、略诱及和诱等经济犯罪为多。美国犯罪学家萨瑟兰（Sutherland）认为，女性的犯罪随着女性走向社会的同时而增加。[③]

民国初年妇女解放运动高涨，女权意识开始觉醒，尤其是新文化思潮及五四运动，为女性获得进一步的解放打下了良好的基础，女性的经济地位有所提升。但因社会的动荡，经济的不景气，大家庭的逐渐解体，使得很多女性不能再像以前那样身居家中依赖男人而活。她们和男性一样为生计奔波，承担着沉重的经济压力，有的甚至要养活一家人。当其面对经济困境而毫无出路时，有的便会选择通过犯罪来获得最基本的生活需要。特别是从此际的司法统计[④]可以看出，民初女性因经济问题参与社会活动的增加，是这一时期女性犯罪人数和犯罪类别都较以往为多的主要原因。司法统计年报中的犯罪统计尽管不够详尽，然而却基本上能够从中得知其时女性犯罪的部分情况，可以看出当时中国女性尤其是下层妇女实际的经济状况。

---

① 艾晶：沈阳师范大学社会学学院教授；张洪阳：沈阳师范大学计算机与数学基础教学部讲师。

② 王奇生：《民国初年的女性犯罪（1914—1936）》，《近代中国妇女史研究》，1991年第1期，第2—14页。

③ 周密：《犯罪学教程》，北京：中央广播电视大学出版社，1990年版，第395页。

④ 为行文方便，本文仅以1914—1919年的刑事司法统计为论述的依据来说明问题，均为司法部总务科第五厅编纂并发行，笔者从中整理统计出相关数据，正文中简称"司法统计"，因所涉页码过多，不便赘述。

一、民初女性的经济困境

(一)不独立的经济地位

近代以前,中国女性的生活主要依赖男性,她们没有独立的经济地位和权利,但也就此而不承担经济的开支。女子未嫁前由娘家的父母兄弟来养活,出嫁后则依赖夫家来供养,可谓"衣食无忧"。那时的婚姻实际上就是一种买卖关系,女人为了取得终身的供养将自己卖出去,男人是为了买得女性的贞节权和生育权才会将女人娶进来,因此金钱的关系在当时的婚姻中被明显地凸显出来。虽然有少数平民女性有一定的经济问题,但也会通过家族或其他途径而得到解决。

到了近代尤其是在民初,女性被赋予了一定的经济权利,但仅限于少数家庭富有者和特权阶层,多数平民女性经济上仍然有很大的依附性。特别是其长期以来养尊处优的生活及经济上的依附心理,使其面对经济困境时往往惊惶失措。因此当遭遇婚姻不幸时,多数女性仍旧不敢提出离婚,有些女性则会选择通奸来作为不幸婚姻的补充形式。

(二)享乐、贪利的心理特征

在近代以前,女性因为很少大量地从事生产劳作,不用承担经济的压力,有时便养成了贪图享乐的心理。特别是在世风的影响下,表现得更为明显。如清末的消费中便存在大量的奢侈现象,而且有些社会成员的生活方式已超过了礼法约束的范畴,"某些新式消费在礼法条文中无规可循"①,这种现象一直影响到民国时期广大民众的生活,虽然当时女性的经济负担比以前增加,但由于长期的依赖生活及奢靡世风的影响,很多人还是未能改变贪图享受的心理。

这种情况下,当女性所依赖的男性不能满足她的物质需求时,便会很现实地去寻找那些可以供给她更好物质享受的方法和途径。这种心理,使其在经济负担日益加重的社会中变得不能适应而容易走向犯罪。同时,女性的这一心态特征,也使其往往成为不良家庭的牺牲品。

(三)不良家庭的牺牲品

民国初年,人们生活困苦不堪,经济的凋敝,让很多人无以为生。同时也因为人口的增长而使得部分家庭入不敷出。"我国近年人口日增,米珠薪桂,生计维艰"②,于是因"贫穷而兴溺女之风"③,有些女性还会遭到被出卖的命运。最明显的表现就是这一时期娼妓的激增,"因家贫而鬻女,因鬻女之故而娼妓妾御日

---

① 张仁善:《礼·法·社会——清代法律转型与社会变迁》,天津:天津古籍出版社,2001年版,第284—285页。

② 《女子职业传习》,《大公报》,1911年6月13日。

③ 陈碧云:《农村破产与农村妇女》,《东方杂志》,1935年第3号,第92—100页。

益多"。① 同时，女性所寄予很大希望的婚姻，有时也会将之作为经济上的牺牲品，如有些女性被婆家贱卖，有的则被逼为娼或与人通奸以获得经济上的援助。

(四)经济负担加重

虽然民初社会未能为女性提供更多的职业，但社会的发展，却使得女性在这一时期不得不走向社会。女性的经济负担加重，但社会对女性的压迫和歧视却丝毫未见减弱，而女性教育的薄弱、知识技能的缺失及适应社会能力的低下亦使其举步维艰。且当其遭遇困难时，有些大家庭已不再提供帮助，"妇女在她们离家后就变得无人帮助"②。有些城市平民妇女失去了丈夫，便也就失去了生活的来源，她们完全成为无依无靠的人。因此对于多数面临经济危机的女性来说，如果找不到工作或是工资微薄，便很容易诱发其犯罪动机。

二、民初女性犯罪以经济目的为主

由上所述可知，民初女性因所受教育有限，在社会上找不到什么好职业，就业存在一定的问题。但经济的压力却使得很多女性不得不走向社会，承担起生活的负担，她们常常备受生计的压迫，面临饥饿的威胁。而且近代社会奢侈享乐的风气，也影响了部分女性的生活观，常常因好逸恶劳而容易走向歧途。因此，经济上的压力及生活上的享乐主义，使得部分女性在面临生计上的困境时，出于无奈而犯罪。

就该时期的司法统计显示，此际女性犯罪多以经济目的为主。就犯罪人数来说，从1914年至1919年，排在第一位的为经济罪，该类经济罪主要是鸦片烟罪，总人数为10862人，约占全数25252人的43%；排在第二位的为略诱及和诱罪，也属经济类犯罪，总人数为3264人，约占全数的13%；排在第三位的是杀伤罪，为伤害罪，总人数2733人，约占全数的11%；排在第四位的为奸非及重婚罪，为性欲罪，总人数为2076人，约占全数的8%。③ 而就犯罪类型而言，也以经济类为多，由此可以看出经济实为当时女性犯罪的一大原因。

男性虽然也以经济为其主要犯罪类型，但却和女性有所不同。如据统计显示，此际增长最快的女性犯罪类型为鸦片烟罪，其次为略诱及和诱和奸非罪，而男性犯罪增加最快的为赌博罪，其次是鸦片烟罪，奸非罪并没有多大的变化。在犯罪类别的历年比较中，女性的鸦片、略诱、奸非罪明显高于男性。在民国初

---

① 畏公：《论女子劳动问题》，《辛亥革命前十年间时论选集》第二卷下册，北京：生活·读书·新知三联书店，1963年版，第938—939页。

② 严景耀著，吴桢译：《中国的犯罪问题与社会变迁的关系》，北京：北京大学出版社，1986年版，第14页。

③ 整理自"罪名别被告人数及刑名表"，1914—1919年《司法部刑事统计》。

年，男女性都以鸦片烟罪为最多，吸鸦片烟在该时期的中国是一种很时髦的事情，有的甚至用来招待客人。因为它也曾是治疗疾病的有效药物，以致吸鸦片烟在社会上风行一时。[①] 其时吸鸦片烟很流行，由此部分女性便也会利用自己的性别之便，从事贩卖活动。而略诱及和诱之所以成为女性犯罪类型中数量较多的罪行之一，也是因为性别上有一定的便利之处。略诱多是为了金钱而用强迫或欺骗手段将青年妇女拐走骗卖；和诱一般是征得被诱人同意而将之拐走，被拐对象当中虽然也有男子，但为数很少。在略诱及和诱罪中，因受害人多为女子，女子与女子接触常较男子容易，加之略诱及和诱罪之成立需要体力者少，故女子犯略诱及和诱罪的机会较男子为多。[②] 根据统计，女子犯略诱及和诱罪的比例，为男子的七倍之多。被拐骗的青年妇女多数被卖往妓院，由于拐骗妇女易于得手，略诱及和诱也就成了民初妇女犯罪的一种主要形式。[③] 该时期女性拐逃等经济类犯罪的增多，也可说是女性经济压力增加的最好证明。

尤其在城市，有些女性要承担一部分或很大一部分经济负担，因此在工作难寻且工资待遇低下的情况下，便会因食不果腹而走向犯罪。从当时的《政府公报》及中国第二历史档案馆中整理出来的女性犯罪资料也证明了这一时期多数女性犯罪特别是城市女性犯罪主要以经济类为主的现实。另女犯被加重处罚的类别也主要以鸦片烟罪和略诱及和诱罪为最多，约占女性被加重处罚人数的79%。从社会学家眼光看来，这是很严重的问题，不过从上述统计我们可以看出再犯及三犯以上的经济动机是十分明显的。职业犯多以此为生，因作案手段的老到，有时很难被发现。

由此，略诱、和诱、偷盗、诈欺取财等经济类案件的大量发生，无不与妇女经济困窘的状况直接相关。就连所谓的性欲罪，也多以经济利益的取得为最终目标。近代以来社会的动荡使女性承受了前所未有的经济压力，但社会上并未给女性提供更多更好的职业，女性自身的能力和智识也使其很难找到合适的工作。农村经济的破产，使得城市中贫苦女性相应增多，而大家庭的趋于瓦解及社会上救济措施的不健全，常常令这部分女性的生活无以为继。再加上多数女性无独立的经济地位，依然是经济上的无产阶级，一旦遭遇危机，便很容易陷于生存的困境。为了谋生，性有时便成为女性的一种工具，有的妇女便靠出卖自己的肉体来维持生活，娼妓的盛行便是一个很好的证明。而有的则与人通奸，即使违规改

---

① 严景耀著，吴祯译：《中国的犯罪问题与社会变迁的关系》，北京：北京大学出版社，1986年版，第167页。

② 周叔昭：《北平一百名女犯的研究》，《社会学界》，1932年第6卷，第31—86页。

③ 王奇生：《民国初年的女性犯罪(1914—1936)》，《近代中国妇女研究》，1991年第1期，第2—14页。

嫁，也多是出于经济上的考虑。由此可见，"性欲罪与经济有一种很重要的关系"①，经济因素实为女性性犯罪增多的一个动因。而由女性被告人的经济和职业状况，更是可以看出女性生存的艰难。

三、民初女性犯罪时的经济状况

由此时期的司法统计可以看出，这一时期女犯的经济状况都不是很好，经济困境实为其走向犯罪道路的最主要因素，是其不得已为之的选择。如在女性犯罪时的资产统计中，无资产及赤贫人数就占了很大的比例。每年都以无资产的为最多，稍有资产的占第二（除 1916 年占第三位外），赤贫的占第三（除 1916 年占第二外），有资产的占第四位。因此女性被告人以无资产的人数最多，所占比例约为 64%；其次为稍有资产者，所占比例约为 17%；然后为赤贫，所占的比例为 13%，而有资产的人犯罪最少，所占的比例为 2%，② 因无资产和赤贫的经济程度差不多，由此可以看出当时多数女性犯罪者的经济动机。牟取一定的经济利益为女性犯罪的最主要目的，而且虽然男性无资产的犯罪人数要高于女性，但就其所占比例来说显然低于女性。

此外，在女性犯罪人的资产统计中，也有很多犯罪者为稍有资产或资产较丰的人。一般来说，这些人应该是衣食无愁的，很显然她们犯罪的经济动机应该不是很强烈而主要是因为杀伤及不良的嗜好而触犯了法律。而对于无资产及赤贫的女性犯罪人，犯罪类型主要为经济类，罪名集中在鸦片烟、略诱及和诱和诈欺取财等类别上。

由此可见，鸦片烟、窃盗及强盗、略诱及和诱等经济犯罪，尤以无资产和赤贫为多，其他罪名关乎资产的情况不是很鲜明，只是人数多少的问题。因历年来的变化不是很大，我们再以 1919 年为例来分析一下。对于女犯，该年统计中有资产的犯人约占总犯罪人数的 3%，稍有资产的约占 19%，无资产的占 62%，赤贫的占 12%。在有资产者的犯罪类型中，排在前两位的为鸦片烟罪和杀伤罪，所占比例分别为 64% 和 13%；稍有资产的为鸦片烟罪和赌博罪，比例分别为 62% 和 11%；无资产的为鸦片烟罪和略诱及和诱罪，比例为 44% 和 14%；赤贫为鸦片烟罪和略诱及和诱罪，比例为 73% 和 6%，③ 可以看出罪名与资产存在一定的关系。经济贫困者主要以经济为犯罪目的；而对于稍有资产及有资产者来说，不良的嗜好为其主要的犯罪目的。

而就女性犯罪时的生计情况进行分析，也可以发现经济因素实为女性走向犯

---

① 何勤华：《法律文化史谈》，上海：商务印书馆，2004 年版，第 285 页。

② 整理自"审判衙门别被告人数及其犯时资产表"，1914—1919 年《司法部刑事统计》。

③ 整理自"罪名别被告人数及其犯时资产表"，1919 年《司法部刑事统计》。

罪的最主要原因。如女犯的生计情况在时间上并没有多大的变化，其中处于贫困生活的犯罪者人数最多，所占比例约为39％；其次为朴质生活和普通生活者，所占比例分别为32％和21％；最后是奢侈生活者，所占比例仅为2％，[①] 经济罪仍然是生活贫困者最主要的犯罪类型。而对于男性来说，情况尤其如此，且贫困生活及朴质生活犯罪者的比例要大于女性，可见其时犯罪者多数亦为生计艰难者。

虽然男性犯罪者在生计各个类别中的总人数都要高于女性，但就所占比例来说，奢侈生活和朴质生活的犯罪比例女性却要高于男性，贫困生活则二者持平，这可能与当时女性的不良嗜好及经济困境有很大的关系。生活奢侈的女犯，其犯罪类别主要以鸦片烟为主，犯奸非及重婚罪者很少，而生活贫困及朴质的女性犯此类罪行的则很多。这可能是因为富裕的家庭对女性的贞节相对重视，同时良好的教育也让这类家庭的女性对自身有一定的约束。而对于生活贫困及朴质的女性特别是生活在社会下层的贫民女性来说，生活的艰难使得她们无暇顾及所谓的贞节问题，因此很多时候性也就成了她们用来谋生的一种手段。再如上所述女犯的资产情况，我们可以进一步地证实生活上的经济压力是促使多数女性走向犯罪的原因。在民国初年，因经济的不景气，使得很多家庭的经济难以维持。以该时期的北平为例，据1918年狄特麦(C. GDittmer)的估计，如以109元为贫穷线的标准，根据北平195个家庭，每个家庭平均人口为5人的调查，贫穷人口占61.5％。[②] 在这种情况下，此类家庭中的女性便不得不和男性一样承担起家庭的生计问题，因此部分女性在经济的压力下，便只好选择犯罪。另由这一时期女性犯罪者的职业统计中，我们更是可以看出其时平民女性生活的艰难。

在女性被告人的职业统计中，无职业的约占58％，雇佣业约为13％，工业约占6％，除此之外，农业、自由业和商业等的女性所占的比例分别为4％、4％、3％。而渔业、畜牧业、交通业、政府等行业，女性都很少涉及。[③] 女犯的职业以雇佣业为多，然后是工业、农业和自由业。但这些职业，多收入低微、待遇低下而且也不是很稳定。[④] 特别是自由业之所以在女性犯罪中占有一定的比例，更是与此有很大的关系。对于当时的女性来说，所谓的自由业也只是以在家做女红获得薄资的最多，这种职业是不要寻找的。女子从事职业在中下层社会中多由于生活逼迫，她们除了治家外不得不从事于一种谋生活动，以养家或至少贴

---

① 整理自"被告人数及其犯时生计表"，1914—1919年《司法部刑事统计》。

② 刘仰之：《犯罪学大纲》，上海：大东书局出版，1937年版，第17页。

③ 整理自"审判衙门别被告人数及其犯时职业表"，1914—1919年《司法部刑事统计》。

④ 周书昭：《北平女性犯罪与妇女问题》，《东方杂志》，1934年第7号，第5—12页。

补一部分家用。犯罪女子的收入非但微乎其微，而且也朝不保夕，缺少稳固性。[①] 因此，女性在社会上谋职的不易及所从事工作待遇的低下，使得很多女性在沉重的经济压力下喘不过气来，为了生存不择手段以致犯罪往往成为女性犯罪人不得已的选择。

俗话说，"饥寒起盗心"。对于一个无职业、无资产的贫苦女性来说，除了铤而走险外，恐怕也别无生路。由此，我们不难理解民国初年的女性犯罪所以多为经济犯罪，实在是生活所迫。贩卖鸦片、拐骗、诈欺取财、偷盗等无一不是为了最基本的生存需要，而不是贪图物质享受。[②] 特别是民初以来，因屡遭水旱灾，农民得不到相当收获，于是逃荒入城，另谋生计，这更增加了失业的人数。同时，粮价飞涨，百物亦随之昂贵，贫民在这种境况之下，自然很容易走上犯罪之路。还有许多贫民因"生活简陋，无法讲究卫生，一旦疾病，非独无资医治，且因之失业，加以平日毫无积蓄为贫穷之直接原因，兼之为犯罪之导线。还有恶劣的嗜好（最普通者为鸦片、吗啡及赌博），使入款太少不能支持，且因之而无心求正当营业，渐即犯经济罪以度日"。[③] 虽然男犯的总人数在各个职业类别的统计中都高于女犯，但就所占比例而言，显然女性的无职业犯罪率要远远高于男性。

再由年份看，1914 年女犯最多的是无职业，占女子犯罪总数 50.5%，其次为雇佣业，为 9.6%；1915 年仍以无职业的最多，占 61.6%；其次为雇佣业，占 10.3%；1916 年也以无职业为最多，雇佣业次之，1917 年与 1916 年相同（指总数多少之次序而言，并非指百分比）1918 年和 1919 年也是一样。[④]

就职业与犯罪类型之间的关系而言，对于无职业者，以鸦片烟、强盗及窃盗、略诱及和诱等经济犯罪为主。而有职业者，从事雇佣业的女犯以鸦片烟和略诱及和诱为多，从事工业的女犯也以鸦片烟、略诱及和诱为多，从事农业的女犯以杀伤、鸦片烟、略诱及和诱为多，从事商业的女犯以鸦片烟和杀伤为主。[⑤] 因1919 年的统计较为详尽，我们再以它为例分析一下。在该年统计中，女犯从事雇佣业的为 586 人，其中犯鸦片烟罪的为 387 人，约占 66%，从事略诱及和诱的41 人，约占 7%；而从事工业的女犯为 156 人，犯鸦片烟的为 67 人，约占 43%，从事略诱及和诱的为 27 人，约占 17%；从事农业的女犯为 94 人，犯杀伤罪的27 人，约占 29%，犯略诱及和诱罪的为 23 人，约占 24%；从事商业的女犯为

① 周叔昭：《北平一百名女犯的研究》，1932 年第 6 卷，第 31—86 页。
② 王奇生：《民国初年的女性犯罪（1914—1936）》，《近代中国妇女史研究》，1991 年第 1 期，第 2—14 页。
③ 严景耀：《北京犯罪之社会分析》，《社会学界》，1928 年第 2 卷，第 33—77 页。
④ 整理自"罪名别被告人数及其犯时职业表"，1914—1919 年《司法部刑事统计》。
⑤ 整理自"罪名别被告人数及其犯时职业表"，1914—1919 年《司法部刑事统计》。

86 人，其中鸦片烟罪的为 41 人，约占 48%，略诱及和诱罪的为 16 人，约占 19%。①

由此可以看出，鸦片和赌博不分职业和性别普遍地成为当时中国人的不良嗜好，而无论哪一个行业经济犯罪都占了一定的比例。造成大量失业人口犯罪的原因除了与该期中国落后的经济有关外，政治纷乱也为一个重要因素。社会学家严景耀对犯罪与社会经济问题的关系进行了详细的论述，认为犯罪实际上就是危机发生时，犯罪者求生存的一种最佳选择。当一个妇女遇到个人危机，她可能失去生存的能力，她或者去拐骗，也可能做娼。有时她可能成为拐骗犯，但也可能成为拐骗的受害者。对于相同的危机，不同的人有不同的背景、不同的条件、不同的反应。有时是因为机遇不同，有时是在方式、法律上不同，但从犯罪学研究角度上看，她们的差别不是很大的，犯罪者是因为社会情况迅速转变失去适应的受害者。②

四、结语

经济上的不能独立及长期依赖思想的形成让民初部分女性在面对重大的经济压力时显得毫无办法，有时便只好通过犯罪来解决自己的经济难题。对于女性的生存困境，当时虽然有人意识到了女性低下的经济地位及不良的生活环境，也提出了一定的解决办法，但结果还是于事无补。

其时，法律规定了女性的职业权，但社会上提供给女性的多是工资低廉、待遇低下的职位且数量很少。出于维持生计的需要，部分女性便会选择犯罪来作为自己生存的资本。同时，近代以来女性也获得了一定的教育权，但因受教育人数过少及教育内容的畸形性，使得多数女性没有一定的谋生技能，仍然处于无知、愚昧的状态。另外，这一时期，女性的经济负担沉重，但自身却很难在社会上谋到一定的职位。尤其那些在经济上依赖男性的女子，一旦遭遇变故或其他危机，便容易在生计上陷于恐慌。于是，犯罪有时便成为该时期女性解决经济困境的一种途径。虽然当时女权运动兴起，妇女解放的呼声也很高，但多数女性的境遇却没能得到改善；现实生活中男女不平等的实际状况，也让所谓的妇女运动显得苍白无力；而妇女解放也没能给女性指出一条正确的行之有效的方法和道路，使得部分女性即使本身意识到了不平等的地位也不知该如何努力，有时便会因盲目反抗而走向犯罪。

---

① 整理自"罪名别被告人数及其犯时职业表"，1919 年《司法部刑事统计》。
② 参见严景耀著，吴祯译：《中国的犯罪问题与社会变迁的关系》，北京：北京大学出版社，1986 年版，第 58—114 页。

越剧的故事：从革命史到民族志

姜　进[①]

　　1949 年 10 月 1 日，越剧女演员袁雪芬和著名的京剧大师梅兰芳、程砚秋、周信芳作为戏曲界的特邀代表，与第一届中国人民政治协商会议其他数百名代表一起，登上天安门城楼，共同见证了毛泽东主席宣告中华人民共和国成立的庄严时刻。袁雪芬和周信芳，作为上海戏曲界的特别代表赴京参与这一盛会，是由曾任中共上海地下党文委负责人、时任上海市军管会文艺处处长的于伶选派的。从此，袁雪芬的个人命运便与新政府紧紧地联系在了一起。越剧的广泛影响、袁雪芬本人的政治地位和艺术成就共同为越剧赢得了全国最重要的剧种之一的历史地位。

　　然而，20 世纪 80 年代后期，随着传统戏曲的普遍衰落，越剧的市场和影响也急转直下，被迅速地抛出了主流娱乐文化圈。在过去的二十多年里，越剧演出越来越少，观众越来越少，仅存的几家越剧剧团也只能全部或部分地依靠政府补贴来发放工资和支付演出费用。20 世纪末，越剧曾经耀眼的光辉已渐褪逝。进入 21 世纪，上海常规的越剧演出团体就仅存上海越剧院一家了。值得注意的是，尽管越剧走向了衰落，来自社会底层的越剧女演员却从解放前贱为戏子、视同娼妓的卑下身份上升为有尊严的职业艺术工作者、大众传媒的偶像，甚至是文化精英，这已被证明是不可逆转的历史性变化。

　　20 世纪下半叶以来，越剧及其女演员的盛衰荣辱与新中国的历史紧密相连。从中华人民共和国成立初期到"文化大革命"结束，越剧的发展直接受到政府的干预；而在改革开放初期，越剧的状况则受到新一轮市场经济发展和都市移民潮的影响。虽然越剧及其女演员们的故事仍在继续，将这些故事写成历史的努力却早已开始，其目的不仅在于诠释越剧的过去，影响越剧未来的发展，也企图通过越剧的历史或形塑或探询中华民族近现代的大历史。本文拟对越剧在人民共和国时期的经历以及相关的历史书写做一个综合考虑，重点考察越剧及其女演员与中国共产党领导的革命及中国共产党领导下的国家之间的关系，同时探讨在这半个多世纪中，对这一关系所做的不同的历史叙述。

---

　　① 姜进：华东师范大学历史系教授。

本文将围绕两部与越剧历史有关的作品展开。一部是 1965 年上海电影制片厂出品、谢晋导演的电影《舞台姐妹》，代表了中国共产党对越剧历史的叙事；另一部是 1998 年上海越剧院出品的同名越剧舞台剧，揭示了越剧人对越剧及其历史的理解。文章的焦点是看女性和上海作为两个中心事件是如何在这两个牵涉中国近现代史的不同叙事中产生意义的。谢晋的电影将女子越剧的历史置于官方正统中国近现代史的框架之中，并使剧情围绕着正义战胜邪恶、中国共产党击败国民党的斗争展开。而三十多年后的越剧舞台剧则尽量淡化了这一条黑白分明的政治斗争的线索，代之以女演员之间温柔缠绵的姐妹情和她们为争取尊严和独立人格的斗争。这两种对越剧历史的不同叙述所关联的不只是越剧的历史，还给我们提供了一个思考中国近现代史的切入口。

一、电影《舞台姐妹》

《舞台姐妹》从 1957 年开始酝酿，至 1964 年方完成制作，次年公映。这部影片是谢晋最成功的作品之一。[①] 与他的《女篮五号》(1957) 和《红色娘子军》(1960) 两部力作一样，《舞台姐妹》展现的是中国女性在遭遇解放前后截然不同的命运。谢晋的家乡是浙江上虞，与嵊县（今浙江省嵊州市）毗邻。他在家乡长大成人，熟悉旧社会越剧女演员的生活，对她们解放前后截然不同的生活和社会地位很了解。[②] 他的两个合作编剧，徐进和林谷，同样也是浙江人；而徐进，则是越剧爱情剧的编剧高手，是越剧《红楼梦》的编剧。如同谢晋的其他两部影片，女性的生活经历在《舞台姐妹》中也只是展开中国共产党革命情节剧的道具。这些故事所采用的典型套路总是从旧社会被侮辱与被损害的妇女开始，到新社会里过上幸福生活、感恩戴德、发誓忠于中国共产党的翻身妇女结束。影片《舞台姐妹》力图将越剧历史编织进共产主义革命这部伟大的情节剧之中，将越剧女演员的经历融入中共革命的宏大叙事之中，革命叙事因此就为理解越剧的故事提供了基本框架。谢晋在《导演阐述》中便明确指出影片的主题是阶级斗争。[③]

故事开始于 1935 年浙东的一个小山村，古戏台上正演着女子嵊县戏。戏台前，各色小贩和赌博的人群与观众相混杂，构成了一个典型的传统乡村演戏的现场。突然，一阵骚乱，一个小女孩在奔逃中闯入观众席和后台，后面一男一女手

---

① 我把谢晋看作是情节剧大师的观点，是受了毕克伟的影响。毕克伟质疑一般中国电影史学家的说法，认为谢晋影片和其他左翼电影都不是所谓的"现实主义"的作品，而是采用了西方传入的情节剧的制作策略以吸引观众。参见 Paul G. Pickowicz, The "May Fourth" Tradition of Chinese Cinema, Ellen Widmer and David Der-wei Wang, eds., From *May Fourth to June Fourth*: *Fiction and Film in Twentieth—Century China.* Cambridge: Harvard University Press, 1993.

② 《舞台姐妹：从提纲到影片》，上海：上海文艺出版社：1982 年版，第 305—306 页。

③ 《舞台姐妹：从提纲到影片》，上海：上海文艺出版社：1982 年版，第 274—278 页。

性别卷

拿绳索紧紧追赶。这个小女孩不是别人，正是童养媳竺春花，她拼命也要逃脱当晚与她的小丈夫的圆房。剧团的邢师傅，也就是唱小生的月红的父亲，看着这个有着明亮大眼睛的姑娘，心生怜惜，冒险将她留下，并收她为徒。不久，勤学苦练的春花就开始崭露头角，与月红配戏，两人还成了结拜姐妹。当地一个财主垂涎这姐妹俩，但春花强烈的个性和坚决的反抗使他却步，转而盯上了月红。一天，财主串通警察，以女子演戏有伤风化为由，冲上舞台，打断演出，大打出手，企图趁乱带走月红。春花与警察奋力打斗，救出月红，自己却被警察抓走。为救春花，月红父亲花光了积蓄。因在与警察搏斗时受伤，不久辞世。弥留之际，他用颤抖的、断断续续的声音给姐妹俩留下遗言："你们要……清清白白做人，要认认真真地演戏，千万……"精明的班主以筹款埋葬月红父亲为名，将姐妹俩卖给了上海一个戏院老板，得了一大笔钱，还在老板手下给自己谋了一个帮凶的位置，却将一个三年的卖身契留给了姐妹俩。

在上海，两姐妹很快成为冉冉升起的越剧明星，但却走上了完全不同的人生道路。剧坛上，这对越剧新星的出现，使得剧院老板唐经理的情人、越剧皇后商水花黯然失色。唐经理无情地抛弃了她，另娶了月红。商水花深感屈辱，亦觉前途无望，饮恨上吊而亡。

影片第二部分通过描述春花和唐经理在月红命运上展开的斗争，展现了中国共产党领导的进步力量和腐败的国民党当局之间的斗争。由于月红被唐经理掌控，商水花又自杀，春花深陷困扰之中。在林大哥领导下的中共地下党员、左翼记者江波的启发下，春花有了是非对错的进步观念，并明确认识到旧戏之猥亵且毫无意义，决定将鲁迅的短篇小说《祝福》搬上越剧舞台。这一新剧演出后遭到了国民党上海市政府社会局的封杀，唐经理与社会局合谋，趁机解除了与春花的戏班的演出合同。为反抗唐经理的压迫，春花随即组织了众多越剧女演员举行联合义演，欲筹款建造一座属于自己的戏院。就在义演的前一天，春花在步行回家途中，变成了恶棍的前班主突然跳出来将一包石灰粉撒在她脸上，几乎使她失明，引起舆论大哗。为了掩盖罪行，国民党潘委员伙同唐经理指称月红是主谋，企图误导公众相信此事件是两个女演员之间的私人恩怨。法庭审判显然是一场正义与邪恶的较量：原告春花、记者席上的江波代表着正义的一方，而作为被告的恶棍、国民党法官、唐经理以及躲在观众席上的一个国民党特务则代表了邪恶的一方。被恶棍指为唆使者的月红则成了双方冲突的中心。唐经理的恐吓，恶棍的指控，使月红无力招架，这时春花却反过来替她辩护，使她情绪激动，当场晕倒，审判随之在混乱中告终。

影片结尾，时间已至1950年。春花的戏班被身着军装的林大哥和江波作为文艺宣传队派回家乡参加土地改革。在15年前春花和月红演出的古戏台上，春花和戏班姐妹们上演了一出《白毛女》。这部源自延安的红色经典讲的是旧社会如何将人变成鬼，新社会如何将鬼变成人的故事，巧妙地对应了邢月红的遭遇。舞台下，春花找到了月红，帮助她重返社会，重登舞台。影片最后，春花发誓要唱一辈子的革命戏。①

毫无疑问，电影《舞台姐妹》所编织的越剧及其女演员的历史，是中国共产党有关中国近现代史叙事的一个组成部分。谢晋的《导演阐述》清楚地表明了影片的政治使命："它是通过姐妹俩的命运和舞台生活的变化，以及春花和月红所走的不同的生活道路，传达出作者爱什么、恨什么和要观众去想些什么的。"②影片创作者想要呈现的是一个关于中国共产党革命的光明战胜黑暗的情节剧，使观众认识到越剧及其女演员们的命运是由20世纪政治斗争的大格局所决定的。

问题是这部影片到底有多少是基于现实生活的艺术再现？《舞台姐妹》的故事情节大体以袁雪芬在20世纪四五十年代的经历为底本，同时也把她周围各类人的故事掺入其中，包括女演员傅全香、马樟花和筱丹桂；剧院老板陆根棣和张春帆；还有中共地下工作者于伶、童礼娟等。

尽管取材于真实的生活故事，但就国共两党与越剧界的关系而言，影片的描述却过于政治化和极端化，而现实生活中的人和事则复杂得多。比如，陆根棣和张春帆既非国民党官员，也没有什么官方背景，不过是越剧界的小地头蛇而已。工会分子向袁雪芬抛粪之事，既与张春帆无关，也并非受国民党官员的指使，纯粹是个人报复；工会分子利用了政府反左翼的态度而逃避惩罚，却并没有任何重大的政治目的。影片为了将这些日常、琐细、错综复杂的地方性冲突纳入国共两党之间生死对抗的宏大叙事而将其简化为黑白分明的好人与坏人、正义与邪恶的斗争。这种处理反映了人民共和国早期以政治为纲、强调阶级斗争的统治实践；这种极端政治化的统治方式也导致了陆根棣和张春帆在越剧界被公开斗争，并于1951年被新政府作为阶级敌人处死。③

越剧历史的这一版本得到了袁雪芬的认同。或者说，袁雪芬参与了这部影片对越剧历史的建构。袁雪芬的职业生涯在1949年以后就完全与党联系在了一起，她的观点和党的观点结合在一起，为越剧历史的官方版本奠定了基础。在制片过程中，拍摄组多次召开座谈会，请教袁雪芬等女演员。作为越剧界的代表，以袁雪芬的艺术成就和政治地位，任何官方越剧历史都必须优先考虑袁雪芬的经历和

---

① 剧本初稿中，影片的结尾是春花在思考今后应该演什么样的戏，而最后的定稿则将思考变成了"演一辈子革命戏"的誓言。见《舞台姐妹：从提纲到影片》，上海：上海文艺出版社，1982年版，第148页。

② 《舞台姐妹：从提纲到影片》，上海：上海文艺出版社，1982年版，第274页。

③ 卢时俊、高义龙主编：《上海越剧志》，北京：中国戏剧出版社，1997年版，第23页。

看法。

二、宏大叙事的问题

那么，《舞台姐妹》这部共产党革命情节剧所呈现的中国共产党与国民党、解放前与解放后、正义与邪恶两元对立的宏大叙事的问题究竟是什么呢？中共革命情节剧存在的一个问题就是看不到普通民众拯救自己的能力，而过分强调党作为大救星的角色。在这个宏大叙事中，只有代表正义和邪恶势力的国共两党具有主体性、明确的自我意识和达到目的之手段，所有其他人群都被降低到仅供国共两党争夺和处置的客体。这样的叙事框架将中国共产党和越剧女演员之间的关系理解成解放者与被解放者的关系，将越剧女演员地位的上升全部归功于党，而女演员的主体性，她们的想法，她们为生存和获得尊严而进行的自发斗争，她们在越剧的巨大成功中所凝聚的主动性、智慧、决心、奋斗都被抹杀了。

一个显著的例子就是邢月红这个角色。影片中的邢月红是一个脆弱而误入歧途的女子，深受邪恶势力的迫害却不知反抗，只有在正义势力胜利后才得到拯救。

值得注意的是，由越剧编剧徐进参与主笔的影片的第一稿《详细提纲》，倒比较接近真实情况，并非绝对地黑白分明，而是给了邢月红的选择较好的解释。邢师傅深知女子唱戏不得已的苦楚，因此在临终时，嘱咐月红找个好丈夫，不要再唱戏了。与唐经理的婚姻失败后，月红重新回到舞台，并试图打掉腹中的孩子以使自己摆脱唐的控制。之后，月红在关键时刻勇敢机智地将春花从国民党特务手中救了出来，并且帮助募捐，使义演取得成功。最后，姐妹俩和解，月红加入了进步势力——这些都发生在解放前。① 在这个早期版本中，月红嫁给唐经理这件事处理得很自然，反映了当时一般越剧女演员对生活的期盼和策略；当月红意识到这段婚姻是个错误后，以离婚来反抗，也写出了月红掌握自己命运的主体性和能动性。在现实生活中，作为这个角色的原型之一的傅全香，自主结束了与其第一任丈夫不愉快的婚姻。和傅全香一样，许多女演员也都以各种方式、在没有党的帮助的情况下、设法渡过难关。然而，在随后的改编、编辑过程中，出于"深化主题""提炼情节"的考虑，月红与唐经理的婚姻被处理成一个典型的错误，而最后的定稿没有给月红任何自主能动性，把她变成了一个无助的、只能消极等待解救的可怜虫。②

即便是主角竺春花也被写成了一个离开党便什么都干不成的角色。春花当众向唐经理抗议商水花之死，反而提高了唐经理的公众形象，而她自己却智穷计

① 《详细提纲》，《舞台姐妹：从提纲到影片》，上海：上海文艺出版社，1982年版，第1—46页。

② 《编后记》，《舞台姐妹：从提纲到影片》，上海：上海文艺出版社，1982年版，第308页。

尽，毫无还击能力。是左翼记者江波给了她支持和教育，把鲁迅的短篇小说《祝福》介绍给她，在新闻媒体上写文章支持她上演越剧《祥林嫂》，暗中指导她在复杂的法庭斗争中取胜。影片试图表明，如果没有共产党的话，无论是春花还是袁雪芬的斗争都不会有任何结果。当女演员们正在为建造自己的戏院准备义演时，江波告诉春花："新沪戏院是个小舞台，眼前这个社会是个大舞台，姓唐的老板后面还有大老板，大老板后面还有美国人的后台，就是他们在统治着这个大舞台。如果这个世道不变，大老板不打倒，我们是不可能有自己真正的舞台。"①解放，因此是解决女演员们面临的所有问题的唯一途径，女演员们似乎只需等着被解放就可以了，她们自发的抗争似乎都只是些无济于事、可有可无的小插曲。

生活中的袁雪芬却特别坚持己见，执着地追求着她的目标，要让越剧走向现代，越剧艺人受到尊重。她在生活中保持着"清白"，在舞台上也演绎着"清白"。从小学戏的时候，她就拒绝演那些她认为搞笑、调情和下流的戏，坚持只演青衣。1942 年发起"新越剧"改革时，她自定了不唱堂会的规矩。唱堂会，即艺人应招去到有钱有势的主顾们的私宅做专门的演出，古已有之，民国时期亦盛行，是戏曲演员的一种经济来源，也是他们结交权势的一个重要途径。但在戏剧改革的新潮中，袁雪芬等一些演员开始以电影和话剧演员等现代知识艺人为榜样，认为唱堂会是封建落后的传统，有辱艺人的人格尊严，是旧式戏子所为。1946 年，宋美龄来到上海，通过前上海总商会会长、素有"海上闻人"之称的嵊县人王晓籁邀请袁雪芬到其寓所演出，被袁雪芬拒绝了，说蒋夫人可以到戏院看她的演出。对于袁雪芬来说，这个决定并不是直接针对蒋夫人的，而是坚守原则的问题。②但左翼记者们在袁雪芬的拒绝中看到了政治价值，中国共产党掌握的《联合晚报》立即刊出了一篇报道，借机对宋美龄、王晓籁小小地嘲讽了一番。③ 三十年后，在袁雪芬的传记中，这件事成了袁雪芬反对国民党、政治立场鲜明的证据。④

袁雪芬在当时对共产党并不了解，自然谈不上有什么革命的想法；但她上演《祥林嫂》和拒绝加入国民党社会局授权成立的越剧职工会等举动恰与左翼的政治纲领相吻合。影片以上演《祥林嫂》和袁雪芬被袭击作为两个中心事件，将越剧的

① 《舞台姐妹：从提纲到影片》，上海：上海文艺出版社，1982 年版，第 241—242 页。

② 1947 年，梅兰芳、周信芳等京剧名角都去杜宅捧场，在轰动一时的杜月笙六十岁生日堂会中登台献演。大多数越剧明星也都应邀参加演出，许多还以受到邀请为荣。只有袁雪芬固守自己的原则，没有参加。

③ 《联合晚报》，1946 年 6 月 8 日第三版刊登一篇署名溪人的小文章《袁雪芬谢绝堂会》，称："听说最近有位大员到上海来听得越剧居然也花样翻新，同时又惊于袁雪芬的盛名，……转托某闻人到'府上'去唱个'堂会'，……却不料袁小姐一向好说话的人，这回却谢绝'应征'，甚至某闻人在百忙之中抽空打电话亲对袁小姐要求一个面子，结果依旧是出之'婉辞'，……更何况现在是民主时代了。"上海图书馆缩微胶卷。

④ 章力挥、高义龙：《袁雪芬的艺术道路》，上海：上海文艺出版社，1984 年版，第 123—124 页。

历史过分政治化，却忽略了越剧发展史上最重要的事件，即完全由越剧女演员们自己发起的越剧改良运动，而《祥林嫂》只是数十、上百部"新越剧"中的一部而已，代表着越剧女演员自我表达、追求艺术现代化和社会尊重的努力。

《祥林嫂》的上演，使越剧引起当时左翼媒体的注意，使越剧第一次上了主流报纸的头条，引发了此后连续数年对"新越剧"改革和越剧女演员的正面报道，赋予越剧和袁雪芬十分积极、正面的公众形象。《祥林嫂》也使妇女团体、左翼文化精英甚至中共上海地下党领导对袁雪芬等被一般人视为女戏子的越剧演员刮目相看，并开始接近她们。袁雪芬等与许广平、田汉、于伶等文化名人以及一些年轻文化人廖临、梅朵和童礼娟都建立了良好的关系。新的社会网络为女演员们打开了一个新的世界。袁雪芬和尹桂芳应邀参加了由许广平出面组织的为青年和妇女举办的研讨班和茶话会，两次应邀参加由宋庆龄发起的中国福利会募捐义演。袁雪芬和雪声剧团还参加了多种由左翼人士发起组织的活动。例如，雪声剧团就曾派代表出席了纪念著名左翼文化人士陶行知的追悼会和被国民党特务暗杀的闻一多、李公朴的悼念会。[①] 当红越剧演员参加和支持了左翼的社会活动，而越剧改良也为左翼媒体提供了既吸引普通读者又有政治意义的报道素材，越剧女演员因此在不知情的情况下与中共地下党形成了一种互利的同盟关系。这种关系在1949年后进入了一个新阶段，新的互利关系模式仍然需要双方不断地协商和协调才能建立和维护。但无论如何，越剧演员并非消极被动地等待着被解放，而中国共产党的革命事业也需要越剧演员和其他民众的支持才能成功，这两者之间绝不是简单的解放者与被解放者的关系。

这部情节剧的另一个主要问题是它片面地夸大了新中国成立带给越剧及其女演员的好处，却忽视了新中国成立后国家主导的戏曲改革对越剧发展可能存在的负面影响。政府在1958年完成对文艺系统的重组后，便将注意力转向了反映"大跃进"时期劳动人民建设社会主义高潮中的英雄主义和爱国主义的创作。早在20世纪50年代中期，越剧就开始创作革命现代戏；1958年后，越剧越发感到剧目重心从古装爱情剧向革命现代戏转移的巨大压力。为配合政治运动，大量描写与国民党和日本侵略者英勇斗争和社会主义阶段惊心动魄阶级斗争的剧目被匆匆搬上舞台；其中大多是些粗制滥造的节目，引不起观众的兴趣，往往演不了几次就草草收场。[②] 在1963年底和1964年中毛泽东关于文化问题的两次讲话传达后，文化形势再度趋紧。在上海，毛泽东的指示受到了当时的中共上海市委书记柯庆

---

① 中共上海市委党史资料征集委员会、中共上海市委党史研究室、中共上海市委宣传部党史资料征集委员会合编：《上海革命文化大事记：1937—1949》，上海：上海翻译出版公司，1991年版，第209页。

② 《上海市文化局在全国文代会议上的发言稿》，1960年3月，《上海市文化局档案》，B172—1—350。

施和市委宣传部部长张春桥的响应，对上海的文艺界提出了"大写十三年"的要求。时任上海市文化局副局长的李太成回忆道：

> 1963到1964年，毛主席的两个批示下达，我们就怕了。京剧是帝王将相，越剧是才子佳人，毛主席在关于故事会的一个报告上批的……由于毛主席的指示，中宣部有点紧张，张春桥就讲"大写十三年有十大好处"……毛主席的话、指示也就短短几句；总理提出要搞乌兰牧骑，送戏下乡下基层。这一下就刮起风来了。风起于无声之处，可以惊天动地。[①]

1964年，正在热映中的越剧电影《红楼梦》被召回，悄悄撤出市场，预示着更大灾难的到来。事实上，国家日渐激进的文化政策已经破坏了大众文化市场。甚至在"文革"开始前，包括上海京剧院、上海沪剧团和上海淮剧团在内的大多数国营剧团以及一些主要的剧场都已经亏损经营好几年了，政府对排演革命现代戏的免税优惠也无济于事。[②] 上海越剧院可能是唯一一家尚未亏损的国营剧团，靠的是持续热映的多部越剧电影爱情剧的版税收入。因招待外宾等需要、经上海市文化局特许，越剧院还时不时有《红楼梦》等经典爱情剧的上演，但有限的几场演出弥补不了因上演革命现代戏所产生的亏损。随着越剧电影《红楼梦》等的停映，上海越剧院的财务状况也每况愈下，大众娱乐业市场在不断萎缩。

正如把自己设想成为民众的解放者一样，党也把自己视为文化的设计者，让艺术家和观众在党所设定的框架内创作和欣赏艺术。这种态度再次遮蔽了党的视野，使其看不到艺术家的自主和自由及观众的接受和回馈这两大因素在文化发展中的关键作用。电影《舞台姐妹》夸大了的中国共产党在越剧发展中的作用，遮蔽了其他更为重要的推动越剧发展的力量。事实上，女子越剧及其女演员的崛起是三个历史进程交汇中演员、观众、改革者互动的结果：女演员为取得平等和尊严所做的斗争，呼应了民族建设话语背景下的戏剧改革新潮，满足了具有强烈女性色彩的新兴城市大众文化市场的需求。[③] 人民共和国早期急剧的社会、政治和经济变迁摧毁了曾支撑越剧兴起的上海都市文化现代性，而以"文革"为巅峰的极"左"政策则是对越剧进行致命的最后一击，越剧从此再也没能重续昔日的辉煌。

[①] 李太成访谈，1996年2月15日，上海。

[②] 《上海市文化局填报国营艺术表演团体演出及收支情况综合半年报表》，1964年2月，《上海市文化局档案》B172—1—424—4；《文化部、上海市文化局关于1964年上海文化事业的计划、统计报表、文字说明》，1963年12月—1965年5月，《上海市文化局档案》B172—1—452。

[③] 有关这个问题的详细阐述，参见 Jin Jiang, *Women Playing Men: Yue Opera and Social Change in Twentieth-Century Shanghai*, Seattle and London: University of Washington Press, 2009.

三、越剧《舞台姐妹》

　　1998 年的越剧《舞台姐妹》是越剧艺术家们在反省越剧历史、企图找回越剧的艺术定位的过程中产生的。虽然从剧名到故事的基本情节都取自谢晋的电影，创作者也自称是根据同名电影改编，这部戏却就越剧历史和两个女演员之间的关系讲述了一个不同的故事，是一个完全不同的作品。① 电影的戏剧冲突是在国共两党正义与邪恶对峙的框架中展开的，越剧则抛开这些极端化的政治，集中表现两个演员之间的姐妹情，戏的主创人员为了淡化戏的政治色彩，对原来的情节做了多处重要的改动。首先删去了林大哥和新闻记者江波这两个左翼人物，代之以一位嵊县来的知识青年倪涛。他热爱家乡戏，始终关爱着从家乡来的越剧姐妹，热情地帮助她们应对大都市的挑战和诱惑。他把爱国话剧《文天祥》介绍给姐妹俩，后来又为春花写了剧本《祝福》。舞台剧中反面角色的政治色彩也淡化了。删去了社会局的潘委员和国民党特务这两个角色，又将唐经理从一个受国民党指使的角色改写成一个没什么政治背景、只知道欺压同行、压榨女演员的戏霸。戏的下半部也相应地做了改动。《祝福》的上演、募捐义演、流氓对春花撒石灰粉以及法庭审判等几处政治性很强的戏，有些被彻底删除，有些被作为背景用几句台词带过。一处不太重要却值得一提的改动，是将影片中恶贯满盈的班主改写成一个同情、帮助姐妹俩的同乡长辈。最重要的改动是戏的结尾。电影的结尾，是解放后党将受尽屈辱的月红重新变成人，而舞台剧却在两姐妹的团聚中结束，时间是1946 年的冬天，与解放没有关系。

　　删除了这些政治情节，舞台剧就可以有足够的空间运用越剧中的一些传统艺术手法来展开姐妹情的主题。其中最核心的即是被称为"戏中戏"的艺术手法。影片中也有一些戏中戏，但并没有展开。在舞台剧中，这一手法被充分地发挥而构成了异性恋的第二主题，将梁山伯与祝英台的故事和姐妹情的主题交缠，映衬和支持了同性之爱的主题。而女子越剧独特而流畅的跨性别表演则使两个主题配合默契，成功地刻画了戏中人物的情感发展。两位主演钱惠丽(饰邢月红)和单仰萍(饰竺春花)都是个中高手。单仰萍尤其擅演祝英台、孟丽君等女扮男装的角色。而钱惠丽则是一位出色的女小生，以饰演贾宝玉等年轻才子著称；她在《舞台姐妹》中反串旦角，戏中戏却给了她扮演梁山伯的机会。戏中戏使两位主演都有机会施展她们跨性别表演的拿手好戏，为一部原本单一的男女合演戏平添了多层次的跨性别表演，使之更加丰满好看。在月红宣布她将嫁给唐经理后，春花和月红最后一次同台演出《楼台会》。此前，因春花企图劝说月红改变她的决定，两人刚

---

　　① 以下的讨论基于越剧《舞台姐妹》1999 年北京演出制作的 VCD。笔者于 2002 年 5 月现场观看了这一版本在上海的演出。

刚有过一次激烈的争吵。不忍心眼看着月红步入歧途的春花，忍不住把情绪带到了台上。梁山伯如期赴约，来到祝家庄与祝英台订婚，却发现自己来迟了，祝英台已被父亲许配给了马文才。生离死别之际，两人伤心欲绝。戏中戏带入了戏外戏，姐妹俩借题发挥，继续着她们的争论。春花试图最后一次劝说月红，而月红已无法回头，忍痛与春花依依惜别，这幕戏在情感高潮中结束：梁山伯（月红）淬然离去，英台（春花）失声痛哭。与此同时，另一个声音惶恐地叫道，"商水花自杀了！"商水花的命运似乎预示着月红的未来，震惊中春花叫着月红的名字晕倒在舞台上。幕后合唱起："唱尽台上悲欢曲，难忘台下姐妹花。"幕落。

对于那些熟悉梁祝爱情故事的观众来说，这些戏中戏将两位女演员跨性别演绎的梁祝异性爱的美丽故事与同性之间的姐妹情互相交缠，产生了强烈的感情效果。

戏的最后一幕，春花找遍整个上海也不见月红的踪影。邢师傅去世五周年纪念日之际，春花只得抱恨独自回乡，在古戏台前祭奠师傅，自责没有照顾好月红。被班主救出的月红此时正躲在乡下养伤，这天也悄悄来祭奠父亲，她应着春花的呼唤现身，姐妹俩终于团圆。在乡亲们的热烈欢迎下，两人重登家乡的古戏台，唱起了欢快的《十八里相送》。在台下乡亲们的热烈掌声和叫好声中，帷幕徐徐落下，剧终。显然，用越剧舞台上演绎的异性恋故事来穿插舞台下越剧姐妹情的故事，使整部戏的情感更加浓郁。

对于大多数在 20 世纪中叶生活在上海的越剧女演员来说，与同行姐妹的关系是日常生活中最主要的关系之一，她们共同的奋斗目标是提高收入、提高社会地位、赢得社会的尊重。对她们来说，国共两党之间的政治斗争只是这个时代的大背景，日常生活中的挣扎才是她们主要关心的问题。对于越剧《舞台姐妹》的创作者来说，淡化政治色彩，以姐妹情为主题的选择更真实地反映了当时的情况，同时也更加忠实于越剧擅演言情剧的艺术特性。比较之下，电影导演首先关心的是影片的主题是否得到了体现，并为观众所理解；而越剧主创人员则首先考虑越剧的艺术特性。编剧薛允璜说："大家都认为（《舞台姐妹》）不是一部政治戏，应该着力表现姐妹情，没有必要加出一条政治线索……再说，观众对政治也没有兴趣，她们要看姐妹情。"[1]作曲苏进邹也明确地表示越剧艺术的特色就是言情。[2]

薛允璜和苏进邹两人都是共产党员，薛允璜还担任过上海越剧院副院长。他们在一定程度上代表了越剧界的普遍看法。而且，正如他们及两位主演都一再强调的，越剧《舞台姐妹》是集体努力的成果。编剧、作曲、导演和主演都积极地参与了这部作品的创作过程。很多决定都是在排练场里，而不是在编剧或导演的办

---

① 薛允璜访谈，2002—2003 年，纽约致上海的电话访谈。
② 苏进邹访谈，2002 年 7 月 13 日，纽约。

公桌上做出的。"一般情况下，越剧是一门综合性艺术，每个人都会发表自己的看法。"薛允璜介绍说："在排练中，如果一个人不喜欢某个细节而其他人又不反对这个意见，那么这个细节就会被改掉。"比如，薛允璜曾经想接受袁雪芬的建议将法庭斗争的一幕整合进去，但是没有成功，因为排练场上大家都觉得不好弄。另一方面，从一开始大家就都喜欢戏中戏，他就用月红自杀的一段戏中戏代替了法庭斗争一场，这样就形成了第三个戏中戏。又比如，越剧《舞台姐妹》的第一版与电影很接近，保留了春花上演《祝福》、春花被抛石灰粉、唐经理诬陷月红是幕后唆使者等细节。只是在观众和专家提出大量的回馈意见后，剧组又进行了修改，才确定了1998年的这个版本。显然，越剧艺人和观众在什么才是好的越剧作品这一点上，是有相当的共识的。①

国家也认同了越剧艺术家和观众的这一选择。《舞台姐妹》为越剧赢得了一连串的最高奖项。这部戏曾入选参加1998年第一届上海国际艺术节，是三部获得最佳戏剧奖的作品之一。1999年年底，上海越剧院选派新戏《舞台姐妹》和传统经典《红楼梦》前往北京参加中华人民共和国成立五十周年的纪念庆典，并参加文化部主持的文华奖的角逐。2000年《舞台姐妹》赢得了第九届文华奖的新剧目奖。两位主演不但赢得了文华奖最佳演员奖，还收获了全国戏剧家协会颁发的梅花奖。在中华人民共和国成立后的前三十年里，国家曾试图将越剧舞台改造成一个革命舞台，用关乎民族、国家宏大叙事的革命现代戏取代越剧的言情剧，这种极"左"路线几乎毁了越剧。在20世纪的最后二十年里，国家将治国重点从意识形态转向了经济发展，同时鼓励多元文化市场的发展，允许多元化艺术产品与主旋律作品共存。越剧艺术家们因此能够重新确定越剧关注私人情感世界和日常生活的合法性，名正言顺地创作和发展言情剧。

四、重新构建越剧历史

越剧《舞台姐妹》不仅帮助越剧在改革开放时代的艺术园地里赢得了一席之地，而且成功地将越剧历史与电影《舞台姐妹》、袁雪芬、袁雪芬的传记作者所讲述的共产党革命情节剧做了分离。薛允璜和苏进邹都认为现在的这个版本更接近于"历史真实"。没有人否定袁雪芬与中共地下党及左翼文化人士有关系这一历史事实，但是，正如薛允璜所指出的，"袁被坏人抛粪只是她的个人遭遇，而不是政治斗争。这不是(国共)两条战线之间的斗争，阶级斗争的解释是不符合历史事实的"②。在薛允璜和苏进邹看来，1949年之前，党并不像影片中所描述的那样对越剧的发展有很大影响；越剧《舞台姐妹》在澄清其他越剧历史事实的同时也修

---

① 单仰萍访谈，2002年12月29日，纽约致上海的电话访谈。

② 薛允璜访谈，2002—2003年，纽约致上海的电话访谈。

正了这种夸张。比方说，代替林大哥和江波的新角色倪涛，就明显是对进步文艺青年南薇、韩义和徐进等在 20 世纪 40 年代"越剧"改革中起了关键作用的历史人物的承认。

站在 20 世纪末后革命时代的制高点，越剧艺人们可以用一个比较长远的眼光来审视越剧的历史及其与中共革命的关系。从这个意义上讲，越剧《舞台姐妹》是越剧人自己讲述的越剧历史，一部在中国近代工业化、都市化转型过程中浙江移民在上海艰苦奋斗的历史。在越剧《舞台姐妹》中饰演竺春花的单仰萍出生在浙江建德，也是因为越剧来到了上海。当被问到对邢月红这个角色的看法时，她回答说："邢月红在移民女演员里是很典型的。自己虽然不一定认同月红，但有很多与她相同的经历。春花是一个树正气的形象，但这样的人毕竟没有几个，我自己也没这么高的觉悟。解放前的 40 年代与现在的情况差不多，大上海的诱惑是一样的。就是美国，也是一样的，也有很多诱惑。"① 事实上，对更好的生活的追求驱使着一代又一代浙江女儿移民上海，许多甚至离开舞台移居海外。但是，同样强烈的自我表达的欲望又使许多人从海外归来。在 20 世纪 80 年代末至 90 年代这段越剧境况艰难的时期中，一批有表演天赋、刚刚崭露头角的年轻演员像邢月红那样选择了离开舞台，移居美国和日本；许多因割舍不得舞台情缘，多年后又回国重登舞台；也有许多钱惠丽那样的，留了下来，支撑着上海的越剧，也为自己赢得了名声。②

在越剧《舞台姐妹》印刷精美的演出节目单上，卢昂导演以充满诗意的笔触描述了这个故事：

> 一对生死相交的绍兴越剧小姐妹背井离乡，携手来到"黄金铺地"的上海滩闯天下。相濡以沫，患难与共，引出了一段悲欢离合、爱怨交织的曲折故事……
>
> 人说嵊州山水钟灵毓秀，这样才养育了如山水一样美的女儿，如山水一样美的越剧。越剧从乡土中来，来到了上海。几经坎坷，几经融合。涓涓不断，一波一波……
>
> > 年年难唱年年唱，
> >
> > 处处无家处处家，
> >
> > 这是越剧人自己弹唱的歌谣，生命如歌！③

---

① 单仰萍访谈，2002 年 12 月 29 日，纽约致上海的电话访谈。

② 例如，王志萍、萧雅、方雪雯都先后分别从日本和美国回国继续她们的表演生涯。

③ 越剧《舞台姐妹》的上海越剧院演出戏单，1999 年。

　　对越剧历史的这种解读强调了越剧原生地浙江农村之根，强调了一代又一代的农村女儿奔向大都市、长期以来持续不断的移民和城市化的过程。这种民族志的角度将越剧在上海的历史看作是嵊县移民在大都市的动态环境中对家乡文化的一种表达方式，更是一个特定人群的生活方式。只要浙江的乡村和大都会上海之间的张力继续存在，越剧作为一种生活方式就会继续。与这种民族志过程相比，革命情节剧所代表的政治斗争则表现为一种外力，在某种程度上影响了越剧的命运。革命之于越剧历史的这种关系也许为我们思考更广义的中国近现代史提供了一个例证：也许，中国近现代最为基本的历史过程并非在我们历史书写中占了主导地位的革命斗争，而是普通百姓所经历的由工业化、都市化带来的日常生活的转型。

【性伦卷】

我们为何不能容忍"性的商品化"?

高永平[①]

一、引言

在人类社会所面临的所有社会事实中,性是最令人纠结的一件事。一个人的生命始于性,但性又与那么多丑恶的社会问题联系在一起。自古至今,人类社会的很多社会制度和社会意识形态,都是用来处理性问题的。但是,时至今日,人类在这一问题的处理上仍然是进退失据。从来没有一个社会问题,会像性一样在公众、政府和知识界中间引起如此大的争议。也没有任何一个问题,能像性一样引起如此大相径庭的争论。在所有关于性的争论中,最令人纠结的,就是有关性的商品化的问题。换句话说,就是性可不可以买卖的问题。

讨论性可不可以买卖,首先要面对和解决的当然就是娼妓业的问题。娼妓可以说是人类最古老的职业。甚至可以说,娼妓在人类社会形成之前就已经出现了。有动物学家发现,在类人猿中间,就有雄性的个体用食物换取与雌性个体的性交权的现象。古罗马的娼妓业非常发达。对庞贝古城的考古学发掘发现,这个人口 2 万人的小城市,至少拥有 25 家妓院。有些历史学家认为,对古罗马的衰落,罗马人社会生活的荒淫难辞其咎。中国古代的娼妓业也很发达。谢肇淛在《五杂俎》里写道,"今时娼妓满布天下,其大都会之地,动以千百计。"但是无论何时何地,娼妓业都被人们认为是一个道德堕落的行业。尽管古今娼妓业十分发达,究其原因,主要是因为,从道德角度出发,我们每一个人都潜意识地认为,性是不可以被作为商品来进行买卖的。

20 世纪以来,一个概念逐渐引起舆论的注意,那就是"性贿赂罪"。法学界之所以要建议设立这样一个罪名,原因在于,很多国家工作人员为他人谋取不当利益时所获得的报酬,并不是金钱或财物,而是由行贿人付费的性服务。从犯罪性质上讲,这种性贿赂与送钱送物的贿赂没有本质上的区别,只不过前者是服务而后者是实物。在经济学上,广义的商品包括实物商品和服务商品。因此,服务和实物类型的商品一样,都属于"商品"的范畴。而商品的使用价值,即在于满足

[①] 高永平:首都师范大学历史学院副教授。

人的各种需求。接受别人的服务，与收受别人的钱财，从财产让渡的角度来说，没有任何区别。因此，我们可以把对服务的接受等同于对财物的接受。反对"性贿赂"罪名的人提出了很多的理由，但他们内心最深层的理由却并没有说出来。这个理由就是，如果把性贿赂也定义为贿赂的话，性就变成了商品。而把性定义为商品，是和我们内心中最隐秘的立场相抵牾的。这个最隐秘的立场还是，"性是不可以买卖的。"

二、性的快感的异化

在谈论人们为什么不能容忍性的商品化的原因之前，我们应该先讨论性被商品化的前提条件。这要从生理学谈起。我们知道，我们虽然贵为万物灵长，但我们仍然是一种动物。在动物中间，性的功能是种的繁衍。但是，从生存适应的角度来说，繁衍活动实际上是降低动物个体的生存概率的。比如，性活动和生产过程中的动物，在面对捕食者的攻击时，是最脆弱的。那么，通过什么机制来诱导动物的繁殖行为，进而维持种的延续呢？这个机制就是性快感。越是高等的动物，性快感在其生殖行为中所发挥的作用就越强大。在灵长目动物中间，存在着很多非生殖性的性行为（如同性恋行为），就是这一现象的明证。严格意义上来说，性快感是生物进化过程中，为了实现种的延续而进化出来的一种副产品。但是，这一副产品一旦出现，就具有了自己的生物学主体性，就必须遵循其独有的生物学规律。

在较为低等的哺乳动物中间，性快感发挥功能的范围是受限的，因为这些动物有着固定的发情期。只有在发情期间，性快感的生物学规律才发挥作用。但是在高等灵长目动物中间，发情期对性行为的限制越来越小。例如，在和人类亲缘最近的倭黑猩猩中间，它们在休闲时间里最主要的社会活动，就是交配。我们人类的性行为也完全不受发情期的限制。而且，性行为在人类中间发挥着重要的社会功能，它变成了人类两性之间维持长久关系的重要情感纽带。因此，当物种进化到人类这一高度的时候，性快感就具有了它完全独立的存在价值：它作为独立于生殖意义之外的一种价值，开始被人类个体所追求。

性快感的出现以及动物个体对它的孜孜以求，是生物进化史上重大的异化现象。性快感最初是作为一种实现动物物种延续的手段而出现的，但在高等动物特别是在人类中，这一工具价值开始具有目的性，生殖目的之外的目的性。也就是说，生殖目的和快感目的开始分离，而且，在有些情况下（甚至是大多数时候），获得性快感的目的还压过了生殖的目的。这种情况的外在体现，就是避孕技术的出现。一种工具性的目的最终变成了价值性的目的，有时甚至还对它最初所服务的目的进行压制，这是不折不扣的异化（alienation）。人类就是在这样的异化中，痛苦又快乐地挣扎着。

生殖目的和快感目的的分离所带来的问题还不止这些。即使是一个循规蹈矩的人也会必须面对这一问题，并万分纠结。其中一个问题是，在婚姻之内，不以生育为目的的性交是不是合乎道德的？至少是在近代以前，罗马天主教对这一问题的回答是否定的。教士们甚至对以什么姿势性交都有明确的规定。但这样的规定显然不可能得到很好的遵守。因为我们知道，中世纪的很多家庭，在家里已经有十多个饥肠辘辘的子女的情况下，仍然不得不迎接那些不受欢迎的新生儿。另外我们还知道，虽然并不普及并且处于非法状态，目前我们所采用的很多避孕技术（如避孕套和避孕环），至少在欧洲中世纪的时候就已经存在了。近代以来，随着避孕技术的普及和进步，也随着社会观念的进步，婚内并非以生育为目的的性行为才获得了道德上的正当性。与此正当性同时出现的还有一个观念，即只有相爱的人才能结婚。在传统时代，婚姻的目的主要是繁衍后代，当这一目的被现代性解构之后，人们必须为婚姻这一社会制度提供另外的道德基础。这一道德基础，就是爱情。在古代社会，"爱情"这一观念并不用于描述夫妻之间的情感，它更多地用来指代男人与其婚外情人之间的恋情，因为传统婚姻的前提本来就不是爱情。这一道德观念的另一面是，只有相爱的人之间的性行为才是合道德的。这是因为，相互之间没有爱情的男女之间的性行为，会被视为赤裸裸的动物行为。这一道德观念，虽然为年轻人的婚姻自主提供了巨大的道义支持，但却对交易性的性行为发出了严厉的道德谴责。

如果说通过交易性的性行为中间没有一丝的爱情，可能太过绝对。但大多数娼妓和嫖客都是萍水相逢，一方为了满足性饥渴，一方为了得到经济报酬，爱情的因素在其中大抵是不多的。于是，依据上文所说的道德，这种行为的正当性基础就受到了釜底抽薪式的破坏。对于交易性性行为的这一道德否定，具有最高的伦理位阶，对卖淫嫖娼的其他现实性辩护，在它面前都显得底气不足。比如，有人说，对于那些无力结婚的单身汉来说，买春是他们满足性欲望的唯一方式。如果他们没有正当的宣泄途径，性犯罪率必然上升。还有人说，卖淫嫖娼的非法化，比卖淫嫖娼本身的危害要大得多，比如拐卖妇女、性奴隶和性病的传播。还有人从人权的角度来论述性需求满足的正当性，他们要求把性需求的满足认定为一种基本人权或宪法权利。不过，对于那些传统和现代道德的卫道士们来说，这些理由都是不屑一顾的。

三、性的神圣化与邪恶化

前文说到，性快感是生物进化史上的异化现象。性快感成为人们追逐的目标，进而就拥有了商业价值。在嫖客看来，享受一次美妙的性服务和享受一顿美味的大餐，没有什么本质上的区别。性既是一种服务，也是一种资源。由于人的美貌程度的不同，这一资源的禀赋也会有高下之分。那么，以价格为尺度对这一资源和服务加以标定，就是再自然不过的市场规矩。人类社会一直都在做这件事情。中国历史上有很多才子佳人的故事，但很多故事的女主角其实都是风尘女子。名妓不仅仅是出名，消费她们的价格也不是普通人能够承受得起的。明代小说《警世通言》中的杜十娘，能够积累起巨额的财富，就是她的性服务的市场价格的证明。既然如此，是什么理由，让我们(特别是卫道士们)对这种非婚姻的、非爱情的性行为如此鄙视、必欲除之而后快呢?

我认为，人类反对把性行为商品化的最深层次的理由是：我们每一个人都是性行为的结果。每个人都孕育于一次两性的媾和，它是我们每一个人生命的滥觞。作为一个人安身立命(从这个词最本原的意义上说)的基础，它应该是神圣的，也必须是神圣的。这种神圣性是不容玷污的。我们可以从反面来证明这种神圣性。在很多文化里，最侮辱人的骂人话，其字面的意思，就是和被侮辱的人的母亲发生性关系。人们通过侮辱这种神圣性，来侮辱被侮辱的人。换句话说，也正是因为人们认为自己的生命源头是神圣的，所以对它的侮辱才具有了最高的侮辱效果。一种甚至都不允许用语言加以侮辱的东西，有人却要把它出售，我们的潜意识对这种行为的反感和仇视就可想而知了。对人类社会中所有具有神圣色彩的东西，人们对它的商品化都是厌恶和仇视的。公职不可买卖、审判的公正性不可买卖、选票不可买卖、考试成绩不可买卖，当然，神圣的性更不可买卖。即使我们必须买卖那些具有神圣色彩的东西，我们也尽量回避其商业意味。例如，在中国传统社会，买神像是不能说"买"的，而必须说"请"。

不过，有时，我们对性的神圣化却以反面的形式表现出来，即把性邪恶化。中国古人说，"万恶淫为首"。当然这里的"淫"主要指的是人的淫欲，以及因为这淫欲而导致的"过度的"和"不正当"的性行为。但无论如何，"性"还是被邪恶化了。在基督教传统中，对性的神圣化就是以对性的邪恶化的形式出现的。《圣经》上说，圣母玛利亚是从"圣灵"怀孕的。这意味着什么呢? 这一神话的意思是说，耶稣的孕育太神圣了，以致不可以从"邪恶"的性行为开始。但我们凡夫俗子的生命还是要从性行为开始，这一行为对于我们普通人来说，仍然是神圣的——虽然比耶稣孕育的神圣位阶要低一个等级。在基督教传统中，婚姻是人与上帝的契约，而婚姻的主要目的又是生育后代，那么，生育后代的行为自然也应该是神圣的了。但是，对于超出这一范围的性行为，包括不以生育为目的的婚内性交、通奸和卖淫，则必须是邪恶的。因此我们看到，神圣和邪恶其实是一个事物的两面，人类的心理就是这么一个奇怪而荒谬的混合体。

人类对性行为进行邪恶化亦即污名化的一个方式，是宣称性行为是不洁净的。不仅仅是性行为，甚至是一切与性有关的生理现象也都是不洁净的，如月经、遗精，等等。在印度，经期的妇女被认为是肮脏的，在这个时候，她们拥抱自己的孩子都是一种禁忌，因为怕把不洁传染给孩子。不过，非婚姻的性才是最肮脏的。在基督教传统中，婚内的性行为是圣洁的，但婚外的淫荡则是肮脏的，比如，基督教经典《使徒法规》中教导说，"夫妻在性交之后可以不进行沐浴就去领圣餐，然而淫荡的男人是倾大海之水也无法洁净的。"卖淫嫖娼中的性行为自然不是婚内的、被教会祝福过的性行为，它无疑是最肮脏和邪恶的。另外，卖淫的肮脏性也有其现实的基础，在近代以前的欧洲，妓院是传播性病的主要渊薮。观念的力量与现实的因素结合在一起，"卖淫行为是肮脏的"这一点就变得不可挑战了。

基督教对性的邪恶化，还有另外一个更为深层的原因，那就是把性与人类的原罪联系起来。性是人的原罪的一部分，伊甸园里的亚当和夏娃，就是在撒旦的蛊惑下，吃了能使人辨别善恶的苹果，第一次感受到了性的诱惑。在基督教看来，每一个都是有罪的，这罪其实就是人的本性。而性和性欲望作为人的本性中不可缺少的一部分，自然也就是罪的构成部分。由圣托马斯·阿奎那首先提出的"七宗罪"的概念中，"色欲"名列其中，但顺序靠后。可是在但丁的《神曲》中，色欲就变成了七宗罪的第一位。冥冥之中，在但丁与比他早生不到百年的朱熹之间，倒是有着某种惊人的观点契合。罗马天主教对性的否定态度，最集中地体现在了对教士和修女的独身（celibate）规定上。在现实中，并不是所有的神职人员都能够遵循独身教规，而且越是高层，神职人员的生活就越糜烂。对教皇的淫乱生活的记载，史不绝书。历史上有数位教皇死于梅毒。但是，教廷的正统意识形态对性的贬斥从来没有改变过。由于性是人类繁衍所必不可少的，教会必须在自己的意识形态与现实的需求之间，达成某种妥协，即承认以生育为目的的性行为的正当性。但除此之外的其他性活动，都必然被归入邪恶与罪错的行列。

四、性乐趣的正当化与性的商品化

近代以来，人类性观念的一个重大改变，是性乐趣在道德上的正当化。性快感这一异化现象，终于在人类的文化中获得了合法的地位。当然，技术的进步在这一进程中的作用，也不容低估。如果性行为和生殖行为无法分离，任何一次的性行为都可能导致怀孕的话，性和生殖的分离是无法真正实现的。性和生殖的分离对女性的解放是革命性的。在性和生殖无法分离的时代，女性一生都处于生育之中。那种情况下，女性是无法全面参与社会生活的。虽然不是每一次的性行为都是为了怀孕，甚至大多数的性行为都不是为了怀孕，但任何一次性行为都可能导致怀孕。也就是说，从性行为的动机来看，性快乐的动机和生育的动机一直就是分离的——虽然前一种动机当时还没有获得道德的正当性——但由于技术的限制，两种动机所引发的行为的结果，却无法分开。现代避孕技术为这种分离提供了手段上的支持。但是我们知道，避孕技术的传播最初是非法的。美国最早传播避孕知识的女权主义者们，还曾经因此而获罪。可以说，避孕技术的合法化过程，也就是性乐趣正当化的过程。但是，性乐趣的正当化，并没有改变每个人都孕育于性交这一事实。人们对孕育了自己的性行为的神圣化，并没有因此而改变，也无法改变。

性乐趣的正当化和人人都源自性行为这两个事实结合在一起，只能导致一个结果，即爱情的神圣化。孕育我们的性行为是神圣的，那些没有孕育生命的性行为也必须是神圣的，否则就会玷污性行为的神圣性。这时，另一个神圣的概念出现了，那就是爱情。或者说，为了神圣化的需要，我们必须把性行为的动因也神圣化。这样，我们就实现了从爱情到性行为、再到生殖的神圣化逻辑链条。因为生殖是神圣的，因而性必须是神圣的，否则无法保证生殖的神圣性。要保证性的神圣性，就必须给它一个神圣的理由和动因（爱情）。在这个理由或动因之外的性行为，必须被定义为肮脏的、邪恶的。被拿来进行买卖的性，毫无疑问应该归入这一类别。性的买卖，在我们的潜意识之中，就是对我们作为人的安身立命之本的亵渎。当然，我们都意识到，由于人的基本需要，由于社会不可能为每个人都提供爱情框架内的性满足，娼妓业是不可能被消灭的。而且，很多人在面对性的诱惑的时候往往把持不住自己。虽然如此，我们的本心对性的神圣化仍然是不可磨灭的。我们知道某事为恶，而我们仍然作恶，其实并不矛盾。社会观念是我们的群体意识的反应，而不是每个人对自身行为的当下辩护。

五、结语

性的商品化一直都存在，今后还会一直存在下去，人类在面对这一问题时的纠结也会如影随形。性是一种乐趣，但性又是我们每一个人的源头。因为它是我们的源头，我们会倾向于将其神圣化。又因为它能够给我们带来乐趣，性服务就变成了一种商品。可是，我们获得性乐趣都需要另外一个人的帮助（当然存在着自慰，但其乐趣总是边缘性的），把性商品化就是获得性乐趣最便捷的方式。但是，神圣的东西和可以买卖的东西之间，却又存在着天然的对抗关系。人类置身于这样的关系中间，纠结万千。我们对性的商品化的天然敌意，就是这一心理的外在体现。

中国当代艺术视奸论的批判

佟玉洁[1]

视奸论是指视觉媒介方式中的一种性侵行为形成的话语机制。在中外美术史中，由女性身体文化角色定位而形成的视奸论，是以审美方式作为切入点，并且形成了长达几千年对女性身体压迫的不公正模式与压迫模式。女性的身体作为审美的对象一直是被看的角色，并且在被看当中成为公共视野中的一个"妓女"。实际上视奸论形成不仅仅来自于美术史，古典社会就已经存在某种形态的视奸论了。

由男权制对女性身体的性消费形成的视奸论已经存在了几千年。从某种意义上讲，男权话语中的视奸论是身奸论的扩展与延伸。正像聂绀弩先生所说的"娼妓是文明的怀疑者"[2]，从古巴比伦时期寺庙娼妓制度的宗教功能的身奸论开始，到娼妓制度沦为卖淫的皮肉生意；从中国封建社会的娼妓乐人身份，到中国春秋时期由政治家管仲建立女闾（妓院）中的性买卖的娼妓经济，身奸论中的女性身体一直是世界文明史发展中的见证者和怀疑者。由男权制身奸论生产的身为性奴隶的妓女，拿自己的青春做赌注，输掉的是自己的尊严与肉体，赢得的是活着的惶恐与无奈。身为性奴隶的妓女，被强大的男权制的社会所占有，并进行如同商品一样的性交易，开始了男权话语从身奸论到视奸论的女性身体的文化厄运。

在中国封建社会中的夏桀时代，集女乐三万人于后宫，供享乐用。战国时期的"左为娼，右为优"美女政治，成为瓦解各诸侯国的外交策略，同时也成为中国娼妓制度建立的政治基础。与之同时的帝王后宫制度，推动了中国娼妓文化的发展。帝王文化中的女性，作为娼优的双重角色，为帝王提供着双重的服务标准。她们既是帝王的性奴隶，又是帝王的艺伎。帝王们为这些双重身份的娼优建立特别的性社区。商纣的鹿台、秦始皇的阿房宫、曹操的铜雀楼、隋炀帝的迷楼、明武宗的豹房，等等，都是伤害女子非常态的性社区。中国封建社会的诸侯王与帝王御用娼优，是身奸与视奸同时进行的。诸侯与帝王蓄养的娼优文化，不仅为自己提供了身奸论的基础，而且以妓艺服务为名的裸舞，同样提供了视奸论

---

① 佟玉洁：西安美术学院艺术研究所副研究员。

② 聂绀弩：《论娼妓》，引自王书奴的著作《中国娼妓史》，北京：团结出版社，2004 年版，封面的脚注。

的借口。据史书记载，南朝的宋明帝刘彧在宫宴中，令宫女裸舞，其皇后以扇掩面而拒视，惹怒了明帝并被赶走。从某种意义上讲宫女裸舞就是性奴役和性压迫的产物，同时也是男权政治话语下视奸论的产物，把身奸论与视奸论融为一体，中国帝王文化有过之而无不及。中国封建社会帝王文化性社区的建立，是以帝王权力的滥用，以及帝王身边讨好权力的小人的性想象，制造的女性性伤害的道场。隋炀帝有一个迷楼，令画工画男女交媾图并悬于阁中，同时再配上下属官员所铸的巨大的乌铜屏风数十面，环于寝室，帝王御女乐在其中。而静态与动态意义的交媾皆入镜面，使帝王文化中的纵情淫意达到了登峰造极。作为身奸论与视奸论中的女性身体，不仅是父权制文化专断的对象，同时也是建立从帝王到士大夫阶层社会风化史的性工具。

在士大夫蓄养家妓盛行的五代，家庭艺伎与性奴隶的双重身份的意义有两个：其一，身怀艺技的家妓是一个士大夫生活享乐的工具；其二，家妓作为性买卖中的商品，本身就是士大夫的性生活的私有财产。女性的家妓角色，不仅让她们成为男权制社会占有者的性奴隶的角色，同时成为具备技艺的女乐人。士大夫蓄养的艺伎与性奴隶的双重身份，开始了男权话语形成的女性身奸论与视奸论的双重压迫的风化史。女艺术家罗莹的作品《戏仿韩熙载夜宴图》的作品，把一个发生在中国五代时期封建士大夫蓄养家妓文化的奢侈生活的长卷，截成一个个片段，把原来具有连贯性的情景叙事呈现出的人物之间关系割裂，使士大夫与家妓之间的等级关系变得支离破碎。如画中的家妓表演通过片段的截图处理，从作为观赏者的韩熙载的视线中剥离出来，独立成章，使家妓身份的女乐人成为画面的主体。在罗莹制造的视觉形态上，彻底地改变绘画原作中人物隶属关系。此时，罗莹的《戏仿韩熙载夜宴图》，使"片段"变成一个完整的视觉形态的新模式，除了原来人物衣纹用宽线的局部改写，画面出现了大小不等的空洞，同时还有中国古典画论的只言片段的文字，这不仅仅是女艺术家罗莹对男权话语制造的古典美术模式的一种颠覆，更是对作品反映出来的封建士大夫蓄养家妓文化的一种质疑精神。

如果说封建士大夫蓄养家妓从属于娼妓文化，那么由男权话语绘画文本形成的嫔妃文化，均属于父权制中女性身份的本质主义的认同政治。如唐代周昉的作品《簪花仕女图》，通过宫廷嫔妃骄奢闲适生活的戏犬、看花、采花、漫步等四个部分，呈现出后宫佳丽的精神面貌：雍容、优雅、富贵、娴静。却掩盖了作为后宫妃子为皇帝御用性工具的角色的尴尬。作为男权话语建构的女性气质的图式，试图成为中国美术史上的女性文化的永恒。但是所谓的永恒也只能是男性文化的一种表述方式。嫔妃作为父权话语政治制度的产物，是以表面的华丽遮蔽下的少数女性文化的一种虚假的呈现。罗莹同样选择了反映中国嫔妃文化的中国传统绘画的摹本《簪花仕女图》《虢国夫人春游图》等作品，有意识地通过焦糊的空洞，改写的线条、片段的截取，等等因素的使用，在对经典绘画结构的破坏与建立的同时，对中国嫔妃文化进行质疑与批判。

娼妓文化与嫔妃文化的艺术在西方艺术史中，同样受宠于男性艺术家，并且是艺术叙事的主体。西方古典艺术中的嫔妃文化最早是从 18 世纪洛可可艺术开始的。如布歇的作品《黑发宫女》和《金发宫女》充满着肉欲、性欲和情欲，可以看出画家在作品中强调的是肉欲感官与功能的享受。如果说洛可可艺术中的裸体宫女是肉欲与情欲的混合体，代表着法国上层贵族社会的一种功能的享受主义，那么法国新古典主义艺术家则代表着新兴资产阶级所崇尚的自然主义的特征。安格尔的作品《大宫女》，强调一种女性的曲线的运动之美，充满着崇尚自然主义的生命激情。但是，安格尔画中宫女的裸体作为男权话语欲望的对象，宫女角色的从属地位不能不说是一种女性的悲哀。离开了 18 世纪的嫔妃文化的艺术，19 世纪是娼妓文化的艺术的滥觞。西班牙艺术家戈雅的作品《着衣的玛哈》和《裸体的玛哈》，作为娼妓的玛哈，体态的自然与表情的坦荡，区别与 18 世纪的宫女艺术。20 世纪立体主义画家毕加索的作品《亚威农的少女》，描绘的是西班牙巴塞罗那，名为亚威农的性社区的妓院少女。毕加索作品中的亚威农少女，变形的身体丑陋设计，来自于艺术家鄙视娼妓的心理。因为艺术家本人是妓院的常客，处在非人格化商品交易中的女性，始终是受害者。在整个西方艺术史中，赤身裸体的女性作为视觉消费的商品，没有丝毫讨价还价的余地。这就是强权话语统治下的父系文化特征，艺术家马格利特的作品《强奸》，把赤裸女性的身体作为面部肖像，女性性器中的乳房为眼睛，阴部为嘴，一部充满着想象力的、令人震撼的色情肖像就这样诞生了。然而作品却有着双重含义：一是艺术史上女性的身体赤裸了几千年，作为审美的客体被男性话语炮制了出来，她们同时承担了不同的文化角色，要么是圣女，要么是妓女，艺术家在创作过程已经完成了第一嫖客身份的建立。二是赤裸的女性身体的情色，撩拨着每一个观看者。也就是说，在看者与被看者之间，作为被看者的女性，主动接受了艺术客体的赤裸身份。有男性观众说，他们在审美客体的赤裸女性身份面前是受害者。也就是说，男性观众被作为艺术客体的赤裸女性身体给强奸了。

在艺术史上，究竟谁强奸了谁？

20 世纪的 90 年代，由美国女艺术家组成的艺术团体"游击女孩"，创作的招贴海报，表达了对艺术史的质疑态度：为什么女性要赤身裸体地走进博物馆？而招贴画的主体，是男性艺术家安格尔的古典绘画《大宫女》，被"游击女孩"们置换为大猩猩的脸，作为"游击女孩"文化颠覆的象征性的标志。中国女艺术家何成瑶的行为艺术作品《开放的长城》，在北京长城的艺术现场上，将自己赤裸的身体置身于衣冠楚楚的、正在行走的男性艺术家之中。于是，我们似乎看到了一个虚拟的、动态的美术史的演绎过程，同时也印证了一个美术史不容忽视的一个铁的事实：女性赤裸的身体，一直是作为审美客体成为艺术史上重要的叙述手段。当何成瑶脱去了上衣，让自己赤裸着的上半身置身于男性艺术家的作品里，历史性的反讽重现了中外美术史视奸论中的男权话语的强权色彩。其中处在强权色彩中女性的角色就是一个"妓女"的角色。

中国女艺术家段建宇的数码影像装置作品《艺术鸡》，多维度地阐释了由男权话语建构的美术史的色欲逻辑。其中，在一个巨大的书架中放置了不少作为活禽的母鸡，同时置放蔬菜中的土豆和胡萝卜，性征化的暧昧语言，制造了一个寓言化的美术史的视觉文本。世俗世界通常把妓女指代为"鸡"。显然，作品《艺术鸡》的主题也指代为美术史中"妓女"身份。可以看出，作者把作品《艺术鸡》作为寓言化了的美术史的视觉文本，但是很难想象跻身于人类的文明史中的美术史，成为冠冕堂皇的书籍文本，将男权话语色欲逻辑中的人格分裂与人性堕落巧妙地包装，并堂而皇之成为知识的绅士，与历史不同功能的文化叙事者混在一起。建立起令人怀疑的文明史。段建宇的影像装置作品《艺术鸡》，从宏观叙事（作为建构美术史的色欲逻辑的道具——"母鸡"跻身于巨大的书架）到日常叙事（作为男权话语的色欲逻辑的道具——"母鸡"观看两性床第生活），把女性身体在美术史上任人摆布或者任人宰割的色情角色生动地刻画了出来。作品《艺术鸡》涉及两种文化指向：一是作为寓言化的美术史的色情的观看角度。此时，色情代表着一种抽象的观念。比如作品中象征色情元素的母鸡，处在画面的一角，观看床上的性爱男女。色情的观看角度是构成历史主体的视角。二是作为寓言化的美术史的色情游戏的参与者，跻身于大型的书架，作品元素中的鸡（妓女）与书架互为指涉，并共同建立了色情寓言中的艺术史的空间与时间关系。每个色情的元素代表着时间，而色情艺术的空间则是作为非色情物的时间储存方式，比如大型书架。它更像一个文明历史的剧场。在段建宇的影像装置作品《艺术鸡》中，作为活禽的母鸡同时也扮演了一个艺术"鸡"的角色。此时，艺术的"鸡"不仅本身就是一个色情的寓言，而且在与其他书籍共同构成了暧昧的文化关系场。在段建宇的作品《艺术鸡》中，书架作为文明历史的剧场，其荒谬性就在于：它既是一个承载着不同智慧结晶的记忆簿，同时也是一个色情艺术史的表演空间。由男权话语建立的色情艺术史最终以书籍的形式，成为文明的一种虚伪的包装，包装着女性性别歧视的文化记忆，并由此构成了虚伪而充满悖论的文明史。段建宇的作品《艺术鸡》，利用了世俗对妓女歧视性的指代物——"鸡"所承担的艺术史的使命，表现出了对男权话语中的色欲逻辑的一种批判精神，同时也是对前消费时代的女性在男权话语制造的艺术史中的被压迫地位的一次揭示、一次呐喊。

如果说在男权话语制造的前消费时代中赤裸的女性身体，更多的是在艺术的二维或者三维空间作为审美对象进行消费，女性是视奸论的对象，那么后消费时代的女性身体在更广阔的文化与经济空间被消费，依然是视奸论的对象。特别是进入工业文明的信息时代，欲望消费主义的其中一个特征是网络、影视、纸质等媒体合围下对女性身体消费的吊诡。比如，网络、电视等媒体所谓的旅游大使、中华小姐等选美大赛的名目繁多，传统的纸质媒介对女性身体的消费更是渗透在各个领域的杂志上。雷燕的作品《如果女人是书写出来的》，通过纸质媒体——无数杂志封面中个女性大头像的合成的影像作品，跳出了一个鲜明的英文字母：WMIAN（女人）。作品揭示了女性作为时尚与色情的符号，在欲望消费的视觉性欲中处境的尴尬。此时，以文化的名义对女性身体的消费达到了登峰造极的程度。

　　长期以来，在社会上形成的对女性身体消费的一个悖论：一是由文化领域与经济领域联手对女性身体消费形成的共谋关系，如以文化名义的"旅游大使""中华小姐"等选美大赛，其背后是眼球经济的文化链。二是文化领域、经济领域与女性身体互相消费形成的共谋关系。如信息工业中的网络文化与网络经济，为网络脱衣秀的物欲女性建立的政治利益与经济利益提供了方便。首先，网络脱衣秀的物欲女性们强调凸显肉身的性器官，并与欲望话语同时在线的性妄想成为公共视野下的欲望资源。网络脱衣秀的物欲女性们深信，这种欲望资源是获得经济价值最便捷的、收效最快一种方式。网络公共领域信息传递的快速，使女性肉身的性器官的展示与性话语的妄想成为获得政治利益和经济利益的一个魔方。女艺术家冯倩钰的水墨装置作品《网络水墨——"中国女战士"系列》，将网络流行的脱衣秀的女性身体及性感的流行话语，与中国传统文化中象征四君子的梅兰竹菊图像资源重新整合，制作出了融水墨艺术、多媒体艺术为一体的具有反讽意味的、可视频观看的装置艺术。在冯倩钰一手导演下，网络脱衣秀的女性身体及性感的流行话语成为一个传统的主流文化核心价值观的"颠覆者"。于是我们注意到，在文化领域、经济领域与女性身体互相消费形成的共谋关系中，灵魂泯灭是第一步，肉体的堕落是第二步。肉体的堕落是以性解放为特征的。而女性的性解放是从性消费开始的，确切地说是被性所消费。网络美女色欲主义的性消费，最终又回到了父权制文化认同的逻辑起点上来：女性是文化的"妓女"。冯倩钰的水墨装置作品中的"中国女战士"们，却承担了这种可悲的角色。当"中国女战士"们通过性解放消费性的理念为她们带来了政治与经济利益的同时，也颠覆了传统文化"梅、兰、竹、菊"所具有的君子的文化品质，使传统文化意义中的君子的身体被抽空、被扭曲，成为欲望化的色情的身体。这种文化的隐喻正是这个消费时代所具有的文化特征。

　　如果说，在文化领域、经济领域与女性身体互相消费形成的共谋关系是女性与男权文化的苟合的结果，那么，由文化领域与经济领域联手对女性身体消费形成的共谋关系则凸显了女性的受压迫的一面。在消费主义盛行的时代中，被经济绑架的文化领域处处彰显男权话语眼球经济的商业策略。视奸论中的女性身体渗透在各个领域，成为后消费时代的主要特征之一。这一切都是中国女艺术家黄引所说的，"广告就是权力"的男权话语的铁律，在带来经济效应的同时，也给女性带来了巨大的伤害。在女艺术家黄引的作品《仿路易威登广告系列——光芒》中，将路易威登广告系列的主体性的话语元素直接挪用，一是不改变原广告中女性性感的身体姿态，以及它的广告对象——路易威登牌的手拎包的主体地位；二是原广告中女性主体的头部置换成狗头，把一个男性眼中的女性色情的商业价值彻底地摧毁，使得男权话语的色情形象与色情秩序发生了根本性的改变。作品中的女性身体媒介方式已由原来的女性拎包的广告推广，变成了商业媒介体中的女性身体消费的质疑与嘲讽。在物欲消费主义盛行的今天，女性有一种尴尬，是她处在一种宠物或者动物的身份上。黄引的仿"路易威登广告"系列作品，把批判的矛头直接指向被商业利益严重污染了社会消费心理，即女性被消费与女性自己消费自己的悖论怪圈。

对于中国当代女艺术家来说，唯有认清和批判一切歧视与侮辱女性身体的话语形式，使自己成为具有独立意识与批判意识的政治工具学意义的身体。政治工具学意义产生于权力话语的身体技术，中国女艺术家是否具备了政治工具学的身体技术，决定了对男权话语形成历史性的性别歧视与性别压迫的批判力度。其中，文化批判的力度，来自对男权话语形成历史性的性别歧视与性别压迫的认识广度与深度。男权话语的历史性的模式建立起来的社会伦理道德的顽固性，不仅统治了女性几千年，而且在当代社会生活中阴魂不散。我们在艺术史中看到了由男性艺术家制造的女性身体的屈辱性。这种屈辱性不仅包括了艺术史上女性处在一个视奸论的公共模式中，同时也包括了现代女性在自身欲望消费中的男权文化的认同模式。女性主体意识的政治工具学的目的，需要通过社会视角的身体模式建立起文化批判的机制。中国女艺术家无论是绘画本身的权力主体话语的实施，还是作为观念艺术媒介体的自我身体的利用，在建立了具有政治工具学意义的行为主体话语的同时，也是对社会历史维度中女性身体视奸论的形成一个最有力的批判。

错失的契机：20世纪50年代计划生育工作之殇[①]

张志永[②]

迄今，大陆学术界一般从宏观性、政策层面研究计划生育课题，比较清楚地勾勒出相关政策的演变过程，但鲜见区域研究和个案分析等中观、微观层面的研究论著，故难以阐释相关政策具体推行过程、基层社会民众对政策的认知和行为选择；海外学者多立足社会史角度开展微观研究，较好地反映了基层民众生活实态，但缺乏宏观关照，失之于琐碎。[③] 故本文以河北省为研究区域，以河北省档案馆等馆藏原始档案为基本史料，采取中观研究和定量分析等方法，梳理和分析20世纪50年代河北省计划生育工作的背景、过程及利弊得失，以便为解决当代人口控制问题提供殷鉴。

一、部分民众自发要求节制生育

新中国建立前，"河北省的人口发展，在当时的生产力和生产关系的影响下，其人口再生产是属于高出生率、高死亡率相结合的人口再生产类型"[④]，自然增

---

① 该文是河北师范大学一般项目"国家与社会的统一：人民公社时期华北农村婚姻制度的嬗蜕"（项目编号：S2011Y06）阶段性成果之一。20世纪50年代我国尚未正式使用"计划生育"术语，当时称谓"避孕节育"（1954年后）、"节制生育"（1956年党的八大后），为了顺应习惯和统一全文，故标题统称为"计划生育"，文内具体部分仍使用当时的称谓。

② 张志永：河北师范大学法政学院教授。

③ 迄今学术界研究计划生育方面的课题比较多，主要著作：汤兆云：《当代中国人口政策研究》（知识产权出版社，2005年）、孙沐寒：《中国计划生育史》（北方妇女儿童出版社，1990年）、孙沐寒：《中国计划生育纪事》（红旗出版社，1987年）、路遇主编：《新中国人口五十年》（上下）（中国人口出版社，2004年）、《当代中国》丛书编辑部编：《当代中国的计划生育事业》（当代中国出版社，1992年）、史成礼编著：《中国计划生育活动史》（新疆人民出版社，1988年）、国家人口和计划生育委员会编：《中国人口和计划生育史》（中国人口出版社，2007年）等；主要论文：汤兆云：《建国后十七年我国人口政策评析》（载《北京人民警察学院学报》，2005年6期）、《1954—1957年间关于人口问题的大讨论》（载《华侨大学学报》（哲学社会科学版），2004年3期）；一些海外学者也以计划生育为选题进行了研究，如［日］小滨正子：《计划生育的开端：1950—1960年代的上海》（《中央研究院近代史研究所集刊》第68期，2010年6月，第97—142页）。上述论著共同点是对20世纪50年代后期避孕节育工作语焉不详，或者错误地认为反右运动后就停止了避孕节育工作。

④ 河北省地方志编纂委员会编：《河北省志·人口志》，石家庄：河北人民出版社，1991年版，第24页。

长率较低，究其原因主要在于灾荒、战争伤亡和婴儿死亡率高等因素。据 1949 年年末华北人民政府卫生部对河北省部分地区婴幼儿死亡情况调查，"平山县 112 个村，婴幼儿死亡率达 500‰以上，其中新生儿破伤风死亡人数占婴儿死亡人数的 37%。玉田、沧县、黄骅、霸县、抚宁、深县、邢台等县对 14 个村调查，1—10 月共出生婴儿 389 人，死亡 106 人，死亡率 272.49‰（其中霸县中台山为 875‰，沧县崔家庄为 550‰），死亡原因顺位：（1）新生儿破伤风 52 人，（2）麻疹 21 人，（3）天花 21 人，（4）痢疾 7 人，（5）其他死亡 15 人"[①]。

　　1949 年 1 月平津战役胜利后，河北省全境获得解放，社会秩序趋于安定。随着国民经济的恢复和发展，人们的生活水平稳步提高，并且，医疗卫生条件也得到很大改善，如开展妇婴卫生和儿童保健工作、普遍推广新法接生等，全省婴儿死亡率急剧下降。据调查，1953 年"张家口、唐山、石家庄等 6 市采用新法接生的已达 80% 左右，其他城市和广大农村也逐渐增多，因而婴儿患四六风的死亡率已大大减少（唐山市 1953 年 1 月至 10 月新法接生率占新生儿的 85.6%，四六风死亡率占 0.4%，深县二区西洋台村由于新法接生的推行，婴儿四六风的死亡率已由 1950 年的 32% 降为 1953 年的 5.6%）。"[②]同期，全省人口仍然保持着高出生率，而党和政府多次颁布政令，禁止溺婴、禁止堕胎和人工流产以及保护母亲和婴儿等，客观上进一步助长了人口增长速度，全省人口迅速从高出生率、高死亡率和低增长率的第一阶段转为高出生率、低死亡率和高自然增长率的第二阶段。据统计，1949 年全省人口为"3435 万多人"[③]，到 1957 年年底，全省"有 4100 余万人口，1954—1956 年每年平均出生率为 39.9‰，死亡率为 11.7‰，人口自然增长率为 23.7‰，每年增加 100 余万人。"[④]

　　随着人口增长模式的转变，人们在欣喜"人丁兴旺"之余也越来越多地感受到人口快速增多而产生的问题。"很多妇女因生育过多过密而影响到家庭的经济生活，影响到男女双方的工作和学习，对妇女的身体健康不利，对孩子也往往由于照顾不周而影响到他们的发育成长。子女过多过密已成为一部分人生活上和精神上的严重负担。"[⑤]1953 年全国开始了社会主义改造和大规模经济建设，实行"各

---

① 河北省地方志编纂委员会编：《河北省志·卫生志》，北京：中华书局，1995 年版，第 292 页。

② 《河北省人民政府四年来卫生工作检查和 1954 年卫生工作计划》，河北省档案馆藏，案卷号：1027—1—54。

③ 《河北省计划生育工作十年（63—72 年）规划（初稿）》（1963 年 3 月），河北省档案馆藏，案卷号：1027—2—224。又据《河北省志·人口志》第 23 页《1949—1985 年河北省人口总量变动表》记载：1949 年末总人口为 3086.06 万人，1958 年末总人口为 3732.33 万人，但这是 1991 年《河北省志·人口志》出版时统计的结果，不是当时人们的观点，故不采用该条史料，下同。

④ 《河北省节育工作十年（58—67）规划》（稿）（1957 年 12 月 28 日），河北省档案馆藏，案卷号：1027—2—726。

⑤ 《进行避孕知识的宣传和指导》，《健康报》社论，1956 年 6 月 15 日。

尽所能，按劳分配"的单一分配原则，挣工分是农村家庭基本的经济来源，它改变了"男主外女主内"的家庭分工模式，妇女劳动力也纷纷参加社会劳动，而繁重的家庭负担成为她们走出家门的最大障碍，故一些妇女自发地产生了避孕的要求。河北省卫生厅发现，"自从我省进入农业合作化高潮以来，我省广大农村妇女越来越多地参加了农业生产，随着这种新情况的改变，特别是实行按劳取酬的原则以后，由于一些母亲生育过密、孩子过多，不能参加生产，因而影响了家庭生活和家庭团结，也就是影响了群众切身利益。……说明在我省开展避孕工作是一项群众最迫切需要解决的问题。"[1]

1956—1957 年，据省、专区和县等不同部门调查，全省各地均有数量不等的群众自发产生了避孕的要求，其中，以 18—45 岁之间已婚生育妇女群体（以下简称"生育妇女"）避孕要求最强烈，详见下表：

表 昌黎县、高阳县、正定县、深泽县、藁城县部分村庄避孕情况调查表[2]

村庄	户数	人数	调查对象	生育妇女	要求避孕	备注
昌黎县边封台村、龙封台村	407 户	1729 人（女劳力 947 人）	131 户	132 人	50 人	重点调查
高阳县北圈头村	246 户	1029 人（女劳力 221 人）	全部	162 人	47 人	灾区
正定县三角村	396 户	1910 人（女劳力 1049 人）	全部	214	12 人	富裕地区
深泽县光复村	437 户	1389 人（女劳力 334 人）	部分	26 人	13 人	调查第六、七生产小队
藁城县郭庄、辛奉村	347 户		多子女父母	91 对	53 对	3 个孩子以上多子女户

从上表可以发现，昌黎县边封台、龙封台两村共有 132 名生育妇女（包括多子女母亲 46 名和不孕者 7 名），50 人要求避孕，占总数的 37.9%；高阳县北圈头村有生育妇女 162 人，47 人要求避孕，占总数的 29%；正定县三角村有生育

---

[1] 《总结发言稿》(在全省卫生宣传工作经验交流会上，1956 年 12 月 25 日)，河北省档案馆藏，案卷号：1027—1—154。

[2] 本表根据下列档案编制：《昌黎县龙封台村避孕工作调查》，河北省档案馆藏，案卷号：899—2—107；《高阳县北圈头村赵堡店村灾区妇幼卫生工作专题调查报告》(1956 年)，河北省档案馆藏，案卷号：1027—2—340；《石家庄专区、县避孕试点工作组总结汇报》(1957 年 7 月 5 日)，河北省档案馆藏，案卷号：899—2—107；深泽县节制生育委员会：《深泽县避孕试点工作总结》(1957 年 10 月)，深泽县档案馆藏，档案号：16—1—3；《1957 年开展避孕宣传工作情况报告》，河北省档案馆藏，案卷号：899—2—107。下引上述村庄资料中，除非特别注明者，均引自这些档案。

妇女 214 人，12 人要求避孕，占总数的 6%；深泽县光复村第六、七生产小队有 26 名生育妇女，13 人要求避孕，占总数的 50%；藁城县郭庄、辛奉村系以生育 3 个孩子以上的多子女家庭为调查对象，共计 91 对多子女父母，其中，53 对要求避孕，占总数的 58.2%。尽管这些村庄所处地理位置、经济状况乃至风俗民情有所不同，但要求避孕的妇女一般具有以下特点：

1. 生活比较困难、多子女。这些妇女由于生育过多过密，给家庭造成沉重的经济负担，小儿没有奶吃，副食又跟不上，身体羸弱，因此，她们普遍要求避孕，调节生育的密度，减轻子女拖累，以便更好地参加农、副业生产，改善家庭生活状况。如昌黎县边封台、龙封台村生活较困难的生育妇女 25 名，占 80%；在中等生活的 82 人中，有 25 人要求避孕，占 30%；生活较好的 23 人中，只有 3 人要求避孕，占 13%。① 高阳县北圈头村地处灾区，该村多子女、生活困难的妇女有 48 名，其中，40 名妇女有 3 个或 4 个孩子，8 个妇女有 5 个以上孩子，除一名有 3 个女孩的妇女想再生一男孩之外，其余 47 人都要求避孕，占多子女母亲总数的 98%，如"宋文妻从 19 岁开始生育，现在 28 岁，已有 6 个孩子，不能参加生产，生活很困难，现在因母亲身体不好，奶不够，小孩很瘦。又如宋圈之妻，27 岁，3 个孩子，现在怀孕 8 个月，生活很困难，迫切要求避孕"。

2. 生活比较困难、孩子无人照看。她们一般生活在核心家庭，由于没有公婆等人帮助带孩子，受子女拖累无法参加社会生产，故无论多子女母亲还是少子女母亲，都要求避孕。如昌黎县边封台、龙封台两村有 46 名多子女母亲，其中 24 人要求避孕，占多子女母亲总数的 52%；相应而言，其余 86 名少子女和无子女中也有 26 人要求避孕，要求避孕率达 30%，如果再减去 7 名不孕者，则少子女母亲避孕率达 33%，与多子女母亲避孕率相差不到 20%。子女不仅拖累母亲，甚至"殃及"父亲，故部分多子女父亲也要求避孕。边封台、龙封台两村曾召开多子女父亲座谈会，有 8 名父亲当场要求避孕。这一点在藁城县郭庄、辛奉两村表现更为明显，91 对多子女父母中有 53 对要求避孕，比列高达 58%。

3. 生活比较困难、体弱多病。这些妇女一般生孩子过多过密，不仅家庭经济很差，还极大地损害了母亲的身心健康。母亲因产后得不到适当的营养和休息，一般患有软骨病等疾病。同时，她们抚育孩子有困难，造成孩子营养不良，常常闹病乃至夭折。深泽县光复村第六、第七生产队 26 名妇女共生育 73 个孩子，死亡 27 个，占总数的 37%。如李春梅生了 10 个孩子，死亡 5 个；李秀格生了 9 个孩子，死亡 5 个；张兰花生了 8 个孩子，死亡 4 个；张玉荣生了 7 个孩子，死亡 4 个。另外，少数妇女由于妊娠反应很强，也要求避孕，如龙封台村郭

---

① 档案中原文如此，疑有误。根据该地共有 132 名生育妇女，且有 50 人要求避孕，故推断为"生活困难的 27 人中 22 人要求避孕，其比例为 81%"。

玉芬生过 6 个孩子，身体较弱，妊娠反应严重，每次怀孕均为恶性呕吐，故迫切要求避孕。这类妇女数量虽然不多，但避孕意愿最强烈。

各地在调查中还发现，家庭经济比较富裕的多子女家庭，无论儿女双全者还是儿女同性者（尤其是女孩），都很少有人要求避孕。如正定县三角村"大部是粮食作物，水浇地，靠近县城和铁路，生活比较富裕"，该村 214 名生育妇女中，127 人有 3 个以上的小孩（都是 9 岁以下），72 人有 1～2 个孩子，只有 15 人没孩子（因病、新夫妇或夭折），而要求避孕者仅有 12 人，不足生育妇女总数的 6％。

由此可见，妇女身体健康状况以及家庭经济优劣成为左右避孕的关键因素。一般而言，"子女较多，生育过密，家庭负担重，生活比较困难，又多是夫妻二人过日子的，迫切要求避孕"[①]。

另外，思想开明的干部、群众也愿意避孕。这些人年纪较轻或未婚，他们见惯了多子女家庭的拖累，担心过早结婚和生孩子过多、过密影响生产和工作。昌黎县龙封台村妇女委员吕淑贤有 2 个孩子，但要求避孕。枣强县妇联会也发现，"大部分妇女对避孕要求特别迫切，尤其妇女干部和职工更为迫切"[②]。尤其是城市中"有些青年人大学毕业，过了 30 岁还未结婚，他们的理由是他们看哥哥姐姐们结婚之后，子女众多，限于经济条件弄得焦头烂额，引以为戒。自己用全副精神努力于事业，得到了锻炼，积累了经济，再来结婚不晚。……可惜这类聪明人目前还是太少了"[③]。

尽管部分群众有节育的要求，但避孕节育是一个技术性很强工作，不可能无师自通。然而，当时医疗卫生人员普遍忽视避孕工作，没有公开宣传避孕知识和避孕技术方法；医药公司不公开出售避孕药具，医院药房和保健站也不代销避孕药具，故许多群众缺乏必要的避孕知识和技术，被迫采取了许多不科学乃至有害的措施避孕或节育。如河间县"景河村王友池，37 岁，全家 8 口人，只他一个劳动力，全年收入 150 元左右，每年一人合 18 元，连年受国家救济，日子总不好过。对孩子照顾不周，32 天就死了 3 个，……他听说生下孩子喝凉水可以永远不生育，也明知道这对大人有害，可是因为怕生孩子，当生下第 7 个孩子后，就让妻子喝了凉水"；有的地方竟然恢复了溺婴陋习，"宋王大村程书芹共生育 12 次，嫌孩子多曾在尿盆里溺死一个，最小的这个孩子，出生后就扔在当院，只望用风灌死"。更悲惨的是南赵乡马房村李胜忠"30 来岁，他母亲嫌孩子多，整天

---

① 《1957 年开展避孕宣传工作情况报告》，河北省档案馆藏，案卷号：899－2－107。

② 《枣强县妇女联合会 1957 年妇女工作总结报告》（1957 年 11 月 18 日），石家庄市档案馆藏，案卷号：17－1－15。

③ 《省政协一届三次会议戴练江委员的发言》（1957 年 7 月 17 日），河北省档案馆藏，案卷号：1027－1－68。

骂儿媳，他妻子则抱怨丈夫，闹的家庭不睦，夫妻不和，李胜忠在没有出路的情况下，把阴茎割去了，从此成了废人，妻子患了精神病"；"也有的夫妻不敢同床，有的用胶布把阴茎头黏上，有的怀孕后用种种残忍方法堕胎，落下疾病甚至母子双亡。"这些极端事例看似荒诞不经，却是农民对避孕知识茫然无知的真实写照。因此，许多人无奈地感叹，"孩子多了真发愁，大人受累，孩子受罪，养吧养不起，害死是条命，送人又心疼，想少生又没办法"①。甚至"有不少已婚男女干部为了避孕，由于得不到指导及适宜的药物工具等而被迫自行盲目解决，采用了一些有损身体健康的办法或引起疾病，以致造成不良的后果"②。河北省医院曾收治一个病例，一名妇女"因怀孕想流产无法，自己用筷子通（捅）入阴道受染长一肿包而入院，病势很危险，后经急救而愈"③。卫生部承认，"过去不做公开宣传，很多群众不懂得有办法可以不生育小孩，也有的不会使用避孕方法，有的采用了对健康有害的方法，有的自行堕胎，给母亲带来了很多损伤"④。

总之，新中国建立后，我国人口发展迅速进入高出生率、低死亡率和高自然增长率阶段，真正实现了"人丁兴旺"的传统愿望，但其弊端也初步呈现。囿于子女增多给家庭造成高昂的直接成本和机会成本，"很大一部分群众"苦于子女过多、过密，妨碍家庭经济生活、父母工作和孩子健康，"有着迫切的避孕要求"⑤。当然，"相当一部分人对避孕工作认识不够全面，他们只能单纯从自己孩子多受累生活困难方面理解避孕的好处，对国家建设、子女教养方面的利益联系不起来，有的甚至还有误解"⑥，但是，他们迫切要求避孕，这足以证明推行避孕节育工作具有一定的群众基础。

二、从技术指导到节育运动

1953 年 6 月 30 日，我国公布了第一次全国人口普查统计结果，全国人口总数为 601 938 035 人，⑦ 人口增长过快的势头明朗化了。周恩来感叹："我们大致

---

① 《卫生厅关于在河间县景河乡进行节育宣传运动试点工作的报告》（1958 年 3 月 1 日），河北省档案馆藏，案卷号：1027—2—726。

② 邓颖超：《关于帮助自愿节制生育的干部解决困难的建议》，中共中央文献研究室编：《邓颖超文集》，北京：人民出版社，1994 年版，第 103 页。

③ 《关于开展避孕工作情况及今后意见》（1956 年），河北省档案馆藏，案卷号：1027—2—340。

④ 《中华人民共和国卫生部关于避孕工作的指示》（1956 年 8 月 6 日），河北省档案馆藏，案卷号：1027—2—339。

⑤ 《进行避孕知识的宣传和指导》，《健康报》社论，1956 年 6 月 15 日。

⑥ 《河北省民主妇女联合会福利部关于避孕工作情况简报》（1957 年 6 月 10 日），河北省档案馆藏，案卷号：899—2—107。

⑦ 《国家统计局关于全国人口调查登记结果的公报》，《中华人民共和国国务院公报》，1954 年第 2 期，第 51 页。

算了一下，我国人口大概每年平均要增加一千万，那么十年就是一万万。中国农民对生儿育女的事情是很高兴的，喜欢多生几个孩子。"①此后，党和政府初步认识到控制人口增长的必要性，着手开展节制生育工作。遵照党和政府的指示，河北省避孕节育工作开始起步，并呈加速度发展态势，大致分为三个阶段。

第一阶段，个别节育指导。1954年7月，卫生部调整了严厉禁止绝育和人工流产的政策，规定，"避孕节育一律不加限制，但亦不公开宣传，凡有请求避孕者，医疗卫生机关应予以正确的节育指导"②。1955年3月，中共中央明确指出，"节制生育是关系广大人民生活的一项重大政策性的问题。在当前的历史条件下，为了国家、家庭和新生一代的利益，我们党是赞成适当地节制生育的。各地党委应在干部和人民群众中（少数民族地区除外），适当地宣传党的这项政策，使人民群众对节制生育问题有一个正确的认识"③。这意味着党首次把节制生育上升到党的"重大政策"，并把单纯避孕节育改为较全面的节制生育，但对节制生育问题有所保留，要求"适当"而非公开宣传。为了贯彻中央指示，1954年河北省建立了节制生育领导小组，宣传对象主要是城市的干部、妇女，一些医疗机构对有避孕要求的人进行个别指导，但是"我省对此措施的政治意义认识不足，只是照文转发或在有关会议上作传达没有具体措施"④，遑论在城乡公开宣传、开展避孕节育工作。

第二阶段，公开宣传节育知识。1956年9月，党召开八大会议，周恩来提出，"为了保护妇女和儿童，很好地教养后代，以利民族的健康和繁荣，我们赞成在生育方面加以适当的节制。卫生部门应该协同有关方面对于节育问题进行适当的宣传，并且采取有效的措施"⑤。以此为开端，河北省提高了对节制生育工作的重视，"各地才展开了宣传与技术指导工作"，由个别技术指导转为公开宣传节育知识，"机关干部、企业职员、教职员工以及城乡男女居民均为宣传对象，并以子女过多、生活困难、身体不好者为主。……对一般群众宣传避孕的意义，宣传避孕是人民的自由与权利，使群众能掌握与运用这一权利，对有避孕要求的人，还要宣传避孕方法，解除思想顾虑，以便正确的使用避孕方法"，并"结合宣

---

① 周恩来：《第一个五年建设计划的基本任务》（一九五三年九月二十九日），中共中央文献研究室编：《周恩来经济文选》，北京：中央文献出版社，1993年版，第163页。

② 《中央人民政府卫生部〈关于改进避孕及人工流产问题〉的通报》（1954年11月10日），中华人民共和国国家计划生育委员会编：《计划生育文件汇编》，北京：化学工业出版社，1987年版，第108页。

③ 彭珮云主编：《中国计划生育全书》，北京：中国人口出版社，1997年版，第1页。

④ 《河北省节制生育工作总结及1957年开展避孕工作的意见（初稿）》，河北省档案馆藏，案卷号：1027—1—343。

⑤ 周恩来：《关于发展国民经济的第二个五年计划的建议的报告》（1956年9月16日）中共中央文献研究室编：《建国以来重要文献选编》（第九册），北京：中央文献出版社，1994年版，第215页。

传性性生活知识和适当宣传晚一点结婚的好处"①。显然，节制生育宣传的初衷仍然是保护妇女儿童的利益，改善家庭生活，呼应了基层社会群众的自发避孕要求。

1957年4月，河北省卫生厅进一步推进避孕节育工作，制订了具体的工作计划，"要求像以往推行新法接生一样去对待它。各地应广泛地开展宣传教育，解除群众思想顾虑，达到家喻户晓"；规定"对于绝育和人工流产的控制，也要放宽尺度，只要夫妇双方愿意，身体条件许可，就可以进行手术。此外，还应有意识的(地)在青年中提倡晚婚，让广大男女青年了解25岁至30岁这一时期结婚，对于身体发育、工作、学习和婚后家庭生活的好处。"②6月，河北省人民委员会指出，"必须以积极认真的态度，进一步加强节育工作的领导"；要求"各级卫生部门首先应该把全体卫生人员动员起来，制订计划，把节育工作当作一项经常的重要任务去执行"；"各有关部门和社会医疗力量进一步发动群众去开展节育工作，使节育在人民群众中造成一种风气。"③不久，河北省建立了以张明河副省长为领导的节制生育委员会，强化对全省节制生育工作的领导；部分县、市也相应地建立了节育委员会，"以卫生部门为主，吸取当地有关部门——党委文教部、宣传部、文化、教育、公安部门、工会、妇联、青年团、医药供应部门等参加，成立节制生育委员会，统一领导，统一调动当地力量，有计划的(地)开展节育工作。"④

同期，河北省卫生厅还要求"县以上的综合医院(包括工业企业系统)、产院、妇幼保健院，均应设避孕指导门诊"⑤，进行避孕技术指导。如河北省妇幼保健院把避孕宣传及指导作为本院工作中心，1956年"8月下旬正式建立了避孕门诊，定为每星期二、五上午为避孕指导时间，药房并开始代售避孕用具。……在门诊部设立了避孕问答专栏，解答和介绍有关避孕问题"。据统计，"八九两个月的门诊避孕人数只有5人，10月中开始宣传后当月来了7人，11月份增到25人，12

---

① 《在宣传工作经验交流会议上的发言》(妇幼卫生处处长刘连茹1956年12月)，河北省档案馆藏，案卷号：1027—1—154。

② 《河北省1957年卫生工作计划》(1957年4月27日下发)，河北省档案馆藏，案卷号：1027—1—66。

③ 《河北省人民委员会关于大力开展节育工作的指示》(1957年6月)，河北省档案馆藏，案卷号：1027—2—342。

④ 《河北省卫生厅关于大力开展节制生育工作的指示》(1957年7月9日)，河北省档案馆藏，案卷号：1027—2—342。

⑤ 《河北省卫生厅、河北省商业厅、河北省文化局、河北省高级法院、河北省民众妇女联合会、河北省工会联合会、河北省供销合作社、河北省科学技术普及协会、河北省卫生工作者协会关于进一步开展避孕工作的联合通知》(1956年11月23日)，河北省档案馆藏，案卷号：1027—2—339。

月份截至 18 号止，共 20 人，在宣传中随时指导的不包括在内"①。为了满足避孕人们的需要，河北省还增加了避孕药具供应部门，要求"各地公私合营药房、部分基层供销社、百货公司、贸易公司均经营这项业务，医疗保健机构如产院、医院妇产科、厂矿保健站、妇幼保健站、接生站、联合诊所等亦承办了代售和经营业务"②。

此后，全省各地有计划地、公开地开展节育宣传工作，普及节制生育的意义和避孕知识。全省训练了大批技术人员和宣传骨干，前者以妇产科大夫、助产士、妇幼保健员为主，后者则多为接生员、联合诊所医生、妇联干部、工会小组长、居民小组长及家属组长等，使他们先懂得避孕的意义并掌握了避孕技术，然后再向群众进行宣传和指导。例如，保定市卫生局"结合市妇联、工会等有关部门展开了全市规模的避孕宣传工作，开始时首先训练了宣传骨干 170 余名"③。各地一般采取讲座、演讲、展览等宣传方式，通常由妇联、工会、科普等单位举办讲座，对象多为机关干部、教职员、企业职工；由卫生和科普等单位组建演讲团，巡回各地演讲；展览则主要面对广大基层民众，如昌黎县"在城关镇结合农展会，通过避孕前后挂图，宣传贯彻避孕政策、避孕意义、避孕方法，并利用实物（阴茎套、子宫帽、避孕栓）详细说明使用方法、注意事项、保存等，共展览 7天，观众达 5 万多人"④。

保持身体健康、过好日子是人们的普遍要求，故各地在宣传中大都采用真人真事对比算账的方法，如通过多子女户与少子女户对比，计算人口、生产、消费、健康、教育五笔账，用群众身边的事例教育群众。河间县"曾家务村在社员大会上举出两户对比，一户孩子少的乔树荣，全家 7 口人，4 个劳力（两个整劳力，两个半劳力），两个小孩，大的 14 岁，小的 11 岁，下学后还能参加一些轻劳动，由于孩子少，劳力多，生活过得很富裕。57 年全家收入 359 元，每人每年平均 51 元，还不算家庭副业收入。另一户多的郭云忠，全家 8 口人（两整劳力，一个半劳力），6 个孩子，大的 15 岁，最小的 2 岁，由于孩子多影响了参加生产、生活、孩子教育。57 年全家收入 151 元，每人每年平均 18 元多，只买粮食一项就用 224 元，现欠社 79 元。全家 8 口人只有两床被子、一条褥子，他们

---

① 《避孕宣传工作介绍》(河北省妇幼保健院)，河北省档案馆藏，案卷号：1027—1—137。

② 《河北省卫生厅关于节制生育问题的报告》(1956 年 11 月 13 日)，河北省档案馆藏，案卷号：1027—2—340。

③ 《1956 年妇幼卫生宣传工作简要报告》(保定市卫生局，1956 年 12 月 20 日)，河北省档案馆藏，案卷号：1027—1—137。

④ 《昌黎县避孕工作开展情况发言》，河北省档案馆藏，案卷号：1027—1—343。

睡得先躺好再盖被子。由于生活困难，孩子也不能上学"①。这种宣传方式貌似平凡，但生动地反映了群众生活实际，唤起子女多的痛苦感受，较易打通思想。另外，妇女干部带头避孕，以身作则，收效更大。张家口市西沙河街妇联干部张凤英（34 岁，4 个小孩）坚持避孕，不仅工作积极，而且家务搞得很好，孩子教养得也很好，"在她的影响带动下，房前、房后的 9 户都积极购买避孕工具，坚持实行了避孕"②。

据不完全统计，截至 1957 年年底，河北省"各地通过展览会、报告会、多子女父母亲座谈会等形式，使 630 余万群众受到了避孕知识的教育。训练避孕宣传员 23553 名，建立避孕指导站 1230 处，避孕用品的供应也有很多改进，销售点由 9 处增至 3134 处，销售量显著增加"③。初步传播了节制生育知识，满足部分群体的避孕要求。

第三阶段，大张旗鼓地开展节育宣传运动月活动。1957 年 10 月，毛泽东在党的八届三中全会上提出了 10 年节制生育规划，"人口问题：三年试点，三年推广，四年普做，达到计划生育"。④ 同月，党中央公布了《1956 年到 1967 年全国农业发展纲要（修正草案）》，《纲要》规定，"除了少数民族的地区以外，在一切人口稠密的地方，宣传和推广节制生育，提倡有计划地生育子女，使家庭避免过重的生活负担，使子女受到较好的教育，并且得到充分就业的机会"⑤。这意味着党和政府开始从生产和生活两个方面开展避孕节育工作，不仅为了保护妇女儿童的健康和改善家庭生活，更是出于平衡生产与消费的关系，把人口增加过快与影响国家建设联系起来。

此后，河北省节制生育工作从技术层面转向政治层面，迅速发起了群众性节育宣传运动。1958 年 1 月，河北省委指出，"节制生育是解决人民内部矛盾的措施之一，是安排 6 亿人民生产、生活关系人民切身利益的大事情，是一项移风易俗改变生活习惯的群众运动"，决定 1958 年"春节开展一次大张旗鼓轰轰烈烈的像贯彻《婚姻法》一样的节育宣传运动。以后每年举行一次，使节育意义达到家喻户晓，男女皆知，使有避孕要求的人学会避孕方法，并建立起组织，为经常工作

① 《河间县开展节育宣传运动县妇联如何部署的及试点乡如何解决妇女不同的思想》，《节育简报》第 5 期（1958 年 5 月 7 日），河北省档案馆藏，案卷号：899—2—116。
② 《河北省妇女联合会关于张家口市妇联配合有关部门开展节育宣传教育的简报》（1958 年 3 月 22 日），河北省档案馆藏，案卷号：899—2—120。
③ 《河北省委关于开展节育宣传运动的指示》（1958 年 1 月 23 日），河北省档案馆藏，案卷号：855—9—3752。
④ 毛泽东：《在中共八届三中全会上的讲话提纲》（1957 年 10 月 9 日），中共中央文献研究室编：《建国以来重要文献选编》（第十册），北京：中央文献出版社，1994 年版，第 593 页。
⑤ 中共中央文献研究室编：《建国以来重要文献选编》（第十册），北京：中央文献出版社，1994 年版，第 593 页、第 652 页。

打下基础",并强调"这是一项具有政治意义的工作,各级党委必须充分重视"①。2月下旬,河北省各地、市均开展了节育宣传运动月,"一般是一个月(石家庄专区和邯郸市计划20天,秦皇岛市计划40天)"②。全省173个专、市、县和百余个市、县的区、乡、社均建立了节制生育委员会,由书记亲自挂帅出马,有关部门负责人、科学家、社会知名人士参加,"委员会的主要任务是推动本地节育工作的开展,重点抓宣传和试点工作"③。同时,采取全党动员、层层贯彻等方法,统一人们的思想;并继续发动和培养了大批的宣传员、指导员和广大干部、教师、文艺工作者、热心节育工作的社会人士,向群众展开了轰轰烈烈的节育宣传和深入的技术指导工作。3月,省卫生厅颁布了节制生育计划,"争取一二年内做到已婚男女50%以上实行避孕,要求三五年内做到计划生育"④。4月,河北省与山东、山西、河南省订立了协议书,提出节制生育运动的新目标:"一年宣传订计划,二年避孕保成功,三年实现生育文明,十年规划三年完成"⑤。

随着"大跃进"运动的兴起,全省节育宣传运动迅速走向高潮,具有"局面广,声势大,劲头足,行动快"⑥的特点。医药卫生等部门积极推广避孕技术传授和技术指导工作,各市、县对避孕指导人员进行训练,卫生技术部门逐级建立节育技术指导组织,传授节育技术,累计"训练了技术指导员40万余人,建立了避孕指导站12万余处,有3000万余人受到教育,有避孕要求的广大群众掌握了避孕知识"⑦。"据2市40县统计,运动开展半月以来,组织发动了干部、医务人员、报告员、宣传员、红十字会员、党团员、教师、积极分子等宣传力量295 739名,千军万马一齐出动,从四面八方展开宣传攻势,利用座谈会、辩论会、展览会、黑板报、大字报、街头诗、漫画、电影幻灯各种多样的形式,通过大会讲、小会说、家中谈、工地论,摆事实,讲道理,回忆对比,算账辩论,看形象,观

① 《河北省委关于开展节育宣传运动的指示》(1958年1月23日),河北省档案馆藏,案卷号:1027—4—102。在12月份的草稿中,规定运动范围为"全省范围内除去深山、草原人口较少的地区以外",正式文件中则为全省范围。

② 《河北省节制生育委员会节育宣传运动的通报》(第1号,1958年2月20日),河北省档案馆藏,案卷号:899—2—116。

③ 《河北省委关于开展节育宣传运动的指示》(1958年1月23日),河北省档案馆藏,案卷号:1027—4—102。

④ 《河北省卫生工作跃进规划纲要(草稿)》(1958年3月25日),河北省档案馆藏,案卷号:1027—2—206。

⑤ 《山东、山西、河南、河北四省在全国节育工作汇报会议上的协议书》,《节育简报》第3期(1958年4月18日),河北省档案馆藏,案卷号:899—2—116。

⑥ 《河北省年卫生十年(初稿)》(1959年),河北省档案馆藏,案卷号:1027—2—208。

⑦ 《河北省1958年妇幼卫生工作总结(草稿)》(1959年2月28日),河北省档案馆藏,案卷号:1027—2—726。

实物，拜访、谈心的方式"①，大张旗鼓地进行宣传，把节育意义和知识传播到社会基层群众。为了配合节育宣传运动的开展，河北省商业厅把供应药具工作"视为重要政治任务之一"，掀起了以"宣传广、建点快、销量多、供应好"为中心的跃进竞赛运动，建立药具销售网，"全省已有 101 个县，社社有供应点，队队有经销、代销员，并且许多百货商店、供销部、澡堂、烟酒摊贩、卫生所、医院、保健站等都经销或代销避孕药具，各县都设立了无人售货箱，群众反映比买火柴还方便"②。

总之，自 1954 年我国首倡避孕技术指导以来，随着党和政府对人口问题认识的不断深入和相关政策的完善，河北省节制生育工作从初期消极应付发展到后期的积极行动，从政府主抓转到党组织统一领导，工作形式从最初由医药卫生部门单纯的技术指导，逐渐演变为党委领导下公开宣传避孕节育政策和知识，及至"大跃进"运动初期，全省大张旗鼓地开展具有浓厚政治色彩的群众性节育宣传运动，其动机无论附顺民意抑或以发展经济为目的的，都有效地推动了节制生育宣传工作。

三、计划生育工作的成效

纵观 20 世纪 50 年代河北省避孕节育工作，从开始到结束，跌宕起伏，颇具戏剧性；不过，公允而论，除了"大跃进"时期外，避孕节育工作基本上按部就班地推进，重点是宣传、教育和指导；虽然没有张扬行政力，但其诱发的观念上变化本身就是革命性的，它预示着人们不再尊奉"多子多福"传统，酝酿着当代人口史上一场深刻的社会变革。

第一，节育政策温和，便于推行。河北省开展避孕工作伊始，认真贯彻"避孕是人民民主权利，应由人民自由使用"③的指示，主要由医院等专业部门对要求避孕者进行个别技术指导；1956 年 9 月党的八大召开后，河北省转入公开宣传节育知识阶段，提出"要结合贯彻婚姻法，大力提倡晚婚，说明男 20 岁，女 18 岁是最低的结婚年岁，晚几年结婚，对工作、学习、身体和今后的幸福生活都有莫大好处。……提倡有 3 个子女的不再生或少生。号召他(她)们积极避孕，甚至来采取结扎输卵管、输精管等绝育办法"④。同时，遵照党中央的指示，严格执

---

① 《河北省节制生育运动的情况介绍》，河北省档案馆藏，案卷号：1027—1—344。

② 《河北省商业厅医药局在全国医药局(处)长座谈会上的汇报材料》(1958 年 9 月 9 日)，河北省档案馆藏，案卷号：999—2—1150。

③ 《中华人民共和国卫生部关于避孕工作的指示》(1956 年 8 月 6 日)，河北省档案馆藏，案卷号：1027—2—339。

④ 《中共河北省委关于开展节制生育的宣传指示(草稿)》(1957 年 9 月 4 日)，河北省档案馆藏，案卷号：1027—3—4。

行"实行节育必须是自愿的，不应有任何强迫命令的做法"①。

在开展节制生育工作中，以避孕宣传为基本内容，把避孕作为工作的重点，扩大避孕药具供应和销售作为节制生育工作的根本保证。例如，提倡拥有3个孩子以上的父母不生或少生，而自发要求避孕的群体主体恰恰是多子女父母，两方避孕意愿的契合无疑使避孕工作事半功倍；同时，对绝育比较慎重，也有效地回避了人们普遍存在的迷信和惧怕心理，减少社会矛盾和冲突；另外，虽然把晚婚年龄推迟到25岁左右，与农村流行的早婚习惯有较大冲突，但晚婚属于提倡口号而非必须执行的规定，带有较大的灵活性，并且其对象是青年群体，他们思想活跃，追求进步，易于接受这些规定，故实行不无可能。

第二，宣传入情入理，契合民意。当时，群众对节制生育存有许多模糊认识，"部分群众仍有迷信错误思想，如老年人认为财宝儿女是有份的，生育多少是命注定的，男子不服气，认为女子就是应该生孩子的。也有的人认为粮食不足所以避孕，也有部分群众嫌避孕用具麻烦，怕影响健康、影响感情等种种思想顾虑"②。尤其是少数思想保守的老年妇女强烈反对节制生育，说，"老鼠碍着八路军，被断子绝孙，孩子碍着八路军，永远不能出生""共产党管的(得)宽，吃饱没事干""没人就亡国，有人才有财""人多日子旺""国家养不起，粮食不够吃""早生儿女早得济""儿女挣不得气""由命不由人"③。这些错误思想严重地阻碍了节制生育工作的开展。

为了澄清人们的思想认识，河北全省广泛宣传节育利国利民，并根据不同对象有针对性地进行教育。如对青年进行前途教育，青年正处在学知识长本领的时代，结婚、生孩子过早必然影响自己的进步；对壮年进行有计划的生育教育，孩子多了会影响生活和母亲健康；对老年妇女进行破除封建迷信的教育等，尤其是以孩子多、家务重、生活困难的妇女为重点宣传对象。通过多种形式的思想教育，使人们认识到节育不仅有利于国家，而且攸关人民的切身利益。宣传中广泛引用民间俗语，引用"一儿一女一枝花""一个孩子三年穷，刚想富又添肚"等，说明子女多少影响家庭生活水平；引用"十七十八力不全，二十七八正当年"，说明早婚的害处和晚婚的益处，做到通俗易懂、情理交融。"凡是听过宣传，看过展览的群众，对避孕工作都有了一些初步的认识，他们认识到避孕不仅对自己和子女身体健康有利，而且对自己参加生产和对子女的教养等方面都有很大好处，特

---

① 《中共中央批转河北省委转发河北省卫生厅、妇联党组、工委、青年团关于开展节育工作向省委的报告》(1957年2月19日)，河北省档案馆藏，案卷号：1027—3—5。

② 《河北省1956年妇幼卫生工作总结(初稿)》(1956年)，河北省档案馆藏，案卷号：1027—2—340。

③ 《河间县开展节育宣传运动县妇联如何部署的及试点乡如何解决妇女不同的思想》，《节育简报》第5期(1958年5月7日)，河北省档案馆藏，案卷号：899—2—116。

别是多子女母亲深深体验到孩子多的苦处，所以她们对避孕工作表示非常拥护，她们说：'政府真关心我们，人民想不到的事都给办，毛主席为人民想的(得)真周到。'有的老年人说：'如果我年青(轻)时有今天，何至于生许多孩子闹一身病?!'"①河间县"多子女父母念阿弥陀佛，他们说日子过得有盼头了，毛主席是救命恩人，可惜就是提倡的(得)太晚了"；甚至向来思想比较顽固的老年妇女在经过今昔对比后，思想开始转变，"大多数老人都拥护节育政策"②。

第三，普及了节育知识，初步改变了群众的生育观念。节制生育工作是一项新生事物，囿于"万恶淫为首"等传统思想的影响，性成为可做不可说的禁忌话题，即便干部也谈性色变，如万全县"教员中也存在非常严重的旧意识，说起避孕方法，谁说阴茎套、子宫帽就脸红，害臊"；农民普遍缺乏性知识，更不懂得使用避孕药具，有的妇女说，"过去我顾虑使用子宫帽、阴茎套掉在肚里取不出来，经过参观展览知道了"。至于对绝育手术误解更多，普遍认为结扎输精管是"骟蛋"，不能再行"房事"等。③

为了普及避孕节育知识，全省"各地广泛地开展了避孕宣传，出版印刷了不少有关避孕的通俗小册子、宣传画，进行了多次讲演、座谈和展览会等，使很多群众懂得了计划生育的重大意义；为加强避孕指导，各级医疗机构建立了避孕指导门诊，培训了一批基层群众避孕指导人员，加强了对群众技术指导工作"④。特别是 1958 年春，随着大跃进运动的酝酿和发动，全省采取群众运动方式，大力开展节育宣传月，更是有效地把宣传运动引向深入和普及。"基本达到了家喻户晓，男女皆知，打破了节育秘密，使人们冲破了封建舆论的束缚，兴起了晚婚、学本领和生育文明的新风气，出现了妻子劝丈夫、婆婆劝媳妇，姐妹比节育的动人景象。广大群众歌颂着'一儿一女一枝花，儿女多了累住妈，要想解决这一点，生育儿女有计划，晚婚节育好处多，利国利己搞建设'。"⑤这就有效地澄清了错误思想和模糊认识，"绝大多数城乡生育期的居民都掌握或懂得了科学生育知识，破除了生儿育女命由天定的迷信思想"⑥。

第四，节制生育工作初获成效。自 1954 年河北省开展避孕节育指导以来，

---

① 《河北省民主妇女联合会福利部关于避孕工作情况简报》(1957 年 6 月 10 日)，河北省档案馆藏，案卷号：899—2—107。

② 《河间县开展节育宣传运动县妇联如何部署的及试点乡如何解决妇女不同的思想》，《节育简报》第 5 期(1958 年 5 月 7 日)，河北省档案馆藏，案卷号：899—2—116。

③ 《万全县举办避孕展览宣传工作报告》(1957 年 9 月 16 日)，河北省档案馆藏，案卷号：1027—1—344。

④ 《蓬勃发展的河北省卫生工作十年》，河北省档案馆藏，案卷号：1027—2—239。

⑤ 《河北省妇联福利部关于开展节育宣传运动向全国妇联福利部的报告》，河北省档案馆藏，案卷号：899—2—116。

⑥ 《河北省年卫生十年(初稿)》(1959 年)，河北省档案馆藏，案卷号：1027—2—208。

经过数年不懈的宣传，至 1957 年年底，"党的节育政策被愈来愈多的群众所拥护，节育在舆论上开始成为合理合法的事情。并有一部分人实行了避孕，如河间、故城、沧县等 6 个县避孕的人数占生育妇女的 28％。这是很大的成绩"①。1958 年年初，河北省普遍开展了节制生育宣传运动月，不仅进一步普及了避孕节育知识，而且在"大跃进"运动的氛围和政治力的推进下，节育和晚婚人数迅猛增加，多个地、市人口出生率都明显下降，"据石家庄专区、天津市、张家口市重点地区统计，58 年出生率比 57 年下降 4％～12％（石家庄专区下降 7％，石家庄市下降 12％，张家口市下降 10％，天津市下降 4％）"②。据统计，1957 年全国人口出生率为 34.03‰，1958 年全国人口出生率为 29.22‰，1958 年比 1957 年全国人口出生率下降不足 5‰③。这也反映了河北省节制生育工作取得了较大成绩。

摭诸史实，1954 年后党和政府基于保护人民身体健康、减缓人口增长速度和加速经济建设的目的，逐步制定和完善节制生育政策，有效地契合了部分人民群众自发避孕的要求，尽管两者出发点不完全重合，但都以节制生育为目的的，国家的自觉意志与民间的自发意愿相契合，节制生育工作顺势而为，易于收效，出现了人口控制的良好开端。然而，"大跃进"运动伊始，党对人口控制问题的认识出现了巨大逆转，1958 年 5 月中共八届二次会议则是避孕节育工作的一个重要拐点，刘少奇指出，"今年我国农业的生产建设的大跃进，……彻底推翻了他们的人多了妨碍积累的论断。他们只看到人是消费者，人多消费要多，而不首先看到人是生产者，人多就有可能生产得更多，积累得更多"，指责其"违反马克思列宁主义的观点"。④ 这也意味着党改变了对人口控制问题的看法，乐观地认为只要增加生产就可以解决人口增加的弊病，故轻率地放弃了节制生育政策。随着党的人口政策的转变，河北省节育宣传运动迅速偃旗息鼓。7 月，河北省制定了《1958－1962 年卫生事业全面跃进规划（草案）》，其中就删去了节制生育的规划。⑤ 此后，全省"对节育工作普遍有所放松，使这一工作陷于自流状态。……各地的避孕技术指导门诊大部分或全部撤销，对过去所训练的群众骨干也不再进

---

① 《河北省委关于开展节育宣传运动的指示》（1958 年 1 月 23 日），河北省档案馆藏，案卷号：1027－4－102。

② 《河北省 1958 年妇幼卫生工作总结与 1959 年工作任务（草稿）》，河北省档案馆藏，案卷号：1027－2－726。

③ 国家统计局人口统计司、公安部三局编：《中华人民共和国人口统计资料汇编》（1949－1985），北京：中国财政经济出版社，1988 年版，第 268 页。

④ 刘少奇：《中国共产党中央委员会向第八届全国代表大会第二次会议的工作报告》，中共中央文献研究室编：《建国以来重要文献选编》（第十一册），北京：中央文献出版社，1995 年版，第 309 页。

⑤ 《1958－1962 年卫生事业全面跃进规划（草案）》（1958 年 7 月），河北省档案馆藏，案卷号：1027－2－206。

行业务指导，因此，大部分已经不起作用。"①

四、结论

任何问题的有效解决都离不开适宜的环境，环境适宜时解决问题事半功倍，环境不利则行事如逆水行舟，甚至功败垂成。20 世纪 50 年代可以说是中国控制人口增长的战略机遇期。当时，中国人口增长模式刚刚转入第二增长阶段，人口基数尚不严重，可谓天时；党和政府拥有很高的威信和强大的执政资源，推行了比较宽松的节制生育政策，可谓地利；城乡部分群众自发地要求避孕，具有接受和实行节育新观念的群众基础，可谓人和、天时、地利、人和三者齐备。加之党和政府制定了比较温和的避孕节育政策，节制生育工作比较容易推行，可以说我国人口控制有了良好的开端。

老子说，"治大国如烹小鲜"。人口控制是一种兼具伦理和政治意义的历史性行为，不仅要求政治精英在实事求是和科学态度的基础上谨慎地做出政策抉择，也需要将这些政策与历史性契机相整合。遗憾的是"大跃进"运动开始后不久，实事求是思想路线和科学态度被废置，政治狂热压倒了冷静的技术分析，只看到人是生产者而看不到人也是消费者，片面地认为人多力量大，人口越多生产得越多，社会主义建设速度也越快，忽视了有计划地调节人口增长，轻率地中止了节育工作，不仅违背了部分群众迫切避孕的意愿，致使他们继续承受欲避孕而不得的无奈与无措；更糟糕的是它意味着我国丧失了控制人口战略机遇期，放纵以后中国人口的快速增长，导致中国人口问题积重难返，这对中国的发展道路特别是人口政策产生了重大的负面影响。当今我国被迫制定了严厉的人口控制政策，但时过境迁，执行效果大打折扣，无疑归咎于当时我国错失了控制人口的战略机遇期。

---

① 《进一步指导避孕，积极满足人民节育要求》(在政协河北省和天津市二届二次会议上的发言)(1962 年 5 月 9 日)，河北省档案馆藏，案卷号：1027—2—239。

台湾女作家"食、衣、色"身体叙事中的性别政治

艾　尤 [①]

　　台湾地区"解严"后，政治松绑带来了台湾经济的腾飞和社会文化的开放，欧美女性主义美学在台湾地区传播开来，这一美学理念"从性别冲突（性别政治）的角度重新审视西方美学传统，并在对它进行颠覆性的批判中表达女性主义的审美主张"[②]，反对将人体分为两个对立且在性质上有差异的类别，指出生物学上的性差异是一种生理事实，不能成为女性从属地位合理化的理由，此观点的渗透也冲击了台湾传统的性别角色定位观念。随着欧美妇女解放运动和女性主义思潮影响的深入，台湾地区不仅成立了第一个妇女运动团体"妇女新知"，还有一大批女作家脱颖而出，如朱秀娟、廖辉英、李昂、袁琼琼、萧飒、朱天文、苏伟贞、陈玉慧、邱妙津、郝誉翔等，并涌现了一大批卓有影响的女性批评家如彭小妍、张小虹、梅家玲、简瑛瑛、李元贞、顾燕翎、邱贵芬、何春蕤、刘亮雅、范铭如等，她们一起向男性本位文化发起挑战。由此，台湾的性别政治意识开始从文化边缘向中心趋近，台湾女性文学也呈现出了前所未有的性别政治意味，并开始由关注女性的社会现实境遇向生命个体情境转变，尤其是女性最自我、最内在的身体（对女性身体的关注）。陈玉玲认为这"代表了台湾女性主义运动的一个重要里程碑。因为已把女性主义从经济自主、婚姻自主的层次，推向了'身体自主'的层次，使女性主义的焦点指向了'性革命'、'身体的革命'"[③]。至此，台湾妇女运动开始由"公领域"向"私领域"渗透，性别政治也开始从争取教育权、财产权、工作权、参政权等社会公共生活中的权利深入到日常生活中的身体自主权，即衣食住行、吃喝拉撒、生老病死等私人活动领域中的权利。

　　正如特里·伊格尔顿所说："如果关于国家、阶级、生产方式、经济正义等抽象的问题已被证明是此时此刻难以解决的，那么人们总是会将自己的注意力转向某些更私人、更接近、更感性、更个别的事物。"[④]由此，台湾女作家也开始反

---

　　① 艾尤：首都师范大学文学院副教授。
　　② 文洁华：《美学与性别冲突：女性主义审美革命的中国境遇》，北京：北京大学出版社，2005年版，序，第1页。
　　③ 陈玉玲：《台湾女性主义思潮的发展》，《文讯》，1996年5月，第127期。
　　④ ［英］特里·伊格尔顿著，华明译：《后现代主义的幻象》，北京：商务印书馆，2000年版，第22页。

思女性身体之于女性全面解放的意义，身体叙事成为写作热点，她们将身体话语的生成机制与权力话语相联系，从社会日常生活的内在形态探讨女性的生存、心理、情感和灵魂世界，检视社会形态和日常生活如何建构她们的身体及身份，并追溯这种建构背后的意识形态功能，进而用非二元性的言说方式来呈现非父权式的身体及性别表达，反叛传统美学对于性别的二分定义，打破了女性/男性、从属地位/控制地位的对立状态。其中，最具代表性的是李昂、朱天文、苏伟贞等人的作品，她们通过对女性日常生活之"食、衣、色"的叙述，呈现出由物质基础到审美愉悦再到灵欲合一的身体飞跃，具有独特的身体叙事和性别政治的学理价值。

一、食：饥饿中的身体反叛

民以食为天，饮食是人类生存的物质基础。"食物及饮食习性不但可作为一特定族群表达或认可其独特性的文化标记，亦可用来传递该族群的经济生活、社会文化结构，或性别与权力关系等内涵。"①但饮食文化需透过身体的感官经验，才能深植人们的历史记忆中。虽然，饮食书写近年来在台湾才成风尚，但台湾女性小说对其的书写却有史可寻，因为台湾女作家们发现，虽然传统"男主外，女主内"的观念使得家务劳动成为女性的专利，一日三餐的饭食制作也是女性的分内之事，但男尊女卑的意识又让女性在享用饭食时成了分外之人。从20世纪60年代林海音的《烛芯》、於梨华的《梦回青河》，到70年代荻宜的《米粉嫂》、施叔青的《回首·蓦然》、80年代李昂的《杀夫》和近年来李昂的《鸳鸯春膳》以及蔡素芬的《烛光盛宴》等这些作品将饮食书写与权力宰制勾连，呈现出了别样的性别议题。然而，在《杀夫》之前女作家笔下大多有关饮食书写的作品，都倾向于展现缺乏自我意识的女性对男性的依附，塑造了不少拥有饮食自由权利却因为男人而无心饮食或食如嚼蜡的女性形象。《杀夫》却是一个特例，小说通过夫妻间"不让吃"与"就要吃"的较量，以及女性从"饥饿"到"饱胀"的演绎，呈现了女性身体面对男权困厄的反叛，产生了不同于其他饮食书写的女性主义文学建构，开辟了台湾女性小说饮食书写的新版图。

李昂称《杀夫》为"吃不饱"的文学，小说中的饮食被赋予了一种性别政治色彩，借由女性的饮食困厄——"食饥饿"，上演了一部女性身体被围困的苦难剧，彰显了封建文化中女性的非我状态，淋漓尽致地展现了性别政治中激烈的权力颉颃。

《杀夫》开头，女主人公林市的母亲就因两个果腹的饭团被诱奸而违背了男权

① 余舜德主编：《体物入微：物与身体感的研究》，新竹："国立"清华大学出版社，2008年版，第277页。

贞操观丧命。林市没想到母亲的命运就是她未来人生的预演，为了生存她也不得不反复地、被动地用身体交换食物。她的婚姻从头至尾就是一桩"身体"与"食物"的交易。婚前，其身体是男人间交易的商品，叔叔为了在物资匮乏的年代满足自己的口腹之欲，把她许配给了屠夫陈江水；婚后，其身体是夫妻间交易的商品，她需以身体的受虐来换取食物。可以说，林市的婚姻从头至尾都是一种交易，是一桩用身体为他人和自己换取食物的交易，她是典型的"交易女人"，① 所谓"交易女人"指的是男权社会里男人对他的女性亲属具有某种权力，而女人对她自己或她的男性亲属则没有这种权力。交易女人现象的存在说明，女人在男权系统里没有充分自决的权力。她们仅是男权制婚姻中的一种资产符号。林市的丈夫为了满足自己的变态性欲，用一种"饲养"女人以备泄欲的嫖客心态对她，根本不把其当人看。起初，林市为了获得性暴力后的食物犒赏，认命于这种以身换食的生活，因为饥饿压倒了一切。然而，当她的受虐不仅不被同情，反而被周围的女性讥笑为放荡时，唤醒了她内心潜藏的自尊，从此无论丈夫如何虐待她也不再吟叫，由于她无法再满足丈夫变态性欲嗜好，打破了夫妻之间的交易规则，丈夫无情地断绝了她的食源。被丈夫剥夺了吃饭权的林市，为了摆脱无处不在的饥饿恐惧感，采取了一系列自救行动，偷吃、找活干、乞讨等，甚至偷吃祭拜鬼神的供品。作品描写林市的"饥饿"时，反复描述她口中不断涌酸水的情状，凸显其内心强烈无比的"饥饿感"。在此，"饥饿"和"饥饿感"是两个不同的概念。"饥饿"主要指向生理层面，是身体匮乏的一种状态；"饥饿感"主要指向精神层面，是身体匮乏的一种体验。这种精神层面的"饥饿感"将会演变成一种内趋力，支配人去消除可能会带来"饥饿"的种种隐患。消灭饥饿就要满足匮乏，满足匮乏的唯一途径就是占有。而造成林市饥饿的根源，就是丈夫对她的吃饭权的剥夺。于是，林市杀死了丈夫夺回了自己的吃饭权，重获生存权。

杀夫后，林市不管不顾地饱食了一顿，深深的"饱胀感"让她有安全与温暖的感觉，然后不再有恐怖梦魇地沉沉睡去，此时像幽灵一样跟着她的"饥饿感"终于消失了。因为她的控制者已经死亡，她成了自己的主人，身体和精神终于获得自由，内心的"饥饿感"也随之消失。李昂正是借由"饥饿"与"饥饿感"的辩证关系，揭示了被男权文化围困的女性，无论身处何种境况，内心都潜藏着一种不可避免的"饥饿感"，并通过林市夫妻间"不让吃"与"就要吃"的较量，呈现了男权体制下男性控制与女性反控制的抗争。小说特意设置了两组前后呼应的对等意象：一

---

① 盖尔·鲁冰(Gayle Rubin)首创"交易女人"(traffic in women)一词，近二十年来一直被用来描述经济劣势的女人，特别是第三世界妇女身体被贩卖的现象。参见盖尔·鲁冰：《交易女人：性的"政治经济学"》，顾燕翎、郑至慧主编：《女性主义经典：十八世纪欧洲启蒙，二十世纪本土反思》，台北：女书文化事业有限公司，1999年版，第167页。

组是林市初夜与母亲被诱奸时，母女俩猛吃的情景重叠：她们一个满嘴塞满了猪肉，另一个满嘴塞满了白饭团；另一组是结尾林市杀夫时，陈江水与奸母之人的影像重叠：林市手持屠刀砍向陈江水，眼前浮现的却是奸母之人的脸。这两组重叠、对等的意象，说明林市母女的悲剧是千百年来遭受封建传统社会压制的女性命运的缩影，这种控制与反控制的性别抗争，不仅仅存在于林市与陈江水之间，更是存在于男女两种性别之间。如果说革命话语中的"饥饿"是富人对穷人压迫的产物，那么性别话语中的"饥饿"则是男性对女性压迫的产物。林市作为人的最基本的生存欲望都不能满足，究其根源，就是男权体制的存在。这种体制使女性在私人空间里因为处于经济、文化上的附属地位，而成为被宰制的对象。男权体制之所以一直难以打破，就在于它能为男性带来"'父权红利'（patriarchal divi-dend）：即男性整体借由维系不平等的性别秩序所获得的利益。性别平等的情况有所改善，这种父权红利就相对减少。金钱上的利益并不是唯一的利益，其他还包括：权威、尊重、服务、安全、房舍供给、进入体制权力的门路、掌控自己生活的权力等等。"①父权红利是性别政治中最主要的利害关系，它的受益者是全体男性，受害者则是全体女性，其规模之大使得男权体制成了一种值得维护的制度，也正是这种难以突破的性别权力体制为林市杀夫种下了恶源。

李昂安排林市采用"剁夫"手段反抗"饥饿"，"在象征意义上，可说是女性反对身体宰制的书写，将女性分崩离析、饱受切割的自我主体，投射到男性的肉体上。"②这种以弱杀强的原始性突围，蕴含了颠覆男/女或支配者/被支配者之间既定关系的反抗精神。《杀夫》的构思取材与波瓦那作家贝丝·海德的《宝藏搜集者》、法国作家弗朗索瓦·莫里亚克的《苔蕾丝·德斯盖鲁》极为相似，不同时代、国度、经历和思想的三位作家，不约而同地塑造了类似的具有"杀夫情结"的女性形象，而这些刺向男权中心的犀利之刀展现了女性反抗男权控制自己身体的一种象征性姿态。

二、衣：自娱中的身体认同

服饰，是身体的一种延伸，不仅展示了着装者的外在样貌和心灵感受，具有一定的社会、历史、文化情境内涵，同时作为一种文化符号和身体语言，服饰的选择代表了人类对身体与自我的一种认知。因此，服饰所包含的政治权力、性别权利话语同样也是鲜明有力的。服饰不仅是社会区分男女性别的一个标准，也是

---

① ［澳］康奈尔（R. W. Connell）著，刘泗翰译：《性/别 Gender——多元时代的性别角力》，台北：书林出版有限公司，2004 年版，第 216 页。

② 张惠娟：《直道相思了无益——当代台湾女性小说的觉醒与彷徨》，郑明娳主编：《当代台湾女性文学论》，台北：时报文化出版企业有限公司，1993 年版，第 55 页。

社会性别关系的重要载体。长期以来，由于意识形态由男性把持，他们很好地操纵了女性服饰作为符号的意义，女性必须按男性的审美标准来选择服饰，这种选择又以满足男性欲望和遮蔽女性欲望为基础。由于男性注重女性的曲线、秀丽和纤细，强调体力上的弱不禁风（因为这使男人放心，不受威胁），为此女人就得忍受各种服饰对身体的包裹与束缚，因为处于性别政治弱势地位的她们"需要被观看"，身体及服饰也需得到男性的最终赞许。关于服饰与女性身体的悖论，也是台湾女性小说书写的一个方向，20 世纪六七十年代林海音的《婚姻的故事》、萧丽红的《桂花巷》和 20 世纪八九十年代萧丽红的《千江有水千江月》、施叔青的《愫细怨》、琦君的《橘子红了》和廖辉英的《辗转红莲》，以及朱天文的新作《巫言》等皆笔涉于此，但多以呈现男权社会以服饰为手段对女性进行束缚和规训为主。朱天文的《世纪末的华丽》却打破了这一局限，她将女性服饰从男性话语的代言人反转为女性欲望的展现者，甚至是女性自由意志张扬的象征，女性对服饰的关注也由取悦男性转化为自娱自乐，极具颠覆意义。

《世纪末的华丽》立足于 20 世纪末，抛开历史、政治的宏大叙事，为读者营造一个色彩、气味、质感弥漫的官能世界。服饰在朱天文笔下女性生活中扮演了拉康所说的能指角色，即"一个能指，就是为另一个能指代表主体的东西"①。她们依赖时尚流行的服饰展示自身特性，通过服装的风格、色彩等呈现身体的自主价值，让服装把女性身体的"姿势正确地突出地表现出来。"②服饰通过女性身体获得意义，女性身体则凭借服饰获得欲望满足。朱天文正是通过这一系列女性人物所演绎的服饰、身体与欲望的故事，让女性身体和服装一起合谋，成功地诠释了现代女性对男权文化的冲击与文化颠覆性。小说很细致地写出了米亚对穿在自己身体上的服饰的官能感觉："着衣时布是布，肉是肉，爽然提醒她有一条清洁的身体存在。"③而这种身体与服饰完全合拍的舒适感却是挑战男权禁忌的产物，即将自己衣物晒在男性衣物的前面吸足阳光，米亚由此也形成了以感官来触摸世界的思维方式。同样，米亚的女性好友们也奉行我的身体我做主的原则，抛弃男性审美准则，完全按照自己的审美意愿装扮身体：安无视男性以白皙为美的原则，为追求服饰与肤色的反差总是设法把自己晒得很黑；小葛认为女人不变换服饰就是放弃自我权力，随时根据时代潮流和现实需要来装扮自己；自许为睡衣派女人的克丽丝汀，为了身体的舒适坚决不穿任何制服……这些女性随心所欲地穿自己所爱的服装，女性的心理变化、个人欲望，通过服装样式、质感的改换逐一

①　[法]拉康著，褚孝泉译：《拉康选集》，上海：上海三联书店，2001 年版，第 630—631 页。
②　[德]黑格尔著，朱光潜译：《美学》（第三卷·上），北京：商务印书馆，1997 年版，第 160 页。
③　朱天文：《世纪末的华丽》，成都：四川文艺出版社，1999 年版，第 186 页。

传递出来。这里，服装对女性身体发挥的"形体塑造"①（Bodybuilding）作用，彰显了女性的主体意识和个性风格，把女性的自尊、自傲、自信充分地展现了出来。

这些女性自诩为"物质女郎"，"拜物，拜金……崇拜自己姣好的身体"，却"绝不要爱情"。② 也许正因为她们在服饰上找到了女性的自信，才成为了不受情感困扰的女性主体，并颠覆了传统的男女情爱模式。米亚与情人老段的关系，与其说是爱，不如说是米亚对自己色觉和嗅觉等感官欲望的满足。她选择老段做情人，一方面是被对方两鬓飞霜的浪漫、风霜、练达所吸引，尤其是他身上那独有的"太阳光味"，能让米亚回忆起童年挑战男权文化禁忌的快乐。另一方面，是老段能招之即来、挥之即去不给她婚姻的束缚。在这段婚外情中，米亚自我、主动，具有阳刚气质，老段却更显阴性气质，倍感羞涩总是窘于应付她的热情。在此，这种情人关系具有双重反叛意义：一则背离了常规的情人模式，反转了男主动/女被动的情人关系；二则反叛了传统的婚姻观，即视婚姻为女性唯一归宿的观念。同为朱天文笔下的情妇，米亚完全不同于《伊甸不再》中为男人、为爱自杀的甄素兰，与情妇角色"疏离"③的米亚，心思全然不在情夫身上，只是一心一意地秀服装，逍遥自在地活在自我的世界里。在米亚看来，爱情与婚姻皆不可靠，甚至不能接受好友宝贝结婚的现实与其断交，直至好友离婚两人才重归于好。朱天文别具用心的设置了两人和好后初次见面的场景：宝贝因为自己的装扮不够亮丽完美而躲藏起来，而米亚也非常理解宝贝的这种心情，同意与其择日再见。此细节描写可谓寓意深刻且极具颠覆意义：以往女性都是为取悦男性而装扮，以满足男性审美欲望为目的，而现在却转换为女性之间的相互审美关照。女性一旦抛弃男性加之于自身的服饰审美观，走上否定的辩证之旅，那么女性对服饰的关注便呈现出女性主体建构的欲望。

刘亮雅认为，朱天文勾勒的对世纪末华美风格的追求，实际上是企图改变既有秩序，在精神上谋求出路的一种方式。④ 这正道出了小说的内蕴，朱天文挪用欧洲 19 世纪末颓废理念的同时，加入自己的文化想象，借由书写女性如何通过

---

① 苏姗曾以"形体塑造"（Bodybuilding）一词为例，探讨女性控制自我身体的另一层含义。她所指的"形体塑造"是向上（up）塑造形体，而不是减缩下来（down），是对自己身体的一种接受和肯定。

② 朱天文：《世纪末的华丽》，成都：四川文艺出版社，1999 年版，第 190 页。

③ 王德威在《从〈狂人日记〉到〈荒人手记〉——朱天文，兼及胡兰成与张爱玲》一文中，指出虽然米亚与《伊甸不再》中的甄素兰身份相似，都是情妇，但意义却完全不同。米亚虽是情妇但却与角色疏离，完全不同于甄素兰对情妇角色的沉迷。通过两位情妇的不同结局，传递出了朱天文对女性意识的反思。参见王德威：《落地的麦子不死——张爱玲与"张派"传人》，济南：山东画报出版社，2004 年版，第 73 页。

④ 刘亮雅：《摆荡在现代与后现代之间：朱天文近期作品中的国族、世代、性别、情欲问题》，《中外文学》，1995 年 6 月，第 24 卷第 1 期。

服装表达自我，塑造了一系列由从属地位向主体地位移位的女性。这些 20 世纪末的时髦女性在流行时尚的唯美风格中，建构出属于自己的独特服饰美学，流露出的是极具女性自我的身体意识。她们借助服装把自己装扮成渴望成为的样子，可以很女性化，也可以中性化，甚至男性化。这种女性服饰由取悦男性到自娱自乐的变化，使女性的身体与服饰不再是男权审美规约中的二元对立，而是身体与服饰的快乐的合拍，女性对自我身体的认同也由此展露无遗。

三、色：释放中的身体自主

文明是人类历史进步的产物，性与文明之间的深层关系所涉及的是本性权力的问题。不少学者都意识到情欲是最能够反映女性被男性文化压制的一个场域，把其作为显学来研究，因为"身体政治的核心目标是避免为我论的身体变成为他论的身体"①。台湾女作家也意识到饱含情欲的女性身体之于解构男权与释放自我的双重意义，将关注焦点投射其中，从 20 世纪 60 年代郭良蕙的《心锁》、施叔青的《壁虎》，到七八十年代李昂的《杀夫》《暗夜》，以及 90 年代的李元贞"私语"系列《爱情私语》《婚姻私语》《青涩私语》，和"酷儿书写"之陈雪的《恶女书》、洪凌的《异端吸血鬼列传》等，这些作品借由性禁忌、性掠夺、性控制、性压抑、性自由等议题，来探讨妻母角色、贞操观念、婚姻观念等性别政治问题。王安忆就尖锐地指出，"如果写人不写性，是不能全面表现人的，也不能写到人的核心，如果你是一个严肃的有深度的作家，性这个问题，是无法逃避的"②。苏伟贞的《沉默之岛》在这方面独具突破价值，它将女性从情欲客体转变为情欲主体，表达了女性独特的情爱体验和感受。

苏伟贞在小说中用一分为二的方式设置人物，通过两个晨勉不同的情爱经历来叙述故事（在此将用晨勉甲和晨勉乙做区分）。其中，晨勉甲出生于父母不全的不幸家庭，晨勉乙出生在父母健全的幸福家庭，前者足迹遍及世界各地，后者定居台湾，她们与各式各样的男人偶发性地相遇，经由情爱关系串起一个个人物和故事。尽管作品的人物交错、情节纷繁，但所要言说的重点却极为明显：直击女性生理压抑的解脱，并由此挑战男权禁忌对女性身体的束缚。这两个成长背景、人生经历各不相同的女性，在两套略见对称的人物和故事情节中，展现了共同的生命特质：始终坚守身体自主原则，追求不掺杂任何杂质的肉体交流，对方必须以平等的态度看待她们的身体，双方的身体交流也应是无目的且不带征服性。对她们而言，人种、地区、性别、年龄都不重要，唯有平等的身体交流和情欲满足不可或缺。在此，先撇开小说错综复杂的人物关系不说，仅以晨勉甲和晨勉乙对

---

① 葛红兵、宋耕：《身体政治》，上海：上海三联书店，2005 年版，第 124 页。
② 王安忆、陈思和：《两个 69 届初中生的即兴对话》，《上海文学》，1988 年第 3 期。

情欲的态度来探寻现代女性对身体所做出的阐释。

晨勉甲与传统女性截然不同，不婚不嫁、自由独居的她，既不置房产，也不固定生活的地方，表现出现代女性对传统男权社会中妻母角色的反叛。历史传统中，女性的身体长期被男性操控、拥有，女性仅有身体的使用权，没有身体的所有权。但晨勉甲却反叛了这一切，她的身体不属于任何男性，只属于她自己。在与男人的情欲关系中，她不依附谁，也不为附庸谁而委屈自己的身体，她的身体完全由自己做主。晨勉乙虽然已婚，但丈夫冯峰不仅理解她婚外出轨，还宽容她对他的身体背叛，甚至在她怀上别人的孩子后，毫不介意地陪她去医院堕胎，表现出男性对女性身体前所未有的尊重。他们也颠覆了传统，即夫/妻之间的身体不再是占有/被占有的关系。有西方学者指出，当身体与身体之间不再是拥有关系，而是参与关系时，体现了男性对女性的尊重。也正是这种尊重，使他们成为相处和谐的生活伴侣和事业伙伴。可以说，这两个晨勉的身体都已剔除"他者"属性，她们对自身情欲的满足毫无忌讳且随心所欲，呈现出一种不受文化控制的无"规范"状态。女性身体向来都是男权的控制焦点，男性通过家庭和国家制度从意识形态上对其实施控制，从而使得女性身体在权力/知识机制中成为一种文化表征。如果男权文化认为女性只有婚内的生理满足行为才是合法，否则就是失贞，那么她俩却分别用婚前与婚外的情欲释放解构了此束约。至此，女性身体不再是一块任男权文化随意涂抹的画布。

虽然两个晨勉的情欲关系纷繁复杂，但却都心属于一个特定的年轻男人，她们爱的男性，一个名字叫丹尼，一个叫祖（祖的英文名字也叫丹尼），一个是从国外来中国的外国人，一个从国外回中国的中国人。这两个丹尼不仅出身环境、生活经历不同，连文化背景也不同，来自不同国家和种族。他们一个出身于完整的家庭，家庭观念极强；另一个出身于残缺的家庭，家庭观念较淡。他们四人组成了这样一种交错关系：家庭残缺的晨勉甲/家庭完整的德国丹尼、家庭完整的晨勉乙/家庭残缺的中国丹尼分别组合成情侣，连接他们的纽带是彼此间平等的情欲交流。苏伟贞的这种设置别有用心，她以这两组非正常/正常、正常/非正常的男女组合代表整个性别整体，并借由这一代表性别整体的两组人物都沉湎于非传宗接代性的消费性情欲活动，反叛了男权文化中以传宗接代为目的的情欲关系。非常有意思的是，小说中有一个描写两个晨勉都不避孕的细节，她们似乎都有一种观念：认为只要不想怀孕就不会怀孕。这是潜意识的反传宗接代性，即认为母性并非女人的天性，并且生育也不再仅是为男人传宗接代的行为，完全由女性自己做主。至此，女性已经转变为具有自我意识的情欲主体。

然而，情欲在远离传宗接代之后，存在意义与指向又是什么？难道仅是一种感性与快意的消费吗？在此，苏伟贞思考的是另一种性别政治课题——情欲政治，女性情欲的解放并不意味放纵自我，"而是松解社会片面加诸女性的桎梏，让女性从性的盲目与暧昧中步出而走向性的启蒙与大明大白，从而能与男性一样享受性爱之乐"①。并借由女性的情欲自主反叛男权文化的束约，实现女性的身体自主。所以，作者在小说结尾处构筑了一个无性别差异的"岛"，并暗示"岛"与两个晨勉有着内在的生命牵连。此"岛"具有多重含义，是作者构筑的一个理想世界，一个"抵中心主体"②，也是一种精神意念——不被男权文化同化的意念。其实，作品中两个晨勉互为灵魂与肉体的关系。因现实生活中的男权文化无法即刻消除，女性在无法避离的情况下，就应用精神意念来抵御男权文化对自身的侵蚀，这就是"岛"的深刻意蕴。

男权社会中女性的身体犹如一块黑暗的大地，男性的阳光永远也不会照耀其上。因此，女性不能等待或奢望男性来解放自己，应该先夺回属于自己的身体，通过确立独立的自我，构建自己的心灵之岛，由内到外、由个体到整体来突破男权的包围。正如小说结尾所写："天地正在破裂，微渺的人唯有以肉身抵抗，保持精神的冰结。"③这点明中心的话语，除了呼唤女性要夺回被男性奴役的肉体，还提醒女性要清洗被男权文化污浊了的思想，由此，建构一个洗去了性别差异，由里到外焕然一新的女性身体。

四、结语

凯特·米利特在《性政治》中指出，所谓的"政治"就是一群人支配另一群人的权力结构关系和组合，并指出男女两性之间的关系也是一种支配与从属的关系，是一种性别政治关系④。这种性别政治关系遍布日常生活的每一个角落，因为长久以来社会赋予男性的种种性别特权，使得男性在日常生活中处于主导地位，而女性则处于沉默、缺席及边缘位置，由此两性之间的支配与从属的政治关系可以通过大量的日常生活例证呈现出来。芸芸众生，饮食男女。毫无疑问，日常生活中的食、衣、色——即饮食、服饰与性爱，又是与人类身体最密切相关的三大元素。其中，"食"，是身体存在的物质基础；"衣"，是身体内在审美体现；"色"，

---

① 王瑞香：《爱情私语序：把性光明正大地还给女人》，台北：自立晚报社文化出版部，1992年版，第5页。

② 批评家吴潜曾指出，女性由于被迫居于主流文化的边缘地带，未曾拥有过"完整主体"（full subjectivity）的经验；主体与权力分配有关，在传统男权主导的社会中女性主体备受压抑。另一批评家吉布尔（Julia Kipnis）亦提及，主体是一个意识形态的类型（an ideological category）；传统的"中心主体"（centered subject）背后潜藏着各种霸权主义，晚近始出现的"抵中心主体"（decentered subject）则似乎验证了各式霸权的终将衰亡。

③ 苏伟贞：《沉默之岛》，成都：四川文艺出版社，1999年版，第202页。

④ ［美］凯特·米利特著，宋文伟译：《性政治》，南京：江苏人民出版社，2000年版，第32—33页。

是身体灵与肉的合一。这三大元素关乎身体的感官、欲望、情感等，虽然被男性所建立的以心灵、精神、理智为主导的世界所轻视，但台湾女作家们却以它们作为身体叙事的蓝本，揭示了男权话语下女性"无我"的历史真相，以及性别政治中权利和权力问题的复杂性，并使它们成为女性进行主体建构的利器。

台湾女性小说通过书写当代台湾女性的独特经验，将日常生活、身体叙事与性别政治联系起来，尤其是李昂、朱天文、苏伟贞对"食、衣、色"的突破性书写，让我们看到了女性借由身体进行主体建构的生命历程，这三个文本对于男权的反叛力量和对于女性主体的构建力量，是其他这类作品所无法比拟的，也是台湾女性小说中女性身体反叛、身体认同、身体自主的标志性文本，它们在台湾的历史、社会脉络中建构起了女性身体书写的独特价值和意义。女性主义批评家凯洛琳·G.伯克明确指出，"女人的写作由肉体开始，性差异也就是我们的源泉"①。她号召女性通过描写女性的身体来完成对女性历史的抒写，建构女性话语，言说女性的真实体验。因为身体就是女性的自我，是女性从生活中获得感情、欲望、意志和力量的媒介。而马克思主义的重要阐释者卢卡契则认为："人在日常生活中的态度是第一性的。"②因此，从日常生活视角出发，通过对日常生活中女性身体经验的叙写和阐释，建立一个女性主义的日常生活性别叙事诗学体系，既有利于沟通、连接不同阶层女性的生存经验，又有利于女性文学创作超脱男性中心创作和批评观念的束缚，还能将性别解放真正落到实处，因为日常生活中的两性关系才是最普泛，也是最大的性别政治。

---

① [美]伊莱思·肖尔沃特：《荒原中的女权主义批评》，王逢振等编：《最新西方文论选》，桂林：广西师范大学出版社，1991年版，第264页。

② [匈]乔治·卢卡契著，徐恒醇译：《审美特性》（第1卷），北京：中国社会科学出版社，1986年版，第1页。

【综合卷】

网络新闻媒体伦理困境及对策

——试用新闻场域理论建构

郭思远①

在全球化的背景下，新闻媒体正经历着市场化的洗礼，在自觉与不自觉中，媒体都在转变经营思路，迎接未来社会发展的新挑战。十多年前，网络新闻媒体刚刚起步，谁都没有预料会对传统媒体带来如此大的影响，并开创了自己的一片天地。

在互联网时代，网络新闻媒体也在不断追求变化，当年的网络空间、博客等随着微博的兴起而被淘汰，就在微博扶摇直上时，微信的兴起让其后劲不足，微博市场慢慢萎缩，不断被微信蚕食……与此同时，随着 IT 技术日新月异的发展，网络新闻媒体的媒体形态也在不断更新换代。在过去十多年中，中国网络新闻媒体从弱小到成熟，一路发展起来与市场化紧密相连。然而，网络新闻媒体如何能够在立足于市场经营时，兼顾职业道德，而不是追求片面经济效益，忽略网络新闻媒体的社会效益，甚至违背职业道德，这是目前网络新闻媒体必须面对的难题。

本文主要探讨网络新闻媒体与伦理失范之间的关系。就网络新闻来说，其本身就是一门非常注重实践的学科，但在实践中却存在诸多伦理失范的现象，因此，如何对这些伦理失范的现象和成因进行分析？如何协调市场与伦理之间的关系？如何规范网络新闻媒体伦理失范，合理构建建设路径？这些问题都是网络新闻媒体未来发展必须思考的问题。

就此，笔者在本文中分析了网络新闻媒体伦理困境的成因及其实质，探讨了媒体责任与媒体寻租、媒体权力与社会公平、社会效益与经济效益、媒体审判与司法公正、新闻自由与德性之镜五大伦理冲突，并且从媒体自身、社会文化、经济竞争、法律建设和伦理道德五大因素，论述了新闻原则、社会原则、经济原则、司法原则和道德原则五大原则。与此同时，在引入场论和新闻场域理论后，提出构建网络新闻媒体伦理建设的四大要素：社会要素、规范要素、角色要素和

---

① 郭思远：人民日报社人民周刊记者。

综合要素，并提炼出四大要素中相对应的四大伦理要点：正义、责任、良心、幸福。在某种程度上，这为研究网络新闻媒体伦理问题提供了一种新的探索模式。

在新闻领域和伦理领域，研究者众多，但多是对网络、传播与伦理之间关系的研究，而针对网络新闻媒体伦理失范问题研究的却不算多。如何既遵循新闻发展规律，坚守职业道德，又能兼顾市场效益，获得丰足的盈利，这是一直困扰网络新闻媒体和从业者的伦理难题。

笔者通过场论和新闻场域理论的建构，希冀为网络新闻媒体伦理失范提供一条建设路径，能够破解这一伦理难题。因此，通过分析和论述，笔者最后得出结论：规范网络新闻媒体伦理失范，其实最终所要达到的目的就是让社会主体得到幸福，幸福需要通过维护社会正义、履行义务责任、坚守职业良心才能变成事实。

一、网络新闻媒体伦理概念与影响

在互联网时代，网络信息深刻影响着人们的生活方式，改变着人们的思维模式。网络新闻媒体作为互联网时代的产物，慢慢融入人们的生活中，潜移默化地改变人们的生活习惯，成为不可或缺的信息获取渠道。

据中国互联信息中心（CNNIC）《第 33 次中国互联网发展状况统计报告》数据显示，截至 2013 年 12 月，中国网民规模达 6.18 亿，全年共计新增网民 5358 万人。互联网普及率为 45.8%，较 2012 年年底提升 3.7 个百分点。[①] 如此庞大的受众群体，网络新闻媒体发展实力无可厚非。然而，当网络新闻媒体大行发展之势时，却遇到诸多伦理失范现象，如网络虚假新闻、网络有偿新闻、网络侵权行为等，让受众质疑网络新闻媒体的公信力及从业者的职业操守，因此，网络新闻媒体伦理问题逐渐被业界所关注。

（一）网络新闻媒体伦理概念及特征

要探讨网络新闻媒体伦理问题，首先需清楚界定网络新闻媒体伦理，正如美国伦理学家罗尔斯所说："定义只是建立理论的一般结构的一个手段，一旦整个结构设计出来，定义就失去其突出的地位，它们随理论本身的兴衰而兴衰。"[②]只有这样，才能总结出此门学科的特征，才能准确把握其演变与发展。

1. 概念

在互联网时代，数字网络无处不在，于润物细无声间，改变着人们的生活方式。在人群间，随处可见拿着手机、iPad 等移动终端的人们，浏览着海量的新闻

---

① 中国互联信息中心：《第 33 次中国互联网发展状况统计报告》(2014 年 1 月)，第 5 页。
② ［美］约翰·罗尔斯著，何怀宏、何包钢、廖申白译：《正义论》，北京：中国社会科学出版社，1988 年版，第 47 页。

和图片，与远在千里的人聊天交流，通过自媒体平台分享信息……因为数字网络，世界变得不再陌生和遥远。较之传统媒体，网络新闻媒体凭着时效性、交互性、全球化、多媒体化等特点，在新闻传播上，给受众视觉、听觉、感觉等全新体验，逐步发展成为"第四媒介"。经过十余年发展，建立在传统网络架构上的自媒体，如微博、微信、易信等，更是创新能力强，更新换代快，发展后劲十足。

有学者认为，"所谓网络新闻媒体，是指基于互联网传输平台来传播新闻和信息的网站。"①因此，他们认为网络新闻媒体主要分为两大类：一类是发布综合新闻的商业性综合门户网站和发布行业新闻的专业性垂直网站，其商业性综合门户网站有新浪网、腾讯网、网易、搜狐等，其专业性垂直网站分为不同专业，中国教育在线、中国供货商网、中国林业网等；另一类是传统媒体设立的电子网络版或另起炉灶创办新闻网站，如《人民日报》的人民网、《光明日报》的光明网、新华社的新华网、中国新闻社的中国新闻网等。

如此界定，总体尚可，但其分类对之后出现的自媒体②（We Media）尚未纳入。有学者认为，自媒体应算"第五媒体"，并界定"第五媒体是传播学者们对继报纸、广播、电视、互联网这几种新闻媒体之后，一种可能出现的新媒体的称谓"③。在此，笔者认为，自媒体是建立在传统网络架构上发布平台，只是在发布方式、接收终端上有所不同，一类是博客、微博等，建立在新浪、腾讯等商业性综合门户网站的基础上；另一类是微信、易信等，建立在手机通讯平台上，笔者认为，尚在广义的网络新闻媒体范畴内。因此，将其纳入网络新闻媒体的第三类。

如何界定网络新闻媒体伦理？北京大学教授陈汝东在《传播伦理学》中认为："新闻伦理或新闻道德，就是新闻传播的伦理，是新闻传播行为及其过程中的道德问题，特别是新闻传播的道德规律和道德规范系统。"④他同时还认为，"所谓新闻伦理，就是新闻传播主体及其传播行为的道德，是新闻传播主体及其传播行为的是非善恶。当然，新闻伦理也必然关涉新闻信息，因为新闻传播过程中的道德价值判断必然涉及新闻信息的道德价值"⑤。

对于网络新闻媒体在新闻传播过程中所带来的网络伦理，学者严耕、陆俊、孙伟平在《网络伦理》一书中界定为"人们通过电子信息网络进行社会交往时而表

---

① 蓝鸿文主编：《新闻伦理学简明教程》，北京：中国人民大学出版社，2001 年版，第 175 页。
② 邓新民：《自媒体：新媒体发展的最新阶段及其特点》，《探索》，2002 年第 2 期。注：美国学者谢因·波曼（Shayne Bowman）与克里斯·威理斯（Chris Willis）认为，自媒体（We Media）是"一个普通市民经过数字科技与全球知识体系相联，提供并分享他们真实看法、自身新闻的途径"。
③ 邓新民：《自媒体：新媒体发展的最新阶段及其特点》，《探索》，2002 年第 2 期。
④ 陈汝东：《传播伦理学》，北京：北京大学出版社，2006 年版，第 102 页。
⑤ 陈汝东：《传播伦理学》，北京：北京大学出版社，2006 年版，第 102 页。

现出来的道德关系"①。因此，网络新闻媒体伦理作为网络新闻学与伦理学的交叉学科，是研究网络新闻媒体、从业者和受众的行为道德，以及在网络新闻传播过程中的道德规律和道德规范。

"一部新闻事业发展史也就是一部新闻道德产生、发展和不断完善的历史，是一部与谎言、歧视、偏见、不负责任等不道德现象不断斗争的历史。"②而网络新闻媒体一方面变革了传统新闻传播的方式，并借助互联网技术发挥着前所未有的传播效力。另一方面，由于传播方式的变革、媒体业态的改变等因素影响，网络新闻媒体道德失范问题也不断出现，需要管理者和从业者高度关注。

2. 特征

任何新事物取代旧事物都有共同点，即适应和满足人们的新需求。网络新闻媒体得以迅速发展，与其能适应和符合人们的阅读习惯有关。当今社会，人们过着快节奏的生活，追求快餐式的文化消费，阅读习惯已发生很大变化，而网络新闻媒体恰逢其时，因其自身优势和特点，为人们提供全新的信息平台和服务体验，以满足人们日益发展的需求。具体而言，网络新闻媒体的特点可归纳为"三性三化"。

（1）时效性

时效性是新闻的根本要求和重要特征，被人们誉为"新闻的第二生命"③。"从新闻事实的发生到对事实的报导时距越短，从原则上说越符合新闻传播的时间特性，因为只有及时才能确保新闻内容的新鲜性，才能确保新闻成为新闻。"④因此，在某种情况下，当新闻失去了时效性，也便失去了新闻的价值。

在新闻传播过程中，不管哪种媒体形态，都会注重时效性，而网络新闻媒体尤甚。在传统网络架构下的网络新闻媒体，免去了传统平面媒体印刷、运输、发行等环节，而直接从后台发布。自媒体出现后，可谓"人人都是通讯社"⑤。在新闻传播时，甚至连传统网络新闻媒体审核、校对等都可省略，只要手上拥有一部手机，便可通过微博、微信等自媒体，随时随地发布最新消息。在某种程度上，自媒体的发展大大提升了新闻发布的时效性，成为离现场最近的新闻报道方式，确保了新闻内容的新鲜性，让新闻能及时、迅速、全面为受众所知。

（2）交互性

交互性是网络新闻媒体的主要特征之一，有学者认为，"交互性是指网络社

---

① 严耕、陆俊、孙伟平：《网络伦理》，北京：北京出版社，1998年版，第13页。
② 蓝鸿文主编：《新闻伦理学简明教程》，北京：中国人民大学出版社，2001年版，第181页。
③ 杨保军：《新闻理论教程》，北京：中国人民大学出版社，2005年版，第96页。
④ 杨保军：《新闻理论教程》，北京：中国人民大学出版社，2005年版，第95页。
⑤ 李晓敏：《人人都是麦克风　个个都是通讯社》，《南方日报》，2011年7月10日，第4版。

会系统作为一个整体，其行动后果是在人们网络行动的交互过程之中显示和扩张出来的"①。因此，在网络新闻传播中，传受双方处于一种平等地位，受众除了被动接受外，还能对新闻进行选择和批判。

交互性更多地表现在人机交互更亲近和智能化。当受众点击网络新闻媒体链接时，往往被精美的页面设计、海量的新闻内容和丰富的新闻背景等吸引，增加受众对网页的点击率。与此同时，因互联网技术手段的实现，网络新闻媒体更趋于智能化，如社区、论坛等，让受众直接"跟帖"，参与新闻事件的讨论中，由原先被动接受变为主动参与，实现"传播者与受众角色出现了交替转换的动态关系"②。

因网络新闻媒体交互性的实现，虽然传播方式还保持原有媒体形态，然而，在很大程度上话语权却掌控在受众手里，当受众直接参与讨论和评价时，或可导致舆论模糊新闻焦点，甚至朝相反方向发展。正由于受众能深度参与，改变了以往媒体形态灌输式的传播方式，网络新闻媒体才成为优先选择。当受众阅读习惯改变，对网络新闻媒体就形成依赖，从中迅速获得消息源，参与到新闻评价和社会舆论中，并提出自己的看法和观点。

（3）无限性

传统媒体形态无论是报纸，还是广播、电视，信息容量都相对有限。报纸受到版面字数限制，广播受收听时间限制，电视受播放时段限制，而网络新闻媒体却不受版面和时空限制。网络新闻媒体建构在计算机数据存储和处理技术上，所发布的信息可超越物理空间的限制，时刻可向受众发布海量信息，且不受篇幅和字数限制。同时，由于云存储、虚拟化等技术的发展，大大拓展了计算机数据储存量。

云存储作为"一种基于 Internet 的大规模'集中'式存储系统，其存储系统是由地理上广泛分布的各种不同类型的存储设备构成，由专门的存储服务供货商（SSP）管理"③。在计算机运用中，通过虚拟化、集群和分布式文件系统等技术，将大量的各种不同类型的存储设备，聚集起来协同工作，从而提供数据存储和业务访问功能。

目前，网络新闻媒体所架构网络都具备云存储功能，可处理海量信息数据。由于数据处理的无限性，便可建立大型数据库，对过期新闻信息和网络上形成的其他数据进行分门别类处理，方便受众检索和查阅。大型数据库的存在，让网络新闻媒体海纳百川、兼容并举，实现丰富的新闻内容，让受众目不暇接。同时，

---

① 王静：《网络侵权与犯罪的立法思考》，《现代情报》，2003 年第 3 期，第 34 页。
② 蓝鸿文主编：《新闻伦理学简明教程》，北京：中国人民大学出版社，2001 年版，第 179 页。
③ 范中磊：《网络存储技术漫谈之五：云存储》，《记录媒体技术》，2010 年第 5 期，第 58 页。

可选择性和个性化的网络服务得以实现，拓展网络新闻媒体的服务内涵，满足受众的服务体验。

（4）多元化

当今世界是多极的，文化亦是多元的。由网络新闻媒体所引领的网络文化，更可谓丰富多彩，呈现多元化发展。在某种程度上，网络新闻媒体的多元化，打破了以往媒体形态对主流意识形态的控制，并形成与此相对的舆论监督，影响新闻事件本身，甚至社会文化的发展。

在多元化的文化氛围下，传受双方的角色发生变化，传播主体既可是传播者，亦可是受众，尤其在自媒体出现后，这种现象尤其明显。任何个人、组织和团体都可通过微博、微信平台，注册匿名或认证的账号，发布所需发布的信息。此时，由于传播者的多元化，"传统新闻传播理论中的'把关人'的作用遭到削弱甚至完全失去意义，预先新闻审查制度失去操作性"[1]。从新闻监管层面看，这是非常难解决的问题，但从社会发展角度看，这是社会发展一大进步，因此，网络新闻舆论的多元化是就网络新闻媒体正面性而言的。[2]

与正面性相对的是负面性，与多元化相对的是泛化。因此，有学者认为，"网络新闻舆论的泛化则是就其负面性而言"，它是指"网络新闻舆论的分散且非理性成分较多"[3]。泛化会引起网络信息流的不集中、不确定、非理性等情况，在网络新闻传播中，难以形成价值导向和主流舆论，以致虚假舆论易于形成。因此，在提倡多元化的同时，需防范泛化的形成。

（5）多媒体化

网络新闻媒体整合了报刊、广播、电视等媒体形态的优势，通过文字、图片、音频、视频、Flash 动画等传播手段报道新闻，实现多媒体化的运用。但多媒体化并非简单的多种媒体的集合，而是以计算机为中心，把处理多种媒体信息的技术集合起来的综合技术。

由于多媒体技术的运用，增强了网络新闻媒体的人机交互，包括高保真度的声音、高质量的图像等。在信息传输方面，具有信息量大、质量高、速度快等特点，且所呈现的音频、视频效果好，给人以视觉、听觉等全新感受。

可以说，网络新闻媒体是"文字、声音、视频等符号系统兼集一身，甚至可以利用计算机和网络技术生成平面和三维动画、全息图像、虚拟空间环境等，以新闻信息的整合、重构和各种信息形态的相互转换，使受众产生更加逼真的'沉

---

① 蓝鸿文主编：《新闻伦理学简明教程》，北京：中国人民大学出版社，2001 年版，第 179 页。

② 钟瑛、牛静：《网络传播法制与伦理》，武汉：武汉大学出版社，2006 年版，第 197 页。

③ 钟瑛、牛静：《网络传播法制与伦理》，武汉：武汉大学出版社，2006 年版，第 198 页。

浸感'，从而使宣传效果最大化。"①因此，网络新闻媒体能发挥各种媒体的优势，吸引受众眼球，便于受众点击，使网络新闻传播效果达到最优化状态。

（6）全球化

互联网把世界变成了"地球村"，让有形的国家和地域边界，在无形的网络虚拟世界中，变得模糊不清，甚至消失不见。在理论上，世界上任何地方发生的新闻，一经网络发布，便会被全球受众所知晓。建立在网络架构上的网络新闻媒体，自诞生便具有全球化的特征。网络新闻在传播过程中，不受任何时空、地域等限制，使信息能更及时、快速、全面地为全球受众接收。同时，通过网络新闻媒体可让全球网民共享信息资源，各国相互输出文化、价值观念。

在现代语境下，全球化作为以西方价值观为主体的话语领域，"被赋予了越来越强烈的现代人类目的论的价值期待，在某种意义上说，它甚至正在成为一个表达现代性价值目的的关键词语，因而它不仅拥有着日益普遍化的事实描述性和经济解释力，而且也日益被赋予了一种超经济的价值评价性和跨文化的话语权力"②。因此，当今世界谁掌握了话语权，谁就有明显发展优势。话语权的掌控，除了是国力的象征，更是文化、价值观的输出。在输出的过程中，媒体是"喉舌"，是话语权的直接体现。在全球化进程中，网络新闻媒体自然也充当此角色。通过无处不在的网络，时刻输出着所在国的文化、价值观念，并在国际社会中，塑造自己的国际形象和话语体系。

上述"三性三化"，为网络新闻媒体有异于其他媒体的主要特征，表现出网络新闻媒体发展的优越性，亦是十多年来网络新闻媒体得以迅速发展，成为"第四媒介"的重要原因之一。就未来发展趋势看，网络新闻媒体更优于其他媒体形态，因为网络新闻媒体兼容性强，能集合其他媒体的优势于一身。未来由于互联网的发展，基于传统网络架构上的新媒体会有更大发展空间，如自媒体、流媒体③、全媒体④等，将为受众提供更多优质服务。

（二）网络新闻媒体与传统媒体的区别

从媒体形态发展顺序看，依次为以纸为媒介的报刊，以电波为媒介的广播，

① 曲涛：《"报网互动"的价值与模式探索》，《青年记者》，2006年第23期，第46页。

② 徐千里：《全球化与地域性——一个"现代性"问题》，《建筑师》，2004年第3期，第68页。

③ 杨戈、廖建新、朱晓民、樊秀梅：《流媒体分发系统关键技术综述》，《电子学报》，2009年第1期。注：流媒体是指在网络中使用流式传输技术传输的连续时基媒体，例如音频、视频、动画或其他多媒体文件。流媒体的主要特点是以流的形式进行多媒体数据的传输，即把连续的影音信息经压缩处理后放到网络服务器上，让浏览者不需等到下载完成，就可一边下载一边观赏。

④ 姚君喜、刘春娟：《"全媒体"概念辨析》，《当代传播》，2010年第6期。注：从广义上看，全媒体即是指对媒介形态、媒介生产和传播的整合性应用。从狭义上看，全媒体即是指立足于现代技术的发展和媒介融合的传播观念，综合传统媒体与新兴媒体，在媒介内容生产、媒介形态、传播渠道和传播方式、媒介运营模式、媒介营销观念等方面的整合性运用。

基于电视图像传播的电视，以及基于网络传播的网络新闻媒体。较之前三种媒体，网络新闻媒体是集大成者，兼具和融合其他三者的主要特点，所产生的影响亦十分深远。任何媒体形态之间都存在区别，可是表象的，亦可是本质的。如仔细研究网络新闻媒体与报刊、广播、电视的区别，可纵观每种媒体形态发展的"年轮"，理解产生的时代背景及其必然性。

1. 与报纸的区别

关于中国报纸起源，学界有两种观点：一是现代著名新闻学家戈公振在《中国报学史》中考证"邸报"出现作为"官报独占时期"的开始①，认为汉代"邸报"是中国古代最早的报纸；二是中国新闻史学界的泰斗方汉奇指出"这些报状还残留有某些官文书的痕迹，但已不同于官文书，而属于一种由文书向官报转化过程中的传播工具。从某种意义来说，它十分接近于 16 世纪诞生于欧洲的'新闻信'，但比作为西方近代报纸远祖的欧洲的'新闻信'早诞生约八百年"②，认为唐代"进奏院状"是报纸的前身，此观点在中国新闻史学界广受认可。

而西方报纸起源，可以追溯到古罗马的《每日纪事》③和西方近代报纸远祖的"新闻信"。"16 世纪初出现的'手抄新闻'，16 世纪末出现印刷形式的'新闻书'，这两者通常被认为是近代报刊的雏形。17 世纪初定期报刊出现标志近代报刊形成。"④可见，中西方报纸起源都较早，肇始于中国东汉和帝元兴年间"蔡侯纸"⑤完善之后，逐步形成近现代意义上报纸雏形。

据《传媒蓝皮书：2013 年中国传媒发展报告》数据显示，2012 年报纸广告刊例价下降幅度达 7.5％。根据中国报协对全国 65 家用纸量大的报社 2011、2012 年用纸量的统计资料来看，2012 年比 2011 年用纸量下降了 7％。⑥ 严格来说，报刊包括报纸和刊物，但两者都以纸张为载体，具有诸多共同点，在此一同进行比较。报刊的受众定位明确，针对性强。无论综合性日报和晚报，还是各行业杂志，在创刊之始，便有清晰的受众定位，针对不同的消费人群，提供不同的新闻信息。同时，易于保存，能通过实物形式流传后世。但报刊的弱点在于出版周期长，时效性差，同时印刷难以完美，表现形式单一。

① 戈公振：《中国报学史》，北京：生活·读书·新知三联书店，1955 年版，目录第 1 页、正文第 24 页。

② 方汉奇主编：《中国新闻传播史》，北京：中国人民大学出版社，2002 年版，第 10 页。

③ 用尖笔书写在罗马议事厅外一块涂有石膏的白色木板上，作为公告式的官方公报。

④ 廖基添主编：《邸报是古代报纸吗？——中国古代报纸发展线索再梳理》，《新闻与传播研究》，2010 年第 1 期。

⑤ 方汉奇主编：《中国新闻传播史》，北京：中国人民大学出版社，2002 年版，第 3 页。

⑥ 崔保国主编：《传媒蓝皮书：2013 年中国传媒发展报告》，北京：社会科学文献出版社，2013 年版，第 73 页。

而网络新闻媒体的受众非常广泛，在地球任何地方都能阅读，这是其自身重要特征之一。从另一角度说，由于其广泛性，受众定位不是很明确，相较报刊针对性也差些，因此，如何细分受众和行业，提供不同新闻信息服务，是网络新闻媒体未来发展方向。

2. 与广播的区别

广播的起源要晚于报纸。1920 年 11 月 2 日，世界上第一座广播电台成立，即美国匹兹堡西屋电气公司开办的商业广播电台，呼号为 KDKA。时至 1930 年，无线电广播几乎普及全世界。1923 年 1 月中国第一座广播电台建立，由美国公司奥斯邦创办，隶属于中国无线电广播公司，首先在上海播出。直到 1936 年，中国第一家自办广播电台才成立，创办人为刘翰。至 1940 年 12 月，中国人民广播事业才起步，以中央人民广播电台的前身——延安新华广播电台建立为标志。据《传媒蓝皮书：2013 年中国传媒发展报告》数据显示，2012 年广播接触率59.7%，基本与 2011 年持平；广播听众规模超过 6.6 亿，其中城市听众 4.2 亿、农村听众 2.4 亿，与 2011 年相比，整体规模变化不大，但城市听众增加5000 万。[①]

广播作为电子时代的产物，具有报纸无法匹及的功能。广播具有穿越时空的传播功能，方便携带，随时随地都可收听，能充分运用语言艺术和音响效果，创造出富有感染力的语言环境，声情并茂，使听众受到感染，有较强的亲和力。由于广播是音频呈现，传播效果稍纵即逝，信息的储存性差，难以查询和记录。另外，由于广播是线性传播方式，按照顺序播放，听众对内容的可选择性差。而在人们都追求视觉冲突效果的背景下，广播有着明显的发展"短板"，却又有自己的"责任田"，如交通广播、校园广播等，对此其他媒体的可替代性不强。

网络新闻媒体虽能兼容音频技术，但对其利用率不高，在使用过程中，感染力和亲和力都不及广播。由于网络新闻是以页面呈现，只要上网便能查阅，而且受众对自己需要的内容可选择性非常强，只要通过引擎搜索关键词，便能实现对新闻内容可选择性阅读。

3. 与电视的区别

电视的发展只比广播晚十多年时间。1936 年 11 月 2 日，英国广播公司(BBC)建立了世界上第一座正规的电视台，为公众正式播送电视节目。但电视技术在此之前便已使用，1929 年 3 月，英国广播公司就开始了电视试播，但彩色电视到第二次世界大战结束后，才开始发展起来。1958 年 3 月 17 日，中国第一部黑白电视机在天津无线电厂(后改为天津通信广播公司)诞生，被命名为"北

---

① 崔保国主编：《传媒蓝皮书：2013 年中国传媒发展报告》，北京：社会科学文献出版社，2013 年版，第 125 页。

京"。时至 1970 年 12 月 26 日，中国第一台彩色电视机才在同一地点诞生。

中国第一家电视台是 1958 年 5 月 1 日开始试播的中央电视台前身——北京电视台。至当年 9 月 2 日正式播出，每周播出 4 次，每次 2～3 小时。这时北京电视台的发射半径只有 25 公里，全北京市只有三十多台电视接收机。据《传媒蓝皮书：2013 年中国传媒发展报告》数据显示，2012 年广播电视行业总收入为 3135 亿元，比 2011 年增加了 15.38%，首次超过 3000 亿元。其中，广电创收总额（广告、有线网络收入）达 2794 亿元，广告收入为 1301 亿元，比重仍居于广播电视总额首位，达 47%。①

电视以画面为载体，以视听合一为传播手段，受众能在视觉和听觉上，感受活生生的事物，画面感形象而生动，直观性非常强。同时，它是唯一能够进行动态演示的感性型媒体，具有非常强的冲击力和感染力。由于电视机的普及，看电视已成为人们文化生活的重要组成部分，有较高的关注率。然而，电视收视的环境要求较高，不像报纸和广播能随身携带，一旦脱离收视环境，传播便会中断。同时，由于传播信号是瞬间传达，受众是被动接收状态，距离屏幕的远近、观看的角度和电视音量大小，都影响着电视的收视效果。

网络新闻媒体既能兼容音频，也能兼容视频，因此，电视能够现实的收视效果亦能实现。同时，在移动终端上，网络新闻媒体所受到的收视环境较小，只要有移动网络信号或 Wi-Fi，便能随时随地观看视频节目，而且受众能选择自己喜欢看的节目，不受节目安排限制，主动性非常强。

（三）网络新闻媒体的重要影响

在互联网时代，因网络新闻媒体的发展，给传统媒体带来较大冲击。这不仅表现在媒体传播方式的转变上，而且影响着传统媒体的市场份额，以及改变了受众的阅读习惯。在笔者看来，阅读习惯的改变将是两者之间最大的冲突。

在中国，自 2009 年首家中央级报纸、被誉为"媒体中的媒体，新闻中的新闻"的《中华新闻报》倒闭，《人民日报》社下属《市场报》停刊、《中国足球报》休刊……揭开了中国纸质媒体退出市场的序幕。时至 2014 年年初，上海报业集团下属创刊 15 年的《新闻晚报》关门，再到《国际金融报》宣布改版回周报，《中国经营报》和《新京报》等媒体启动改革，逐步朝无纸化、网络化、市场化等方向发展。在此，需要分析网络新闻媒体与传统媒体之间有何优劣？同时，传统媒体为什么频频面临倒闭或休刊？网络新闻媒体又给传统媒体带来哪些影响？

1. 新闻传播手段转变

网络新闻媒体在新闻传播上，依靠多媒体技术，能兼容报刊、广播、电视等

---

① 崔保国主编：《传媒蓝皮书：2013 年中国传媒发展报告》，北京：社会科学文献出版社，2013 年版，第 34 页。

传播技术，让传统媒体不得不思考转变传播手段，推出其网络版，或另起炉灶创建新闻门户网站。1995 年 1 月 12 日，《神州学人》杂志将刊物内容上网，开内地刊物上网的先河；1995 年 10 月 20 日，《中国贸易报》创办报纸的网络版，开内地报纸上网的先河；1996 年 10 月，广东人民广播电台建立自己的官方网站；1996 年 12 月，中央电视台建立官方网站"央视网"（后改称为中国网络电视台），标志着中国广播电视媒体正式迈入网络传播领域。

在形式发生变化的同时，内容亦开始发生转变。"传统新闻的精髓——以关心政治为荣耀的硬新闻正在淡化……媒体新闻报道的这种变化，当然不可能是某个人的决定，它只能是社会生活变化的结果。"①传统媒体的报道内容，除关注国内和国际政治新闻外，亦会关注娱乐、生活、就业、咨询等方面的新闻。

同时，网络新闻媒体在新闻内容上，对原创稿件、独家新闻的重要性进行了削弱。传统媒体的原创稿件、独家新闻，有时在自家新闻网站点击率不高，但经其他商业性综合新闻门户网站转载后，点击率却非常高。

这是非常有趣的问题。事实上，商业性综合新闻门户网站对新闻并未有采编权，只能粘贴、复制，但当编辑对传统媒体发布的新闻进行处理后，便能击中受众的阅读口味，让新闻的影响力大增。"正是这一点揭开了环绕着网络新闻媒体的各种面纱，露出真实的网络新闻媒体：新闻信息的汇编、检索质量成为网络新闻媒体的生命。"②由媒体传播手段的改变，影响新闻内容的传播，这是在互联网时代，传统媒体所需要面对的问题。与此同时，传统媒体也在不断通过改变自身，适应受众对新闻信息的需求。

2. 传统媒体市场萎缩

网络新闻媒体发展十余年，在市场化进程中，已逐步占领媒体市场，以后来者居上之势，蚕食传统媒体市场份额。这也是为何报纸、杂志等传统媒体纷纷倒闭的重要原因之一，导致众多传统媒体从业者跳槽至网络媒体。

据《传媒蓝皮书：2013 年中国传媒发展报告》调查数据显示，对截至 2013 年 3 月收集到的各种数据进行统计和推算，2012 年中国传媒产业的总产值为 7600.5 亿元，比上年增长 13.4%。其中，2012 年互联网业务（网络加移动增值）规模达到传媒产业总体市场的 41.7%，产值为 3168.2 亿元，保持与传统媒体二分天下之势。③

反观近年来传统媒体发展，电视市场是一枝独秀，不但保持最大的市场份

---

① 任媛：《网络新闻媒体与传统媒体的关系》，《新课程》（教育学术版），2007 年第 6 期，第 3 页。
② 任媛：《网络新闻媒体与传统媒体的关系》，《新课程》（教育学术版），2007 年第 6 期，第 4 页。
③ 崔保国主编：《传媒蓝皮书：2013 年中国传媒发展报告》，北京：社会科学文献出版社，2013 年版，第 4、5 页。

额，且较上年的 18.7% 增长了近 4 个百分点，产值为 1788.3 亿元；广播、期刊等媒体的市场份额变化不大，市场占有率分别为 2.2%、3.2%，市场份额分别为 168.7 亿元、240.6 亿元；然而，报纸的市场份额从 12.37% 下降为 9.8%，产值为 743.4 亿元，成为 2012 年最大的输家，[①] 让业界普遍感受到阵阵寒意。市场萎缩意味着生存危机，当前情况下，除电视媒体外，其他传统媒体不得不考虑如何摆脱困境，让自身能生存下来，再谋求深层次发展。

3. 受众阅读习惯改变

网络新闻媒体给传统媒体带来的冲击，最大莫过于改变了受众阅读习惯。新的阅读习惯一旦形成，人们就会抛弃原有媒体形态，促进新的媒体形态发展。现代年轻受众在互联网时代成长，习惯阅读网络新闻媒体报导，而对报纸、期刊、广播等媒体较为陌生，没有阅读或收听习惯，自然不会进行消费。时下，在网络新闻媒体的受众中，手机用户异军突起。在某种意义上，这正是适应了青年受众的阅读习惯，倒逼建构在移动互联网的自媒体不断发展，使之成为网络新闻媒体的"新贵"。

据中国互联信息中心（CNNIC）《第 33 次中国互联网发展状况统计报告》数据显示，截至 2013 年 12 月，我国网民规模达 6.18 亿，其中手机网民规模达 5 亿，较 2012 年年底增加 8009 万人，网民中使用手机上网的人群占比由 2012 年年底的 74.5% 提升至 81.0%，手机网民规模继续保持稳定增长。[②]

同时，《报告》分析指出，由于手机应用服务的多样性和深入性，尤其是新型实时通信工具和生活类应用的推动下，手机上网对日常生活的渗透进一步加大，在满足网民多元化生活需求的同时提升了手机网民的上网黏性。[③] 在未来，当"三屏合一"后，即"将电视、计算机、手机三个屏幕融合为一个，实现台网联动、电网直播"[④]，这种服务体验，也将成为受众追逐的时尚，尤其是青年受众。在网络新闻媒体和自媒体双重夹击下，除电视媒体外，其他传统媒体面临的挑战将日益严峻。

二、网络新闻媒体遇到的伦理困境

事物都有两面性，当新事物以新生优势取代旧事物时，自身也会暴露出局限性。网络新闻媒体改变了传统的传受关系，传播主体的关系是平行的、多向的。

---

① 崔保国主编：《传媒蓝皮书：2013 年中国传媒发展报告》，北京：社会科学文献出版社，2013 年版，第 4、5 页。

② 中国互联信息中心：《第 33 次中国互联网发展状况统计报告》（2014 年 1 月），第 5 页、第 18 页。

③ 中国互联信息中心：《第 33 次中国互联网发展状况统计报告》（2014 年 1 月），第 18 页。

④ 崔保国主编：《传媒蓝皮书：2013 年中国传媒发展报告》，北京：社会科学文献出版社，2013 年版，第 32 页。

"由于网络形成了与现实社区相分离的网络社区,而虚拟的网络社会对其成员思想行为限制远远小于现实社会对其成员的限制,使个人角色的分化成为可能,也就是说,在互联网上,人们有可能获得一种与现实生活中的人格迥然不同的新人格。"①

由于网络新闻媒体构建的网络社区是一个开放平台,尤其是自媒体,网民可随意地发布信息,传统意义上充当"把关人"角色的主管部门控制权"旁落",也引起政府管理者的不安。在这个虚拟的网络社会里,充斥着流动性和不稳定性,易让人产生"人格分裂",即在现实社会中无法发泄的怨气和不满,在虚拟环境中通通发泄出来,而现实社会中的行为准则和道德规范,又难以在此发挥作用。在这种情况下,网络新闻媒体就会遇到道德难题和伦理困境。

(一)网络新闻媒体伦理失范的现象

探讨网络新闻媒体伦理失范的现象,首先需要弄清楚什么是失范(anomie)?然后,才能通过现象进行伦理剖析。在哲学领域,法国哲学家让·马利·居友(Jean-Marie Guyau)最早在《无宗教的未来》[*The Non-Religion of the Future*：*A Sociological Study*(1897)]中引入失范概念,并认为失范是一种有创造力的新生力量,是对陈腐观念的一种挑战,并不是邪恶的,也不是当代社会中的一种病态,而是具有某种好的性质。② 因此,他认为道德失范是道德独立的一种形式,源于人类知识和理性的不断进步。

然而,法国社会学家爱米尔·涂尔干(Émile Durkheim)却提出了相对立的观点。他认为,"失范是罪恶的,他们首要的原因是社会因而受苦,我们无法生活在一个没有凝聚力、没有规则的社会之中。道德的或者是司法的规则,他们首先要表达的是社会的需要"③。同时还指出,失范是指由于道德、法律等集体意识系统缺乏对社会生活有效的调节和控制,导致社会处于各种各样的冲突和混乱状态。④ 研究网络新闻媒体伦理失范问题,笔者认为,首先应从涂尔干的观点入手,从道德的对立面"罪恶的"角度进行分析,然后,再从其中寻找居友所谓的"某种好的性质",理性地、全面地看待伦理失范问题。

1. 多种媒体共性的失范现象

所谓共性,是相对个性而言,是事物之间共同存在的特性。网络新闻媒体作为媒体中的重要成员之一,其他媒体所具有的特色,亦自然具备。同样,在媒体

---

① 蓝鸿文主编:《新闻伦理学简明教程》,北京:中国人民大学出版社,2001年版,第180页。

② Marco Orru, *Anomie: History and Meanings*, Boston: Unwin Hyman, 1987, p. 95.

③ [法]埃米尔·涂尔干著,渠东译:《社会分工论》,北京:生活·读书·新知三联书店,2000年版,第17页。

④ [法]埃米尔·涂尔干著,渠东译:《社会分工论》,北京:生活·读书·新知三联书店,2000年版,第175页、第176页。

失范现象上，亦同样存在。

（1）舆论导向存在偏差

在市场化进程中，除少数几家中央媒体未松绑外，其他媒体基本都转企改制，向市场靠拢，受市场经济制约。在这种情况下，如何坚持正确的舆论导向，是媒体必须解决的问题。就网络新闻媒体而言，首先，受经济利益驱使，一些商业门户网站为博得受众眼球，新闻内容不能脱离"煽、色、腥"，把"三俗"当成时尚追求，即庸俗、低俗、媚俗。而官方新闻网站，在转企改制后，面临市场经济压力，舆论导向也逐步朝商业门户网站靠近，偏离党和国家对宣传工作的根本要求，即偏离"用正确的舆论引导人"。

其次，由于自媒体的发展，传受关系发生了根本性改变，如何正确引导舆论是非常大的研究课题。"以往对新闻传播的控制力量——政府、社会道德规范、传统媒体的编辑部（'把关人'）在网络面前黯然失色了，新闻传播的控制权逐渐转移到隐匿的、无所不在的网民和其他同样难以控制的团体、组织手中。"[①]目前，政府对自媒体的管理基本采取"只堵不疏"，但这只能治标不能治本，正确引导舆论才是根本。

再次，由于网络新闻媒体是开放平台，受众能通过网络接触很多西方价值观，用西方价值观衡量中国现实，社会舆论几乎"一边倒"批评政府。在某种意义上，"社会舆论就是社会意识形态和价值观的外化形式，而主流意识形态和价值观的彰显必须有正确的舆论导向来保证"[②]。当然，在此并非对中国存在的问题，如贪污腐败、环境污染等，进行粉饰或歌功颂德，也非所有西方价值观都是错的，而是西方价值观不一定能适应时下中国国情，应从实际出发，就事论事，理性地看待和思考中国的发展，这才是媒体应倡导的舆论导向。

（2）虚假新闻事件多发

真实是新闻的生命。这条铁律是所有新闻媒体都必须坚守的底线。然而，近年来虚假新闻事件多发，如北京电视台的"纸包子事件"[③]、香港《大公报》的《北京的哥奇遇：习总书记坐上了我的车》[④]等，为人们所不齿。

何为虚假新闻？它是指"未能真实反映客观事物本来面貌，带有虚假成分的报导"。可以说，所有虚假新闻都有一个共同特征，即"新闻报道者离开新闻赖以

---

① 蓝鸿文主编：《新闻伦理学简明教程》，北京：中国人民大学出版社，2001年版，第181页。

② 蓝鸿文主编：《新闻伦理学简明教程》，北京：中国人民大学出版社，2001年版，第182页。

③ 新闻事件：2007年7月8日晚7时，北京电视台生活频道（BTV-7）《透明度》播出"纸做的包子"，在国内引起很大反响，甚至海外媒体也开始关注。7月18日晚间，北京电视台在《北京新闻》中称，"纸馅包子"被认定为虚假报道，摄制者被刑事拘留，北京电视台向社会深刻道歉。

④ 新闻事件：2013年4月18日上午，香港《大公报》下属官网大公网记者发布《北京的哥奇遇：习总书记坐上了我的车》一文，当天下午新华网辟谣，称该报道为虚假新闻，此为官方口径。

产生和依存的客观事实，任意凭着个人的主观愿望或依据他人的意志去报道'新闻'"①。

网络新闻媒体具有易传播、传播快等特点，这正好给虚假新闻可乘之机。早在 2003 年 9 月 17 日，中国社会科学院就做了《关于中国 12 所城市互联网使用状况及影响》的调查报告，据数据显示：中国网民最信任的仍然是国内报纸、广播、电视三大传统媒介新闻，而信任程度最低的，则是网络新闻。② 相比传统媒体，网络新闻媒体更为泛滥，而且没有很好的方法进行遏制，原因在于，虚假新闻的来源，多源于网民在论坛小区、微博、微信等自由发言，对其真实身份很难查询，更难通过司法手段进行执法。

不可否认，"虚假新闻的泛滥已成为网络新闻安全的一大公害，而以攻击诽谤、造谣惑众、煽动闹事为目的而在因特网上散布的虚假新闻，对于社会稳定和经济秩序更是构成直接的危害"③。因此，对网络虚假新闻的整治，是要下大力度、涉及媒体、宣传主管部门及公检法统一行动，才能遏制其发展势头。

（3）有偿新闻行为难禁

"有偿新闻"一词，在《新闻学大辞典》中界定为："新闻机构向要求刊播新闻者收取一定费用的新闻。"④在蓝鸿文主编的《新闻伦理学简明教程》中界定为："新闻机构及新闻工作者对要求刊登新闻者索取一定费用的新闻，它在我国是 20 世纪 80 年代开始出现的，在 90 年代日益泛滥，成为我国新闻职业道德建设中最严重的问题。"⑤还有学者认为："有偿新闻就是媒介市场中不合乎规范的商品交换行为。"⑥

目前，我国新闻产业正被有偿新闻搞得乌烟瘴气，让其受到很大的危害，如败坏媒体自身的信誉、损害党和政府的威信等，正如有学者认为："这种流弊若不制止，长此下去，新闻作为社会舆论工具的权威性也就丧失殆尽了。"⑦究其原因，"新闻媒介从业人员职业道德淡薄，素质缺乏，却是有偿新闻得以横行的最为根本和直接的原因"⑧。在这些媒体管理者和从业者看来，做新闻不是为了新闻事业的发展，而是升官发财的手段。在他们眼里，只要不出大事就不是事，自

---

① 蓝鸿文主编：《新闻伦理学简明教程》，北京：中国人民大学出版社，2001 年版，第 67 页。
② 孟威：《媒介伦理的道德论据》，北京：经济管理出版社，2012 年版，第 229 页。
③ 蓝鸿文主编：《新闻伦理学简明教程》，北京：中国人民大学出版社，2001 年版，第 182 页。
④ 甘惜分主编：《新闻学大辞典》，郑州：河南人民出版社，1993 年版，第 45 页。
⑤ 蓝鸿文主编：《新闻伦理学简明教程》，北京：中国人民大学出版社，2001 年版，第 83 页。
⑥ 王朝晖主编：《决胜媒体市场：新闻信息资源开发战略》，北京：新华出版社，2003 年版，第 185 页。
⑦ 蓝鸿文主编：《新闻伦理学简明教程》，北京：中国人民大学出版社，2001 年版，第 90 页。
⑧ 孟威：《媒介伦理的道德论据》，北京：经济管理出版社，2012 年版，第 147 页。

己能否往上爬才是大事,所需晋升成本当然需弄点"额外收入"。

同时,我们也应该看到,"从更广阔的社会层面思索,不能断然将所有做出这种有违职业道德的行为全部归因于记者缺乏专业伦理观念的自愿意图,也存在一些客观原因,让媒介和记者的行为方式带有转型时期某些普遍性特征"①。其他媒体所面临的问题,网络新闻媒体同样共有。在某种情况下,发生的概率或许更甚。原因在于,除官方新闻网站政府出资外,商业门户网站的背后是网络公司,自媒体所依托的移动互联网,背后是三大运营商(中国移动、中国联通、中国电信),都是市场化和商业化的公司,盈利才是其主要目的。因此,对新闻从业的准入门槛自然不高,有偿新闻就更难免了。

根治有偿新闻,还需依靠伦理的制度化,同时,要有监督机制切实执行。因此,有学者提出,"这有赖于新闻立法与新闻伦理建设的发展,通过法律和伦理来规范新闻从业者行为,规范新闻活动所反映的社会关系"②。笔者认为,这只是一方面,而另一方面就是落实,并且要有监督体制,让媒体从业者不能也不敢作奸犯科。

2. 网络新闻媒体的失范现象

所谓个性,是指事物独有的特征。相较其他媒体的失范现象,网络新闻媒体有其独有的方面,尤其是在信息安全问题、侵犯隐私权等方面,深受受众诟病。如何解决这些问题,是时下人们非常关心的问题。

(1)网络安全问题与网络不良信息

网络安全问题与网络不良信息是两个概念。网络安全问题是指"为数据处理系统建立和采取的科技和管理的安全保护,以保护计算机硬件、软件数据不因偶然和恶意的原因而遭到破坏、更改和显露"③。网络不良信息是指"互联网上出现的违背社会主义精神文明建设要求,违背中华民族优良文化传统与习惯,以及其他违背社会公德等的各类信息,包括文字、图片、音频和视频等"④。其内容主要包括色情信息、垃圾信息、不健康的网络游戏以及其他类型的有害信息。

信息安全问题,主要涉及黑客和泄密等方面。黑客是"指计算机系统的非法入侵者,多数黑客对计算机非常着迷,认为自己比别人有更高的才能,因此只要他们愿意,就能非法闯入某些禁区"⑤。黑客的行为,会对信息安全带来很大隐患,甚至将会危害到国家安全。另外,现在网络日益深入人们的生活,很多都需

---

① 孟威:《媒介伦理的道德论据》,北京:经济管理出版社,2012 年版,第 146 页。

② 孟威:《媒介伦理的道德论据》,北京:经济管理出版社,2012 年版,第 162 页。

③ 蓝鸿文主编:《新闻伦理学简明教程》,北京:中国人民大学出版社,2001 年版,第 185 页。

④ 林建、张帆:《网络不良信息过滤研究》,《情报理论与实践》,2007 年第 4 期,第 534 页。

⑤ 蒋文保、范勇:《评析网络黑客现象》,《自然辩证法通讯》,2011 年第 1 期。

要实名制，如自媒体和电商网站等，一方面当然有利于网络诚信，但另一方面便存在泄密的问题。网民的个人资料一旦泄露，落入犯罪分子手中，网民的财产安全和人身安全等将受到很大的威胁。

在网络不良信息方面，目前，色情信息在网络中的大量存在，就像病毒一样无孔不入，主要包括色情图片、色情文学、色情游戏、色情视频等。互联网技术极大地助长了色情信息的传播，网络使得色情信息可以轻易地进入个人计算机，特别是一些网站自动弹出的色情窗口，稍不留心就面临色情信息的冲击。值得注意的是，随着无线网络和手机移动互联网的发展，个人可以更加便利地利用手机等相关带有拍摄功能的设备直接传播色情信息，近年来视频聊天即时通信工具的推出，还出现了裸体视频聊天室，使得网络色情活动更加隐蔽，增加了监管的难度。

而网络垃圾信息分为两大类：一类是来自网上的"垃圾信息"，包括网络广告、骚扰信息、垃圾邮件、"水军"信息、"钓鱼"信息等；另一类是因网上个人信息被非法窃取、出售或转让，导致现实中的人被侵扰的信息，包括骚扰短信、推销广告、诈骗信息、电话骚扰等。

垃圾邮件一度是网络垃圾信息的重灾区，据中国互联网协会发布的《2013年第三季度中国反垃圾邮件状况调查报告》调查显示，2013年第三季度，中国电子邮箱用户平均每周收到垃圾邮件数量为11.9封，电子邮箱用户平均每周收到的邮件中，垃圾邮件所占比例为32.8％。[①] 与此同时，用户收到垃圾短信也越来越频繁。据中国互联网络信息中心2012年调查显示：22.1％的手机用户每天1次或多次收到垃圾短信；18.7％的用户每周有2～6次收到垃圾短信；5.3％的用户平均每周收到一次垃圾短信，即近一半的用户每周都会收到垃圾短信。[②] 垃圾信息的泛滥，不仅浪费了网络资源，损失了金钱和时间，还严重影响了人们使用网络的情绪。

（2）网络侵权问题与侵犯隐私

网络侵权问题是指"网络用户、网络内容提供商、网络服务提供商通过网络从事侵害他人民事权力和利益的行为"[③]。也有学者指出，网络侵权"不是指侵害某种特定权利（利益）的具体侵权行为，也不属于在构成要件方面具有某种特殊性的特殊侵权行为，而是指一种发生于互联网空间的侵权行为，可以简称为'网上

---

① 12321举报中心、中国互联网协会反垃圾信息中心：《2013年第三季度中国反垃圾邮件状况调查报告》，中国互联网协会网站，第13页。

② 谭光柱：《近五成的手机用户每周都会收到垃圾短信》，中国互联网络信息中心，http://www.cnnic.cn/hlwfzyj/fxszl/fxswz/201212/t20121228_38446.htm

③ 鲁晓明：《网络侵权类型化：一个难以成立的命题》，《浙江学刊》，2010年第2期，第148页。

侵权'"①。目前，网络侵权行为主要包括侵犯著作权和姓名权、名誉权。侵犯著作权在网络侵权中占有很大比例，尤其是商业门户网站，由于采编力量不够，从业者多数未受过专业培训，同时，在现行法律制度下，它们尚未有采编权，只能通过转载、编辑传统媒体和专业网络新闻媒体的新闻内容，不规范转发和不注明新闻来源时有发生，对著作人进行付费更是不可能。

在姓名权和名誉权方面亦是如此。由于网络为虚空间，网民多数通过匿名形式在网络上发表言论，这就造成可以随意地对他人和公众人物进行诽谤、诋毁、谩骂等，甚至造谣生事，通过自媒体造谣名人去世、明星偷情等，在网络上也偶有发生。从广义来说，网络侵犯隐私权也是网络侵权的一种，但它有其特定的意义。网络隐私权是指"公民在网上享有私人生活安宁和私人信息依法受到保护，不被他人非法侵扰、知悉、搜集、利用和公开的一种人格权；也指禁止在网上泄露某些与个人相关的敏感信息，包括事实图像以及诽谤的意见等"②。

为何网络侵犯隐私权经常发生？对此，有学者认为，"过分热衷于市场效益的媒介很难不流露出对黑暗面报道爱恨交织的某种暧昧，但是将那些不堪入目之事公然曝光之后，媒介不小心也会陷入'侵犯隐私'的嫌疑之中。他们常常会忘记，即便是'犯罪嫌疑人'，也有其隐私，作为社会的一分子，依法享有个人权益。毫无顾忌地报道人物身份、作案情节，任意放大细节，不仅会为当事人的未来生活设下障碍，对他们的心理成长造成负面影响，如有不慎，本身也可能构成违法"③。为此，有些新闻媒体网站"出于对个人信息安全性的疑虑，大多数人在媒体网站注册登录时，倾向于使用虚假的个人信息，以防个人隐私被网站或第三方用于商业或其他未经许可的目的"④。在某种意义上，这有效地保护了网民的隐私权，但同时也导致网民在网络上发表不当言行，这是一个事物的两个方面。

（3）网络犯罪案件频繁出现

网络犯罪的概念，有学者认为网络犯罪是对计算机犯罪的另一种称谓。而计算机犯罪应概括为："以计算机资产为攻击对象或利用计算机为工具而实施的危害社会并应处以刑罚的行为"⑤。还有学者认为，"网络犯罪是指行为人在网络空间内，以计算机网络为犯罪工具或者攻击对象的严重危害社会的行为。"⑥而从网

① 张新宝：《侵权责任法原理》，北京：中国人民大学出版社，2005 年版，第 255 页。

② 赵华明：《论网络隐私权的法律保护》，《北京大学学报》（国内访问学者、进修教师论文专刊），2002 年第 S1 期。

③ 孟威：《媒介伦理的道德论据》，北京：经济管理出版社，2012 年版，第 111 页。

④ 蓝鸿文主编：《新闻伦理学简明教程》，北京：中国人民大学出版社，2001 年版，第 190 页。

⑤ 刘守芬、孙晓芳：《论网络犯罪》，《北京大学学报》（哲学社会科学版），2001 年第 3 期，第 115 页。

⑥ 冯卫国、张立宇：《网络犯罪及其相关问题》《科技与法律》，2001 年第 4 期，第 281 页。

络新闻伦理学角度看，蓝鸿文在所编著的《新闻伦理学简明教程》中，指出"网上的道德失范既包括一般性的道德规范失落和道德意识缺位而引发的不道德行为，也包括极端不道德行为，即网络犯罪"①。

据芬兰著名安全机构 F－Secure 在 2014 年 1 月发布调查报告数据显示，全球每 10 人中就有 1 人成为网络诈骗的受害者。报告称，男性更容易成为网络诈骗的受害者（男性 16％，女性 12％），同时使用计算机和智能手机等设备的人受害率为 19％，是使用单一设备的人受害率的 2 倍。年轻人更容易成为受害者，20 岁至 34 岁受害率为 16％，35 岁至 49 岁受害率为 14％，50 岁至 60 岁受害率为 12％。②

目前网络犯罪主要表现为，通过通信和网络银行等平台，以短信或电子邮件等形式发布诱骗信息，然后通过诈骗人员的花言巧语，令人们失去判断力而受骗。在电子商务异常发达的今天，人们逛街购物的习惯已经被改变，网购成为年轻人生活中不可或缺的部分，由此引发的网络犯罪亦日益频繁。

在没有一部国家新闻法的情况下，如何防范网络犯罪行为的发生，这需要业界呼唤新闻立法，也需对网络行为进行规范。有学者认为："网络冲击了传统的道德观、法律观，而适应网络发展的新道德观尚未确立，由于缺乏既定的、得到公认的道德规范，故难以形成一部良法，调整网络空间的行为，维护网络空间的良好秩序。"③因此，网络犯罪案件频发，需要国家通过法律和道德双重规范网络行为，尤其是利用法律的强制性，规范网络行为，对网络犯罪进行纠正和杜绝。

(二)网络新闻媒体发展的伦理冲突

网络新闻媒体凡此种种失范现象，都需研究者从伦理角度思考，是网络新闻媒体本身出了问题，还是从业者出了问题；是因市场因素影响，还是因社会公平影响；是法律因素影响，还是社会道德影响……这些问题之间，构成了怎样的伦理困境？是否有办法解决？任何一个伦理道德问题，都是一个大的社会问题的一方面。因此，研究网络新闻媒体伦理困境问题，需要放到大的社会问题中去研究，还原伦理道德问题的本来面目，在对比中，看到问题的本质。

1. 媒体责任与媒体寻租

媒体责任是指"新闻媒体作为一种社会公共组织所应承担的义务和责任。媒体除了报道事实、传播信息、传授知识外，更重要的是引领先进文化、引导社会

---

① 蓝鸿文主编：《新闻伦理学简明教程》，北京：中国人民大学出版社，2001 年版，第 181 页。

② 杨晋琳编译：《调查显示全球每 10 人中有 1 人遭遇过网络诈骗》，环球网，http://tech.huanqiu.com/comm/2014－01/4779611.html.

③ 刘守芬、孙晓芳：《论网络犯罪》，《北京大学学报》(哲学社会科学版)，2001 年第 3 期，第 118 页。

主流价值，为促进人类社会进步营造舆论氛围"①。也有学者指出，"媒体责任，是指媒体作为一种社会公共组织，对国家、社会和公众所应承担的基本义务。媒体作为交流、传播信息的工具，其责任由传播信息的各项活动所承载。其中，新闻报道的责任，主要是传播新闻信息，进而引导舆论"②。此两种界定都说明，媒体作为一种社会公共组织，应对国家、社会、公众负责。新闻媒体作为党和国家的"喉舌"，肩负着正确引导社会舆论的重责，应担当起社会道义，提升自身公信力。

就媒体公信力来说，它是指"媒体所具有的一种被社会公众所信赖的内在力量。它是媒体在长期发展过程中日积月累形成的，是衡量媒体权威性、信誉度和社会影响力的标尺"③。因此，公信力就是媒体的影响力，也是媒体的生命力，一旦公信力倒塌，媒体将面临分崩离析的尴尬境地。"在新闻圈——这样一个优越、自由而时髦的行业里做事，记者既可能成为一个高尚、有道德的人，秉承真诚与公正；也可能成为一个巧言善辩、见风使舵的人，到处招摇撞骗。"④因此，作为媒体从业者，维护好媒体的公信力，肩负起媒体的社会责任，是媒体人的"贞操观"。

寻租理论最早萌芽于 1957 年塔洛克（Tullock）所写的一篇论文中，到 1974 年克鲁格（Krueger）正式提出寻租理论概念。其基本内涵为："寻求直接的非生产性利润"，即研究"通过从事非生产性活动而获得利润的方法"。⑤ 当寻租理论引入媒体时，媒体寻租问题成为业界研究的热点。何为媒体寻租？它是有偿新闻的一个变种，是信息商品的不规则交换，实质是"话语权寻租"。⑥ 如果新闻媒体话语权一旦被寻租，那么将会直接影响到媒体的信誉，继而导致媒体的公信力崩塌，也就意味着媒体即将破产。

从另一个角度讲，媒体寻租伤害到媒体的独立精神。新闻记者作为"无冕之王"，具有独立的新闻采访权和事实真相的调查权。因此，媒体的独立精神是非常可贵的。一旦媒体寻租问题发生，媒体就会受经济效益掣肘，受到幕后金主摆布，而不能独立完成新闻报道。对于网络新闻媒体生产的信息商品——网络新闻，当网络新闻媒体一旦寻租出去，通过把网络新闻作为商品，所交换的经济利益就是不合乎道德的，成为有偿新闻。"新闻是一把'双刃剑'，当媒介漫不经心

① 吉保邦、纪楠、季静静：《从媒体责任看新闻自觉》，《现代视听》，2007 年第 8 期，第 1 页。
② 田华、何纯：《娱乐新闻中的媒体责任边缘化及其纠正》，《新闻界》，2007 年第 5 期，第 83 页。
③ 吉保邦、纪楠、季静静：《从媒体责任看新闻自觉》，《现代视听》，2007 年第 8 期，第 3 页。
④ 孟威：《媒介伦理的道德论据》，北京：经济管理出版社，2012 年版，第 265 页。
⑤ 贺卫：《寻租经济学》，北京：中国发展出版社，1999 年版，第 100 页。
⑥ 罗锋、胡朝阳：《试论媒体"寻租"行为对媒介生态的破坏》，《泰山学院学报》，2004 年第 4 期。

地兜售他们的意识形态和观念偏爱时，也许不久之后就会受到他们得意看法的伤害。"①网络新闻成为不规则交换的商品后，伤害的不只是网络新闻媒体自身，还有社会的公正。在一个无视事实、公正和责任的市场中，"公正变成了谁拥有最大话语权力、最冠冕堂皇的道德说辞和最多煽情修辞技巧的问题"②。这样的"正义"就不能称之为正义，为道德领域所不能容。

在市场化浪潮中，媒体都开始向市场要生存要效益，尤其是网络新闻媒体，官方的网络新闻媒体转企改制势在必行，大浪淘沙，适者生存，而商业门户网站更是如此。如何在目前情形下，建立起共同认可的基本秩序和共守原则，是未来网络新闻媒体发展非常关键的问题。从某种意义上说，"服务于社会公益的目标使媒介具有承担道德责任的主体资格，成为媒介承担道德责任的基本条件，而媒介运行良好也是媒介履行积极道德责任的必要前提"③。网络新闻媒体要肩负起社会责任，道德自律是基础，这样才能行使作为"喉舌"的权力。

2. 媒体权力与社会公平

有关权力的概念，托马斯·霍布斯（Thomas Hobbes）、马克斯·韦伯（Max Weber）、安东尼奥·葛兰西（Antonio Gramsci）等学者，从传统权力理论出发，以宏观视角分析权力，重在研究权力由谁控制的问题。后结构主义者米歇尔·福柯（Michel Foucault）从微观视角分析权力，指出"权力不是单向性的从上到下发挥作用，权力是循环的，它从不被一个中心所垄断。我们大家在某种程度上都卷入其循环——都是压迫者或被压迫者"④，并提出权力是所有力的关系、关系的网络，渗透于社会每一个角落。由此，有学者认为，媒体权力是一种社会权力，可被视作是一种微观权力。⑤

媒体权力作为一种社会权力，会调动所有的社会因素，通过新闻报道形式，体现自身的权威和权力。尤其是官方媒体，作为党和国家所主管的宣传媒体，一是所报道新闻往往是国家政策发布和落实回馈，及其在社会诸多领域产生的效果和影响，二是媒体本身就带有行政级别，如同国家行政机构，因此，媒体权力渗透和表现在社会各个方面，成为与立法权、司法权、行政权并称的"第四种权力"。

从微观权力角度看，媒体权力是一种"软权力"。"媒介报道权利，在现实中会转化为一种令人不敢小觑的'媒介权力'，与政治、法律等权力相较，媒介权力

① 孟威：《媒介伦理的道德论据》，北京：经济管理出版社，2012年版，第165页。
② 孟威：《媒介伦理的道德论据》，北京：经济管理出版社，2012年版，第238页。
③ 孟威：《媒介伦理的道德论据》，北京：经济管理出版社，2012年版，第269页。
④ [英]斯图尔特·霍尔编，徐亮、陆兴华译：《表征：文化表象与意指实践》，北京：商务印书馆，2003年版，第50页。
⑤ 赵鸿燕：《关系的网络：微观权力视角下媒体责任探析》，《国际新闻界》，2011年第12期。

是一种'软权力'，不具有政策或法规那样的约束力，它一方面是作为依附性权利存在，反映出一种意识形态的力量；另一方面，比较其他权力形式，这一权力的突出特点是能够直接显示或代表社会风尚，凸显更具普遍意义的道德优越性。"①

福柯的权力理论，还通过"权力—抵抗"二元逻辑思维结构，认为"哪里有权力，哪里就有抵抗，不过，或者因此更准确地说，这种抵抗绝不是处于外在权力关系的境况中……抵抗后来被描述为一个不可征服的对手"②。媒体权力的正当性和合理性是媒体必须谨慎对待的，当媒体滥用这种"软权力"时，所面对的抵抗也会非常强烈。

在一定意义上，媒体权力本身具有监督性质，能监督立法权、司法权、行政权实施，形成社会舆论，肩负社会道义，保证社会公平。但当媒体权力缺失或滥用，社会公平必然也会受其影响，例如"封杀现象"，就是一种媒体权力表现的结果。

有学者认为，"从社会职业伦理的宏观意义上考察，不管封杀双方存在什么样的态度分歧，媒介封杀现象的存在，也有其道德依据，它反映了人们希望尊重规则的文化意识：即进入每个领域都要其规矩制约，按照游戏规则行为，如果违规就必然受罚。这是我们探讨封杀问题的一个道德前提"③。从职业道德层面解析，媒体发布"封杀令"是否具有正当性，这是媒体权力是否能发挥正面或负面影响的关键。如果媒体封杀是出于谋求私利，不顾及社会公平，那么媒体权力必然发生负面作用，影响到媒体自身的公信力。

那么，媒体对社会的不公平主要表现在哪？对此，有学者认为有两种情况：一是媒介厚此薄彼，对作为媒介事件的新闻和作为客观现实自发产生的新闻，存在着重视程度有强弱、编排次序有先后、数量比例有差距的问题，从而冲淡了公众关注其他有价值新闻报道的注意力；一是媒介喧宾夺主，过分看重以致陶醉在自己所设计的媒介事件中，将新闻事实庸俗化，渐行渐远，直至偏离新闻价值判断的轨迹。④ 因此，媒体权力要保证社会公平，就不能越权，而应回到媒体责任本身，不厚此薄彼，不喧宾夺主，担当社会责任和义务，监督立法权、司法权、行政权的正常运行。网络新闻媒体亦是如此。

3. 社会效益与经济效益

网络新闻媒体作为社会"公器"，有着维护社会稳定、促进社会和谐发展等社

---

① 孟威：《媒介伦理的道德论据》，北京：经济管理出版社，2012年版，第212页。

② Michel Foucault, *The History of Sexuality* (*VOl. L. An Introdution*), New York: Vintage Books, 1978, pp. 95—96.

③ 孟威：《媒介伦理的道德论据》，北京：经济管理出版社，2012年版，第222页。

④ 孟威：《媒介伦理的道德论据》，北京：经济管理出版社，2012年版，第209页、第210页。

会职能，这正是其社会效益的体现。社会效益作为网络新闻媒体在实现其社会功能的过程中，对社会的稳定与发展起到的作用，包括媒体社会责任感、媒体人的专业素质、媒体的品牌效应、社会口碑和公信力等。因此，要维护好社会效益，网络新闻媒体需在思想道德、行为规范上正确引导受众，让受众具有正确的价值观念。

在一定程度上，媒体扮演着"经济人"和"道德人"的双重角色。"媒介机构'经济人'的假设对于理解自由经济具有积极的作用和重要价值，但是它并不能取代或者取消'传媒业主'作为'道德人'应承担道德责任、社会责任的伦理品格。"[1]然而，随着网络新闻媒体转企改制，媒体在很大程度上变成了企业。在市场经济中，企业为生存而竞争是市场赋予的特性。但如何在竞争中，坚守"道德人"的本性，是网络新闻媒体所遇到的困难。

有学者认为，"企业的意志和行为更具有集体性。具言之，企业的经营理念、经营战略、经营策略、企业活动等无不成为企业集团意志的体现。因此，企业的有意识的逐利行为就使企业成为道德责任的伦理主体"[2]。也就是说，网络新闻媒体作为企业，在坚守"道德人"的基础上，进行有意识逐利行为是合乎道德的，也是网络新闻媒体发展的正常需求，但前提是有意识逐利行为必须是正当的、向善的。

如何正确处理好社会效益与经济效益的关系，这是网络新闻媒体需要考虑的问题。按照马克思主义新闻观要求，媒体需坚持把社会效益放在首位，努力实现社会效益与经济效益的统一。然而，提高经济效益是网络新闻媒体自身发展壮大的客观需求，这是其生存之本，但当两者发生冲突时，网络新闻媒体需认清，社会效益是媒体的价值所在，只有在将其放在首位的基础上，才能与经济效益协调发展。

4. 媒体审判与司法公正

所谓媒体审判，学者魏永征认为，就是新闻媒介超越法律的规定，越俎代庖，以新闻报道干预、影响审判独立和司法公正。媒体审判有违无罪推定的法律原则，干预了司法独立，破坏了法制。[3] 也有学者认为，"媒体审判是指在司法判例中，可以被概括为是一种媒介不依据法律程序而对被告或犯罪嫌疑人实施非法的舆论裁判的行为"[4]。

从上述界定不难看出，媒体审判实际上是对司法系统的破坏，影响到司法独

---

① 孟威：《媒介伦理的道德论据》，北京：经济管理出版社，2012年版，第257页。

② 王淑芹：《企业道德责任论》，《伦理学研究》，2006年第6期，第69页。

③ 谢苗苗：《论"媒体审判"与司法独立》，《法制与社会》，2008年第15期。

④ 孟威：《媒介伦理的道德论据》，北京：经济管理出版社，2012年版，第180页。

立和司法公正。在西方学界看来，"新闻媒介超越法律规定，抢在法庭判决之前做出有罪、无罪、胜诉、败诉等结论，形成某种舆论压力，以此，干预和影响司法的独立与公正"①。就媒体本身而言，媒体审判是一种越权。媒体的新闻报道不能代替司法审判，在司法审判过程中，媒体的本职工作是监督司法公平、公开、公正，而不是越俎代庖，用媒体监督权去代替司法权。

在某种程度上，媒体监督具有双面性，运用得好可以维权；但如果缺乏制约、运用不当变成媒介审判时，不仅会伤害到自己也会伤害到他人。这种现象被一些学者称为"舆论绑架"，可见其危害性的巨大。② 从伦理的角度看，媒体舆论监督与司法机关之间产生的职能失衡和矛盾争议，主要涉及两种最基本的内在职业价值取向——新闻自由报道权和司法公正精神。两者都是当代民主法治国家，政治生活和社会生活所不可缺少的基本元素。

在中国，"由于法律文化的影响，公众对于司法公正的判断来源于法律与道德的内在自洽，也就是学者所说的法律道德化与道德法律化。如果司法判决的结果既满足了司法实体和程序上的公正，同时又能满足公众心目中道德和伦理的正义，才是被广大公众接受的"③。但是"司法机关应当享有的威信和公信力，它是司法能够有效动作、并能发挥其有效作用的基础和前提"④。而媒体审判妨碍了司法审判，对司法机关构成破坏，这是在任何法治国家都不允许的。

由于网络新闻媒体能迅速及时发布新闻，媒体审判的情形经常存在。近些年，一些影响较大的案件，媒体审判现象经常出现在公众的议论中，如云南大学马加爵杀人案、西安音乐学院药家鑫杀人案等，网络新闻媒体都在司法判决前，进行大量的新闻调查报道，甚至案件涉及人利用媒体误导公众，形成不客观、不公正的社会舆论，影响司法的最终判决。

5. 新闻自由与德性之镜

何为新闻自由？如果我们按不同理论去界定，有不同的结论。对此，英国思想家约翰·基恩在《媒体与民主》中，从哲学角度提出新闻自由四个理论支点：一是"神学的观点"以上帝赋予每个人理性为由，批评限制新闻自由的行为。约翰·弥尔顿在《论出版自由》(1644)中认为，限制新闻自由的行为令人极度反感，扼杀了上帝赋予人的阅读、了解、思考的能力。

二是"自然权利说"认为自由应该是每个人的自然权利。廷德尔在《反对束缚

---

① 庹继光、李缨：《"媒介失语"与"媒介审判"更可怕——以一个典型的个案为例》，《媒介批评》，2005年第4期，第60页。

② 孟威：《媒介伦理的道德论据》，北京：经济管理出版社，2012年版，第182页。

③ 廖金英、谢太平：《"媒介审判"未必有碍司法公正》，《青年记者》，2005年第10期，第54页。

④ 王利明：《司法改革研究》，北京：法律出版社，2000年版，第132页。

新闻》(1704)中认为，限制新闻自由的行为是违反基督教教义的，是与人的天然权利相悖的。"在神圣的领地，在牧师统治下呻吟的自由人发现，印刷技术将不再是牧师奴役我们的工具。"

三是"功利主义说"认为，政府对新闻的审查是对独裁的听之任之，与被统治者的最大限度幸福原则是不兼容的。边沁在《论新闻自由与公开讨论》中强调，那些能为大多数人带来最大幸福的政府和法律是最好的。

四是"追求真理说"认为，新闻自由是真理被不断发现并传播给人们的一个重要条件。穆勒在《论自由》(1859)中认为，任何被官方所禁止的舆论，从它可能服从事实且胜过反驳它的尖刻理论的意义上讲，都有可能是正确的；即使某种观点被证明是错误的，它通常也包含或多或少的真理成分。因此，扼杀新闻自由就等于剥夺了比较各种观点、提出观点以待证明，最终寻到真理的机会。①

而从马克思主义新闻观出发，认为自由是相对的，没有超越于任何限制的绝对自由。自由从来不等同于放纵，媒介的传播活动也必然要受到特定制度、环境、观念、机制、法制的制约。在当代社会，行政制约和法制管理成为不同国家规范新闻传播的两种强有力手段。② 中国作为社会主义国家，马克思主义新闻观是所有媒体做新闻的理论基础，因此，要区别对待自由与放纵的关系。自由是一种相对自由，放纵是一种不负责任。

具体到新闻领域来说，新闻媒体一旦放纵后果将不堪设想，是对国家、社会和公众不负责任，而新闻自由是需要建立在国家法律法规的基础上，坚守社会主义核心价值观，弘扬社会公平正义。"新闻自由和新闻界在一个民主与法治的社会负载着特殊的功能，一方面构成国家与公民之间联系的通道和纽带，另一方面构成了制度设计中国家监控权力与社会的重要渠道。"③这是需要新闻媒体正确认识的重要一点，脱离了这个点，新闻自由只能沦为新闻放纵。

在某种程度上，新闻自由容易让人们陷入相对主义危机，即"对美德、尊重、尊严的戏谑和不顾，意味着人们可能对身边的道德事件越来越淡漠，越来越倾向于在无意义或无奈的热闹之中搁置重要的问题，而不再追问社会应该谴责什么、赞同什么。这是一种道德意识的倦怠，也是对错善恶这种基本伦理原则渐趋衰退的信号"④。从道德层面讲，新闻自由需要以德性之镜作为参照系。苏格拉底说："美德即知识。这是说良好的德性建立的前提是明辨是非善恶，然后才有行为选

---

① ［英］约翰·基恩著，刘继红、刘士军译：《媒体与民主》，北京：社会科学文献出版社，2003 年版，第 11—20 页。

② 孟威：《媒介伦理的道德论据》，北京：经济管理出版社，2012 年版，第 4 页。

③ 张军：《新闻自由与隐私权的冲突和平衡》，《法学评论》，2007 年第 1 期，第 36 页。

④ 孟威：《媒介伦理的道德论据》，北京：经济管理出版社，2012 年版，第 206 页。

择上的道德性"①。而德性"不是社会习惯所要求的,而是我们共同的人类状况的基本事实所要求。"②美国著名学者拉扎斯菲尔德(Paul F. Lazarsfeld)和默顿(Robert C. Merton)在《大众传播的社会作用》中指出:"大众媒介是一种既可以为善服务,又可以为恶服务的强大工具。"③德性之镜,是一种中道思想。新闻自由需要遵循这种思想,为善服务,一旦过度,就会过犹不及,成为为恶服务的强大工具。

就网络新闻媒体来讲,因平台的开放性,尤其是自媒体的发展,使得新闻自由话题不断受到关注。网络新闻自由如何把握尺度?如何不陷入相对主义危机,为善服务?这也是需要网络新闻媒体好好研究的问题。首先,坚持马克思主义新闻观,以社会主义核心价值观为导向,依法对网络新闻媒体进行监控;其次,网络新闻媒体从业者要进行职业化培训,提高他们的业务水平,以德性之镜,加强从业者的道德观念;再次,网络新闻媒体应增强法律意识,从业者不能违法操作,需要程序正义;最后,对自媒体进行合理管控,对网络舆论并非严防死堵,需要合理疏导,各方面的声音都要有,突出社会主义核心价值观念。

三、网络新闻媒体伦理失范成因探析

任何一个伦理问题,都是社会问题。伦理学把道德作为研究客体,而"道德较多地指人们之间的实际道德关系"④,同时,"道德的发生不仅必须以社会关系为前提,而且还必须以复杂到一定程度的社会关系为依据"⑤,而人们都生活在社会之中,道德关系一旦发生,就会在社会中得以体现。因此,要探析网络新闻媒体伦理失范的成因,需要从多维度、多角度分析,如媒体、社会、经济、法律等角度,还原伦理问题的真相,区分出其主要原因和次要原因,为构建合理的建设路径打下基础。

(一)媒体自身因素:媒体人的"二难选择"

就网络新闻媒体自身来说,造成伦理失范的原因有外在和内在之分,市场是外在的,道德是内在的。在内外因的作用下,媒体人会出现"二难选择"的情况,到底是坚守职业道德,还是更加偏向于市场,让媒体人困扰不已,甚至出现自身失范的现象。为此,要分析伦理失范的成因,首先需要从媒体自身因素入手,探讨管理制度、媒体人困境等内部问题,然后才能进一步分析外部成因。

---

① 孟威:《媒介伦理的道德论据》,北京:经济管理出版社,2012年版,第259页。

② [美]斯图亚特·雷切尔斯著,杨宗元译:《道德的理由》,北京:中国人民大学出版社,2009年版,第189页。

③ 李彬:《传播学引论》,北京:新华出版社,1993年版,第137页。

④ 罗国杰、马博宣、余进:《伦理学教程》,北京:中国人民大学出版社,1985年版,第4页。

⑤ 罗国杰主编:《伦理学》,北京:人民出版社,1989年版,第32页。

1. 制度不够健全

网络新闻媒体自身存在的矛盾，在于传授矛盾、不当经营与职业道德矛盾等，这直接影响到网络新闻媒体的发展。但之所以出现这样的问题，很大程度上与网络新闻媒体的管理制度不够健全有关，尤其是把关制度。传统媒体经过长时间发展，有一套成熟的管理制度和把关制度，而网络新闻媒体由于快捷高速、高互动性和多媒体超文本形态等特点，内部管理制度和把关制度一直在不断探索过程中，因此，对网络新闻媒体管理有一定难度。

另外，由于 IT 技术的不断发展，网络新闻媒体的媒体形态也在不断变化，尤其是自媒体的蓬勃发展，对管理者提出了很大挑战。如何去审查自媒体发布的新闻信息，这需要大量的人力物力维护，更重要的管理制度和把关制度往往难以跟上形势，只有在造成一定社会影响的情况，才通过行政管理或法律手段解决问题，而不能通过有效手段把失范现象扼杀在萌芽状态。

马克思主义哲学认为：矛盾是事物发展的内在动力。正是由于矛盾的存在，才促使网络新闻媒体不断进行改革，不断健全管理制度和把关制度，跟上网络新闻媒体发展的步伐，让伦理失范现象尽量少出现，防患于未然。因此，内部管理制度不健全，是网络新闻媒体管理者必须重视的问题。

2. 媒体人的抉择

哈姆雷特的"生存还是毁灭"的问题，在媒体人身上也能体现，在此称为"二难选择"。从事网络新闻媒体的媒体人，多数为年轻人，有些刚大学毕业不久，他们有文化、有理想、有抱负，但往往都在为稻粱谋，一方面是为求生存，而另一方面是如何坚守职业道德。在网络新闻媒体市场化的环境下，媒体从业者在做新闻的同时，兼做市场经营，由媒体人的角色转向到市场人。当面对市场诱惑时，媒体人能否坚守住职业道德底线，回归新闻本位，而不是使新闻沦为商品。

媒体人的"二难选择"，更加侧重于有意违背道德和触犯法律之前，所面临的道德选择，原因在于一旦是无意的，就不会形成"二难"，因为任何事情都在无意识中进行；但一旦是有意的，就不存在"选择"，便是不道德或犯罪。

"二难选择"可以被看作为感性与理性的交锋。媒体人如凭感性就容易受到利益的诱惑，亦会被大千世界的表象所迷惑，而只有经过理性的思考，透过现象看本质，看到利益后面美丽的陷阱，才能不陷入"二难选择"中。然而，正是由于"二难选择"的存在，媒体人在执业过程中，往往因为诱惑而蒙蔽双眼，沦为伦理失范现象的重要助推手，这是非常可悲的事情。

(二)社会文化因素：社会转型期矛盾凸显

改革开放三十余年后，中国经济得到高速发展，为世人所赞叹，与此同时，社会转型时期所出现的伦理道德问题和各方面的尖锐矛盾等，亦为世人所诟病。

在这种大的社会环境下，网络新闻媒体的发展，在一定程度上也兼具这种时代性。如同研究历史问题，不脱离事件当时的社会文化环境，这种研究才会有意义。因此，研究网络新闻媒体伦理失范问题，也需要放到时下的社会文化中，从宏观角度观察问题的全貌，从微观角度深入分析问题。

1. 价值观念扭曲

网络新闻媒体作为一种宣传媒介，在一定意义上，所传播的内容就是一种价值观念疏导。"媒介偏见传播过程中可以实现自己的功能价值：设置焦点、强化观念、支持选择，高效、权威、造势，这样，社会的刻板印象得以加深，歧视也更难消除。人们会不知不觉地将媒介价值观作为引导个人行为的模板，以及衡量他人行为的参照。"[①]

目前中国所倡导的社会主义核心价值观是各行各业，无论什么媒体形态都必须遵守的价值观念。网络新闻媒体所遵守和倡导的价值观念不能脱离社会主义核心价值观。"为人民服务，对人民负责，是社会主义新闻工作的根本宗旨。为人民服务就必须坚持正确的舆论导向，坚持以正面宣传为主的方针，以社会效益为最高准则，最大限度地满足人民群众的正当需求。"[②]然而，在社会经济生活中，由于不良竞争，导致网络新闻媒体价值观念发生扭曲，自身的功能价值难以实现。原因在于网络新闻媒体自身价值观念都不正确，如何能够正确引导受众，作为"衡量他人行为的参照"呢？

在一定程度上，当网络新闻媒体价值观念扭曲后，在不能正确引导受众的同时，对自身经营活动亦难正确规范，此时，就会出现伦理失范的现象。若要防止这种现象的出现，就需及时纠正错误的价值观念，但做错一件事尚需时间改正，而观念错误要改正颇难。

2. 丧失文化底蕴

文化在不同语言环境的表意不同，在西方语义下，英语 culture 是指栽培、脱离原始的意思，而在汉语环境下，文化即是"人文教化"的简称，注重人文养成、道德教化。在这里所谈论的语义，主要是在汉语语境下的"人文教化"，侧重道德教化的功能。中华文明，悠悠五千年，中国传统文化不可谓不丰富。网络新闻媒体作为现代化的媒介载体，如何承传与发展传统文化，如何挖掘传统文化中的精华，如何在传统文化中寻找经营之路，这是传统和现代、文化与技术的结合。但网络新闻媒体除了自身经营外，还需承担起道德教化功能，为党和国家宣传起到"喉舌"作用。

然而，由于社会缺乏传统文化中的诚信，伦理失范现象时有发生。孔子曰：

---

① 孟威：《媒介伦理的道德论据》，北京：经济管理出版社，2012 年版，第 172 页。
② 蓝鸿文主编：《新闻伦理学简明教程》，北京：中国人民大学出版社，2001 年版，第 182 页。

"民无信不立。"孟子亦曰："诚者，天之道也；思诚者，人之道也。"诚实守信，是千百年来在商业活动中必须遵守的金科玉律，但由于现代社会人与人之间相互不信任，导致在商业竞争中，缺乏必要的经济伦理。网络新闻媒体在发展中，也存在类似的问题。网络新闻媒体的经营理念和发展模式，在一定程度上，都是借鉴西方网络公司的发展，往往侧重于生存与发展，注重西方语境的文化含义，而没有回归到汉语语境下的"人文教化"，使得竞争脱离原来的道德规范，偏向于不良竞争范畴。

从社会文化层面来说，由于传统文化的缺失，缺乏传统道德原则和规范的束缚，网络新闻媒体从业者在具体经营过程中，缺少敬畏之心，只要有利可图，便会穷尽所能，不达目的不罢休。这样的道德实践必然是失范的，必然是违背道德规范和准则的。传统文化的道德教化功能是净化社会不良风气、纠正伦理失范的手段。而现代社会的多元性，在某种程度上，弱化了传统文化的这种功能，因此，也成为网络新闻媒体伦理失范的外部环境原因之一。

(三)经济竞争因素：经济利益成唯一杠杆

在改革开放的浪潮中，市场经济取代计划经济后，由原来以阶级斗争为纲，转向为以经济建设为中心。经济的快速发展，从物质方面大大满足了人们的需求，因此，不乏有人从经济角度考虑问题，把经济利益作为衡量事物发展的杠杆。网络新闻媒体发展亦是如此。网络新闻媒体管理者为求生存有时个别人不顾自身职业道德，把网络新闻媒体是否盈利作为衡量的标准。此种做法，往往扭曲媒体从业者的价值判断标准，认为只要挣钱就能干，而置新闻伦理于不顾，甚至违法犯罪亦在所不惜。

1. 不良竞争模式

就竞争来说，目前学界有三种关于竞争模式的主要理论：一是完善的或全面的竞争模式，指出价格与市场结构的关系，即在完善的条件下，商品价格可达到最低的平均成本。二是"自由竞争"模式，由美国芝加哥学派提出，自由竞争的结果最终导致垄断。三是"有效竞争"模式，竞争被视为一种长期的激励机制，一个生机勃勃的你追我赶的过程。[1]

就网络新闻媒体发展来说，需要一种"有效竞争"模式，建立起一种长期的激励机制。然而，目前网络新闻媒体都在寻找自己的盈利点，都在试探自身个性化的、特色化的服务，在相互竞争中，形成不良竞争模式，既有完善的或全面的竞争模式，又有"自由竞争"模式，相互混合。在很大程度上，这都不适合网络新闻媒体正常发展。

---

① 王晓晔：《竞争法研究》，北京：中国法制出版社，1999 年版，第 75—77 页。

从积极方面看，竞争是优胜劣汰、适者生存的过程，是有利于事物向前发展的。网络新闻媒体在竞争过程中，能够提升自身的服务质量，更加贴近受众的服务体验，并且促进网络新闻媒体整体水平的提高。从消极方面看，网络新闻媒体在竞争过程中，所承担的社会责任和道义受到挑战，"媒介所承担的道义每遇到市场化、经济效益甚至是吵吵嚷嚷的公众需求、知情权等挑战时，往往就会退却或变得不堪一击。"①

当网络新闻媒体不能承担社会责任和道义时，所面临的竞争也是难以合乎道德的，就处于不良竞争模式。不良竞争带来的结果，便是竞争处于无序过程中，伦理和道德处于失范状态。无序过程和失范状态的竞争，需要回归理性，通过外界的强制性手段，才能加以导正。对于竞争而言，只有达到"有效竞争"模式，建立起长期的有效机制，才能让竞争变得规范有序。

2. 媒体经营转向

从广义上讲，网络新闻媒体要转向做经营，就会存在伦理问题，原因在于网络新闻媒体作为宣传工具，是党和国家宣传的"喉舌"，如要保持纯粹意义上的宣传，与经营所需达到的获利性，就会相互矛盾，便会遇到盈利是否正当等问题。从狭义上讲，网络新闻媒体从业者是经营活动中的主体，受自身社会生活环境影响，为求生存、谋发展，带有一定的趋利性。因此，在面对需要盈利的情况下，从业者坚守职业道德底线就有难度，就会碰到伦理问题。

在此基础上，紧随其后的问题便是失不失范。笔者认为，很多事物之间并不是非此即彼，而是存在一定的空间，是属于"灰色地带"，同样，在道德与法律之间亦有这种空间，因此，如何界定是否失范，需要根据所处的环境决定。

根据境遇伦理学观点："任何道德原则和规范都是对一定道德关系的认识和概括，适用于一定的道德环境。改变了道德环境，那么这些原则和规范就有可能失灵。"②如果外在道德环境一旦发生变化，那么经营活动就易导致伦理失范，甚至让原有的道德原则和规范都遭到破坏。

目前，由于网络新闻媒体生存环境愈来愈靠近市场，尤其中央级网络新闻媒体都在转企改制，打包上市，更毋庸说其他商业性网络新闻媒体，都在不断挤占市场，争相提供更加特色化、个性化的服务，满足受众的需求。然而，市场是有限的，在有限的空间内寻求最大的利益，便会导致网络新闻媒体之间相互竞争，相互厮杀，通过各自不同的手段和谋略，展开"生存保卫战"。相对而言，在生存面前道德就退居其次，道德原则和道德规范所具有的约束力，对于从业者在利益

---

① 孟威：《媒介伦理的道德论据》，北京：经济管理出版社，2012年版，第256—257页。

② 李双进：《关于"境遇伦理学"的若干思考》，《河北师范大学学报》(哲学社会科学版)，2002年第6期。

面前所受的诱惑，就显得过于单薄与无力。

(四)法律建设因素：尚无国家新闻法出台

从法律层面来说，最直接的表现便是国家尚无新闻大法出台，导致媒体法制建设一直停滞不前。在缺乏法律的强制规范情况下，网络新闻媒体出现伦理失范现象情有可原，原因在于法律与伦理是通过强制和非强制、他律与自律等角度规范事物发展，当法制建设缺失时，网络新闻媒体缺少强制性和他律的引导，导致新闻伦理底线失陷。在这个过程中，网络新闻媒体管理者和从业者作为伦理失范的主体，由于缺乏法律监管，在利益面前不能抵挡诱惑，成为网络新闻媒体失陷的主因。

1. 新闻尚未立法

论新闻立法的历史渊源，早在清朝便有《大清报律》，这是中国第一部新闻法，全文几乎都是借鉴日本的新闻法；自辛亥革命到 1949 年，国民政府都有相关新闻法出台，如 1912 年的《中华民国暂行报律》、1914 年的《出版法》、1930 年的《出版法》、1932 年的《新闻记者法》和 1937 年的《修正出版法》等；新中国成立后，尚未出台新闻法。[①]

虽未有新闻法，但涉及新闻的法律法规却也不乏，《宪法》中有言论自由的法条，《刑法》《民法》中也有涉及新闻的法律条款，另外，国务院和各部门也出台多部新闻出版条例，如《出版管理条例》《广播管理条例》《互联网管理条例》《突发事件应对法》《政府信息公开条例》等。然而，这些法律法规存在很多问题，如：法律层次不够，法律效用较低，同时政出多门，九龙之水，碰到具体新闻案件时，又会陷入无法可依的境地。中国一直高呼法治，而国家却没有一部新闻大法，多少让媒体人感到失落。

就目前来说，新闻立法存在两大矛盾：一是媒体监督权和个人隐私权之间的矛盾；二是新闻自由与媒体管制之间的矛盾。在很大程度上，前者是以传受为主体的矛盾，而后者是传受与宣传主管部门之间的矛盾，这两个矛盾的主要矛盾是后者，也是新闻立法的最大阻力所在。

有学者认为，新闻自由"是公民的基本自由之一，是通过传播媒介表现出来的言论、出版自由。它是指公民和新闻传播媒体在法律规定或认可的情况下，搜集、采访、写作、传递、发表、印制、发行、获知新闻或其他作品的自主性状态"[②]。但所谓的新闻自由是相对的，不是绝对的。

中国新闻事业是在马克思主义新闻观指导下的具体实践，媒体作为党和政府

---

① 铁永功：《新闻立法，三十年未成》，大公网，http://news.takungpao.com/mainland/yang-guang/q/2013/0128/1412170.html

② 甄树青：《论表达自由》，北京：社会科学文献出版社，2000 年版，第 56 页。

的"喉舌",受党的领导。而新闻法需要平衡媒体的权利和责任,对媒体权力会有所制约,从管理部门的角度来说,不可能让媒体援引法律脱离管制。由于新闻未有立法,网络新闻媒体在发展过程中,亦存在所有媒体面临的矛盾,不能从法律层面得到足够法理依据,在没有法律的强制和监督下,道德的天平就容易滑向失范。

2. 法律监管不够

道德下的自律和法律下的他律,是事物发展的两个方面,但道德与法律最根本的区别在于是否有强制性。对于事物发展来说,一旦法律的他律作用,没有强制性的规范,道德自律就缺乏监督,就易导致伦理失范。因此,"如果媒介只将道德责任作为一种外在'强加'而非自身所必须具备的条件和特征,这种伦理观只能从外部输入道德规范,或通过强加而实现,却无法寻找到美德内化的途径,尤其是当外部传播环境变得越来越开放的时候,当失去外来的强制力而又未能建成内在强大的动力机制时,很难保证媒介会做出清醒、正直而公平的判断,甚至自身究竟会倒向何方都会转成为一种商业抉择。在任何一个现代化的国家,这都是于社会的期待背道而驰的"①。

在《中国新闻舆论监督现状调查分析》报告中,"对媒体从业人员的调查结果显示,有61.9%的被调查者认为'缺乏法律保障'是批评报道难搞的原因之一,有61.3%的被调查者认为应'尽快出台新闻法'"②。由于未有新闻法出台,在具体新闻事件上,往往造成无法可依的尴尬局面,如都称记者是"无冕之王",可当记者的报道权和监督权受到打压时,记者却没有合适的法源证明自己是"无冕之王",这种法源仅散见于《政府信息公开条例》《新闻记者证使用办法》等,其规格亦不高。

正是因为法律建设不完善,法律监督就存在漏洞,就易走向人治,形成权益交换。"一个电话一个指示,就可以毙掉一篇精心准备多时的稿件;党的主管部门可以对新闻单位随意发号施令而不留任何证据,甚至发展到亲自操刀删改重写具体稿件。而一些丢掉自律的媒体人,也会把新闻报道当成交换工具,随时把手头掌握的信息和内幕变现。"③网络新闻媒体作为大众媒体之一,难以幸免,枪毙稿件、网络删稿等现象尤甚。在这种情况下,网络新闻媒体所肩负的社会道义沦为空话,成为利益集团代言的工具,伦理失范就自然形成。

---

① 孟威:《媒介伦理的道德论据》,北京:经济管理出版社,2012年版,第257页。

② 乔云霞、胡连利、王俊杰:《中国新闻舆论监督现状调查分析》,《新闻与传播研究》,2002年第4期,第89页。

③ 铁永功:《新闻立法,三十年未成》,大公网,http://news.takungpao.com/mainland/yang-guang/q/2013/0128/1412170_3.html

（五）伦理道德因素：内心精神信仰的缺失

研究伦理失范问题，最终还需回归伦理本身。网络新闻媒体的伦理失范，在伦理道德层面需要从精神信仰研究，这是媒体人的核心，亦是媒体的核心。媒体本身就是意识形态的化身，如自身都缺乏精神信仰，所传播的内容和思想也就是无根之木、无花之果。正由于精神信仰的缺失，导致网络新闻媒体从业者没有新闻理想，因此，在从事经营活动时没有底线，一切以盈利为目的，违背基本的新闻操守，因经济效益损害社会效益，导致网络新闻媒体名誉受损和媒体公信力下降。

1. 精神信仰缺失

在道德领域来说，精神信仰的力量非常强大。精神信仰是人类的灵魂，是内心世界的核心。然而，现代中国发轫马克思主义所宣传的唯物主义，对任何事物缺乏敬畏之心，以为天下老子第一，前三十年以"文革"结束而终结。而后三十年以经济建设为中心，人们都"一切朝钱看"，时至当下，物质水平的提高并未填补人们内心的精神信仰，而是愈来愈贫乏，社会道德整体滑坡，出现伦理失常、环境污染、食品安全等问题。

人需要精神信仰，网络新闻媒体亦是。"当它（网络新闻媒体——笔者注）被注入某种精神，并要为此精神所激励，而且被组织成为一个单一机构时，就不再仅仅是一个各自分离的实体的总和——它有了自己的个性。而且这样的机构确实能在某种意义上对自己的行为负责，称为道义上认可或不认可的对象。"[①]网络新闻媒体所担当的社会道义，需要精神信仰支撑。如果一个媒体不能铁臂担道义，不能引导人们从善如流，必然会遭到社会和时代的唾弃。精神信仰的缺失是这个时代所面临的问题，而网络新闻媒体作为现代化传播平台，应为人们建立起精神信仰而摇旗呐喊。

对于"网络新闻道德领域出现的种种问题，根本原因在于对网络新闻实质的认识存在误区，因而对相关道德问题的认识也就存在着偏差"[②]。网络新闻的实质就是帮助政府治理社会，相关道德问题就是如何肩负起社会道义，因此，网络新闻媒体伦理失范的重要原因是没有肩负起社会道义，未能帮助政府在管理过程中建立人们的精神信仰。

伦理失范与精神信仰是相互影响的，当社会精神信仰缺失时，必然会影响到网络新闻媒体从业者的精神世界，变成经济社会中的经济动物，变成"异化的人"。物质生活的丰富只能满足人的基本要求，而不能满足人对精神信仰的追求。

---

① ［美］克利福德·G. 克里斯蒂安等著：《媒体伦理学——案例与道德论据》，北京：华夏出版社，2000 年版，第 23 页。

② 蓝鸿文主编：《新闻伦理学简明教程》，北京：中国人民大学出版社，2001 年版，第 190 页。

当从业者变得如此，网络新闻媒体作为载体又能如何？恐是灵魂不在，精神空虚，伦理失范。

2. 失守的媒体人

对于媒体人来说，品性是第一位的。著名记者邵飘萍指出：品性作为记者资格的第一要素，揭示了品性在"记者资格"中所处的首要地位，并指出"所谓品性者，乃包含人格、操守、侠义、勇敢、诚实、勤勉、忍耐及种种新闻记者应守之道德"[①]。品性是媒体人职业道德的根本，如果品性不好，在利益诱惑面前，媒体人很难把握住自己，容易越过职业道德的底线。在市场化过程中，网络新闻媒体从业者所面临的利益诱惑更多，考验从业者品性的机会亦更多。

就目前来说，媒体人受利益诱惑的外因在于外部道德环境的变化，如市场竞争越来越恶劣、媒体人自身道德意识下降等。而造成媒体人伦理失范的内因，就在于媒体人自身道德涵养的缺失。从媒体人的道德涵养来说，需要具备"一种政治勇气，要尊重事实，服从真理，坚持真理，要做到一切从实际出发，不惟上，不惟书，重在惟实"[②]，这些都是媒体人必须具有的特质。

然而，在网络新闻媒体从业者具体的经营活动中，迫于实际的生存和生活压力，从业者可能会在无意或有意中越过职业道德的底线。无意在于他们未必知道哪些是违背道德的，亦不一定能明确知道哪些是违法的；有意在于他们经受不住利益的诱惑，明知故犯，不能守住职业操守，甚至知法犯法。

四、网络新闻媒体发展的伦理规制

面对网络新闻媒体的伦理失范，如何建构合理规范的伦理规制是需要探讨的课题。这个课题需着重研究两个大问题，即价值理由和建设路径，为规范网络新闻媒体伦理失范破题。对于规范网络新闻媒体的价值理由问题，同样需照应前文提出的新闻、社会、经济、法律和伦理五个因素，提出相应的价值理由。同时，引入西方学者勒温的场论和布尔迪厄的场域理论及新闻场的概念，通过建立数据模型的要素，构建网络新闻媒体伦理失范的建设路径。

(一)规范网络新闻媒体的价值理由

价值理由是构建网络新闻媒体伦理建设路径的前提。只有在价值理由成立，以及在遵循基本原则的基础上，建设路径才具有针对性和有效性。主要从五个部分分析价值理由，即新闻原则、社会原则、经济原则、司法原则和道德原则，与前文成因探析相互照应，同时，为新闻场域理论要素分析奠定基础。

---

① 蓝鸿文主编：《新闻伦理学简明教程》，北京：中国人民大学出版社，2001年版，第13页。
② 蓝鸿文主编：《新闻伦理学简明教程》，北京：中国人民大学出版社，2001年版，第13页。

1. 新闻原则：真实、客观、全面、思想性报道

真实是新闻的生命，客观是新闻的尺度，全面是新闻的广度，思想性是新闻的深度，这是新闻报道需遵守的原则。在这些报道要求中，真实是最为关键的，离开了真实，新闻不能称之为新闻，其社会危害性远远大于新闻本身。因此，有学者认为，"坚持真实原则，这是新闻业发展中首要的、决定性的命题，也是新闻界提高媒介公信力、提高传播质量、令人信服和获取尊敬的基本举动"①。

网络新闻媒体因具有信息量大、内容更新快、传播速度迅速等特点，因此，对新闻的真实性要求更高，"真实是新闻的生命所在，这一点并不因为新闻载体和传播方式的改变而改变，正相反，网络时代的新闻受众对新闻的真实性有更高要求"②。如何辨别和判断新闻的真实性，这是网络新闻媒体从业者必须具有的能力和素质，"事实上，记者们并不是没有办法来避免由于判断错误而扮演'造假二传手'的角色，一个最直接的方法就是，努力找出相反的论据，或者那种可以引发相反判断的事实"③。因此，从业者在上稿时多问几个为什么，多找些相反的论据，应该具备一种怀疑精神。

任何新闻都需基于客观报道，要以新闻事实为准绳，尽量减少媒体人的主观臆测，同时，媒体人要站在客观角度，带有全面性、思想性报道新闻。因为"作为一个负责任而敏锐的新闻媒介，它所扮演的应该是'公众发言人和引导者'的角色。作为社会公器而存在，它的利益应该是和公众一致的。公众要求媒介做到真实、公正、客观，成为他们声音的'扩大器'，也是符合媒介本身的职业特征和追求的"①。

目前，网络新闻媒体新闻报道的全面性，更优于传统媒体，尤其在新闻背景材料和新闻图片的使用上，对读者更具有阅读性，但在思想性方面，一直是网络新闻媒体的软肋。相比较传统媒体的思想性，尤其是深度性报道杂志，网络新闻媒体略逊一筹，因此，目前网络新闻媒体都有一种意识，要求增加原创性新闻稿件，做出有思想性、深度性的稿件，弥补网络新闻媒体的不足之处。

对于任何经营活动，虽然网络新闻媒体要考虑竞争压力，但新闻媒体都必须坚守职业道德，需要坚持真实、客观、全面、思想性报道的新闻原则。而媒体人需"守土有责"，在坚持新闻原则的基础上，把自身职责履行好，才能去考虑个人利益、职业发展等问题。

就媒体人职业失守问题，媒体和宣传主管部门应加强职业培训教育，使媒体

① 孟威：《媒介伦理的道德论据》，北京：经济管理出版社，2012年版，第11页。
② 蓝鸿文主编：《新闻伦理学简明教程》，北京：中国人民大学出版社，2001年版，第193页。
③ 孟威：《媒介伦理的道德论据》，北京：经济管理出版社，2012年版，第52页。
① 孟威：《媒介伦理的道德论据》，北京：经济管理出版社，2012年版，第115页。

更专业化，应"倡导将教育的内容与新闻职业准入的标准密切联系，如果媒介伦理不仅作为一种基础，也作为一种必要性条件，在职业教育和职业准入的层面被完美地体现出来，内部公式化的伦理原则必然在现实观念层面增强其职业约束力"①。坚守新闻原则，就是坚守新闻职业道德底线，尤其是新闻的真实性，是新闻的生命和灵魂，是新闻的根本所在，新闻只有在真实的基础上，才能坚持客观、全面、有思想性。新闻原则属于新闻专业领域的基本原则，网络新闻媒体从业者必须坚守，同时，需要通过职业培训教育提升专业水平和素养。

2. 社会原则：坚持公正、有立场的舆论导向

社会舆论导向是社会统治者意志的体现，是统治者为达到社会治理的目标而提出的价值取向。当代中国的社会价值导向就是社会主义核心价值观。网络新闻媒体需要坚持的价值原则，便是在社会主义核心价值观下的公正、有立场的社会舆论导向。

中国古代社会受儒学统治，社会制度只为封建等级制的"天然合理""合乎天道"服务，社会公正缺乏存在的土壤。到当代中国，人们才逐渐开始探讨社会公正问题，内容主要包括实质公正和程序公正，前者体现在社会成员基本权利的保证、机会平等、按照贡献进行分配以及社会调剂（社会再分配）等方面的公正，后者体现在程序、流程等方面的公正，后者是前者的基础和保障，即若没有程序公正，就没有实质公正。

网络新闻媒体代表的是社会监督权，能监督社会公正的实施，但前提是自身必须遵守程序公正，这样，才能肩负起监督社会公正的职责。与此同时，网络新闻媒体必须要有坚定的立场，促进社会正义发展，坚持正确的社会舆论导向。

媒体最主要的功能就是制造社会舆论，"通过新闻报道引导舆论，发挥媒介的舆论导向作用，构建主流价值观，是媒介意识形态特征的基本显现，也是媒介所担负的主要社会功能。因此，根据具体情况进行舆论引导，以正面宣传为主，唱响主旋律，成为媒介事件策划的一个主要意旨"②。对此，陈力丹认为，"舆论是一种道德化的力量。公众总是习惯于从道德角度去定义事实或理解意义。从卢梭到李普曼，他们对舆论的定义都与道德文化联系在一起，而我们也可以经常感到，舆论对公众事务的评价，在相当程度上不是哲理性的而是道德意义上的"③。

因此，网络新闻媒体通过正面的社会舆论导向，化解转型期间所面临的社会矛盾，营造和谐的文化氛围，消除社会歧视。"随着社会上民主、平等权利意识的增强，人们对歧视话题愈加关注，有些问题已经触及社会敏感地带。在这种情

---

① 孟威：《媒介伦理的道德论据》，北京：经济管理出版社，2012年版，第211页。
② 孟威：《媒介伦理的道德论据》，北京：经济管理出版社，2012年版，第196页。
③ 陈力丹：《舆论学——舆论导向研究》，北京：中国广播电视出版社，1999年版，第56页。

形下，媒介更应该保持理性，有所作为，减少社会歧视和更正社会偏见。但是事实上，一些媒介却在主观和客观上常常造成对弱势群体的区别对待，即便不涉及禁止公民歧视的法规文件，这种不公正现象也必然受到道义的谴责。"①基于此，网络新闻媒体必须遵守坚持公正、有立场的社会舆论导向，才不至于带来不公正现象。

3. 经济原则：有限度地追求经济利益最大化

在市场经济环境下，追求经济利益最大化，是所有利益集团或个体的共识。然而，无限地追求利益最大化，是否会导致不良竞争和市场混乱？这是值得在经济伦理领域探讨的问题。

在这里，需要提到西方古典经济学家亚当·斯密，他分别在两部重要的作品《国富论》和《道德情操论》中，比较系统地阐述"经济人"假设和"道德人"概念。亚当·斯密在《国富论》中认为，作为"经济人"，人都是自私自利的，"我们每天所需食料和饮料，不是出自屠户、酿酒师或烙面师的恩惠，而是出于他们自利的打算。我们不说唤起他们的利他心的话，而说唤起他们利己心的话。我们不说自己有需要，而说对他们有利。"②因此，人在从事具体经济活动时，都会追求个人利益，同时，人又是理性的，以最小的牺牲来满足自己最大的需求，寻求个人利益最大化，在此过程中，客观上又满足了他人和社会的利益。

亚当·斯密在《道德情操论》中，又提出"道德人"概念，认为人作为"经济人"具有自私自利的一面，但这不是纯粹的，同时人还富有同情心的一面。他认为："无论人们会认为某人怎样自私，这个人的天赋中总是明显地存在着这样一些本性，这些本性使他关心别人的命运，把别人的幸福看成是自己的事情，虽然他除了看到别人幸福而感到高兴以外，一无所得。这种本性就是怜悯和同情，就是当我们看到或逼真地想象到他人的不幸遭遇时所产生的感情。"③《国富论》是从利己主义角度，阐述"经济人"的自私自利，而《道德情操论》是从利他主义角度，说明"道德人"的同情心，他认为，利己主义和利他主义本质上是一致的，人们从利己主义的动机出发，通过"看不见的手"的调节，最终会实现利己和利他的统一。④这只"看不见的手"，便可阻止极端利己主义，防止无限地追求利益最大化。

网络新闻媒体的不良竞争，就在于追求利益最大化的同时，"看不见的手"的调节非常有限，利己而未能利他，追求了经济效益未能顾及社会效益。"网络新

---

① 孟威：《媒介伦理的道德论据》，北京：经济管理出版社，2012年版，第176页。

② ［英］亚当·斯密著，郭大力、王亚南译：《国民财富的性质和原因的研究》（上卷），北京：商务印书馆，1972年版，第14页。

③ ［英］亚当·斯密著，蒋自强等译：《道德情操论》，北京：商务印书馆，1998年版，第5页。

④ 沈跃春：《经济学悖论及其方法论意义》，《天津商业大学学报》，2008年第4期。

闻传播主体为人民服务就要处理好社会效益与经济效益的关系，在把社会效益放在首位的前提下实现社会效益与经济效益的统一。"①有学者认为，"媒介的伦理问题主要纠结于，他们能否妥善地运用好手中被赋予的权利更好地协调包括自身在内的、不同需求之间常会出现的利益冲突"②。"在新闻行业普遍地建立起信用评估机制，用以约束新闻机构和从业者。"③因此，笔者认为，为建立合理有序的经济原则，网络新闻媒体行业应该建立诚信机制，防止不良竞争发生，合理处理利己和利他的关系。

4. 司法原则：新闻立法与司法独立的法治精神

在中国改革开放后，新闻立法历经三十余年而不能立，存在的根源性问题是新闻媒体作为党的宣传工具和文化阵地，党是新闻媒体的真正领导和裁判，而不是法律。然而，通过三十余年的探索和发展，新闻立法并非没有希望，这与当代中国坚守的法律体系有关。

在法制方面，当代中国与英美国家不同，分属不同的法系。英美国家是海洋法系，有了《宪法》和宪政的基本原则，法官可以依据判例执法，如美国《宪法第一修正案》规定，国会不得制定法律剥夺言论和出版自由，这就大体上足够了，因为这是最高原则。然而，中国与英美国家不同，在法制上大致属于大陆法系，需要以"以事实为依据""以法律为准绳"，法官裁判案件要依据现有的法律规定。④ 因此，当新闻还未立法，碰到具体的新闻事件就无法律依据，这与中国建立法治国家的精神相违背。

虽然存在新闻立法与"党管媒体"的矛盾，但随着政府信息公开的不断加强，业界和民众对新闻立法呼声愈来愈高，新闻立法将成为一种趋势。与此同时，"新闻立法是新闻体制改革的核心内容，对于推进政治文明意义重大。新闻体制改革作为政治体制改革的一部分，是对社会既定利益关系的调整，其难度不言而喻"⑤。何为法治精神？对公民而言，便是"法无禁止即自由"，对政府而言，便是"法无授权不得为"，但前提就是必须保护司法独立，因为一旦司法不能独立，法治精神便难以实现，当政府公权力不断扩大时，公民利益就难以受到保护。

因此，有学者认为，"司法独立是法治国家一个必不可少的主要标志，已得到国际上的普遍赞同和认可。虽然民主原则、平等原则、程序公正、依法行政、法律至上等都是现代法治的必备要素，但是司法独立不仅有其自身的独立价值

① 蓝鸿文主编：《新闻伦理学简明教程》，北京：中国人民大学出版社，2001 年版，第 192 页。

② 孟威：《媒介伦理的道德论据》，北京：经济管理出版社，2012 年版，第 211 页。

③ 孟威：《媒介伦理的道德论据》，北京：经济管理出版社，2012 年版，第 163 页。

④ 铁永功：《新闻立法，三十年未成》，大公网，http://news.takungpao.com/mainland/yang-guang/q/2013/0128/1412170_3.html.

⑤ 王文静：《新闻立法的必要性与可能性》，《新闻世界》，2009 年第 6 期，第 69 页。

（国家权力结构的分权与制衡），而且还是实现上述这些原则的重要条件"①。司法独立也是保障司法权威的基础，司法权威的保障条件有五个方面：一是法官对自己公正判决的独立意识；二是来自训练有素的律师支持的意识；三是有关部门的支持意识；四是新闻媒介的支持意识；五是一般公众和特定诉讼当事人对法官的支持和尊重意识。② 但这些都需要司法独立作为支撑，才能保障司法权威。

网络新闻媒体必须尊重司法权，尊重司法原则和法治精神，才能肩负起社会监督权；同时，司法权也需要在媒体监督下运作，才能维护好司法原则和法治精神，才能尽早促成新闻立法。

5. 道德原则：在新闻报道中道德理性的选择

任何一个不讲职业道德的媒体所带来的社会危害都是巨大的，会造成国家和人民的重大损失，迟早会被人民所抛弃。道德原则的失守是网络新闻媒体失范的最直接原因，亦是新闻、社会、经济、法律等诸多因素"空场"时产生的最后结果。

道德的目标是善，终极目的是满足人的需求。无论是人的感性需求，还是理性需求，只要是向善的、合乎理性的要求，就是道德所追求的目标。道德向善最终的目的是指向人本身，在于满足人的需求。

从道德本身角度来看，道德理性的选择功能是为了道德的自我实现。道德理性本身是为了道德服务的，它从道德或道德活动出发，经过一系列的思维活动的选择过程，最终的归宿是为了道德或道德活动的道德化、理性化。这样一个过程也就是从道德出发又回归道德的自我实现的过程。③ 新闻职业道德的理性选择也是向善的，满足媒体人和社会民众的需求，最终的归宿也在道德活动的道德化、理性化。因此，对新闻职业道德原则和规范就有自己的要求。

蓝鸿文等编著的《新闻伦理学简明教程》一书中，针对新闻职业道德原则和规范进行界定，"新闻职业道德原则是指新闻媒介及新闻工作者在新闻传播活动中所应遵循的道德法则和道德标准"④，而"新闻职业道德规范是指新闻媒介及新闻工作者在新闻传播活动中所遵循的一些长期实践、约定俗成的职业行为准则。它通常由相关社会组织、行业机构（如新闻工作者协会等）根据以往的实践制定，是一种带自律性质的职业行为标准"⑤。在网络新闻媒体实践中，新闻职业道德原则和规范是基本要求，在新闻报道中，向善引导，满足受众对新闻的基本需求，

① 李步云、柳志伟：《司法独立的几个问题》，《法学研究》，2002 年第 3 期。

② 宋冰编：《程序、正义与现代化——外国法学家在华演讲录》，北京：中国政法大学出版社，1998年版，第 280 页。

③ 陈筱倩：《道德理性选择的归宿》，《黑河学刊》，2012 年第 3 期。

④ 蓝鸿文主编：《新闻伦理学简明教程》，北京：中国人民大学出版社，2001 年版，第 35 页。

⑤ 蓝鸿文主编：《新闻伦理学简明教程》，北京：中国人民大学出版社，2001 年版，第 42 页。

坚持新闻原则、社会原则、经济原则和司法原则，导正不良的道德选择和伦理失范现象。

(二)网络新闻媒体的新闻场域建设

通过对价值理由的分析，基本确定规范网络新闻媒体伦理失范的建设原则，而对伦理建设路径在此引入新闻场域理论。这一套新闻场域理论，是借鉴勒温的场论、布尔迪厄的场域理论及新闻场提出的，以便从不同角度和视野，为规范网络新闻媒体伦理失范，提供不同的思考方式。

1. 对场论和新闻场域理论的借鉴

新闻场域理论主要是借鉴勒温的场论和布尔迪厄的新闻场，在此，主要通过分析新闻场域中各要素的关系，寻找出规范网络新闻媒体伦理的建设路径。勒温从心理学领域所开创的场论，更加适合分析网络新闻媒体伦理失范中的从业者，而布尔迪厄所提出的新闻场，更加适合分析整个网络新闻媒体行业的失范现象。

(1)库尔德·勒温的场论

勒温的场论主要把社会个体的行为作为心理学的研究对象，在分析一个人在特殊情境下的行为时，提出了行为公式[①]：

$$B = f(PE)$$

B：Behavior(行为)

P：Person(个人)

E：Environment(环境)

f：function(函数)

在这个公式中，个人的行为取决于个人的状态，亦取决于环境。人的行为随着人和环境的变化而变化，同样一个人在不同的环境中产生不同个人行为，同样的环境中不同的人亦会产生不同的个人行为。勒温在此基础上，借用物理学中的"场"的概念，提出心理场和生活空间的概念。在他看来，"心理场就是由一个人的过去、现在的生活事件经验和未来的思想愿望所构成的一个总和。每一个人心理场的过去、现在和未来这三个组成部分都不是恒定不变的，它们会随着个体年龄的增长和经验的积累在数量上和类型上不断丰富扩展。同时每个人心理场的扩展和丰富在速度和范围上又有其具体差异性"[②]。

心理场和个人生活空间(life space)是如何联系起来的呢？勒温认为生活空间是人和环境相互依存因素的集合，因此，他用公式表达为 $B = f(PE) = f(LS)$。这表示个人行为随着环境的变化而变化，同时随着生活空间的变化而变化。这样

---

① [德]库尔德·勒温著，竺培梁译：《拓扑心理学原理》，杭州：浙江教育出版社，1997年版，第10—11页。

② 周俊：《新闻失范论》，北京：人民日报出版社，2014年版，第21页。

我们能借鉴心理场来理解新闻场的变化，即媒体人的个人行为是随着周围环境的变化而变化的，同时也随着生活空间的变化而变化。

网络新闻媒体作为新闻场的一部分，网络新闻媒体从业者必然受到周围环境影响，同时也会受到自身生活空间变化的影响。一旦周围环境和生活空间发生变化，从业者的个人行为就会变化。当环境是往好的方向变化时，从业者个人行为就会朝好的方向变化；反之，就朝坏的或伦理失范的方向变化。同样，当生活空间变坏时，从业者个人行为也会朝坏的或伦理失范的方向变化，因此，从从业者个人行为角度来说，如要规范网络新闻媒体伦理失范，环境和生活空间就需要朝好的方向改变。

（2）布尔迪厄的新闻场

与勒温从个人行为角度提出新闻场不同，布尔迪厄所提出新闻场是从新闻行业的角度，他用以下公式来表达[①]：

[（惯习）（资本）]＋场域＝实践

在此公式中，实践（practice）是惯习（habitus）、资本（capital）和场域（field）相互作用共同产物。布尔迪厄在其与华康德合着的《实践与反思——反思社会学导引》一书中指出："在各种位置之间存在的客观关系的一个网络（network），或一个构型（configuration），正是在这些位置的存在和它们强加于占据特定位置的行为者或机构之上的决定性因素之中，这些位置得到了客观的界定，其根据是这些位置在不同类型的权力（或资本）——占有这些权力就意味着把持了在这一场域中利害攸关的专门利润（specific profit）的得益权——的分配结构中实际的和潜在的处境（situs），以及它们与其他位置之间的客观关系（支配关系、屈从关系、结构上的对应关系，等等）。"[②]

同时，他还认为惯习与场域密切联系，"一方面，这是种制约关系：场域型塑着惯习，惯习成了某个场域固有的必然属性体现在身体上的产物。另一方面，这又是种知识的关系，或者说是认知建构的关系。惯习有助于把场域建构成一个充满意义的世界，一个被赋予了感觉和价值，值得你去投入、去尽力的世界"[③]。因此，布尔迪厄所关注的场域是社会高度分化的结果，不同的场域有不同的逻辑和规则。[④] 为此，他提出新闻场的概念，认为"新闻界是一个独立的小世界，有

---

① Bourdieu, P., *Distinction：A Social Critique of the Judgment of Taste*，Harvard University Press，1984，p.101.

② ［法］皮埃尔·布迪厄、［美］华康德著，李猛、李康译：《实践与反思——反思社会学导引》，北京：中央编译出版社，1998年版，第133—134页。

③ ［法］皮埃尔·布迪厄、［美］华康德著，李猛、李康译：《实践与反思——反思社会学导引》，北京：中央编译出版社，1998年版，第171—172页。

④ 周俊：《新闻失范论》，北京：人民日报出版社，2014年版，第24页。

着其他小世界的牵制和推动。说新闻界是独立的，具有自身的法则，那是指人们不可能直接从外部因素去了解新闻界内部发生的一切"①。但在另一方面，新闻场又受到政治场、经济场等制约，受制约于国家政策和商业化环境等因素，例如网络新闻媒体，宣传主管部门的政策和意识形态指挥其运作，同时，又受到自身发展的制约，需要通过点击率，来衡量在商业环境中的自身优势和地位，也是衡量从业者最后的判断标准。

从实践角度说，网络新闻媒体伦理失范也是一种社会实践，也适用于布尔迪厄的新闻场域理论。因此，首先要分析网络新闻媒体及从业者所处新闻场域与权力场域的相对位置，这是网络新闻媒体伦理失范实践活动的社会建构；其次要分析网络新闻媒体及从业者作为整体在新闻场域中的位置，构成了网络新闻媒体及从业者实践活动在新闻场自身场域内的建构；最后要分析网络新闻媒体及从业者作为个体在新闻场域中的位置，这是作为实践主体的网络新闻媒体及从业者在新闻伦理失范中的自我建构。

对以上三种建构的分析，分别是对社会要素、规范要素、角色要素的分析，然而，任何一个要素都不可能单独起作用，必然是联动的、综合的，因此，在具体规范网络新闻媒体伦理失范的建设路径时，就必须考虑综合要素的形成。

2.网络新闻媒体规范的建设路径

对网络新闻媒体伦理失范的分析，最终需要归结到一点，即网络新闻媒体规范的建设路径，这是本文的最终目的和意义所在。通过对新闻场域理论的分析，将从社会要素、规范要素、角色要素和综合要素四个路径进行伦理建构，以期实现本文的最终目的。

(1)社会要素：正义

马克思曾指出："每一历史时代主要的经济生产方式与交换方式以及必然由此产生的社会结构，是该时代政治的和精神的历史所赖以确定的基础，并且只有从这一基础出发，这一历史才能得以说明。"②目前，中国社会处于转型期间，社会结构在不断发生深刻变化，网络新闻媒体所处的环境和媒体人所处的生存空间都在变化。

从某种意义上说，网络新闻媒体伦理失范属于转型时期社会失范的范畴。社会失范表现在政治、经济、文化、法律、教育等一切领域，权力腐败、经济信用危机、知法犯法、教育不公平等失范现象屡禁不止，在这种环境下，网络新闻媒体岂能独善其身？那么，如何才能解决网络新闻媒体所面临的问题？笔者认为，最为核心的一点就是要倡导社会正义，网络新闻媒体及从业者在社会实践中遵守

---

① [法]皮埃尔·布尔迪厄著，许钧译：《关于电视》，南京：南京大学出版社，2011年版，第55页。
② [德]马克思、恩格斯：《共产主义宣言》，北京：人民出版社，1964年版，第1页。

正义原则。按照罗尔斯提出的两个正义原则：

第一个正义原则：每个人对与所有人所拥有的最广泛平等的基本自由体系兼容的类似自由体系都应有一种平等的权利（平等自由原则）。第二个正义原则：社会的和经济的不平等应该这样安排，使它们：（1）在与正义的储存原则一致的情况下，适合于最少受惠者的最大利益（差别原则）；（2）依系于在机会公正平等的条件下职务和地位向所有人开放（机会的公正平等原则）。①

在罗尔斯看来，第一正义原则优先于第二正义原则，第二正义原则中机会的公正平等原则又优于差别原则。当代中国的社会正义深受罗尔斯正义论影响，同时借鉴他的正义原则进行对社会正义的探讨。因此，正义必须合乎每一个人的利益，同时还需合乎最少受惠者的最大利益，而不义便是不能合乎每一个人的利益，尤其不合乎最少受惠者的最大利益。

在新闻场域理论中，环境和场域决定个人行为和媒体实践，因此，在一定程度上，改变社会环境和场域，就会影响网络新闻媒体及从业者行为和新闻实践，因此，只有社会正义，才能改善网络新闻媒体所处的环境和从业者所处的生存空间，才能规范网络新闻媒体伦理失范。

（2）规范要素：责任

就规范要素而言，就是分析作为新闻场域惯习之一的新闻职业规范与新闻媒体及其从业者之间的互动关系，以及这种关系是如何影响新闻失范的。② 而对网络新闻媒体伦理失范来说，就是要分析网络新闻职业规范与网络新闻媒体及从业者之间的互动关系。在这种互动关系中，需要探讨网络新闻媒体及从业者需要担当的社会责任。

作为网络新闻媒体及从业者来说，需要尽到的责任就是使自己具有良好职业规范，同时更加专业化。因此，有学者提出新闻专业主义概念，既不同于政治权力对传媒的要求，也不同于市场经济行为对传媒的要求，而是一种服务行业的专业化意识，一系列职业规范以及评判标准。它包括专业知识的积累、获取专业知识和技能的训练、专业资格的认可、彰显专业精神的范例，以及专业内部的自律。③

因此，在网络新闻媒体伦理失范中，需要通过新闻专业主义，构建网络新闻媒体规范体系的基本维度。在中国社会转型期间，随着网络新闻媒体市场化进程，新闻专业主义理论不断发酵，成为网络新闻媒体业内的共识，追求新闻专业

---

① ［美］约翰·罗尔斯著，何怀宏、何包钢、廖申白译：《正义论》，北京：中国社会科学出版社，1988 年版，译文前言第 7 页、第 8 页。
② 周俊：《新闻失范论》，北京：人民日报出版社，2014 年版，第 65 页。
③ 陈力丹：《健全有效的传媒自律机制》，《新闻界》，2003 年第 6 期。

主义，就是对网络新闻职业规范和原则的追求。"若一种行业的专业化程度较高，其职业行为是在职业理念和精神内化的基础上，通过具体的职业规范进行自律以达到其职业理想和责任。"①

随着网络新闻专业化的发展，网络新闻媒体会自行规范其伦理失范现象，以便达到职业理想和责任，成为网络新闻媒体伦理建设路径之一。

（3）角色要素：良心

角色要素需要关注的是网络新闻媒体及从业者的社会角色定位。社会角色是指与人们的某种社会地位、身份相一致的一套权利、义务的规范与行为模式，它构成社会群体或组织的基础。在现代社会，一定的社会角色所具有的权利、义务及行为模式都受到一定社会制度的规定。② 在目前中国的社会制度中，网络新闻媒体作为宣传工具和信息工具，既有意识形态领域的"喉舌"功能，又有经济领域下的商品交换功能。因此，在双重功能的作用下，网络新闻媒体及从业者处于政治场域和经济场域的对立面中。③ 所以，网络新闻媒体及从业者一直处于两难境况，难以摆脱，只能坚守自身的职业良心，不做不仁义的事情。

按照《中国伦理学百科全书》释义："良心是一种道德意识，是人们在履行对社会和对他人的责任和义务过程中形成的道德责任感和义务意识的总和，是一定的道德观念、道德情感、道德信念在个人意识中的统一。"④而职业良心是从业者在职业活动中对自己所应履行的职业责任、职业义务的一种自觉意识，表现为强烈、稳定的职业道德情感、职业道德信念和职业道德习惯等，是职业道德原则在思想意识中的内化。⑤

职业良心作为网络新闻媒体从业者职业道德原则的内化，指导着个人行为，这就能够从新闻场域理论中，在其他要素不变的情况下，反推导出环境和场域的变化，从而，促进网络新闻媒体的发展，规范网络新闻媒体伦理失范的现象。与此同时，笔者还认为，在角色要素中，要充分发挥网络新闻行业协会的功能。因为，网络新闻行业协会是社会、政府与网络新闻媒体三者之间的缓冲地带，具有重要的缓冲作用，能够避免三者之间直接发生矛盾。

（4）综合要素：幸福

随着社会分工越来越细，每个人对社会的依赖度就越来越强，社会整合的空间就越来越大，这是时代发展的脉络。社会整合是社会体系内各部分的和谐关

---

① 周俊：《新闻失范论》，北京：人民日报出版社，2014年版，第72页。

② 郑杭生：《社会学概论新修》，北京：中国人民大学出版社，2003年版，第139页。

③ 周俊：《新闻失范论》，北京：人民日报出版社，2014年版，第123页。

④ 罗国杰、马博宣、夏伟东：《中国伦理学百科全书》，长春：吉林人民出版社，1993年版，第125页。

⑤ 张国蓉：《培养职业良心 提高职业道德水平》，《经济与社会发展》，2009年第12期。

系，以及社会体系内已有成分的维持。但到达社会整合必须满足两个条件：一是要有足够的社会成员作为社会行动者受到适当的鼓励并按其角色体系而行动；二是使社会行动控制在基本秩序的维持之内，避免对社会成员做过分的要求，以免形成离异或冲突的文化模式。① 不同的社会有不同的整合方式。在中国社会转型期间，就需要整合政治、经济、新闻、法律、道德等协调程度，促进中国社会良性发展。而具体到网络新闻媒体伦理失范上，就需要整合社会要素、规范要素和角色要素，从宏观角度来说，就是整合政治场域、经济场域、法律场域、道德场域与新闻场域之间的关系；从微观角度来说，就是整合各要素间的自身整合。

面对伦理失范问题，网络新闻媒体需要"针对日益细化的市场分工、专业分工、权力分配，明确归属、责任和管理细则，细化运作和监管细则，建立保证职责运作的良性机制，是内部防范职业道德减损的制度性保证和迫切之需"②。只有这种良性机制的建立，才能避免伦理失范现象的发生和发展。

探讨社会综合要素，还有一项主要的任务，就是需要考虑到社会主体是否幸福，这个主体包括媒体人、受众和社会所有成员。从亚里士多德的幸福观来说，幸福就是至善，合乎德性的，因此他在《尼各马可伦理学》写道："人的目的，即人的可实践的最高善，就是幸福。"③还认为："幸福的生活似乎就是合德性的生活，而合德性的生活在于严肃的工作，而不是消遣。"④对于网络新闻媒体而言，需要给社会主体幸福，而不是不幸。网络新闻媒体从业者必须是向善的，所有个人行为都是合乎德性的，分清严肃的工作和消遣。而网络新闻媒体必须维护社会正义，坚持道德自律，坚守职业良心，才能避免和导正伦理失范。

五、结语

探讨网络新闻媒体伦理失范问题，不能仅仅从新闻媒体的角度来考察，而应该放到社会失范这个大的环境中思考。原因在于任何一个小问题，背后都隐藏着社会性的大问题，都是在社会诸多因素的作用下，才产生的现象和结果。因此，探讨网络新闻媒体伦理失范的现象、分析成因、找出对策和建设路径，都需要把社会大环境考虑进去，才能洞察问题的实质和真相。

网络新闻媒体伦理失范所造成的现象有很多，笔者在论文中都进行了概述，

① 中国大百科全书出版社编辑部：《中国大百科全书·社会学卷》，北京：中国大百科全书出版社，1991 年版，第 351 页。

② 孟威：《媒介伦理的道德论据》，北京：经济管理出版社，2012 年版，第 269 页。

③ ［古希腊］亚里士多德著，廖申白译：《尼各马可伦理学》，北京：商务印书馆，2003 年版，译注者序第 xxxiii 页。

④ ［古希腊］亚里士多德著，廖申白译：《尼各马可伦理学》，北京：商务印书馆，2003 年版，第 304 页。

并对成因进行了分析，同时，对伦理失范的思考和价值理由也进行了深入探讨，但论文最后建设路径是论文的重点，也是论文的价值所在。

为摆脱传统意义上的建设路径，笔者经过慎重思考，决定引入新闻场论理论。在论文中，笔者通过对勒温的场论和布尔迪厄的新闻场的借鉴，从社会要素、规范要素、角色要素和整合要素出发，提炼出规范网络新闻媒体伦理失范的四个伦理要点，即正义、责任、良心和幸福。

通过以上分析和论述，笔者最后所得出的结论，便是规范网络新闻媒体伦理失范，其实最终所达到的目的就是要让社会主体得到幸福，幸福需要通过维护社会正义、承担社会责任、坚守职业良心才能变成事实。推而广之，每个社会个人和行业，其实都在追求自身的幸福，但幸福的获得就需要正义、责任、良心产生的合力现实。

同时，对于伦理失范，不能只见其消极的一面，其实，伦理失范也具有积极的一面。法国哲学家居友就认为失范是伦理学进步的必然表现，是对凝固的、虚幻的传统宗教、传统伦理的一种背叛，充当了一种新生事物的作用，具有思想解放的含义。[①]

对此，涂尔干也认为，社会只有处于团结类型发生转变的过渡时期才会出现失范，在社会团结发生转变的过渡时期中，社会中充满各种紧张和危机而导致社会改组。社会改组的情况下，原来社会中用以整合社会的集体意识和道德规范标准被破坏了，而新的标准又不能立即建立，此时，社会缺乏明确一直的社会集体意识和规范，从而陷入混乱无序的失范状态。[②]

因此，人们需要正确看待失范问题，无论是网络新闻媒体伦理失范，还是社会失范，只是一种现象的呈现，而非事物的本质。作为研究者，就需要透过失范现象研究其本质，提出构建伦理失范的路径。

---

① 朱力：《变迁之痛：转型期的社会失范研究》，北京：社会科学文献出版社，2006 年版，第 15—18 页。

② ［法］爱米尔·杜尔凯姆著，钟旭辉等译：《自杀论》，杭州：浙江人民出版社，1988 年版，第 211 页。

新中国"十七年"城市娱乐生活研究

李小虎[①]

一、近代城市的娱乐生活

近代以来，西方的娱乐生活方式传入中国，逐渐被市民认同、接受和仿行，并适应中国文化加以改易和创新；中国传统娱乐生活方式抑或逐渐衰微、消亡，抑或增添了新内容而发生变异。由此近代中国的娱乐生活日益走向现代化和多样化，并呈现出中西杂糅、新旧并举、多元复杂、不平衡及城乡相互渗透交融等时代特点，鲜明地折射出近代社会变迁的历程和实践轨迹。

（一）近代主要的娱乐方式

1. 电影成为最受欢迎的娱乐方式之一

作为近代科学技术和表演艺术之结合物的电影，在 19 世纪末被介绍到中国。1896 年 8 月 11 日，上海徐园"又一村"首映"西洋影戏"，此为电影正式传入中国之始。与中国传统娱乐方式相比，西方传来的电影更能使人开眼界、长见识，它为中国人带来了一种全新的娱乐方式。它能"开古今未有之奇，泄造物无穷之秘。如影戏者，数万里在咫尺，不必求缩地之方，千百状而纷呈"[②]。"不但能发显出各种景致，比如天然的山水树木，人工的楼台殿阁，并能演出古今各种历史，直把那天下古今奇奇怪怪的事都缩在眼前……美哉！乐哉！二十世纪的人，竟能享这个眼福，真是梦想不到的事呀！"[③]可见当时城市人们对从未接触之"电光影戏"的奇趣妙境和独特魅力已有相当的认识和感受，甚至发出"看看看，真极！看看看，奇极！看看看，活极！"[④]之赞叹，真、奇、活三个字充分表达了近代城市人对电影特点的感受及对其所传达的域外风物的兴趣。"试游大都会之影戏馆，当见有数千百之观客，忽而歌，忽而泣，若不能自已者。此可见其魔力之大矣。"[⑤]由此，电影在近代中国各大中城市传播开来，引起了人们的极大兴趣。电影从传

---

① 李小虎：北京建筑大学建筑学院讲师。

② 《观美国影戏记》，《游戏报》，1897 年 9 月 5 日。

③ 《照妖镜》，《大公报》，1909 年 8 月 2 日。

④ 《大公报》，1906 年 7 月 28 日，广告。

⑤ 《活动影戏发达之未来》，《东方杂志》1919 年第 4 号，第 113 页。

入到被城市民众认同和接受的这一过程，折射出近代国人对西方文明由排斥、抗拒到接受、认同的时代线索。

电影在城市文化生活中的影响及意义，从以下描述可知矣，"电影在上海的娱乐生活中占一位置，自 1903 年（清光绪二十九年）始。此项新兴的艺术，实能引起极多数人的爱好与欣赏，所以电影商业随时俱进，迄今不仅与中国旧剧分庭抗礼，并且有驾而过之的趋势。上海现在有专门放映电影的剧院 33 所至 36 所之间；去年有一本电影书报，名叫电通书报的，它将这许多电影院的摄影标于一张上海地图上，加一行大标题道：'每日百万人消纳之所'。电影的魔力跟电影院在上海市民生活中的地位，盖可知矣。"①电影的传入不仅增加了城市文化娱乐方式，更重要的是它对市民起到了"睁眼看世界"之效，促使他们看到了从未见过的外部世界，了解到了西方文明，也输入了西方的新思想。人们的心理态度、价值观念、行为方式和生活方式也发生了极大转变，自由开放的城市社会心理和社会风气因此逐渐形成。同时，城市民众因电影带来的开放的心理观念及其城市文化环境的改变又必然会推进电影娱乐业的发展进步。

2. 话剧的传入与传统戏曲的改良

戏剧作为一种表现现实生活的文艺形式，长期以来为大众喜闻乐见。近代以来，戏剧作为城市民众精神文化生活的组成部分，仍然扮演着重要角色，成为不可或缺的文化娱乐方式。而随着西方文明的输入与中国社会的急剧变化，中国戏剧从形式到内容都发生了变化，这主要体现在话剧的传入与传统戏曲的改良革新。

西洋话剧传入到中国城市后，首先出现在最早开埠的通商口岸城市——上海。当时在外国人设立的许多学校中，学生们在"恳亲会""学艺会"上自扮自演各种戏剧。因这些戏剧不同于传统戏曲须唱皮黄，伴以锣鼓、丝弦、勾脸及舞唱，而仅以台词构成全剧，故称为"新剧"。由此，早期话剧在中国近代城市中应运而生，各种话剧团体相继涌现，十分活跃。此外，大中学校的业余演剧活动也轰轰烈烈。在西南和华南各地，学生以文明戏为重要宣传形式，自编自演，鼓吹变革，鞭挞黑暗，受到各阶层民众的热烈欢迎。如 20 世纪 30 年代的天津，话剧创作和演出达到高潮，除学校业余剧团外，还出现了一批专门从事社会演出的话剧社团。1935 年后又成立了一些职业话剧团，演出的剧目除中外名剧，还有大量自己创作的现实题材话剧，尤以独幕剧占多数，演出的地点也由学校礼堂逐渐发展到市内各大剧场。可见，话剧自传入中国到在各城市普遍流行公演，已成为一种新式的公众娱乐方式。不仅为城市民众的文化娱乐生活增添了一道光彩，而且

---

① 上海通社编：《上海研究资料续集》，上海：上海书店，1984 年版，第 541 页。

为中国戏剧注入了新鲜血液，使之逐渐趋向革新，同时也促进了城市社会的变迁。

受话剧影响，上海、北京等各大中城市先后出现了"戏曲改良运动"。在上海，以潘月樵和夏月珊、夏月润兄弟为主，用京剧形式表现当时生活，编演了《潘烈士投海》《新茶花》等中外题材的时事新戏，并在唱腔、表演、舞台布景等方面大胆改革，创立了所谓"海派京剧"。在北京，梅兰芳等人进行了古装新戏和时装新戏的尝试。此外，各地方戏曲也出现了类似的改革活动，其中比较重要的团体有秦腔的"易俗社"、河北梆子的"奎德社"，以及川剧的"戏曲改良公会"，等等。

民国初期，粤剧随城市化浪潮从乡村流入城市，粤剧艺人为适应城市观众的口味，大量吸收广东民间音调，并改用方音，发展了许多新唱腔。1925 年后，粤剧艺人又大量移植外国剧目和新编现代剧目，音乐上又大胆加入了小提琴等西洋乐器。到 20 世纪三四十年代，又加了小号、萨克斯、吉他、木琴等，甚至还引入了外国爵士音乐。可见，传统戏曲在近代城市社会大变革的环境中，为迎合市民不断变化的生活需求、审美情趣、价值观念等，不得不适时变革并加以创新。

3. 西洋体育成为重要的休闲娱乐活动

体育作为一种体现人类活力和竞争意识的文化形式，除具有强身健体功能外，它还能刺激情绪、振奋精神、沟通心理、塑造个性。伴随列强入侵而来的西方体育活动，对中国民众来说完全是新鲜稀奇之物，好奇求异的人们逐渐接受和仿行西方体育运动项目，参加体育竞技活动和观看体育比赛逐渐成为城市民众一项重要的休闲娱乐活动。体育竞技活动既增强了城市人的体魄，又增强了他们的灵感、竞争意识和自我实现的欲望。更值得一提的是，体育活动影响了近代城市人，尤其是青年知识分子的性格。西方人好争、好动和自由开放的国民性格，通过体育竞技活动，对中国城市民众起到了潜移默化的作用。体育悄悄地改造着他们的心理，塑造了日益现代化的市民性格。因此体育娱乐活动的引进和开展，不仅丰富了市民的文化娱乐生活，更促进了城市社会生活方式向现代化的转变。

体育之目的在于锻炼身体，增强体魄。但在列强入侵、民族危机深重的近代中国，体育自始是与以"养成尚武精神、实行民族主义"为宗旨的军国民主义联系在一起的。因此，自晚清以来，中国最早的体育活动仅局限于军队中，主要为操练洋操。随后各类新式学堂成为近代体育传播和繁殖的摇篮，它们率先创行和推广科学的体育活动。20 世纪初，以上海、江苏等地为中心掀起一股倡导体育的热潮，并逐渐波及全国各地。体育运动逐渐从军队、学校走向社会，普及民间，成为城市民众重要的文体娱乐活动之一。各类民间体育团体纷纷建立，各种外国体育项目被广泛引进，而这些体育竞技活动于近代城市人完全是新鲜的事物，每当有比赛，市民们往观者甚多。特别是春秋两季赛马期间，"上自士大夫，下及贩夫，肩摩踵接，后至者几无置足处"①。各城市体育运动的展开在社会上引起极大的反响，因而促进了校内、校际以及全国性运动会的召开。自 1910 年至 1948 年，就有七届全国运动会在南京、北京、杭州、上海等城市先后举办。京、津、沪、宁等城市中各级运动会的举办及迅速发展，推动和加速了体育娱乐活动走进广大民众的生活。据统计，1929 年，上海市市立公共体育场运动人数达 1 230 484 人，1930 年达 1 258 696 人。② 而南京市市立九龙桥游泳场游泳人数，每月都在 20000 以上。且"为提倡全市体育之发展，每季均举行各项比赛……市内除有公共体育场及鼓楼儿童运动场，与正建筑之江西门运动场外，并拟于各区设儿童运动场 11 所"③。体育活动不仅在正规体育场所进行，各城市中的一些大旅馆、酒吧、游艺场及某些新式会馆和大茶馆内都设有弹子房和各种棋室等近代体育活动。如上海的华众会、张园、申园等处纷纷开设弹子房，有的一室中就设台六七张，年轻人中以此为时髦娱乐，精于此技者甚多。④ 各城市民众参加体育运动的热情以及体育运动的普及状况，由此可见一斑。

4. 西方交谊舞成为都市中上层人士的重要娱乐方式

舞会是西方人的一种娱乐和交际方式。晚清以来，西学东渐，中外交流频繁，中国官员不断出访欧美，每到一国，必被作为来宾邀请参加舞会；同时，寓华外国人也常常举办舞会，邀请与他们有交往的中国官员、买办和商人参加。由此交谊舞传入中国城市，并逐渐为人们所认同和追求，随之渐渐流行于都市中上阶层，成为其重要的娱乐生活方式。

1897 年 11 月 4 日，上海道台蔡钧为配合慈禧"万寿庆典"，在上海洋务局举办盛大舞会，这是中国官方举行的第一场大型舞会。民国初年，北京、上海等地的达官贵人及其子女开始模仿西方人，参加交谊舞会，作为"舶来品"的西方交谊舞在中国城市土壤中逐渐成长发展。然而，其时交谊舞还局限于上流社会的少数人，但这种新颖奇特的娱乐方式不仅能吸引求新逐异的人们，而且又是与现代化和时代潮流相契合的新型文化娱乐方式。因此，上流社会的这种娱乐方式迅速在市民阶层中传播发展，到 20 世纪 20 年代初，跳舞之风在北京、上海等大城市纷纷兴起。"到舞场去的朋友，不但是摩登妇女，惨绿少年，而白发盈头，长袍马褂的老头儿也很多。最普通的代价，一块大洋可以跳二次，每次只费二角二分

---

① 乐正：《近代上海人社会心态(1860—1910)》，上海：上海人民出版社，1991 年版，第 216 页。
② 上海市地方协会编：《上海市统计》，1933 年，"教育"第 14 页、第 16 页，"社会"第 19 页。
③ 南京市政府秘书处编印：《十年来之南京》，1937 年，第 38 页、第 40 页。
④ 《李小虎访谈录》(未刊稿)，第 53 页。

（更有新开设的小场子为招徕起见，一块钱可以买六张舞券跳六回），就可和半裸的粉香扑鼻的、婀娜多姿的舞女搂抱接触了。跳舞被大家视为最便宜的娱乐消遣，但是一开香槟，吃些茶点，那就要耗去几块钱或几十块钱，更视为常事。靠此为生的舞女，现在约略计算，已有两千多人……"①夜总会、舞厅、高级饭店等相继出现。据统计，1946 年上海市有舞厅 100 余处，正式注册登记的舞女有 3300 余人。亦如郁慕侠之描述："跳舞风尚盛于西欧……后来传至沪上，一般专学时髦的男女青年都趋之若鹜。五六年前的各游戏场、各大旅馆，都另辟跳舞场，供给摩登青年的需要，更雇了中西舞女以应市，欧式音乐以娱耳。跳舞的名目很多，有却尔斯登舞、华尔士舞、勃罗丝舞、探戈舞、狐步舞等。彼时此风最盛，每天晚上，各舞场中莫不舞侣济济，宣告客满。"②交谊舞成为都市人娱乐生活的重要组成部分，乃是近代社会发展之必然趋势，并彰显出其特殊的意义。它打破了中国封建社会"男女授受不亲"的祖传训诫，促使原本与中国传统文化格格不入的西方舞蹈文化，较为容易地在中国得以传播与发展。国人不但没有拒绝对西方交谊舞这一新生事物的接受与学习，相反，人们开始热爱交谊舞，旧有观念也开始改变。

5. 读书看报、外出旅游等成为民众文化娱乐生活新方式

20 世纪初，随着新式学堂的广泛建立，市民的文化素质不断提高，不少人更加注重文化娱乐的质量，逐渐开始在闲暇时间阅读书籍和报纸杂志、收听广播等，以获取现代知识和信息来充实和提高自己。如上海外资电厂工人星期天多去四川路、南京路听戏看电影，补习英语或技术，工余时间打球、读书，看报、写字。据《上海市年鉴》的统计，1937 年上海《申报》等 26 种全国有影响的报纸销路：平均每日为 960 961 份，其中本埠销数占 56.67%，即 539 559 份。一份报纸多为一家传阅，是年上海家庭人口户均 5 人左右，除掉婴幼儿与不识字者，再打个折扣，那么，读者即受众也有 1 348 897.5 人之多，已大于上海职业人口数了。③ 伴随着市民读报需求应运而生的阅报社、讲报社在各城市的出现，越来越多的市民对读报和听报产生兴趣，读报成为民众文化娱乐生活的重要内容，他们也由此了解社会信息，关注国家命运，从而提高觉悟，转变观念。

日益兴起的公众文化教育场所，也成为市民充实精神世界、提高文化生活的不可或缺的途径。1930 年，上海市市立简易民众教育馆，阅书报人数 28 477，演讲次数 676，听讲人数 14 205，娱乐人数 44 384。北平市立第一民众教育馆内设图书室，每日平均接待读者 400 人次；有阅报室，每日平均接待读者 50 人次；

---

① 郁慕侠：《上海鳞爪》，上海：上海书店出版社，1998 年版，第 137 页。
② 郁慕侠：《上海鳞爪》，上海：上海书店出版社，1998 年版，第 21 页。
③ 忻平：《从上海发现历史》，上海：上海人民出版社，1996 年版，第 69 页。

设儿童读书会、民众识字班、妇女补习班、民众学校；有运动场，每日平均 100 余人在场内活动；设民众游艺室……还有茶社和民众商场。即使是内地城市成都，1927 年进成都市通俗教育馆的亦有 70 余万人，入博物馆者至少达 40 万人。另外，无线电广播电台的兴起，亦为城市人业余文化生活创造了新条件。电台节目的播放，不仅使市民的业余休闲生活得以充实，也为市民提供了各种信息，更重要的是使听众于无形中受其熏陶，改变观念，改善生活，进而推动社会的进步。

随市民观念的日益开放以及生活视野和认知空间的拓宽，19 世纪末 20 世纪初，一部分中国人开始步出乡里观光世界，使外出旅游风气渐兴于城市。报刊上还出现了专门探讨旅行的文章，鼓吹中国人应当外出旅行。"今之世界，何世界乎？……物质之文明既有如火如荼之盛，精神之文明自有日新月异之观。若环游一周，见见闻闻，实为最有兴味之事。"①此外，近代城市人的娱乐生活还有踏青、打猎、逛公园、养花草鸟虫，等等，但这些多限于中上流社会生活，如骑自行车牵猎犬兜风，到市郊打猎，上庐山、鸡公山避暑便是武汉市民享受的新式闲暇生活。

(二)近代城市娱乐生活方式变迁的特点

1. 中西杂糅、新旧并举

社会生活是社会经济、政治、文化的表现形态。任何一种生活方式，无论从时间，还是空间意义上说，都是物质因素与精神因素的积淀，是传统基因和时代精神的融合。鸦片战争后的中国社会，因为中西文化的激烈碰撞、冲突，发生着从传统向现代的转型，给近代城市生活方式的发展注入了新鲜血液，从而孕育了一个城市文化生活深刻变革，即新生活方式不断涌现，旧势力继续存在的新旧交替的历史时代。由于在近代社会的变迁过程中，中西两种文化的冲突表现为西方近代文化从整体上优于中国固有的封建传统文化，因此两种文化的较量并不是势均力敌的，冲突的结果不是中国传统文化压倒西方文化，而是西方文明习俗渗入中国传统土壤。当然，这种楔入、冲击的过程并非简单的"冲击—反应"模式，而是一个充满着主动迎合与积极调整、自我创新的过程。近代城市文化生活的变迁既不表现为传统因素的丧失殆尽，也不表现为"全盘西化"，而表现出中西杂糅、新旧并陈的过渡性特征。中西文化并行不悖，相互补充，既体现了中西两种文化的汇通融合，又反映了转型时期社会多元、纷呈复杂、新旧交替的特点。

2. 多元复杂

中国的现代化是在外部效应与内部因素相互渗透、相互作用与相互制约中进

---

① 《记中国人不能旅行之原因》，《大公报》，1904 年 10 月 22 日。

行的。内力与外力共同作用和制约着中国的现代化进程，使得这一进程必然出现多元并存、交错共生的复杂局面。伴随城市化而来的便是大批移民涌入城市，城市人口异质化不断增强，城市中出现了以新的阶层、阶级为基础的多元的社会群体与地位、利益、职业、生活各异的社会成员。而每一个社会阶层和社会成员都有自己的生活方式、习惯、爱好，由此必然导致不同的文化生活需求与审美情趣。文化生活不能隔离于历史之外，只能融合于历史之中，反映历史进步的节奏。多元的社会产生多元的生活，近代城市文化生活因此而呈现出多元复杂的特点。这是近代社会走向现代化历程中，传统与新生事物矛盾冲突与斗争的反映，亦是中西文化碰撞、冲突与交融的表现。

3. 不平衡性

在半殖民地半封建的中国社会，政治、经济、文化发展的不平衡，必然影响到城市文化娱乐生活变迁的不平衡。从地域来看，由于资本主义的侵略经历了一个由沿海向内陆推进的过程，西方文化自西往东传入中国城市亦呈现出某种阶梯性特征。较大的、最早开埠的通商口岸城市首先接受西方文化，引起生活方式的变化，再向次一级城市传播，最后辐射到广大的内陆城市及乡村市镇。因此，近代城市生活方式由传统向现代的变迁过程亦经历了一个由点（上海等少数通商口岸城市）经线（东南沿海沿江地区）到面（由东部到中、西部地区）的分层梯度推进的过程，① 呈现出大城市（如上海、广州）强于内地省会城市，东南沿海城市强于内陆城市的不平衡性。从变迁的主体看，当西方文化特质注入中国城市文化之初，往往只有一个或几个阶层与群体感受到其优越性而产生认同感及至接受，进而改变旧有的文化生活方式，而不同阶级、阶层的人们出于不同的社会、经济地位与利益以及不同的价值观念、文化伦理、知识结构、民俗心理等，对于西方文化生活方式的价值评判和选择取向也各异。因而，近代城市文化娱乐生活在不同阶层的居民中具有明显的层次性。

4. 城乡相匀渗透交融

城市生活方式以其极大的辐射力蔓延到农村生活方式中，并使农村生活方式向城市靠拢，逐步被同化、改造为城市生活方式，从而发生本质的转变。同时，农村生活方式进入城市后，不愿也没有完全退出，而出现了"都市中的乡村生活方式"。乡村戏曲、皮影戏以及一些娱乐形式在向都市的迁移过程中发生了许多本质的蜕变，越剧、沪剧、汉剧、楚剧等都是由传统的村野小调转化为被城市大众接受的剧种的。在上海，以石库门房子与低矮的老式平房棚户区为主的闸北、南市、小沙渡一带，居民以工人、摊贩、苦力等下层社会成员为主，烧灶头、生

---

① 张琢：《九死一生：中国现代化的坎坷历程和中长期预测》，北京：中国社会科学出版社，1992年版，第126页。

煤炉、刷马桶、吊井水、吵相骂、谈山海经(闲聊)、弄堂口打牌、乘凉成为较为一致的生活方式,并随着成千上万只煤炉冒出袅袅轻烟,化为弥漫在弹街小巷上空久久不散的乡村生活气息。而在法租界的徐汇区、卢湾区及静安区一带,从掩映在林荫丛中的洋房别墅与设备齐全的现代公寓房中传出的阵阵幽雅的丝竹声和留声机所放的悦耳的《蓝色多瑙河》旋律中,回荡着现代城市生活方式的气息。

二、"十七年"城市娱乐生活

(一)电影走进大众生活

新中国成立之初,全国百废待兴,人民群众的娱乐生活相对贫乏。而随着新中国电影网络在全国的布局和建设,电影开始走进大众生活,于是看电影成为人们主要和喜爱的娱乐方式之一,看电影成为"十七年"城市娱乐生活的重要内容。

1. 观影方式

1949 年前,全国共有 596 座城市影院和 100 余个其他电影放映单位,[①] 几乎全部集中在沿海和东部少数大中城市。电影发行放映网络东西及城乡分布极不平衡。抗战期间,随着中国政治、经济、文化中心的西迁,电影文化和电影设施也开始大量由东向西扩展。但这只是一种战时措施,其影响仅限于像重庆、成都、西安这样的中心城市。广大中西部的中小城市,特别是农村地区仍然缺乏电影文化活动,有些省区的百姓甚至不知电影为何物。电影文化在全国范围内真正意义上的普及,是始自 1949 年。新中国成立后,政府本着电影"为工农兵服务"的宗旨,着手进行全国发行放映网络的布局和建设。到 1965 年为止,已建成各种放映单位(包括城镇影院、工矿、机关单位的电影俱乐部、乡村流动放映队等形式)20 363 个,是 1949 年的 30 余倍,新中国电影网络的布局和建设在全国范围内取得很大成绩。[②]

五六十年代,电影院放映和机关单位的内部放映成为城市居民的主要观影方式。以北京为例,新中国成立时,北京共有 26 座影院,座位总共 16 433 个。[③]不但数量少,设备也差。除当时被称为第一流的国民、大华、美琪和真光等少数影院外,其余多是由茶园、酒楼、戏馆、游艺社或小教堂改建成的,大都狭小简陋、残破不堪。1953 年至 1958 年北京市政府分别改建了花市和紫光两座影院,新建了交道口、新街口和广安门三座影院。各大影院的环境和设施也得到了改

---

① 荒煤:《新中国电影事业的迅速发展》,《人民日报》,1959 年 10 月 30 日。

② 文化部电影局:《三十五年来的中国电影》,《中华人民共和国电影事业三十五周年》,北京:中国电影出版社,1985 年版,第 126 页。

③ 《电影放映网的发展情况》,《北京市文化事业统计资料 1949—1958》,北京市档案馆,档案号:ZH007—001—0002。

善，卫生条件良好，增添风扇、暖气、转动式座椅等基本设施。1957 年，电影局拨款将首都电影院改建为我国第一座宽银幕立体声影院。影院银幕宽 16 米，高 5.7 米，放映出来的画面较之普通幕布明亮而不刺激眼睛，分布在影院各处的扬声器构成立体声传送网，声音真实而震撼。改建后的影院可容纳观众 1200 人，影院内还装置了新式的"强制对流"通风设备，使观众能在观看影片时始终呼吸到新鲜空气。[①] 1960 年，宽银幕立体电影与首都观众见面，观众通过偏光镜所看到的影像立体而真实，"打破了观众与银幕之间的界限，观众如亲临影片所表现的境域之中"[②]。到 1965 年年底，北京市共有影院 69 家，座位数 56 504 个，当年放映场次 182 997 场，观众达 122 432 618 人次，票款收入 1 000 余万元，放映各类新片 50 余部。[③]

随着电影设施的普及，观众人数也出现大幅度增长，由 1949 年的 4700 余万人次增加到"一五"期末（1957 年）的 17.5 亿人次，再到 1960 年的 53.7 亿人次，之后略有下降，但在 1965 年，仍然大体维持 46.3 亿人次的总量，这比 1949 年增长了 97 倍。[④] 为了使更多的人能看上电影，政府还对一些流动放映单位，在经费上给予补助，实行免费或维持成本的低票价政策。1956 年以后，农村电影放映队开始实行收费放映，但收费标准仅为平均每票 0.05 元左右。全国城市影院的平均票价也仅为 0.20 元左右，[⑤] 据当事人回忆"大概 1951 年改革币制，北京电影票价也就一毛两毛，我觉得那时候中国的电影票是最便宜的了，一直到 1966 年也就两毛钱"[⑥]。可见当时票价还是非常低的。这种免费或低票价政策的有效之处在于，20 世纪 50 年代末以后，基本上能让最贫困、最边远地区的人民群众看上电影。即使是西藏、新疆、内蒙古等边远地区的少数民族农牧民、筑路工和边防战士等边缘人群也不例外。这期间，电影观众的地区分布、职业构成、年龄结构等因素也发生了根本性变化。1949 年以前，电影放映形式主要是影院放映，因而观众群主要是有一定经济条件的中上层市民。新中国成立后，随着城镇工矿机关的电影俱乐部和农村流动放映队的迅速发展，工农观众数量激增。特别是在机关、工厂、学校等企事业单位，由于采用免费（或低价收费）露天放映的形式，上到高龄老人，下至学龄前的儿童都有机会看到电影，使观众的结构层次

① 《我国第一座宽银幕影院建成》，《人民日报》，1957 年 6 月 29 日。

② 《立体影院是怎么回事》，《北京日报》，1960 年 11 月 30 日。

③ 北京市地方志编撰委员会：《北京志·文化艺术卷·戏剧志、曲艺志、电影志》北京：北京出版社，2000 年版，第 611 页。

④ 文化部电影局：《三十五年来的中国电影》，《中华人民共和国电影事业三十五周年》，北京：中国电影出版社，1985 年版，第 126 页。

⑤ 《电影放映》编辑部：《我国电影放映的十年》，《文化通讯》，1959 年第 6 期，第 21 页。

⑥ 访谈资料，未刊录，第 50 页。

日趋多元化。① 这些单位放映电影都带有一定的福利和组织性，自然很能够吸引观众。

2. 观影内容

观众数量的增长和结构层次的丰富必然带来观影需求的多样化，对电影作品的创作也提出了更高的要求。新中国成立初期大众看的电影大致可分为外国片和国产片。纵观"十七年"，中国电影创作有低谷，亦有高潮。

"十七年"电影的第一次小高潮发生在 1950 年前后，新中国的电影创作初显威力。1950 年，国营电影厂完成的故事片达 29 部。"昆仑""文华"等私营电影公司在新中国成立后完成了新中国成立前业已开拍的《乌鸦与麻雀》《三毛流浪记》，且又新创作了《我这一辈子》《腐蚀》《两家春》《人民的巨掌》《思想问题》等影片，使这年的中国电影总数达到了 31 部。1951 年 3 月，中央人民政府文化部电影局与中国影片经理公司总公司为了检阅中国人民电影的初期成就，在全国 20 个城市举办"国营电影厂出品新片展览月"，展出了 1950 年三个国营厂生产的 26 部影片，其中故事片 20 部。《白毛女》《钢铁战士》《中华女儿》《赵一曼》等优秀之作在全国观众中激起了巨大反响。尤其是《白毛女》，它于 1951 年在卡罗维发利国际电影节获特别荣誉奖之后，在全国 25 个城市 120 家影院同时上映，首轮观众即达 600 余万人次，仅上海一地首轮观众就有 80 万人次。"这部影片年累计观众数达到五亿人次，相当于当时中国全国人口的总人数，创造了中国电影有史以来的票房最高纪录。"② 一位老太太说"这部片子很好，看了一遍还不满足，现在都还记得特别清楚，我们院有个露天场子，冬天在那早场放电影，一般人很少，可这次放《白毛女》却挤满了人，第一次看《白毛女》的时候，看到女主角跑到山里，没东西吃，头发全白了，看得我眼泪哗哗的，大家只喊口号，想起当年多苦啊"③。但是，在 1952 年批判了《武训传》之后，情况便急转直下。当年国营厂仅仅拍摄了一部短片，私营厂也只拍摄了七部，再过一年情况依然没有好转，国营厂、私营厂加在一起一共只拍摄了一部影片。中国电影走向第一个低谷。

第二个小高潮出现在我国国民经济完成社会主义改造和党中央提出"双百"方针之后的 1956 年。这一年的影片总数达到了 42 部，涌现出了《祝福》《上甘岭》《铁道游击队》等优秀作品。其中《上甘岭》一片上映时，引起了较大的轰动。该片"映出之前，各影院在公园、商店和重要街口设立了临时售票站，而影院门前每天仍排着长蛇式的行列等候购票，买不到票的人们，久久不愿离去，希望能得到

---

① 文化部电影局：《三十五年来的中国电影》，《中华人民共和国电影事业三十五周年》，北京：中国电影出版社，1985 年版，第 98 页。

② 《影片〈白毛女〉观众反映》，《解放日报》，1951 年 11 月 8 日。

③ 访谈资料，未刊录，第 57 页。

一张临时的退票。春节的假日里，人们从清晨六点钟就赶到影院去看七点开映的早场；或是在深夜二点多钟，零下十度左右的严寒气候，冒着纷飞的雪花和凛冽的寒风，从影院看完十二时三十分最后一场电影回家"①。该片"在首都各甲级影院和工人俱乐部连续映出了三十二天，共八百七十六场，观众达六十七万九千九百七十五人次，平均每场上座率高达百分之九十二以上，打破了首都上映任何一部影片观众人数的空前纪录"②。但好景不长，紧接着，出现 1957 年的"反右"斗争扩大化及电影界"拔白旗"运动。这一"左"的思潮，给 1958 年的电影创作带来一大批质量低劣的"大跃进影片"，即所谓的纪录性艺术片，中国电影再次陷入低谷。

中国电影"十七年"的创作大高潮出现在 1959 年，史称"新中国电影的第一个创作高峰"。这一高潮的出现有多重原因。一是从 1958 年下半年开始，中央对"大跃进"进行"纠偏"。电影界的"纠偏"得益于周总理"关于文艺工作要两条腿走路"的思想，即"既要鼓足干劲，又要心情舒畅；既要力争完成，又要留有余地；既要思想性，又要艺术性"③等十个方面的问题；二是当时党中央决定在文化领域组织一批重点项目向国庆十周年献礼，电影是其中重要一项。时任中共中央总书记、国务院副总理的邓小平亲自向文化部布置任务，要求生产七部具有较高思想艺术水平的彩色故事影片。文化部根据这一指示，1958 年底在京召开了各电影制片厂厂长会议进行具体落实。周扬在会上对献礼片提出了内容好、风格好、声光好的"三好"要求。周总理接见陈荒煤、张瑞芳、郑君里等电影界人士，指出献礼片不要贪多，要提高艺术质量。夏衍根据中央精神，在故事片厂长会议上做了非常生动、大胆的讲话。他说："要增加新品种，必须有意识地进行工作。我们现在的影片是老一套的'革命经''战争道'，离开了这一'经'一'道'就没有东西。这样是搞不出新品种来的。我今天的发言就是离'经'叛'道'之言，要大家思想解放，要贯彻百花齐放，要有意识地增加新品种。"④他强调指出，电影不仅是对人们进行思想教育，也应该给人以艺术享受，通过电影要使人能得到些历史知识与文化知识。陈荒煤在讲话中呼吁要"出大师""出流派"，并尖锐地指出 1958 年的缺点是"片而浮夸""追求数量，忽视质量"和"强调政治忽视艺术"。文化部党组根据上述讲话精神向中共中央呈报了《关于提高艺术质量的报告》。第一次创作高潮出现正是上述因素共同作用的结果，同时这股高潮的出现与新中国电影业自

---

① 季明：《新片〈上甘岭〉在首都上映受观众热烈欢迎》，《大众电影》，1957 年第 5 期，第 30 页。

② 季明：《新片〈上甘岭〉在首都上映受观众热烈欢迎》，《大众电影》，1957 年第 5 期，第 30 页。

③ 周恩来：《关于文化艺术工作两条腿走路的问题》，《党和国家领导人论文艺》，北京：文化艺术出版社，1982 年版，第 25 页。

④ 陈荒煤：《当代中国电影》（上），北京：中国社会科学出版社，1989 年版，第 177 页。

身基础越来越稳固有关。从 1949—1959 年，这十年来虽说挫折不断，但在党和政府的重视下，无论是电影事业还是电影创作队伍已经形成了一个较好的发展基础，当这基础被引上了较为正确的道路之后，它的力量就被发挥出来了。

1959 年共生产了故事片、戏曲片 81 部，其中优秀与比较优秀的作品占了30％以上，总体艺术质量之高超过了新中国成立以来任何一年。取得突出成就的是革命历史题材影片的创作，不仅数量多，而且艺术上有了新的开拓，特别是在表现史诗性与塑造人物的典型性格的结合上有了长足的进步。《风暴》中的林祥谦、施洋，《战火中的青春》中的高山，《党的女儿》中的李玉梅，《永不消逝的电波》中的李侠，都是活生生、性格化的英雄人物形象，而《聂耳》《青春之歌》中塑造的知识分子聂耳、林道静的形象对于当时中国银幕而言带有开创意义。历史题材影片《林则徐》与《林家铺子》是艺术上不可多得的精品，这两部影片中的浓重的时代氛围、独特的艺术风格与民族气息，富有精神与文化内涵的人物形象，使它们至今仍被称为是中国电影史上不可多得的经典。现实题材作品是新中国成立后创作上的弱项，而在 1959 年涌现的《老兵新传》《我们村里的年轻人》，对新生活的描绘表达却给人耳目一新的感觉。难能可贵的是这一年的影坛，出现了在风格、样式上有开拓、表现形式轻松活泼的作品。《五朵金花》《今天我休息》是其中极具代表意义的两部影片，它们"淡"于政治，着意于人美、情美的表达方式，是"十七年"电影中少有的独具一格之作。

1959 年 9 月 25 日至 10 月 24 日，文化部在全国各大城市同时举办"庆祝新中国十周年国产新片展览月"活动，展出了《林则徐》《林家铺子》《五朵金花》《我们村里的年轻人》《青春之歌》等 35 部优秀影片。这年的观众突破了 40 亿，比 1958 年的 30 亿增加了二分之一。据《北京晚报》报道，"当举办展览月的消息传出以后，各影院就对询问订购影票日期的电话应接不暇。开始预售票后，第一天就把一个星期的座券全部售完。影院售票处门前的购票观众，每日由晨至晚排列成行，络绎不绝，特别是《林则徐》《青春之歌》《风暴》《万水千山》等影片，购票观众经常是天未破晓就排队等候买票。观众的热情，迫使影院不得不在深夜和清晨增加场次，创造了影院放映故事长片日达 11 场的空前新纪录。据北京市电影放映发行公司反映，许多影院从早晨 6 时开映，直到深夜 1 时 30 分最后一场仍座无虚席。有的观众买不到票，从早晨 6 时便在影院门前等候退票，到中午 12 时等不到，饭也不吃，继续等到晚上 6 时后，仍未等到。清华大学学生会清华文艺社电影组 10 月 22 来信道：'上星期四，在我校放映了优秀影片《青春之歌》，一天共放映了 6 场，达 18 小时之久，全校有 15 000 多人看了这部影片，真是盛况空前，有的同学赞曰：'今天是清华的'青春之歌日'。'可见这部影片是如何的受欢迎。看完影片之后，我们进行了一次全校性的座谈，大家感情激动，发言连续不绝……"①

1959 年之后，出于"左"风日盛，反修防修和自然灾害，中国电影再次落潮。1961 年中国电影产量下降至 28 部，其后，随着党的政策调整，从 1962—1964 年，中国电影有过一个小小的"回春"，拍出了如《早春二月》《李双双》《农奴》《舞台姐妹》《阿诗玛》《小兵张嘎》《野火春风斗古城》等质量上乘之作，深受观众喜爱，塑造了许多角色鲜明的人物形象。一名退伍老军人回忆："《野火春风斗古城》里的王心刚演的那个政委，形象特别逼真，说话办事的作风，跟部队里的干部一模一样，我特别喜欢这个演员。"②但是，接踵而来的是毛泽东同志的关于文艺工作的两个批示及迅速掀起的文艺界的整风运动，"左"风吹得比之以前更为猛烈，中国电影由此进入颓势。当"文化大革命"风暴来临之际，中国电影便陷入了灭顶之灾的悲惨境地，直至粉碎"四人帮"，中国电影才重新崛起。

（二）喜闻乐见的舞台艺术

戏曲、话剧是新中国戏剧的两大主要剧体，也是新中国"十七年"两种深受广大人民群众喜爱的剧体，新中国成立后，党中央重视对戏剧的支持和发展，通过对戏曲的"三改"，扭转了戏曲发展的颓势，并补充了新的戏剧内容。话剧经过普及发展也成为广大市民喜闻乐见的娱乐方式。下面分别将这两大剧体在这十七年的发展和群众反响做一扼要叙述。

1. 戏曲

戏曲是中国最传统的戏剧形式，也是民众最喜闻乐见的艺术表演形式，从 12 世纪产生以来，一直为广大民众所偏好，特别是有中国五大戏曲之称的京剧、越剧、黄梅戏、评剧、豫剧，在广大民众中有很深的影响。

新中国成立前，旧式戏园和新式剧场已形成一定规模，新中国建立后，进入了剧场建设整改时期。以北京为例，1949 年 2 月开始，北平市军管会文化接管委员会先后接管了建国东堂、华乐戏院、音乐堂、民主戏院、长安大戏院，连同能使用的私营剧场吉祥、中和、庆乐、群众、万盛轩、小桃园、丹桂、天乐等共 15 座戏院。1950 年 5 月，北京市成立北京市剧场管理委员会，对剧场采取了接收、改造和保护政策，使一批旧剧场得到改造重获新生。华乐、吉祥、中和、真光、长安等剧场改为国营，华乐更名为大众剧场，真光更名为北京剧场。国家对大众剧场的改造，拉开新中国成立初期戏曲改革工作中"改制"的序幕。之后取消了旧戏院中的"三行"，即取消了在剧场内出售食物的"小卖行"，卖茶水的"卖水行"，打手巾把的"手巾把行"；缩短了演出时间，建立在演出中间休息十分钟的

---

① 《万紫千红，美不胜收一亿万观众盛赞新片展览月影片》，《电影艺术》，1959 年 12 月号第 6 期，第 5 页。

② 《李小虎访谈录》（未刊稿），第 55 页。

制度；试行谢绝观众携带婴幼儿入场的办法；拆除楼座包厢，一律改为散座。自1950年至1958年，为适应广大人民群众对文化娱乐活动的需求，在一批传统剧场得以扩建修复的同时，北京市新建了一批具有现代化设施的剧场，包括青年艺术剧院、天桥、西单、首都、北展、广和、北京市工人俱乐部和专演木偶戏的东四小剧场等。很多剧场扩大了舞台，改善灯光照明，增设观众席位，添置演员化妆间和观众休息厅。剧场装修或仿罗马式，或依中国传统样式，环境优雅。1959年后，又相继建起了民族宫礼堂、二七剧场、中国剧院、中央戏剧学院实验剧场，大部分专业戏剧演出团体有了自己的专用剧场。截至1958年，北京市的剧场数量由1949年的14家发展到了49家，国营剧场占到了72%，主要有天桥、首都、青年艺术剧院、人民、广和、长安戏院、大众、吉祥戏院、中和、西单，等等。① 一位老人回忆到"虽然都是些小剧院，百十来人，什么'二七剧场''三里河电影院'啊，单位有时候会包场看，但是已经比建国前好了很多，条件也改善了"②。

新中国建立后戏剧事业经历了"改人、改制、改戏"的"三改"后，截止1956年，上海69个民间职业剧团改为国营剧团，北京26个职业剧团改为民办公助剧团，天津15个民间剧团和9个小型曲艺组织全部改为国营。③ 由此，广大艺人的政治觉悟、文化艺术素质和社会地位都有了很大提高，原来戏曲班里不合理的养女制、经励科和班主制得以废除，为戏剧舞台的繁荣奠定了基础。一批优秀的古典剧目，如《窦娥冤》《西厢记》《牡丹亭》《白蛇传》等得到改编加工，修改了剧中一些不良内容和不良表演方法；另一方面，《九更天》《大劈棺》《阴魂奇案》等26出坏戏被禁演，剔除了戏剧中的封建糟粕，净化了戏剧舞台。同时，在"传统戏、新编历史剧和现代戏三者并举"的剧目方针促进下，戏曲舞台变得更为丰富，上演了一大批新编历史剧和现代戏，如京剧《将相和》《野猪林》《穆桂英挂帅》《白毛女》《红灯记》《芦荡火种》；评剧《刘巧儿》《女教师》；曲剧《柳树井》《罗汉钱》。其中昆曲《十五贯》在北京演出后很快驰誉全国，被戏曲界认为"一出戏救活了一个剧种"④。1958年始，以京剧现代戏改革为标志，迎来了戏曲改革的第二次高潮，出现了沪剧《星星之火》、扬剧《黄浦江激流》、粤剧《红花冈》、评剧《苦菜花》、江西采茶戏《安源大罢工》等一批现代题材的戏曲佳作。其中，《白毛女》、《智擒惯匪座山雕》等京剧现代戏的成长更是直接彰显了戏曲改革的工作成绩。1959年以

---

① 《剧场的增加观众座位数的增加及专业剧场经营性质的变化，专业剧场及其经济类型一览》，《北京市文化事业统计资料1949—1958》，北京市档案馆，档案号：ZH007—001—00002，第29页、第37页。

② 《李小虎访谈录》（未刊稿），第50页。

③ 王新民：《建国初期戏曲改革的经验与教训》，《南京社会科学》，1994年第10期。

④ 《从"一出戏救活了一个剧种"谈起》，《人民日报》，1956年5月18日。

来，各地先后创作大批有影响的高质量历史剧作品。京剧《海瑞罢官》《谢瑶环》、昆剧《李慧娘》、川剧《卧虎令》《夫妻桥》、越剧《红楼梦》《文成公主》、绍剧《孙悟空三打白骨精》、粤剧《关汉卿》、彩调剧《刘三姐》、评剧《钟离剑》等，无论是在运用历史唯物主义评价历史人物，还是在塑造舞台形象方面都取得了不同程度的成功。尤其是田汉的《谢瑶环》、吴晗的《海瑞罢官》和孟超的《李慧娘》更是以深刻的思想内涵和真实生动的历史人物蜚声剧坛。

新中国成立以来戏曲的改革一定程度上改变了民国时期戏曲衰落的现象，更为广大人民群众提供了种类丰富、内容新颖的戏曲作品，激发了不少戏曲爱好者的热情。很多优秀的剧目，喜爱的观众看了一遍又一遍。有一位观众认为："《文成公主》这部戏是一首美妙的汉藏民族友谊的赞歌"，他不止一次地看过这出戏，"每一次都给我以深切的感受"。[①]戏剧节目不光受到北京市民的欢迎，京郊农民对戏剧的热情表现得更为热烈。戏剧表演者都感叹于农民对戏剧节目的深切渴望，农民的热情反过来又激励了表演者的情绪，双方形成了良好的互动。慰问表演队下乡演出时，常常"汽车还没有开到村口，就看到农民们敲锣打鼓夹道欢迎，车上车下热烈的掌声响成一片。演出时虽然寒风凛凛，温度在零下二十度左右，演员们在露天舞台上，仍然情绪饱满严肃认真，甚至因为剧情需要，照样只穿一件单衣或是赤膊上台。每演完一个节目，农民的掌声不停，演员来不及卸装，换上服装又加演一出。台上台下的热情交织在一起，精彩的节目和演员的干劲，强烈地吸引了农民，在寒风中毫不移动地看上四五个小时。有的慰问演出队，在一个乡里连续演出十二小时，从早晨十时一直演到夜里十时，当中很少有休息和吃饭时间，演员们不仅忘记疲乏和寒冷，而且始终精力充沛。山区农民看到十二三岁的小演员，也在天寒地冻的天气，爬山越岭地来演出慰问，感动得落泪"[②]。一位戏剧表演者这样感叹道："如果，你在张镇的土戏台下，发现了一位年逾花甲、身体瘫痪的老奶奶，被儿子背来看你的表演时，你会怎么想呢？"如果，在五半庄有两个小伙子对你说：'俺俩跑到西府看了一遍你们的节目，又跑到木林看了第二遍，今天，在本村看的已经是第三遍了！'你又会怎么想呢？如果，你面对着从民国八年以后，就没看过戏的西武吉的社员，面对着那数千道时而吃惊、时而感动的目光表演时，你会怎么想呢？如果，一天夜晚，你被厂门口村的团支部书记，拉到他们那儿去教唱革命歌曲，全村一百多个小青年听说你来了，立刻从

---

① 谢鹤筹：《汉藏民族友谊的赞歌"文成公主"》，《民族画报》，1960 年 6 月，第 23 页。

② 刘信元：《北京市戏曲文艺界为郊区兴修水利的农民作慰问演出》，《北京文艺》，1958 年 2 月号，第 31 页。

被窝里爬出来，欢天喜地地向你这'城里来的老师'跑来时，你又会怎么想呢?"①大家对戏曲的热情程度，由此得以充分体现。

2. 话剧

新中国成立后，国家对话剧发展高度重视，政府把过去的民间团体转变为正规的政府统辖的艺术团体，将所有的民间话剧团体和原有的公办戏剧团体一律改编为由政府统辖。为了能让不同地区民众都能欣赏到话剧艺术，国家按照中央、省(直辖市)、地区(省辖市)三级设置了话剧院团。话剧院团除有自己的排练场外，相当部分的院团拥有自己的剧院设施，为广大民众观看话剧提供了方便。话剧以其反映生活的现实性、迅捷性和直观性迅速成为广大城市居民喜爱的娱乐表演形式。

新中国成立初期的戏剧舞台上，戏曲作品居多，是这一阶段戏剧史的主要角色。但是这个时期的话剧——尤其是多幕剧在新生活的推动下，也得到了较快的发展，出现了许多有影响的作品。如刘沧浪等的《红旗歌》、胡可的《战斗里成长》、老舍的《方珍珠》《龙须沟》、杜印的《在新事物面前》、傅铎的《冲破黎明前的黑暗》、魏连珍的《不是蝉》、天津码头工人集体创作的《六号门》、沈西蒙的《杨根思》、陈其通的《万水千山》、胡可的《战线南移》、黄悌的《钢铁运输兵》、李庆升的《四十年的愿望》、安波的《春风收到诺敏河》、曹禺的《明朗的天》、夏衍的《考验》，以及《瓦斯问题》《不能走那条路》《在激流中》《前夜》《在康布尔草原上》《如兄如弟》《西望长安》《马兰花》《友情》，等等。1953 年至 1957 年间，独幕剧迅速发展，出现了一个创作数量可观的时期。田汉在为《新中国十年文学创作选(戏剧)》写的"序言"中说："这十年来，全国各地所创作的独幕剧本，数以万计。仅据《剧本》月刊统计，平均每年收到的小型剧本就有五六千之多：各地……自己创作并演出的小戏，更是无法统计。"②当时具有代表性的独幕剧有：《妇女代表》(孙芋)、《赵小兰》(金剑)、《人往高处走》(栾风桐)、《夫妻之间》(北京人艺)、《开会》(邢野)、《百年大计》(丛深)、《姐妹俩》(蓝光)、《刘莲英》(崔德志)、《黄花岭》(舒慧)、《葡萄烂了》(王少燕)、《新局长到来之前》(何求)、《两个心眼》(赵羽翔)、《归来》(鲁彦周)、《家务事》(陈桂珍)，等等。1957 年春天，在"双百方针"的指导下开始出现反对公式化、概念化的"第四种剧本"，诞生了一些好的作品，主要有《同甘共苦》(岳野)、《布谷鸟又叫了》(杨履方)、《洞箫横吹》(海默)、《还乡记》(赵寻)等。特别是《茶馆》以独特而又精巧的戏剧结构，"小说式"的人物刻画，鲜明而突出的地方特色和民族特色，表现出巨大的艺术价值，成为中国话剧

---

① 刘厚明：《节目·及时雨——与市农村文化工作队下乡随感》，《北京文艺》，1963 年 7 月号，第 20 页。

② 田汉：《1949—1959 建国十年文学创作选：戏剧》，北京：中国青年出版社，1961 年版，第 2 页。

艺术的一颗璀璨的明珠，成为当代话剧的第一次高潮。

1958年到1962年间，话剧出现了一个历史剧的热潮。其数量之多，影响之大，质量之优都是前所未有的。像郭沫若的《蔡文姬》《武则天》、田汉的《关汉卿》《文成公主》、老舍的《神拳》、曹禺的《胆剑篇》、朱祖贻等的《甲午海战》等历史剧的优秀之作都产生在这个时期。1962年3月广州话剧、歌剧、儿童剧创作会议的召开，周恩来在全国文艺工作座谈会和故事片创作会议上的讲话及《关于知识分子问题》的报告，批判了"左"倾思潮。但此后不久，毛泽东就于八届十中全会上提出了阶级斗争新理论，再次鼓励了"左"倾思潮的涌起。话剧于是在两种思潮的夹击中形成了"社会主义教育剧"的繁盛。"教育剧"以对全体国民特别是青年进行革命传统和阶级斗争教育为主要内容，其内容不顾生活真实，一味图解阶级斗争理论，严重损害了作品的本质真实性，至此，"十七年"话剧发展进入了停滞发展时期。

话剧舞台的精彩纷呈，激发了不少话剧爱好者的热情。"各剧场自从改善了预售票的办法，在剧场门口通宵排队买票的动人的场面是已经没有了，可是为了看话剧，观众不顾刮风下雨、风吹日晒，离剧场远的甚至下班连饭都来不及吃，饿着肚子往剧场跑，郊区观众有的骑车往返几十里，有的因为戏散场后公共汽车收了班，只好徒步回去，还有的为了希望看到戏，一连多少天到剧场门口等机会。"①很多优秀的剧目，喜爱的观众看了一遍又一遍。五六十年代，北京的剧院里"经常客满、爆满。当年的《钢铁是怎样炼成的》，由金山、吴雪、张瑞芳三大巨星主演，演出日期公布后，天不亮就有人排队等候买票，队伍延长到王府井南口。许多催人奋进的现代戏，都是如此，演出百场以上的戏，不在少数"②。

（三）读书、看报

1. 小说

"十七年"期间，随着群众文化素质的提高，小说的读者规模不断扩大。新中国刚成立时，小说的读者群延续了旧时代的阅读习惯，古典小说和旧章回小说备受广大群众的青睐。《水浒传》《红楼梦》《聊斋志异》《封神演义》《东周列国志》等古代经典小说自不必言说，即使如《今古奇观》《二十年目睹之怪现状》《官场现形记》《三侠五义》《拍案惊奇》等在当时被认为"有若干糟粕或者不少糟粕"③的书籍也非常受群众的欢迎。这些书"每出版一本，发到各地书店，没有几天就被抢购一空。在许多机关、工厂、企业和群众性的图书馆、文化馆里，读书要借阅往往需要登记；也有些工、农读者不惜定价高，也肯出钱买"。"这类书的读者有机关干部，

---

① 王叔和、俞佳奇：《剧作家应熟悉观众的心理》，《剧本》，1956年10月号，第89页。

② 京华出版社编：《家居北京五十年》，北京：京华出版社，1999年版，第196页。

③ 《希望加强对古典小说阅读的辅导》，《读书月报》，1958年1月12日，第1期，第14页。

有工厂和企业的职工,有农民,有学生……他们看书的目的,一般是为了文娱享受,有的是为了消遣。据说有些人为动人的故事所吸引,往往看到深更半夜"。①

五十年代,新中国的各个方面都较多地受到苏联文化的影响,苏联小说也借此培养了一大批读者。从1949年10月到1956年底,全国各出版社所翻译出版的苏联小说已有2700余种。②《海鸥》《卓娅和舒拉的故事》《钢铁是怎样炼成的》《青年近卫军》《苦难的历程》《静静的顿河》都是苏联小说的经典之作。另外,以描写苏联社会主义建设成就为题材的文学作品,如《远离莫斯科的地方》《我们这里已是早晨》《顿巴斯某处》,以反映苏联卫国战争伟大胜利为题材的小说《毁灭》《日日夜夜》《前线》等也都是读者们的最爱。以青年学生为例,"在北京就很难找到一个中学生没有读过这些书中的一本"。③ 他们特别爱读苏联小说,1954年尼比留柯夫的长篇小说《海鸥》中译本的出版在全国青年中立刻掀起了学习"卡佳"的热潮,"座谈会、朗诵会、报告会,风起云涌,卡佳立即成了中国青年的知心朋友","北京师范大学物理系的同学组织了'海鸥'锻炼队","北京市女一中的同学还把《海鸥》改编成多种文娱活动节目演出"。④ 中国青年出版社印行了83万册,但仍然供不应求。"有一个时期,清早书店还没有开门,门外就有人等着买这本书。晚上书店要关门了,那些站着看了多半本《海鸥》的读者,却丝毫不感觉困倦,只好恋恋不舍地离去。"⑤青年学生在阅读苏联小说的同时,小说中的英雄人物成了他们学习的榜样,对他们的生活和学习都产生了潜移默化的影响。

新中国成立后焕然一新的社会面貌,充分激活了中国作家们的创作热情。"十七年"小说的创作取得了丰硕成果,仅1957年全国出版新创作的中篇、长篇小说就有60余部。"十七年"小说为读者们描述了革命斗争的风云变幻,展示了现实生活的广阔图景,其题材大致可分为以下四种类型:(1)以抗日战争、解放战争、抗美援朝等为题材的反映革命斗争历史的小说,是"十七年"小说的重点。如《林海雪原》讲述36人的小分队以异常机智和果敢的行动消灭力量上占绝对优势的土匪武装的故事;《三家巷》反映大革命时代省港大罢工、沙基惨案等重大事件;《红旗谱》反映敌人统治区农村中的复杂曲折的阶级斗争。(2)表现社会主义建设的发展和成就的小说。这类小说主要集中表现农村生活的面貌和工业战线上的景象。《创业史》《山乡巨变》《艳阳天》等长篇小说影响较大。反映农村新旧意识矛盾的小说如《登记》《新事新办》等,反映工业建设的小说如《百炼成钢》《铁水奔

① 《希望加强对古典小说阅读的辅导》,《读书月报》,1958年1月12日,第1期,第14页。
② 《中国青年热爱苏联文学作品》,《读书月报》,1957年11月12日,第11期,第6页。
③ 《中国青年热爱苏联文学作品》,《读书月报》,1957年11月12日,第11期,第6页。
④ 《中国青年热爱苏联文学作品》,《读书月报》,1957年11月12日,第11期,第6页。
⑤ 《中国青年热爱苏联文学作品》,《读书月报》,1957年11月12日,第11期,第6页。

流》等，也都是引人注目的代表作。(3)大胆描写现实生活的小说。这类小说多为触及时弊、针砭黑暗、讴歌人性和爱情的短篇小说。《组织部新来的年轻人》《科长》《改选》等作品将矛头直指政治生活中的种种弊端和腐败现象，警醒世人；《田野落霞》《小巷深处》等小说则大胆讴歌爱情，表现人性，使读者耳目一新。可惜的是，这类小说在现实生活中大多遭到政治批判而不得生存。(4)历史题材和少数民族题材的小说。《李自成》《广陵散》《海瑞之死》等都是历史题材小说的上乘之作。《山间铃响马帮来》《当芦笙响起的时候》等少数民族题材小说为读者们展现了少数民族的斗争历程和欢乐的生活。

"十七年"小说中的很多优秀作品被改编成电影、话剧等其他文艺作品方式，可以说，此时的小说是电影、话剧题材的主要来源之一。虽然改编后的文艺作品更具有群众号召力，但小说爱好者们仍然愿意从文字中体味作者的思想，感受原著的魅力。北京永明印刷厂工人表示："我们厂职工的床头上每个人都有一堆书，其中文艺作品占三分之二以上，休息和睡觉前总是要看看小说啥的"；天津某厂工人同志说："《保卫延安》我们图书馆买了三十册，半小时之内就借光了，有的先不吃饭排队等着借书"；"给老工人读《三千里江山》时，天很晚了，老工人也不愿走，念到好的地方，每次都是让再读一遍"。[①] 可见，小说是深受到广大群众喜爱的。

2. 报刊

中国近代报业诞生于清朝末年。它一经出现，借助其形式上的多样性，信息上的及时性和与读者交流的灵活性，给群众带来了别样的阅读乐趣。新中国成立后，报业曲折发展。从 1950 年到 1960 年，是新中国报业复兴的时代，其间报刊种数增长的幅度虽然不大，但是报纸的期发行量却增长了八倍左右，从 1950 年的每期 301 万份上升到 1960 年的 2366 万份。然而好景不长，从 1961 年起，由于持续的自然灾害，国民经济迭遭困难，加上后来的"十年动乱"，中国报业的正常发展被打断了。

1949 年，鼎革之初，中国报业"除旧迎新"，红色报业成为主流，如党中央的《人民日报》、总工会的《工人日报》、民盟的《光明日报》、团中央的《中国青年报》影响最大，堪称"红色报业四大家"。旧报当中可谓两面旗帜的《申报》《大公报》，前者停刊，后者经整顿仍名《大公报》，主要报道财经新闻，而娱乐性很强的上海小报在新中国成立后大多销声匿迹。只有《罗宾汉》《铁报》《飞报》，受读者关注，发行量也较大。随着新中国对上海私营报刊的接收和改造，最后一张《亦报》停刊并入《新民晚报》。

---

① 刘子久：《要更好地帮助和指导职工群众的文艺活动》，《文艺学习》，1955 年第 5 期，第 3 页。

各地报业在完成三大改造之后，红色报业成为主流，文艺报纸几乎没有。60年代报业迎来新的变化，晚报和副刊开始兴起，其内容相对注重生活化、趣味化，与硬邦邦的日报略有不同。如《人民日报》在新中国成立初期就开设了"人民园地""人民文艺"等副刊；《光明日报》在1958年创办了文艺副刊"东风"。北京市属报纸中，《北京日报》的副刊"文化生活"和《北京晚报》的"五色土"办得有声有色。"文化生活"属于文艺性综合副刊，主要刊登杂文、群众文艺创作、影剧评价。"文化生活"比较有特色的地方是所发表的作品始终坚持面向广大读者，即使是著名专家、学者写的影评和书评，都是针对群众欣赏与阅读中提出的问题，发表引导性的评论，既专业又通俗，因而赢得了各层次读者的喜爱。"五色土"以文艺为主，刊登小说连载、杂文、影剧、书评，等等，也包罗许多知识性的小文章。其专栏如"燕山夜话""一分钟小说"，成为全国著名的专栏，出产了许多脍炙人口的佳作。一位退休的机关干部回忆道"像是《人民日报》《北京日报》，这都是集体订阅的报刊，集体学习，每个办公室都会有份，那个时候我坐办公室，所以经常看，有时候也会剪报和做笔记，把一些重要的图片和文章保存下来，可惜没有坚持住。"①

新中国成立后，专门性的文艺杂志相继创办。这类杂志往往专业性和娱乐性兼而有之，既展现了文艺界的发展状况，又为广大群众提供了多样的文艺消遣方式。如专门介绍国内外电影的《大众电影》《中国电影》《国际电影》，为戏剧爱好者提供作品发表空间的《剧本》《北京戏剧》，促进群众诗歌创作的《大众诗歌》《说说唱唱》，图文并茂地介绍新社会新气象的《人民画报》《民族画报》，带有讽刺性意味的《漫画》，以及综合性的文艺刊物《文艺报》《文艺月报》《北京文艺》，等等，都是群众在茶余饭后、闲暇之时爱翻阅的杂志。同时，这类报纸杂志比较注重文字与图画相结合，常常以漫画的形式反映国际对敌斗争，反映国内情况，针砭时弊，或歌颂新人、新事物、新成就，让读者在莞尔一笑之后受到教育。一位退休工人回忆："杂志方面，当时自己喜欢诗歌，于是订了一本《大众诗歌》，每期都看得很仔细，自己也创作过诗歌，不过只在单位刊过，没能在刊物上发表。"②

（四）群众性体育运动蓬勃发展

新中国成立初期，我国开展群众性体育活动的基础比较薄弱，不仅缺少设施和指导者，而且群众对体育缺乏了解。新中国成立初期，经济的恢复和发展为发展群众性体育运动创造了条件，体育主管部门根据我国体育的目的（增强人民体质，为经济建设和国防建设服务），从实际出发，制定了相对完善的政策和措施，促进了群众性体育运动的开展。在增强了人民体质的同时，极大地丰富了广大人

---

① 《李小虎访谈录》（未刊稿），第51页。

② 《李小虎访谈录》（未刊稿），第54页。

民群众的娱乐生活。

1951 年下半年，部分城市借鉴国外的经验并结合本地的实际，制定了《体育锻炼标准》，在大学和中学试行。根据中央体委 1953 年底的统计显示，《体育锻炼标准》已在全国较广泛地推行。参加这一锻炼的，据不完全统计，全国已达 80 万人。在各地试行《体育锻炼标准》的基础上，1954 年 5 月，中央体委公布了《"准备劳动与卫国"体育制度暂行条例、暂行项目标准、预备级暂行条例》（以下简称《劳卫制》），在全国范围内开始试行《劳卫制》。试行《劳卫制》的目的，是向劳动人民进行全面的体育教育，培养人们成为健康的、勇敢的、乐观的祖国保卫者和社会主义建设者。《劳卫制》的测试项目分为必测和选测两种，以身体素质划分，有速度、灵敏、体力和耐久力四个方面，大多是易于开展的田径和体操等项目。

国家体委的统计显示，1954 年底，据不完全统计，有 187 所中等以上学校试行《劳卫制》一级，参加锻炼的学生达 127 000 余人；有 2300 所学校推行《劳卫制》预备级，参加锻炼的学生达 1 159 000 余人。省辖市以上的城市，进行《劳卫制》预备级的学校约占学校总数 50％。1955 年底，推行《劳卫制》预备级的有 3228 所学校，参加锻炼的学生 1 818 043 人，推行《劳卫制》一级的有 870 所学校，参加锻炼的学生有 523 799 人，据 1954—1955 年度测验的结果，约 8 万人达到标准。[①] 为了鼓励更多的人参加《劳卫制》锻炼，国家体委在 1956 年 2 月新修订的《劳卫制（草案）》中增加了测试的内容，降低了达标的标准。[②] 1956 年底，据现有的不完全统计，1956 年有 300 多万人经常参加《劳卫制》锻炼，已有 70 余万人达到《劳卫制》各级标准（不包括军队），为 1955 年的 9 倍。[③] 在新中国成立初期，推行《劳卫制》，成为体育行政部门普及群众性体育运动的主要措施。

1. 广播体操

1951 年 11 月，国家体育总局联合教育部、卫生部、中华全国总工会等 8 家有关单位，发出《关于推行广播体操活动的联合通知》，决定从当年 12 月开始，领导全国人民做体操，号召有关单位积极推行并动员所属各单位及广大人民参加这项活动。1954 年 1 月，中华全国总工会在《关于开展厂矿企业中职工体育运动的指示》中指出，要有准备有计划地推行劳动前后或工作间隙的体操。1954 年 3 月中央人民政府政务院在《关于在政府机关中开展工间操和其他体育活动的通知》中要求，在机关中开展工间操，正式规定在每天上午和下午的工作时间，各抽出

---

① 国家体委政策研究室：《体育运动文件选编》（1949—1981），北京：人民体育出版社，第 169 页。

② 冯火红：《新中国成立初期我国的群众体育政策》《北京体育大学学报》，2008 年第 7 期，第 904 页。

③ 国家体委政策研究室：《体育运动文件选编》（1949—1981），北京：人民体育出版社，第 169 页。

10分钟做工间操。做操时，应动员所有工作人员参加。领导干部应负责组织领导，并应带头参加，使之能够组织起来，坚持下去。在笔者访谈的人物中均有参加广播体操和工间操的经历，如"在单位有固定时间做工间操，上午十点一次，下午三点半一次，有的觉得是强身健体，有的也就是去活动活动。基本上广播一放，大家也都出来做操了。有时候，工会还搞工间操评比，看谁做得好。有好几套体操，一套新操下来，工会干部就组织大家学习做。现在想起来，还是很有意义的"[①]。

中央体委的统计显示，抚顺市1952年参加广播体操的职工有6350人，1953年就发展到23 000余人。1954年，全国参加工间操的机关干部，平均占机关总人数的70％以上，工间操成为广大机关干部日常生活中不可缺少的活动。全国总工会1954年底的统计也显示，据北京、上海、沈阳等16个城市和铁路1个产业系统的统计，经常参加体育活动的职工1 169 554人，其中参加广播体操的有745 677人。有的厂矿70％以上的职工经常参加广播体操。[②]

2. 运动竞赛和运动会

组织运动竞赛，推动群众性体育活动的开展，是新中国成立初期体育工作的一项重要措施。1949年10月，国家体育总局在筹备会议上的报告中，就将"开展各种体育竞赛活动"作为今后体育工作中的一项重要措施。1952年6月，在国家体育总局成立大会上的报告中又两次强调要重视组织开展运动竞赛，因为经常举行运动竞赛和运动会，有利于普及体育运动，特别是在基层单位，经常分别举行各项运动的竞赛，对于鼓舞本单位的群众参加体育活动作用尤大。

国家体育总局1952年6月的统计显示，为了提倡和普及体育运动，全国各地的体育组织协助人民政府举行各种较大规模的运动会。据不完全统计，三年来仅省、市以上的运动会就有400余次，参加的运动员近百万人。各级群众体育组织和体委将组织运动竞赛，作为推动群众性体育活动开展的有力手段，频繁组织工矿企业、机关、学校等系统展开运动竞赛。1953年，齐齐哈尔市各工厂、学校、部队、机关共举办了运动会106次，有84 800人参加。1954年，天津市9个体育场，每周每个场地都有1～3个基层单位进行比赛。通过运动竞赛，广大群众提高了对体育运动的认识，增加了对体育运动的兴趣，丰富了广大人民群众的娱乐生活。各行各业的代表职工参与到竞技比赛中，一位退休高校教师回忆道："单位经常组织运动会，广播体操、排球、篮球、乒乓球比赛都很经常，还有机会代表学校参加北京市的教职工比赛，我刚留校工作那会儿还代表学校打过

---

① 《李小虎访谈录》（未刊稿），第54页。
② 人民体育出版社编辑部：《中华人民共和国体育运动文件汇编》（2），北京：人民体育出版社，1958年版，第213页。

乒乓球比赛，不过只得了个鼓励奖。"①

北京以其首都的身份，成为国内国际体育比赛的重要举办地，如1959年和1965年两届全国运动会；1953年，全国田径赛、体操、自行车运动大会；1955年，全国第一届工人体育运动大会；以及1961年第二十六届世界乒乓球锦标赛，1964年北京国际乒乓球邀请赛，等等。另外，苏联、法国、罗马尼亚、德意志民主共和国、巴西等国家的足球队、篮球队、排球队先后到中国进行交流访问时，都要在北京举行友谊比赛。每当举行重要比赛，尤其是重大球赛时，体育迷们总是苦于一票难求。一位球迷倾诉道："现在买球赛票是多么困难啊，遇到重要球赛，我就心神不宁，唯恐买不到票。我经常通宵等在售票的地方，但常常是人多票少。有时买到了一张票，就如中了头彩一样高兴。"②比赛现场，不仅体育场馆内座无虚席，场外还挤满了想一睹运动员风采的人们。未能到现场观看比赛的群众，也能通过广播台的直播和解说员的精彩解说来感受现场的热烈气氛。1958年，《北京日报》就"你最喜欢哪十名足球运动员"征集读者意见，仅一个月时间就收到了1400余封来信。关于提出自己喜欢的十名运动员，有些球迷觉得很为难。一位老球迷这样写道："我从来没有放过一场好球赛，甚至连球赛的评论也爱不释手，可是，即使这样，我还是不相信自己的了解是全面的。"③西单区货运三轮第三大组的工人半数以上是足球迷。"几个瘾头最大的，星期天没有好球赛赖的也看，凡是外国队来比赛，一场也不能落，甚至一天一夜不睡觉排队也要把票子买到。去年全国甲级足球联赛，分两处举行，他们就分成两拨去看，看完了互相'交换情况'。"④可见群众对各大体育赛事都给予了高度关注。

3. 集体舞

"十七年"时流行全国的集体舞，是在革命根据地的大秧歌、腰鼓舞与莲花落、太平鼓等民间舞蹈相结合的基础上，又吸收了全国少数民族及外国舞蹈技巧而发展起来的。"在一九四九年的上半年，在首都开始了集体舞的运动。两年来，已普遍地深入到工厂、学校、部队、机关中去，这一运动是结合了群众的创造而进行的，目前有不少的集体舞是工人、学生、战士结合了他们自己的生活，创作出来的舞蹈，在节日里，在工作学习的余暇里，大大的活跃了生活上的情趣。"⑤据一位五十年代的大学生回忆，"那时候的机关和学校流行的是晚上的舞会。每当夜幕降临，学校的食堂就会有人早早地把饭桌搬到四周摞起来，开辟成舞场。

---

① 《李小虎访谈录》(未刊稿)，第62页。
② 《在足球迷的眼睛里》，《人民画报》，1958年6月号，第15页。
③ 《在足球迷的眼睛里》，《人民画报》，1958年6月号，第15页。
④ 《三轮工人组织了足球队》，《北京日报》，1958年2月3日。
⑤ 戴爱莲：《两年来新中国舞蹈的发展》，《文艺报》，一九五一年第四卷第十一、十二期，第51页。

尽管那种场院地充满着饭馊气，地面直粘脚，学生、老师们依然会尽量地打扮自己来参加舞会。那时大概是受苏联老大哥的影响吧，女同学几乎全穿布拉吉或列宁装，再在头上扎着今天看来特别夸张的蝴蝶结……所以那时大学里都流行着一个顺口溜：'一年级看不惯，二年级试试看，三年级团团转，四年级一身汗。'"①此时兴起的集体舞热，颇有火红年代的特点，健康向上，生气勃勃，如以各民族舞蹈为素材的《拥车秧歌》《洗衣歌》《高山青》《阿细跳月》；吸收借鉴苏联、匈牙利的交谊舞和现代舞的有益成分而创作的《我们多快活》《跳起来》《跳吧，朋友》《青春之舞》《祝你快乐》等舞曲。

（五）民俗娱乐与节日庆典

1. 传统民俗娱乐

新中国建立后，广大人民群众摒弃了过年时祭神、祭祖、接财神等封建迷信活动，但也保留了很多传统习俗，如熬腊八粥、贴年画、吃饺子、逛庙会、守岁。同时，人民政府尊重群众的习惯，所有工作人员在春节时都放假三天，并专门成立北京市春节文艺工作委员会，组织北京市各文艺相关部门和团体，开展春节文艺活动，以丰富群众的节日生活。

贴年画、贴春联是中国人过年的传统之一。在新的时代里，年画和春联也被赋予了新的内容。新年画从各个不同的方面表现了中国人民的革命斗争和英雄们的面貌，描绘了社会主义建设中的新鲜人、新鲜事，涌现出《群英会上的赵桂兰》《保卫和平》《新娘子讲话》等优秀作品。为照顾群众的欣赏习惯，新年画也充分吸取和发挥民间年画的优良传统。"在内容方面，有关人民对于幸福生活的希望与追求，对于美好风物的欣赏与爱好，以及为人民所熟悉的优秀历史故事、民间传说、民间戏曲的故事画，等等，都可以适当地加以保留。在形式方面，诸如四扇屏、农历图、月份牌、中堂屏幅及连续故事画，等等，一向为人民所喜爱，应该很好地运用与改进。"②1950 年，"全国二十六个地区所出版新年画共四百余种，发行七百余万份"③，而"1957 年就出版了九千万份"④。几年里新年画在全国得到很大的推广。同时，春联的内容也焕然一新，保卫和平的神圣斗争，爱国主义的工农业生产建设，以及日新月异的幸福生活，都成为春联的普遍主题。如"和平必胜战争梦，东风绝对压西风"⑤；"参加农业社，收获万石粮"；⑥"技术革新一

---

① 张庆军、孙恶云、戴雄、孙建军编著：《百年娱乐变迁》，南京：江苏美术出版社，2002 年版，第152—153 页。

② 《中央人民政府文化部、出版总署关于加强年画工作的指示》，《人民日报》，1951 年 10 月 26 日。

③ 《新年画在全国已有很大的推广》，《人民日报》，1951 年 10 月 26 日。

④ 《首都美术家为五亿农民创作新年画》，《人民日报》，1958 年 2 月 27 日。

⑤ 刘春若：《新春联》，《北京文艺》，1959 年 3 月号，第 27 页。

⑥ 心亘：《春节》，《人民画报》，1955 年 2 月号，第 5 页。

切陈规齐打破，思想解放百般迷信尽消除"①；"万紫千红又是新春景，五风十雨一定大丰年"②，等等，表现出群众积极向上的精神面貌和对未来生活的美好憧憬。

过年时，人们早早地备好过年的食物，到了"大年三十夜，成人和儿童都是不肯很早去睡觉的。这叫'守岁'，这不是眷恋过去，而是通宵欢娱的一夜。无论是家庭和团体，年夜饭总是在一起吃。吃完以后，有的找朋友谈笑，有的玩牌、下棋……儿童们也要提着个红灯笼，跟着哥哥姐姐们跑进跑出，放放花炮。"③很多厂矿和机关单位通常都会组织职工干部一块吃顿团圆饭，并举办一台"迎春晚会"。晚会上的节目内容丰富，有套鼻子、赶鸭子、大力士等游戏，还有猜谜、讲故事、下棋、打扑克、舞会、放电影，以及小型节目表演。这些表演或是邀请专业演出团体表演，或是职工、家属自编自导自演小话剧、时事戏、歌舞相声，晚会气氛热闹，真实生动，把身边的人、周围的事都搬上了舞台，自娱自乐，好不惬意。

新中国成立后，春节的庙会习俗被继承了下来。在北京的几大庙会中，尤以厂甸庙会最为兴盛。"一出和平门，就进入了厂甸春节市场。站在和平门附近的高处南望，从脚下起一直到三里以外的虎坊桥，在一条笔直的街道两旁，排列着密密麻麻的彩棚，张灯结彩、红旗飘扬；在这条街道上以及附近一些小胡同里，都是欢乐的人群，点缀着簇簇如花似锦的衫球、转动的风车和一长串一长串的糖葫芦……"④庙会上摆设出七百多个售货摊，出售带有浓厚北京特色和节令特色的商品，有历来受人们欢迎的传统玩具风车、风筝、空竹、花脸、木刀木枪等，和北京风味小吃艾窝窝、年糕、元宵、面茶、小豆粥，以及糖葫芦、糖酥豆等小食品。人们在这里还能买到杭州剪刀、四川手杖、无锡泥人等外埠名牌手工业品；水果糕点、年画、古董、花木、金鱼和绒绢纸花，过年的货品可谓应有尽有。这里还常常邀请一些著名的艺人进行表演。"'面人郎'的女儿郎志丽大约十分钟就为顾客们捏出一只手眼欲动的小面人。湖南棕编艺人易正文用片片棕叶编出惟妙惟肖的虫鱼鸟兽⑤。南北杂陈，汇聚特色的厂甸庙会逐渐形成了另一大特色：摊多、货多、游人多。1963 年，逛厂甸的人达到了四百多万人次，比1962 年"游人总量增加一倍多，是厂甸有史以来，规模最大的一次"⑥，商品的销售额提高了三倍。

---

① 栩然：《新春联》，《北京文艺》，1959 年 3 月号，第 27 页。

② 受申：《新春联》，《北京文艺》，1956 年 1 月号，第 51 页。

③ 金受申：《欢度春节》，《人民画报》，1953 年 3 月号，第 11 页。

④ 《热闹的厂甸市场》，《北京日报》，1963 年 1 月 28 日。

⑤ 浣晶：《热闹的厂甸》，《人民画报》，1963 年第 4 期，第 9—11 页。

⑥ 《厂甸市场昨天结束》，《北京日报》，1963 年 2 月 4 日。

在春节休假期间，北京市春节文艺工作委员会组织全市各电影院和各文艺团体积极开展多姿多彩的春节文艺活动。全市各大影院放映国内外新片，以满足不同观众的欣赏口味。

各大剧院的演出更是百花争艳：北京京剧院汇集名家名角，呈现京剧界饕餮盛宴；中国青年艺术剧院为观众奉上各种新旧题材的话剧演出；中央乐团的声乐音乐会表演革命歌曲节目和大合唱；全国各地的剧团也千里迢迢来到北京为观众们献上戏曲精品。还有中央人民广播电台编排的"庆祝新年文艺广播晚会"，在除夕夜播放。春节的首都几乎成了戏剧节，音乐会、京剧、评剧、曲艺、话剧、新歌剧、河北梆子、杂技汇聚一堂。"工人、学生、店员、公教人员纷纷涌向各公共场所。许多电影院和戏院每天的座券，在前两天就被争购一空了。"①全市各主要公园也准备了丰富的文化活动，免费招待游人。"陶然亭和故宫今晚举行盛大的舞会。劳动人民文化宫春节举行三天盛大游园会，北京市少年宫在春节前后为孩子们举办七天大联欢。"②北京十多个公共体育场、体育馆都将分别举行精彩的竞赛活动和体育表演，并组织群众开展武术、拔河、打秋千等体育活动。另外，群众文艺活动的广泛开展也是"十七年"时春节的一大特色。在春节前，北京市文化局和北京群众艺术馆，以及部分报纸杂志，就为各厂矿单位提供了演唱材料和表演材料。工人农民们利用休息时间积极排练，春节时表演歌舞、曲艺、独幕剧等节目自娱自乐。

北京市政府同样很重视北京郊区和农村的春节文娱活动，努力做到"社社有活动，人人受教育，热热闹闹过春节，轰轰烈烈搞生产"③。政府组织大批电影放映队和专业文艺团体，或下乡上山，到建筑工地进行慰问演出，或在各郊区文化馆、站举办农村文艺骨干训练班，将准备的大批演出材料推荐和传授给农村俱乐部及业余文艺组织，辅导农民演出新节目。"旧历初一，农村洋溢着欢乐的气氛，工农联欢、军民联欢、乡与乡、社与社联欢，遍及各村。每次会上都有工人、农民自己的优秀节目演出。这种联欢已成为广大群众团结友谊、自我教育、开展文艺活动的好形式。东郊区孙河乡演出的小合唱'合作社就是好'，评剧'小姑贤'，丰台区范家村的'互助合作有奔头'，岳各庄乡的'刘云打母'，石景山区中苏友好社的评剧'小借年'等，不但剧情动人，演技上也非常熟练，使广大群众受到了深刻的教育。"④更引人注意的是北京民间传统的"走会"，伴随着春节群众文艺活动而逐渐活跃起来，"昌平区旧历初一至初三为了慰问十三陵水库民工，

---

① 《春节》，《人民画报》，1952年2月号。

② 《首都人民兴高采烈过春节》，《人民日报》，1959年2月4日。

③ 《今年春节农村文娱活动将更加热闹》，《人民日报》，1958年1月31日。

④ 刘宝林：《京郊农村的春节文艺活动》，《北京文艺》，1958年3月号，第18页。

干部组织了 47 档民间艺术花会聚集在昌平镇、何营等三个阵地展开活动，主要有高跷、狮子、花钹大鼓、开路、五虎棍、少林棍、小车会、中幡、跑驴等，结成一支浩浩荡荡的文艺大军，沿途表演，真是百花争艳各放奇采，被数千群众团团围住，留拦不止。"①这些形式绝大部分是健康的，反映出农民勤劳向上的精神面貌，部分节目也有很高的艺术价值，广大农民都积极地参与其中。

2. 游行庆典

五十年代，每年国庆节北京都要举行盛大的阅兵式和群众游行，五一劳动节也要举行群众游行。进入六十年代以后，国庆节虽不一定阅兵，但群众游行必不可少，而五一劳动节则改为只举行游园和联欢晚会。②

以建国五周年国庆典礼为例，1959 年 10 月 1 日当天，天安门广场布置得格外庄重。天安门城楼金碧辉煌，大红宫灯上"庆祝国庆"四个大字耀眼夺目，正中悬挂毛主席画像庄严肃穆。广场中央的人民英雄纪念碑树立民主革命先驱孙中山的画像，长安街南侧悬挂马克思、恩格斯、列宁、斯大林的肖像。广场上汇集的十万群众，用花束组成"国庆""毛主席万岁""中国共产党万岁""振兴中华""保卫和平"等标语和"国徽""旭日东升"等图案，突出庆典的主题。群众手举红旗，以及周围建筑物上的红旗，和广场上空飘动的大宫灯和巨大标语，使得整个广场气势恢宏。

上午 10 时整，北京市市长彭真宣布国庆大典开始，军乐团奏国歌，礼炮齐鸣，五星红旗冉冉升起。国防部长乘车检阅过部队之后，人民解放军陆、海、空军各兵种部队，牵引着各式大口径远射程火炮等我国自己制造的武器，依次通过天安门前，一百多架喷气式轰炸机和歼击机掠过天安门上空，向全世界展示人民解放军的伟大力量。阅兵式之后，首都 50 万群众开始了规模盛大的游行。游行队伍伴着嘹亮的歌声，沿长安街自东往西向天安门前进，在进入天安门广场时形成了 150 路的宏伟纵队，气势磅礴。仪仗队以国旗、国徽和年号为队首，用标语牌突出党和政府的中心任务。护旗队穿着民族服装，操着分列式正步，队尾布置数百面红旗和彩旗。少先队员们的来到，为会场增添了勃勃生机。孩子们举着"时刻准备着"的字标，表示要为实现共产主义和祖国的强盛而奋斗。他们在主席台前放飞几千只鸽子和上万个彩色气球，激起台上台下情绪澎湃，一片喝彩声和鼓掌声。工人队伍紧随其后，工人们佩戴奖章红花的劳动模范和先进人物作为表彰和示范走在队伍的最前列。首都各主要公司、厂矿的工人代表们，个个满面春风，容光焕发，手举"为工业生产奋斗"的大标语，簇拥着自制机器、汽车的模

---

① 刘宝林：《京郊农村的春节文艺活动》，《北京文艺》，1958 年 3 月号，第 18 页。

② 中国人民政治协商会议北京市委员会文史资料一委员会编：《庄严的庆典——国庆首都群众游行纪事》，北京：北京出版社，1996 年版，第 1 页。

型，向全国人民报喜。农民队伍高举着农业生产合作社发展情况的图表，簇拥着盛满稻穗、蔬菜、水果的大花篮和乳牛、肥猪的模型，带着丰收的喜悦，传达他们对党对国家的热爱。国家机关的队伍、手工业界和工商界代表的队伍，学生的队伍相继通过天安门前，他们抬着各种图表和模型，展示出全国工商业和社会基础建设的发展盛况以及青年学生所取得的可喜成绩。他们的队伍不断变换成"庆祝国庆""祖国万岁"等字体，表达对国家日益强大的喜悦之情。"文艺为工农兵服务"的巨型标语引领着文艺大队，大队汇集各种优秀的文艺节目，民族乐队演奏欢腾的节日乐曲，舞蹈演员表演孔雀舞、荷花舞、太平鼓、鼓子秧歌等民族色彩浓郁的舞蹈，并融合高跷、旱船、小车会等民间花会节目。十面大鼓敲击出强劲有力的节奏，声震寰宇。根据当年首都舞台上有影响的话剧、京剧、地方戏剧目而塑造成的彩车，增强了文艺大队的立体效果。体育大队踏着矫健的步伐，喊着"发展体育运动，增强人民体质"的口号走过天安门。队伍中有在国际比赛中得奖的运动员，他们捧着奖牌奖杯，展示我国运动员的傲人风采。

每支群众游行队伍走到天安门前时，人们不停地振臂高呼："毛主席万岁！中国共产党万岁！中华人民共和国万岁！"欢呼声此起彼伏。毛主席不时地向群众挥手致意，回应"工人同志们好！同学们好！"当游行队伍的最后一部分通过天安门后，在广场集结的 10 万人一齐涌向天安门金水桥前，向毛主席和天安门主席台上的领袖们欢呼致敬。此时，毛主席走到天安门检阅台两侧，向观礼的贵宾们以及涌向桥前的群众挥手致意。欢呼声陡然增强，礼炮再次轰鸣，广播中响起《国际歌》的乐曲，人们兴奋的情绪达到顶点，游行就此结束。

晚上，上百万人在天安门广场和东西长安街上举行联欢晚会。十周年庆时，晚会规模达到 150 万人，40 万平方米的天安门广场和宽阔的东西长安街汇成人的海洋。晚会一般从七点开始，一位退休的高校教师回忆："十年国庆的时候，我们彻夜在天安门广场跳舞狂欢，国家领导在天安门城楼上观看，气氛特别热烈。"[①]在这之前，广播里就按事先安排的顺序，一组组播放舞曲。北京群众携带着各种乐器，提着自制的五角星灯、镰刀斧头灯和各种彩灯，在一定区域里拉起场子，围成舞圈，唱着群众熟悉的歌曲，应着广播中播放的舞曲携手跳起各种集体舞和友谊舞，欢呼雀跃。八时许，焰火晚会正式开始。随着连珠炮般的声响，节日的礼花凌空绽放，首都的夜空顿时五彩缤纷：各种奇特美妙的礼花，有的美如银树开花，有的巧如群蝶飞舞，有的像盛夏垂柳，在夜空中构成了一幅幅壮丽的景观。"春暖花开"和"鸟语花香"象征满园春色；"五谷丰登"和"麦浪滚滚"呈现丰收景象，还有"满天星""连珠花""月里嫦娥""九龙升天""玲珑宝塔""盒子灯"

---

① 《李小虎访谈录》（未刊稿），第 62 页。

"七星筒""九连环"等具有民族特点的焰火，以及"团结灯""跃进轮""铁水奔流""炼钢炉""水电站""和平炮花"等具有象征意义的礼花，照亮了首都的夜空。在观看烟花的同时，群众把自创的文艺节目穿插期间，为晚会锦上添花。天安门前按工、农、兵、学生、干部、城区分八个大区，每区又按单位划成大小不等的联欢圈，每个圈内表演一个小时的节目，如舞蹈《马刀舞》《水兵舞》《背篓上山舞》，也有乐队演奏乐曲，职工表演大合唱和时事小戏，以及武术表演等。

五一劳动节的庆祝活动和国庆节基本类似，没有阅兵式，游园活动则比较多。游园联欢会可免费参加，但需要机关或厂矿以单位的名义到游园处领票，群众须凭票排队进入。游园会一般都在中山公园、工人文化宫、景山公园、北海、颐和园、天坛、陶然亭等处举办，组织跳舞、游戏、灯谜、棋赛等活动，北京大部分文艺团体参加演出戏剧、歌舞、曲艺、杂技，很多群众跳集体舞，或表演自创的节目，还有各种球类、体操、划船比赛，等等。

五一、十一的庆祝活动不止于此，总体概括有阅兵式、群众游行、游园会、联欢会、跳舞会、电影展映、文艺演出、游戏、运动会、体育表演、简短演讲、展览会，等等。

十周年国庆时，文化部专门组织了电影界和戏剧界的大型活动。"庆祝新中国十周年国产新片展览月"映出各种题材的故事片、艺术片18部，纪录片7部，科教片和美术片4部。"国庆十周年献礼演出"调集全国十多个剧种的数十个剧团进京，举行了为期一个月的国庆献礼演出活动。北京"十七年"时的节日庆祝活动可谓是"普天同庆"。

三、"十七年"城市娱乐生活的特征及其成因

（一）"十七年"城市娱乐生活的特征

在我国经济持续快速发展的今天，娱乐文化正以前所未有的步伐向前发展，回顾新中国成立最初的"十七年"，我们感慨万千。对于这新中国"十七年"城市娱乐生活的评价各异，世人通常把"十七年"看成是"娱乐荒芜"的年代。但是笔者通过对"十七年"的城市娱乐生活的叙述和梳理，我们可以看到其内容的丰富多彩，而远非简单的"娱乐荒芜"所能概括的，"十七年"的城市娱乐文化形成了自己独特的时代特色。

1. 取其精华，去其糟粕

转型期的社会变革必然使城市娱乐生活呈现出新旧交替、纷繁复杂的特点。新中国建立后"十七年"的城市娱乐生活，人民政府对旧风俗采取了"取其精华，去其糟粕"的政策，对社会娱乐风俗进行了较为全面的整饬，积极地摒弃了很多旧社会不健康的娱乐方式，同时，一些优良的传统娱乐活动也得到了延续。原来

兴盛的宗教信仰和迷信活动，如庙会，虽保存下来，但已没有了传统的内容。新中国建立初期对庙会的改造，着眼于剔除庙会的迷信成分，取消了迎神赛会、"打鬼"等宗教活动。在北京举办的各种民间音乐舞蹈会演，发掘、整理、研究和推广民间艺术，舞龙、舞狮等民间表演活动中的迷信成分被剔除，仅作为一种表演艺术存在，这样就使传统的娱乐项目在新时代得到了新生。

2. 中西杂糅、推陈出新

现代化是指从传统农业社会向现代工业社会转变的长期历史转变过程，是一场深刻的、全面的社会变革，不仅仅是指经济和科学技术，还包括政治、组织、社会结构、生活方式、思想文化等各个方面。这里着重强调的是生活方式的现代化，而娱乐生活隶属于生活方式之下，属于精神生活的层面。大众的娱乐生活在民国时期就已出现现代化的趋势，传统节日和婚庆礼仪的简化，新式节日的流行，西洋娱乐方式的传入，等等，都反映出人们的生活方式在逐渐地产生变化。只是由于当时政局动荡，战争频发，多数人的思想依旧保守传统，所以这种转型速度较慢，规模受限。新中国成立后，国家在政治上的统一，经济上的恢复，促进了社会现代化的进程。

3. 全民参与、高度统一

新中国成立初期，国民经济的恢复和发展为娱乐生活的发展提供了条件，政府在不断健全和完善娱乐设施和人才培训的同时，也出台了大量的政策和措施来保障新中国大众娱乐的发展。由于全国电影放映网络的建立和不断完善，电影放映工作深入到工厂、矿山、农村、城市、海防前线和边远地区。凡是城市观众能看到的电影，全国有条件的地区同样也能看到，只是放映时间、电影数量和观影条件有所差别而已，看电影成了全国人民娱乐生活的首选。虽然戏曲曲艺表演存在着很大的地区差异，但随着全国戏曲曲艺界交流的增多，以及广播电视事业的发展，全国群众有机会接触到各地的戏曲艺术，并根据自己的喜好进行选择，看戏相对来说也具有了全国统一性。另外，跳集体舞，唱革命歌曲，阅读小说、连环画，收听广播，进行广播操等体育运动，开展群众业余创作表演，也都并非城市群众所独有的娱乐方式，而是在全国范围内普遍开展的活动。

4. 国家意志、政治性强

新中国"十七年"城市娱乐生活由于国家意志的干预，存在着较为明显的政治性，致使文艺的"娱乐性"在国家的干预下遭到了较大程度的弱化，大众娱乐生活成了政策宣传和说教的演练场。娱乐作为一个行业，其本身所具有的"商业性"也在一定程度上受到限制，不利于娱乐业的健康发展。

"十七年"电影业的发展历程就是个很好的例证。这一时期的电影创作是在高度集中统一的管理体制下进行的。统一领导全国电影事业的是中央电影局，但是重大业务方针的制定……各发行……仍需中央文化部以至党中央宣传部甚至更高层的领导审定。另外，还有许……边的机构和组织也有权对电影创作指手画脚，使得创作者们无所适从。这种高……中的领导管理体制，以马列主义和毛泽东文艺思想为原则，使这一时期的电影、……形成了一种规范性、制度性乃至法规性的指导机制，直接限定了电影的发展轨……国家意识形态不仅仅存在于电影业中，它渗透于大众娱乐生活的方方面面。戏……的是"京剧现代戏"；歌曲唱的是"革命歌曲"；传统的春节成为文艺宣传中心……佳时机；保卫国家、社会主义现代化建设成了体育锻炼的唯一目标。群众业……活动最大的特点是"一切要坚决服从当地党委的领导，实行政治挂帅，为政治……务，为生产服务，为当时当地的各项中心工作服务"①。"中心任务需要什么，这些活动就配合什么，在不少厂矿里，常常是头一天有了发明创造，第二天就上了戏，劳动中的新人新事随时都能编成诗歌快板进行表扬推广。一九五八年深入宣传党的总路线，动员了各种形式的文艺武器，深入到全市各个角落。在人民公社成立、深翻种麦、大炼钢铁等运动中，有些地方组织了田间俱乐部、文工队，深入现场，巡回宣传鼓动，提高了群众的思想觉悟和文化水平。"②群众的娱乐生活处处都凸显出国家意识形态的特征。

（二）"十七年"城市娱乐生活特征形成的原因

新中国"十七年"城市众娱乐生活之所以具有现代化、全民化、政治性等一系列特征。是因为它继承了革命时期的文艺传统，在市场需求上顺应了工农群众的心理特征和文化程度的要求，在发展方向上紧紧围绕国家领导人的文艺思想和国家的文艺政策，在当时的客观环境下受到国内外政治局势的牵制。同时，频繁的政治斗争也给娱乐生活造成了重大影响。

1."十七年"时期文艺活动的内容、形式和目的，在很大程度上继承了革命时期的文艺传统，即文艺以政治宣传为核心

自五四新文化运动以来，无数爱国剧目、革命歌曲，唤起了国人自救的意识，促使国人积极地投身于救国救民的事业当中。尤其革命根据地的文艺活动，将这种文艺的政治宣传性发挥到了极致。"十七年"时期城市娱乐生活的内容和形式，大部分都可以从根据地的文艺活动中找到雏形。

革命戏剧。在不同时期，根据地和解放区组织了各种剧团和戏剧学校，他们根据革命和斗争形势创作和演出了灵活多样的戏剧，在苏区形成化装讲演、新剧、活报剧三大戏剧形式。这时期的戏剧不仅在形式上对旧戏剧做了改进，多以传统戏剧形式与革命内容相结合，而且在内容上也大有创新，多以旧内容表现新思想。

---

① 《首都文化界深入工矿农村开展群众文化运动》，《北京文艺》，1958 年 9 月号，第 20 页。
② 《丰富活跃的群众文化活动》，《北京日报》，1959 年 9 月 17 日。

歌曲舞蹈。歌曲包括苏联歌曲、革命歌曲、歌谣、山歌

苏区时期著名的有苏联歌曲《国际青年歌》，有用旧曲填新词的《婚姻自主》《送郎当红军》，还有红军自己作的革命歌《工农革命歌》《红军纪律歌》，等等。舞蹈，主要指舞蹈表演。苏区时期，文艺工作者学习了苏联的《俄罗斯舞》《水兵舞》等，在此基础上，各个剧团创作了自己的舞剧和舞蹈。

陕北秧歌和腰鼓。抗战爆发后，陕甘宁边区的文艺工作者就开始利用陕北秧歌和腰鼓来进行抗日宣传，举行文娱活动。延安文艺座谈会后，鲁艺、中央、西北文工团等，在延安组织了大规模的秧歌活动，从而掀起了新秧歌热潮。

健体与娱乐并行的体育活动。苏区时期，根据地机关、学校、工厂就经常开展各种球赛、田径赛和军事体育比赛。红军到达陕北后，党中央继续大力开展体育运动，篮球、排球、足球、跳高、双杠、游泳等多项运动红红火火开展起来。青年们把交际舞发展成为欢快有力的集体舞，使之成为一种兼有锻炼和娱乐的活动。

新诗歌、小说、报告文学。诗歌方面，延安文艺座谈会后，边区掀起了大众化的诗歌运动，创作了许多群众喜闻乐见的新诗歌。此时的小说，题材集中于歌颂新时代、新生活、新政权。延安报告文学也相当活跃，一批文艺工作者深入前线或敌后，写出了一批感人的报告文学作品，生动地记录了延安军民的战斗和生活。

歌咏、文艺会演、文艺晚会等活动。根据地经常举行歌咏比赛，战士们饭前饭后要拉歌，睡前睡后要唱歌，课余和劳动间隙要比歌。根据地各连队、文工团还经常举办周末文艺晚会。每逢节日、纪念日，苏维埃和边区政府都会组织声势浩大的文艺会演。各根据地还辟有专门的俱乐部和列宁室作为战士们娱乐活动的场所，以开展政治讲演、出墙报、阅报纸，进行各种文化生活。这些活动活跃了部队情绪，提高了部队文化素养，又达到了教育的目的，其中很多娱乐形式都在新中国建立之后得到了继承。

2.“十七年”时群众的心理需求和文化程度，导致文艺作品题材范围受限，艺术性难以提高

“十七年”的工农群众有着共同的心理诉求，他们都经历过旧社会的苦难，有着共同的战争创伤，新中国的成立让他们切身体验到民族解放和翻身做主的喜悦，并全身心地投入到社会主义建设的热潮之中。正是有着这些共同的心理基础，他们才会在看《白毛女》时感同身受，潸然泪下；在看《烈火中永生》时咬牙切齿，痛彻心扉；在看《伟大的起点》时激情昂扬，心绪澎湃。仅以京郊农村为例，农村“观众三分之二以上是三十岁以下的农民。他们特别偏爱现实题材的节目。我们在西府大队举行第二场演出时，村中的业余河北梆子剧团也参加了一个节

目：《二进宫》。这出戏一上台，台下的孩子们和青年们立刻兴致索然，会场秩序也紊乱了。直到我们的评剧《两个队长》上场，他们才又稳定下来。为什么？一个青年说：'《二进宫》咱看不懂，听不清，《两个队长》演的是眼面前的事，说的是大白话，好听好懂。'另一个青年说：'老戏离咱的生活太远，你们工作队的节目跟咱年轻人思想合拍！'旁边一位老大爷听了，不满地说：'年轻人喜欢新的，咱老头子也不保守，我看新的也比旧的有味儿！……"[1]农民要求作品和艺术表演"能够真实地反映他们的生活，是'农村的事儿'，要有真实的思想感情"[2]，还要求作品"能爱憎分明，表现出强烈鲜明的阶级感情"[3]。所以，"十七年"时，文艺作品的题材集中于革命历史与革命战争、社会主义工农业建设、工农兵生活几大方面。这不仅仅是国家文艺政策的引导所致，也是顺应市场需求所产生的结果。

同时，"十七年"时群众文化素质不高也阻碍了文艺作品在艺术探索上寻求更多的发展。新中国成立初期，我国文盲数量占全国总人口的90%以上，到1964年这个比例仍有33.6%。群众文化素质不高，直接导致他们看不懂艺术性较强、内容较深刻的文艺作品。群众所需要的文艺作品应该是在形式上喜闻乐见，内容上通俗易懂，贴近百姓生活的，不然难以得到群众的欢迎。那么，文艺工作者希望在艺术上有所突破，却苦于艺术创新不符合市场的需求，自然文艺在艺术方面难求发展。

3. 国家领导人的文艺思想是"十七年"文艺发展的主轴和核心

国家领导人，尤其是毛泽东的文艺思想，直接统领着"十七年"的文艺发展，决定了老百姓娱乐生活的内容和方式。早在延安时期，毛泽东在《在延安文艺座谈会上的讲话》中所确定的关于文艺的定性、服务对象等一系列问题，成为新中国建立后我党制定文艺发展方针政策的理论基础和根本依据。

在毛泽东看来，文艺正处于政治的从属地位，是必须服从于政治的。他认为，"一切文化或文学艺术都是属于一定的阶级，属于一定的政治路线的。为艺术的艺术，超阶级的艺术，和政治并行或互相独立的艺术，实际上是不存在的"[4]。从文艺属于一定的阶级和一定阶级的政治路线，且要为人民大众服务的这一理论和实践前提出发，毛泽东指出了文艺与革命的关系。一是党所领导的文

---

[1] 刘厚明：《节日·及时雨——与市农村文化工作队下乡随感》，《北京文艺》，1963年7月号，第21—22页。

[2] 王松声：《文艺要更好地为农村服务——北京市农村文化工作队下乡演出的几点体会》，《北京文艺》，1963年10月。

[3] 郭德宏、柳建辉编著：《五十年社会变迁与中国现代化》，青岛：青岛出版社，2000年版，第50页。

[4] 《在延安文艺座谈会上的讲话》，《毛泽东选集》第三卷，北京：人民出版社，1991年版，第865页。

艺工作与党的整个工作的关系，即无产阶级的文学艺术是无产阶级整个革命事业的一部分，因此，"党的文艺工作，在党的整个革命工作中的位置，是确定了的，摆好了的；是服从党在一定革命时期内所规定的革命任务的"①。这就很好地解释了，为什么新中国建立后绝大部分电影戏曲和文学的创作都是紧随着党的中心任务和大政方针的。其内容和形式主要就是为了宣传并服务于党的方针政策，发挥文艺"又反转来给予伟大的影响于政治"②的作用。二是把文艺批评视为文艺界的主要的斗争方法之一。它有两个标准：政治标准和艺术标准，其中又以政治标准为侧重。毛泽东一直都对文艺批评非常重视，所以，"十七年"时期的文艺始终处于政治批判斗争的风口浪尖，文艺界成了政治斗争的风向标。一旦政治斗争来袭，政治标准成为文艺批评的唯一标准，艺术标准则处于无足轻重的地位。政治上的钳制无不束缚了文艺创作者们的手脚，给文艺界带来几度重创。

同时，毛泽东提出，文艺要站在无产阶级的立场上，为工农兵和城市小资产阶级服务。他不仅明确指出了革命文艺的服务对象、接受主体，而且提出了表现对象、描写对象的历史任务，要求革命文艺在刻画资产阶级的黑暗，暴露一切危害人民群众的黑暗势力的同时，歌颂无产阶级和劳动人民，歌颂人民群众的革命斗争，写出"新的人物，新的世界"；不仅解决了文艺大众化的前提——与工农兵大众的思想感情打成一片，而且明确了大众化的途径——运用人民群众喜闻乐见的形式和来自人民群众的丰富生动的语言；不仅肯定了小资产阶级可以作为革命文艺的服务对象，而且指出在什么条件下小资产阶级知识分子可以作为艺术反映的对象。所有这些思想，贯穿于此后党所制定的文艺政策和方针中，并在新中国建立后的文艺政策中被反复地强调和体现。文艺界大规模地组织作家下厂下乡体验工农兵生活，大量反映工农兵生活和斗争的作品不断涌现，群众中也出现了一批业余作家，体现出工农兵群众的各项文艺活动得到前所未有的深入开展。

4. 国内外的政治局势形成了文艺发展的客观环境，国家的文艺政策，以及频繁的政治斗争成为文艺的指向标，直接决定娱乐生活的宽度和广度

新中国成立后，我国社会生活发生了翻天覆地的变化，党和政府的各项方针政策需要及时地传达到人民群众中去；社会主义革命和建设的大好形势也要让尽可能多的群众了解，以进一步激发他们参与社会主义革命和建设的热情；历次政治运动的展开需要借助于各种各样的舆论工具进行鼓动和宣传；国际上严峻的形势也需要让群众有所了解，以提高防范意识，不得有半点松懈。而文艺正好可以

---

① 《在延安文艺座谈会上的讲话》，《毛泽东选集》第三卷，北京：人民出版社，1991年版，第866页。

② 《在延安文艺座谈会上的讲话》，《毛泽东选集》第三卷，北京：人民出版社，1991年版，第866页。

在这几个方面发挥其特殊而巨大的作用，那么借助文艺这一手段来进行政治宣传就成了顺理成章的事情。从国家的角度来看待文艺的政治宣传性，如此的文艺形式和目的似乎是必要的，是国家统治的内在需求，也是当时客观环境所造成的必然结果。

但是同时我们也应看到，虽然当时国际环境的态势存在着许多对我国不利的因素，但面对着敌对国家和敌对势力的封锁与扼杀，我国政府对国内阶级斗争的形势确实做出了许多不恰当的估计。为了防止敌对势力利用包括电影在内的意识形态工具瓦解新生的政权与社会主义制度，国家在思想文化战线上不停地进行以反对资产阶级思想为主要内容的政治运动。这种频繁的政治运动，主要是在意识形态领域里进行的，其中大半是由电影、戏剧、文学问题引发的，文艺界首当其冲，多次受到强烈的冲击，这对文艺发展产生了直接重大的影响。国家对形势恶劣程度的过分估计，导致了对文艺的种种钳制，从而在一定程度上阻碍了群众娱乐生活的开展。政治斗争中过多的干预无疑给民众生活，乃至整个社会的协调发展都产生了一定的负面影响。

"十七年"时，文艺界的发展趋势呈现出此起彼伏，循环往复的特征，主要表现为，国家制定适当的文艺政策，则文艺界的发展呈上升的态势，一旦政治斗争袭来，文艺界则遭受沉重打击，然后国家制定调整政策，才使局势有所好转。根据这一特征，可将"十七年"的文艺发展大致分为三个阶段：1949 年—1955 年，1956 年—1959 年，1960 年—1965 年。

1949—1955 年：在新中国成立之前，北平就召开了中华全国文学艺术工作者第一次代表大会。大会确定了文艺为人民服务并首先为工农兵服务的总方向，并根据当时的情况提出"普及第一"的总方针，为新中国文艺事业的繁荣和发展指明了正确的方向和道路。

这次大会，使长期被迫分离的解放区和国统区两支革命文艺队伍会师北平，形成了文艺界空前的团结。于是，新中国成立初期的文艺界呈现一派欣欣向荣的景象，反映工农兵生活的文艺作品像雨后春笋般不断涌现，深受群众的欢迎。但随着 1951 年 5 月《人民日报》发表毛泽东撰写的社论《应该重视电影〈武训传〉的讨论》，旋即全国掀起了一场批判《武训传》的政治运动。虽然当时的文艺界，确实存在着一些旧的思想及艺术上的不良倾向，但运动中错误地认为资产阶级、小资产阶级思想的侵蚀，已到了非常严重的地步，因而这场讨论采取了极端的粗暴的方式，搞了过火的斗争。1953 年，为适应全国进入社会主义改造和中共提出过渡时期总路线的新形势，9 月召开了第二次全国文学艺术工作者代表大会。大会确定社会主义现实主义为文艺创作和文艺批评的最高准则，强调要塑造好新英雄人物的典型形象。同时，认真分析批评了文艺创作的概念化、公式化，文艺批评的简单粗暴，文艺组织领导方面的行政命令作风等不良倾向，批判了"左"倾教条主义对文艺界的影响。这次大会对社会主义文艺产生了积极的促进作用。大会之后，大批作家主动深入到工矿农村去体验生活，反映生活。许多作品在思想性和艺术性，在反映生活的广度和深度上都有了一定的发展。紧接着的 1954 年，文艺界又开展了对《红楼梦》研究中的错误观点的批判。这次批判把俞平伯对《红楼梦》的研究和"新红学"完全看作是"胡适派资产阶级唯心论"的体现，并仍然沿用搞政治运动的方式来处理学术问题，使得学术混淆于政治问题之中而得不到正确的认识，对权威作家和相关刊物的处理也过于严重。紧随其后的对胡风文艺思想的批判，更加升级为政治问题的清算，在全国范围内掀起了批判胡风反革命集团的大规模政治运动，一场全国范围的肃反运动也于 1955 年下半年开始。在此次运动中，错误地批判了胡风及其他一些文艺工作者，使这些人的身心和创作积极性受到严重损伤，对文艺创作和文艺事业的发展，起了相当的消极作用。

1956—1959 年：1956 年是我国社会主义建设的关键一年，我国"三大改造"已基本完成，社会主义制度已基本确立，经济和文化建设即将迎来高潮。基于这样的历史背景，毛泽东适时地提出了指导和促进科学文化、文学艺术繁荣发展的"双百"方针。"双百"方针，即"艺术上不同的形式和风格可以自由发展，科学上不同的学派可以自由争论"，艺术上百花齐放，科学上百家争鸣。广大的文艺工作者在"双百"方针的鼓舞下，冲破教条主义的束缚，高扬现实主义精神，开拓了新的题材和主题，采用了多样的体裁和手法，表现出多种的艺术风格，涌现出一批优秀作品。但 1957 年，党中央开展了整风运动，在国内外政治环境的不利条件下，发展为一场反击资产阶级右派分子进攻的战斗。"反右派"斗争扩大化，波及文艺界的各个部门，错将一大批文艺工作者划为"右派分子"，一批优秀的作品以及有真知灼见的文艺理论，均被打成"反党反社会主义的大毒草"或"修正主义的文艺理论纲领"，等等。这种简单粗暴、任意上纲上线的做法，挫伤了文艺工作者的积极性，大大影响了文艺的发展。紧接着，轰轰烈烈的"大跃进"运动中，"瞎指挥""浮夸风""共产风"的错误严重泛滥，直接影响到文艺工作，使"左"倾思潮进一步发展，并掀起了批判"修正主义文艺思想"的高潮。这次批判延续了一年之久，它完全违背了实事求是的原则，颠倒了理论是非，无视作品的实际，将很多优秀作品统统打成毒草，给文艺界造成重创。

1960—1965 年：1960 年的第三次全国文代会，是在我国国民经济处于严重困难之际召开的。大会指出，继续实行"百花齐放，百家争鸣"和"推陈出新"方针，为革命斗争的需要，提倡作家采用革命现实主义和革命浪漫主义相结合的创作方法。"两结合"的创作方法，在文学艺术领域产生了重大影响，一大批如《红岩》《青春之歌》《林海雪原》《创业史》等比较优秀的作品问世了。这些作品既立足于现实，又不拘泥于现实；既有实事求是的精神，又体现了远大的革命理想；既描绘了斗争的艰苦，又歌颂了革命英雄主义精神。但大会几乎把"两结合"的方法规定为唯一的创作方法，过于强调树立"高大全"的革命英雄主义形象，限制了文艺创作的多样化发展。而且，大会上明显存在"左"的倾向，其基调仍然是"大跃进""反右倾""反修斗争"，并对新中国建立以来已进行过的文艺战线的历次思想斗争做了不符合实际的评价。这是新中国成立以来尤其是"大跃进"以来，"左"倾思想的具体体现和进一步发展。为了纠正"左"的思想错误，消除"左"倾思潮的影响，1961年至1962年，在周总理的直接领导下，党中央采取了一系列政策对文艺发展进行调整。先后制定了三个有关的文艺条例，即《文艺八条》《电影工作三十二条》《剧院(团)工作条例十条》，并召开了"全国文艺工作者座谈会和故事片创作会议""全国话剧、歌剧、儿童剧创作座谈会""农村题材短篇小说创作座谈会"等重要会议。广大文艺工作者在调整了的文艺政策的激励下，创作积极性有所提高，文艺工作出现了新的转机。但在1962年9月的八届十中全会上，毛泽东把社会主义社会中一定范围内存在的阶级斗争扩大化和绝对化，并在大会上发出"千万不要忘记阶级斗争"的号召。一时间全国"左"的思潮迅速蔓延，文艺指导思想也急剧向"左"发展，以致全面否定新中国成立以来文艺工作所取得的成绩，号召文艺要"大写十三年"，否则就不是社会主义文艺。同时，1963年至1965年，文艺界开展了一系列的大批判，一大批有影响的文艺作品被批为"毒草"，一大批优秀的戏剧被判为"坏戏"，所有这些直接导致文艺的萎缩，文艺创作的题材愈来愈狭窄，塑造的人物愈来愈模式化、单一化，文艺品种愈来愈单调。

由此可见，"十七年"时期的文艺工作，虽取得了较大的成绩，推动了社会主义文艺的发展，但长期以来，文艺指导思想上存在的日益严重的"左"的倾向，不但导致文艺战线阶级斗争的扩大化，还导致作家积极性的不断受挫，文艺创作的正常发展不断受到干扰。以致最终发展成一股极"左"思潮，令社会主义文艺面临空前严峻的考验。

四、结语

在我国经济持续快速发展的今天，城市娱乐文化正以前所未有的步伐向前发展。对于新中国"十七年"的城市娱乐生活，世人通常把它看成是"娱乐荒芜"的年代，即便是经历过那个年代的人也多持这样的观念。然而，经过笔者的考察，"十七年"城市娱乐生活其内容和形式都是丰富多彩的，并形成了自己鲜明的时代特征。由此，笔者总结出以下几点结论：

第一，新中国"十七年"城市娱乐生活方式的变化与城市发展、社会变迁有着相互依存、相互制约的关系。文化娱乐生活的变化既是城市政治、经济、社会等发展变化的反映和产物，又是其发展变化的客观需求和动力。总之，这一切变化是在整个现代社会发生急剧转型的客观要求和驱动力中进行的，也必然会推动近代城市娱乐文化向现代性转变，从而形成一个双向互动的作用。

第二，新中国"十七年"城市娱乐生活的发展过程中，国家扮演了较为重要的角色。正因为娱乐业硬件设施的建设离不开国家的投资，娱乐业健康有序的发展离不开国家的合理政策。所以国家能较为有力地掌控娱乐业的发展，进而深刻地影响群众的娱乐生活。由此，关于新中国"十七年"城市娱乐生活的研究，对正确认识和处理国家与群众娱乐生活的关系有一定的价值。首先，要保持娱乐业的健康快速发展，就不能脱离国家政府的领导。国家应根据社会的现实状况，在科学方法的指导下，制定适宜的方针政策，规范娱乐业的发展。其次，国家又不能对娱乐业管得过严过死，应在掌握娱乐发展大方向的前提下，让娱乐业有较为自由的发展空间。"十七年"时娱乐业所遇到的曲折艰险，着实应该引起我们的深思。

第三，新中国"十七年"北京、上海等一线城市的娱乐生活是当时全国城市娱乐生活的一个缩影，较为全面地反映了全国娱乐生活的发展状况。从高产的电影和戏剧，到轻快欢乐的歌舞，从引人入胜的连环画小说，到欢腾雀跃的节日庆典，从空前规模的体育锻炼，到火热的群众业余文艺创作与表演，都充分地体现出新中国"十七年"城市娱乐生活的丰富与繁荣。群众对娱乐文化热切盼望，积极参加娱乐活动，整个社会都呈现出欣欣向荣的局面。娱乐的繁荣与否，本身就是个相对的概念。如果以当前娱乐的多样性和丰富性，以及群众实际的娱乐享受程度，来比照新中国"十七年"城市娱乐生活，那么当年娱乐内容的单一与落后是显而易见的。但笔者以为，这样的观点是有欠妥当的。应该把"十七年"城市娱乐业的发展状况与前期的娱乐生活相比较，考察其延续性和进步性。把它置于当时客观的社会环境和条件下，考察其独具的特征以及与社会经济政治的联系。"娱乐"之所以为娱乐，关键在于当事人是否从所进行的活动中获得了愉悦和快乐，而不是后来者称之为娱乐才是"娱乐"。所以考察"十七年"亲历者的亲身感受，有助于我们对新中国"十七年"城市娱乐生活有更深入的了解和体会。

第四，笔者关于新中国"十七年"城市娱乐生活的研究，用当前较为通用的史学学科划分方法来划分，应属于社会史的范畴。然而现在很多从事社会史研究的学者，似乎常常把社会史与政治史割裂开来，甚至认为两者是对立的，几乎将政治排除于社会史的视野之外，期望做出"纯社会史"。笔者认为是此法欠妥的。事实上，社会史和政治史无法做到严格的区分。因为社会本身就是一个各种复杂因素有机结合的整体，政治是社会的重要组成部分，政治离不开社会，社会的发展和维持也离不开政治，甚至在某种条件下，政治会成为除了经济以外影响社会变迁的又一举足轻重的因素。

在"十七年"时期，政治在社会中扮演着举足轻重的角色，它不仅自上而下地贯穿于国家的各个层面，而且还渗透于社会生活的方方面面。国家对文艺的过多干预，以及政治斗争的频繁发生，都对文艺的发展，特别是群众娱乐生活水平的提高和扩展造成了很深的影响。可以毫不夸张地说，属于政治层面的变化对当年社会变迁的影响程度超过了经济因素，成为主导一切的关键所在。在关于娱乐生活的研究和考察中，笔者深刻地体会到国家政策和政治活动对娱乐生活所产生的巨大影响。表面上看，娱乐似乎与政治扯不上太多关系，深入考察却发现，"十七年"的城市娱乐生活是城市经济、政治、文化、社会等发展变化的反映和产物，特别是政治一体化的产物，是在整个现代社会发生急剧变化的客观要求下转变的，是政治发展和社会发展在意识形态方面的表现。

抗战时期晋察冀边区小学教育研究

潘万静[①]

一、晋察冀边区小学教育的方针政策

1938 年晋察冀边区临时行政委员会刚成立的时候，没有明确提出抗战时期边区小学教育总的方针政策。但是边区一直是按照土地革命时期的"工农劳苦群众有受教育的权利"原则来进行的。1940 年 1 月，毛泽东发表了《新民主主义论》，其中第一次明确提出既符合抗日战争实际需要，也适应整个新民主主义革命时期历史特点的教育方针，即新民主主义教育的方针。明确提出新民主主义的教育应该是无产阶级领导的人民大众的反帝反封建的文化教育[②]，也就是民族的科学的大众的完全新型的教育[③]。到了 1940 年 3 月，《中央关于开展抗日民主地区的国民教育的指示》明确指出："应该确定国民教育的基本内容为新民主主义的教育。"[④]据此，1940 年 6 月 16 日发表的《晋察冀边区文化教育决议案》规定，晋察冀边区教育总方针是"以民族的、民主的、大众的、科学的精神，教育边区人民，以粉碎敌伪的奴化教育政策，及一切落后的、迷信的、复古的与买办性的反动教育，树立全国新教育的模范"[⑤]。即为边区建设服务的新民主主义教育的方针政策，这是晋察冀边区教育的总方针。从晋察冀边区所规定的教育总方针可以看出，晋察冀边区的教育是以当时革命战争和根据地建设的实际需要来制定方针政策的。它充满着为无产阶级革命，为广大劳动人民谋利益，推翻旧中国建立新中国的主旨精神。这个新民主主义教育方针即是以马列主义的理论与方法为出发点的关于民族民主革命的教育与科学的教育方针。在新民主主义教育方针的总体指导下，晋察冀边区的教育工作者学会了在不同的情况下，制定出相应的教育政策，采取相应的教育措施。具体地说，在小学教育方面，实行的教育方针政

---

① 潘万静：河北省迁西县第一中学一级教师。
② 《毛泽东选集》第二卷，北京：人民出版社，1966 年版，第 659 页。
③ 《毛泽东选集》第二卷，北京：人民出版社，1966 年版，第 669 页。
④ 顾明远总主编：《中国教育大系·马克思主义与中国教育》，武汉：湖北教育出版社，1994 年版，第 1079 页。
⑤ 王谦主编：《晋察冀边区教育资料选编》教育方针政策分册（上），石家庄：河北教育出版社，1990 年版，第 132 页。

策是：

（一）教育为战争服务

1. 教育为战争服务政策形成的过程

七七事变爆发以后，平津等地相继失陷，国民党军队和政府官员南撤，各地处于无政府状态，汉奸土匪活跃，社会秩序混乱，群众悲观失望情绪达到极点，学校都关闭了，青年儿童成群地流浪在街头，过着恐怖的日子。1938年1月晋察冀边区临时行政委员会建立以后，各地抗日政权也相继建立，使社会秩序得以稳定，这时边区政府的一个重要任务，就是恢复小学教育，坚定人民抗战的信心。中共主张实行抗战的教育政策，发展抗战的文教事业，使教育长期为抗日战争服务，这是动员群众参加抗战，争取抗战胜利的重要任务之一。早在1937年7月，毛泽东发表了《反对日本进攻的方针、办法和前途》，提出：根本改革过去的教育方针和教育制度。不急之务和不合理的办法，一概废弃。同年7月22日，中共中央政治局在洛川开会，公布了《中国共产党抗日救国十大纲领》，提出要实行抗日的教育政策。1938年1月，晋察冀边区第一次军政民代表大会确定了晋察冀边区文化教育的基本方针和任务，高度发扬民族精神，一切为了抗日救国；培养军事政治干部，加强抗战力量；造就专门的技术人员，建设抗战期间的各项事业；培养热情的青年，扩大民族革命的基础力量；提高群众的民族觉悟和文化水平，增进健康。1938年4月，毛泽东在陕甘宁边区国防教育会第一次代表大会上，发表了题为《教育与战争》的演讲，进一步重申要"用教育来支持抗战。目前的抗战是规定一切的东西，我们的教育也要听抗战的命令，这就叫作抗战教育"[1]。1938年毛泽东在《论新阶段》中指出，"在一切为着战争的原则下，一切文化教育事业均应使之适合战争的需要"[2]。1940年6月16日发表的《晋察冀边区文化教育决议案》又强调"使教育为抗战建国服务"[3]的政策。

2. 边区政府贯彻教育为抗战服务政策而采取的措施

为了贯彻"教育为战争服务"的方针，边区根据国民政府宣布的全国精神总动员纲领，力图建立正确的抗战理论，提高民族意识，粉碎敌人奴化教育政策，肃清汉奸倾向的言论。小学生除学习文化知识外，还着重对其进行爱祖国、爱人民、反侵略、反内战等教育。在一切为了抗战的原则下，改进旧的教育内容，使之高度地发挥民族精神，以增强全民抗战意识，始终以提高儿童的民族自信心与抗战必胜的观念为主要任务。具体做法是：

① 《毛泽东选集》第二卷，北京：人民出版社1966年版，第320页。

② 毛泽东：《论新阶段》，解放社，1944年版，第74页。

③ 王谦主编：《晋察冀边区教育资料选编》教育方针政策分册（上），石家庄：河北教育出版社，1990年版，第132页。

（1）在教学方法上要求各科渗透抗战教育精神，激发学生对敌人的仇恨情绪，鼓舞学生的抗战热情，坚定抗战必胜的信心①

开始采用抗日教材，增加政治常识。在边区小学课程中，以抗战为中心的政治思想教育、常识教育和社会工作占据着十分突出的地位。例如，边区把《国难讲话》列入正式课程，向学生讲授国难知识，指导学生举行课外救亡活动，以养成学生热爱国家、复兴民族的意识。1940年晋察冀边区教育委员会编写了一套抗战时期《初小国语课本》八册，其编辑主旨就强调"提高儿童文化政治水准，使其对抗战有正确认识；增强儿童各种必要的抗战知识和革命道德"。比如《初小国语课本》第二册第二十课是这样编写的：

亡了国　真痛苦

大人痛苦　小孩也痛苦

新中国真幸福

大人幸福　小孩也幸福

打走日本鬼　才能免痛苦

建立新中国　才能享幸福

小朋友快快参加儿童团

走上抗战建国的大路

第三十一课《拿枪干一场》是这样编写的：

河里水　黄又黄　日本鬼子狠过狼

烧了田家村　又烧高家庄

吃了我们的鸡　又杀我们的羊

抢去牛和马　还抢钱和粮

烧抢还不算　杀人更猖狂

中国好男儿　快快拿枪干一场②

（2）在教学指导方面，不再一味地把学生闷在课堂里读死书

县教育科组织发动师生参加各种救亡工作、拥军支前工作，如写标语、演讲、演唱革命歌曲、募集慰劳、站岗放哨、查路条等。从各种实际活动中教育儿童，提高了儿童关心抗战的意识。在课堂上主要是讲抗战必胜的道理，以坚定学生的抗日信心。

（3）经常利用真人真事对学生进行思想教育

教师向学生讲述抗日干部和民众英勇不屈的故事，举行死难者追悼大会，让

---

① 丰润县文教局教育志编写办公室编：《丰润县教育志》，丰润县文教局（内部资料），1988年，第70页。

② 《抗战时期初小适用国语课本第二册》，晋察冀边区行政委员会印行，1940年版。

儿童参加"控诉复仇大会"，亲耳聆听接受熏陶，带领学生查看烧毁房屋的情景，从种种情形中树立学生对日寇的仇恨情绪。比如束鹿县小学教师田宁远在这方面就做得很好，他给学生讲完《我们是中国人》《我们爱祖国》的课文后，又历数了他们小学所在的南庞营村为抗日牺牲的王登科、齐大整、齐梦林、齐顺发，以及还在县游击队和八路军里进行战斗的齐志秀、王聚新、王周表、王占文等人的情况。① 每个同学都感到自己面前树起了许多做人的榜样、爱国的榜样，同时也更加痛恨日本帝国主义者。滦县冯庄乡王官营小学教师孙凤鸾在 1938 年冀东大暴动之后，更加倍地工作。他在教学生文化的同时，给学生讲述"岳飞抗金兵""太平天国""义和团"等历史故事，进行抗日救国教育。② 为了教育学生热爱祖国，坚决反对日寇，阜平县小学教师卢学礼给学生讲王二小在反扫荡中为了掩护群众转移，在敌人刺刀下宁死不屈，壮烈牺牲的悲壮情景。③ 易县小学生桑醒儿的父亲被敌人打死了，小学就通过这血的事例来控诉敌人的罪行。④

（4）在实际斗争中，提高儿童思想觉悟，锻炼实际工作能力，培养出许多抗日小英雄

晋察冀边区抗日根据地的小学，在中国共产党的领导下，以无产阶级思想培养教育少年儿童热爱党、热爱祖国，进行以"抗日救国"为主的教育。从 1942 年开始边区在根据地的边缘地带和游击区，开展"军民誓约运动"，提出全体军民"不做汉奸顺民""不给敌伪粮食""不给敌人带路""不泄露军事秘密"等十项有关发扬民族气节、坚持团结抗战的要求。⑤ 同时对儿童进行"五不"教育，"五不"就是：不告诉敌人一句实话；不报告干部和八路军的情况；不报告地洞和粮食的情况；不要敌人的东西，不上敌人的当；不上敌人的学校，不参加敌人的少年团。⑥ 在小学课程中，特别强调"不告诉敌人实话与掩护八路军干部"，并把这些内容，用各种形式渗透到小学课本里去。并且在儿童团的领导下，要求每个儿童团员，一定会背"五不誓约"，并切实遵守。小学生在残酷的斗争中，学会了如何应付敌伪，保守工作秘密，如何掩护教师和抗日干部。在儿童的掩护下，很多抗日干部化险为夷。根据定南县第二十高小的统计，八年抗战中，在敌伪的血爪

---

① 王谦主编：《晋察冀边区教育资料选编》回忆录分册，石家庄：河北教育出版社，1990 年版，第 382 页。

② 王谦主编：《晋察冀边区教育资料选编》回忆录分册，石家庄：河北教育出版社，1990 年版，第 369 页。

③ 王谦主编：《晋察冀边区教育资料选编》回忆录分册，石家庄：河北教育出版社，1990 年版，第 10 页。

④ 王谦主编：《晋察冀边区教育资料选编》回忆录分册，石家庄：河北教育出版社，1990 年版，第 445 页。

⑤ 孙进柱、王大林主编：《保定抗战文化》，北京：方志出版社，2005 年版，第 188 页。

⑥ 陈元晖：《中国现代教育史》，北京：人民教育出版社，1979 年版，第 202 页。

下，学生们曾营救了 240 个县级干部，解救了二十多个被迫去受敌训的同学。为了解救抗日干部，他们不怕流血牺牲。冀中武强的温三郁，为了掩护区小队长，手指被敌人砍掉了五个，也坚决不说。雁北繁峙六区谢子坪的三保子，因为坚决不暴露八路军的行踪，最后被敌人扔在一丈多深的崖下。安国某村的三个小学生被敌人抓住，即使被挑死，也没有说出村长的名字和住址，保护了村长的安全。①

(5)教师教学生唱抗日歌曲，利用秧歌舞、霸王鞭②、写街头诗等文艺形式③丰富学生学习，增强对抗战的认识

游击区、解放区的学校，大唱抗日歌曲，校校唱、人人唱、家家唱、处处唱。流传的抗日歌曲不下百首。这些歌曲反映了抗日人民的心声，也歌颂了英雄的事迹，给人们一种同仇敌忾的力量，催人奋发前进。学生们把学到的歌曲、戏剧等排练好，到各村去演出。当时教唱的有《延安颂》《我们在太行山上》《歌唱二小放牛郎》《抗日把国保》等一大批抗日歌曲。④ 比如滦县小学教师孙凤矗教唱《苏武牧羊》《民族英雄》等歌曲，就对激发学生的抗敌热情起到了很好的作用。教师还教学生唱儿童团歌，歌词是："冲、冲、冲，大家来向前冲，哪怕他飞机大炮迎头袭，我们是抗日的儿童团，打先锋，我们是抗日的儿童团，打先锋。杀、杀、杀，大家来向前杀，杀掉了日本鬼子的脑袋瓜，我们是抗日的儿童团，向前杀，我们是抗日的儿童团，向前杀。"⑤当时还有许多教师自主教学生学习我国古代著名抗敌将领的诗词来激发学生的爱国热情，比如北宋文天祥的《正气歌》、岳飞的《满江红》等⑥。

这些有关抗战的教育和宣传是相当成功的，它鼓舞了学生抗日救国的热情，增强了群众的抗日信心，提高了他们抗日的觉悟，坚定了群众抗战的意志。

(二)教育与生产劳动相结合

1. 必要性

(1)1942 年中共中央在《解放日报》发表《中共中央关于延安干部学校的决

① 人民教育出版社编：《老解放区教育工作经验片段》第二辑，上海：上海教育出版社，1958 年版，第 49—50 页。
② 平山县地方志编纂委员会编：《平山县志》，北京：中国书籍出版社，1996 年版，第 683 页。
③ 王谦主编：《晋察冀边区教育资料选编》回忆录分册，石家庄：河北教育出版社，1990 年版，第 384 页。
④ 王谦主编：《晋察冀边区教育资料选编》回忆录分册，石家庄：河北教育出版社，1990 年版，第 382—383 页。
⑤ 政协唐山市委员会文史资料委员会编：《唐山市教育志》(1840—1990)，北京：教育科学出版社，1993 年版，第 741 页。
⑥ 王谦主编：《晋察冀边区教育资料选编》回忆录分册，石家庄：河北教育出版社，1990 年版，第 369 页。

定》，指出当时学校教育的缺点，在于理论与实际、所学与所用的脱节，[①] 学生接受教育无疑是为了求知识，知识不仅来源于书本，而且也来源于实践，特别是生产实践更是知识的重要来源。因此要"从做中学，学中做，那就是懂得实际生活、参加实际生活，并改造实际生活"。[②] 抗战教育的方向是社会主义和共产主义的理想社会，需要打破旧式教育劳力、劳心的对立，使学生得到多方面的发展。

(2)革命要以一定的经济条件为基础，支持革命斗争，生产劳动是必不可少的。只有开展生产教育，才能使根据地在极端困难的战争环境里坚持办学，并且使根据地教育有所发展。由于1941—1943年日伪军对晋察冀边区进行"大扫荡"造成边区的经济相当困难，晋察冀根据地得到巩固以后，小学教育又需要进一步恢复和发展，再加上边区一些地区的水灾(1940年的冀中区水灾)、旱灾(1943年北岳区的旱灾)和1942年的农业歉收造成的边区内部局部灾荒等原因，边区的教育经费非常短缺，因此在小学里开展劳动教育和进行劳动实践是十分必要的。

(3)边区人民绝大多数是工人和农民，他们是生产劳动的直接担负者，他们的子女因为生活的贫困不得不在一定的时间参加一定的生产劳动，以维持生计。所以，他们怕上学耽误了生产，不愿意送子女上学。同时，旧教育使教育与劳动脱节，读书人鄙视生产劳动的程度是和他们受教育的程度是成正比的。孩子受到教育回到农村来，鄙视家庭如牛棚猪窝，诅咒父母是蠢婆笨汉，视田间工作如牛马生活，这是农民最害怕的结局，也是农民最不愿意送自己子女上学的主要原因之一。因此，要使儿童受到教育，必须解决学习与生产上的矛盾，教育和生产才能做好。很显然，把学生培养成鄙视生产劳动和劳动人民的人的学校教育，是不适合建设新民主主义新中国需要的。

2. 教育与生产劳动相结合的具体措施

(1)培养劳动光荣观念

儿童，特别是家庭富裕的儿童，一上学就不愿意干活，轻视劳动，这种旧教育思想的影响，起初是相当普遍的，在实施生产教育后有了很大的转变。根据地学校注重对学生进行劳动光荣的教育，使其明确劳动具有崇高的目的和伟大的意义。主要是通过各科的教学，如国语课讲劳动是光荣的，讲毛泽东热爱劳动儿童的故事等，或通过精神讲话，启发儿童重视生产的思想，削弱他们羡慕安闲自在的意识，培养他们勇于为大众服务及互助合作的美德；更重要的是组织他们，指

---

① 《解放日报》，1941年12月20日。

② 中央教育科学研究所编：《老解放区教育资料》抗日战争时期(上)，北京：教育科学出版社，1986年版，第24页。

导他们参加实际的生产劳动，从实际的生产劳动中使他们逐渐具备应有的生产知识和技能，养成劳动的习惯和兴趣。灵寿县泊口小学教师，亲自参加劳动，以身作则，给学生讲"不劳动就是寄生虫，像人身上的虱子，厕所里的蛆"。[①] 为了激发学生的劳动积极性，有的小学每周选一次劳动小英雄。边区鼓励学生在课余时间尽量参加劳动。学生参加麦收，送开水，拾麦穗，站岗放哨，从劳动中培养劳动观念和做人的道理。学生的劳动观念加强了，群众反映良好，愿意送孩子上学。

（2）传授生产知识

根据地小学把生产知识作为主要科目之一，通过自然常识和劳作课广泛而深入地传授生产知识，并且主张学生在日常生活和劳动实践中加深认识自然界和生产的原理，懂得如何进行生产，如何制订生产计划，拨工互助，选种、浸种的方法，如何防治病虫害等知识。算术课中计算儿童生产的成绩，练记工记账等，送粪时讲肥料的种类效用，耕地时讲为什么要把土翻松晒热。有些小学教师先向有经验的农民学习，再给儿童讲。有的小学请劳动英雄给儿童上生产课。这样讲的都是当地实用的东西，学了就能在劳动中应用，记得也牢。

（3）从事劳动实践

儿童能利用课余时间参加的劳动，因各地自然环境的不同而有差别。但是基本上能从事一些手工业、农业方面的劳动。儿童参加劳动主要有帮助家庭生产和在校内集体生产两种方式，另外还有的组织了学生生产合作社。

儿童参加农业生产以帮助家庭生产为主[②]，如拔草除荒、开畦浇园、打柴拾粪、饲养家畜、上山种菜等。一般是建立和学习小组统一的生产小组，小组长负责领导自习、检查生产。儿童生产小组，照顾到儿童的年龄、体力、性别，经儿童自由结合，和家长有密切联系，而又在记工分红上做得合理的，就能巩固起作用，得到群众的赞成。

组织儿童参加校内集体生产，主要活动有纺棉纺毛、织席编筐、编草帽辫等。将学生按照年龄、性别、住址的远近，或按童子军编制，分为若干小组，选出组长，或由童子军干部担任，领导全组同学工作。也有的时候是学校发动学生给八路军糊信封、做军鞋、做慰问袋[③]等，为抗日战争的胜利做出了贡献。当时的教师指导学生在参加生产时坚持学习。有的教师当学生请假生产时，先给他在

---

① 王谦主编：《晋察冀边区教育资料选编》初等教育分册（上），石家庄：河北教育出版社，1990年版，第414页。

② 皇甫束玉、宋荐戈、龚守静编著：《中国革命根据地教育纪事（1927.8—1949.9）》，北京：教育科学出版社，1989年版，第264页。

③ 丰润县文教局教育志编写办公室编：《丰润县教育志》，丰润县文教局（内部资料），1988年版，第66页。

生字本上写几个字，并教会他，让他在休息时练习，回校后进行检查。有些高年级的学生带上日记本，把做活的情况记下来交给教师批改。学生成绩的考评，也充分考虑其在生产劳动实践中的表现和成绩。这样不仅使儿童有相互帮助、观摩竞进的机会，增加劳动的兴趣，提高劳动效能，集体生产时，在休息时间，还可以共同温习功课，讨论问题，不耽误随时随地的学习。

有的小学为解决儿童学习和生产上的困难，组织了儿童自己的合作社。盂阳李庄小学的毛织手工业，就是在122个学生自己组织的合作社的帮助下开展起来的。龙华上岳各庄小学教师马顺，因贫苦学生没有钱买纸买书，他和家长商量好，儿童打一天柴卖钱入股办合作社，赚利归儿童买书买纸用，打了两次柴共1080斤，卖价2000多元。又出了教育粮195斤，卖价1950元作为公股。民主选举合作社干部，规定了按股分红、随时入股、随时支款的办法。从十月到年底，每股金一元分红利五角。后来与村社干部商量好，将儿童合作社与村社合并，以节省人力。在合作社中，学生学会了记账算账，学生学习用具的困难，也全部解决了。[①]

3. 教育与生产劳动相结合的典型事例

山西平定高小的学生和教职员工，在1943—1944年，在学校驻地附近的大山开荒，种了三百多亩谷子，秋收后，每个学生还分到百十多斤谷子；另外还抽出时间，搞煤的运输，如帮助合作社从李家庄煤窑背炭到平山洪子店，可收些运费，还自制教具以及发动学生入股办合作社，等等。[②] 这些既增强了学生的劳动观念，又给公家和学生节约了开支，改善了生活，克服了种种困难，获益不小。

行唐儿童劳动英雄牛国材，领导全村60个儿童组织6个生产小组，秋季在敌人碉堡附近抢收抢割，共割谷子152亩，割豆蔓146亩，刨玉角12.5亩，拾粪60担。种麦时拨工翻粪1000担，榜楼种麦25亩。[③]

阜平县李翠珍领导下的朱家营小学是教育与生产相结合的典范。具体的实施情形介绍如下：

李翠珍遵照上级"按节令组织儿童活动"的指示，她指导小学生先做生产计划，然后把小学生分成十一个拨工组，规定了生产计划，第一周生产动员、准备，第二周打柴，第三周运粪。送粪突击周内，还组织了毛织(包括缝纫)、编织、农业(准备种大麻、北瓜)三个小组，教会了儿童们捻线、织毛袜。这时期的

① 刘皑风：《国民教育怎样和生产结合起来》，王谦主编：《晋察冀边区教育资料选编》初等教育分册(上)，石家庄：河北教育出版社，1990年版，第417页。

② 河北省晋察冀边区教育史编委会编：《晋察冀边区教育资料选编》(续集)，北京：北京师范大学出版社，1991年版，第480页。

③ 王谦主编：《晋察冀边区教育资料选编》初等教育分册(上)，石家庄：河北教育出版社，1990年版，第415页。

课程，是随着生产的中心，讲了：粪的种类、用处、造法，还分别给三个副业组讲：羊、羊毛的用处及北瓜、大蒜的种法。粪送完，地里没有儿童的活了，生产便以副业为中心。推碾抬水，搓麻绳，缝单衣，做卖鞋，编草帽等。这时是半天上学，半天生产。中间还有一次集体开荒，参加的儿童21人，不能开的也跟着上山，休息时上课。立夏前十天春耕农忙，李翠珍决定放假十天，她想出了一个不耽误课程的新的方法，这就是：每天晚上上学，主村她自己教，副村一村选定一个小先生，放假前先教给他们十天的功课，由教育干事督促帮助，每夜小先生集合儿童上课。还设立了奖励制度，把县里发的本子和铅笔，发给每个小先生一人一个，余下的十几个小本和三十几支铅笔，作为十天后给学习好，生产有成绩的学生的奖品。这些做法得到了村干部和家长的赞同。这样校外的童子军也同校内的一样上学了。这完全是生产教育和家庭利益联系的结果。因为学生既学了知识，又帮助了家庭生产，所以家长很乐意让自己的孩子上学。这些天的努力，成果不小，短短的两个半月中，朱家营童子军打柴87600斤(17人)，拾粪1050斤(19人)，送粪87820斤(64人)，拨工40个，修梯田6.4亩(24人)，开荒7亩(21人)，种北瓜260窝，大麻340棵，葫芦24窝，树134棵(26人)；副业生产：捻线5.1个(穗)(16人)，搓麻绳286条(12人)，织毛袜18双(12人)，单衣17件(12人)，草帽8顶，捻毛线6个(穗)(18人)。[①]

易县龙华葛存村小学生产和村生产委员会密切联系，把儿童拨工和家庭生产计划、成人拨工统一领导起来了。儿童做什么活，各户什么时候需按多少儿童半劳动力，村拨工队长和小学教师按各户，给儿童做出生产学习计划，因而儿童拨工的组织领导非常顺利。这样半劳力和成人的配合，节省劳力很多。有些家长反映，"过去种玉角，一人刨坑，一人撒粪，一人扔子，一人埋坑，一人挑粪，才不误活。今天只用三个大人其余儿童就办了"[②]。

4. 教育与生产劳动是在实际工作中逐步结合起来的

抗战初期，一般教育工作者由于旧的教育观念的影响，并不重视进行生产劳动的教育。到了1940年夏天，冀中平原种麦比往年增多，为了配合保护麦收工作，就动员儿童参加护麦的宣传，并动员儿童参加麦收工作，为麦收工作做了很大的贡献。这时候才看到了儿童劳动的重要性。教育与生产劳动相结合，是在整风运动后才成为人们普遍的认识，并努力去实践。1943年北岳区由于旱灾的影响，人民生活困难，儿童必须参加生产，小学教育如果不与组织儿童生产相结

---

① 高明乡主编，阜平县地方志编纂委员会编：《阜平县志》，北京：方志出版社1999年版，第673页。

② 王谦主编：《晋察冀边区教育资料选编》初等教育分册(上)，石家庄：河北教育出版社1990年版，第415页。

合，小学就很难坚持下去了。因此一般教师就不得不注意这个问题。就在这一年，边区政府更明确地提出加强生产教育，小学的生产教育也开始普遍实行。在1944 年，在毛主席"组织起来"，"自己动手，克服困难"的号召下，边区开展了大生产运动，教育与生产结合有了新的发展。

通过小学校，特别是灾区的小学，边区加强对儿童的生产教育，把几十万儿童组织起来，抽出适当的时间参加生产劳动，配合救灾，积蓄力量，准备反攻，就当时来说，也有很重大的意义。同时，由于实行了教育与生产劳动的结合，一方面使儿童受到了劳动锻炼，学习到劳动的知识和技能，另一方面支持了社会生产，解决了学校和学生本身经济方面的一些困难。学校的生产搞起来了，教师的生活得到了改善，就使教师能安心工作。贫困儿童所需要的课本文具，甚至衣服鞋袜，也就能够得到解决，就可以把更多的学龄儿童吸收进学校里来读书。学生在学校既长知识，又不脱离生产劳动；家长既不需要花钱送孩子读书，孩子读书后还能多帮助家庭劳动。像这样的教育，是培养新公民、新知识分子必经的途径，受到广大群众的欢迎。

开展生产劳动不仅自力更生创造了物质财富，减轻了政府和群众的负担，为发展教育提供了有力保证，更重要的是培养了师生的劳动观点、群众观点、艰苦奋斗和团结协作的精神，对于造就革命斗争的坚定战士具有重要作用。根据地师生还广泛参加各类革命斗争和政治活动，既有助于提高他们的思想觉悟，锻炼革命意志，提高工作能力，同时也有力地支援了革命斗争和根据地建设。教育与革命战争、生产建设相结合，相辅相成，就是晋察冀边区抗日战争时期所走过的教育道路，就是教育与人民大众相结合的道路，就是理论联系实际的道路。边区近八年来的小学教育实践证明，这是改造和建设中国小学教育的一条正确的路线。

（三）义务教育

1. 制定普及小学义务教育的政策

边区小学校普遍设立起来，为小学教育的普及奠定基础。普及义务教育，一直是中国新民主主义的教育理想之一。因为旧教育的模式只是富裕人家的子弟上得起学，贫困的家庭子弟因为经济原因和旧思想的影响，再加上一些偏远地区没有接受教育的习惯，所以学龄儿童能接受教育的占少数。边区就是要转变过去旧教育那种只有少数人能受教育的状况，而是让大多数人都能有接受教育的机会。因此，抗日战争时期，虽然是很动荡很艰苦的时期，但是边区还是努力进行义务教育。晋察冀边区政府成立伊始，即提出每个行政村要建立一所初小，每个行政区要建立一所完全小学或高小；"小学修业年限定为 6 年，初级 4 年，高级 2 年。

学龄由 7 周岁至 12 周岁"。① 1940 年 4 月中共中央北方局颁布《关于国民教育的指示》，同年 8 月，又颁布《晋察冀边区目前施政纲领》，1941 年 1 月，晋察冀边委会颁布《关于普及国民教育的指示》，这些文件均提出，边区"实行普及的义务的免费的教育，建立并健全学校教育，至少每行政村设一小学，每行政区设一完全小学或高小"②，应"在某些地区设立女两级小学或女高级小学"。③ 1941 年 4 月晋察冀边委会颁布《边区小学校暂行办法》，对小学校的设置规定为："一、至少每行政村设一初级小学校，其名称得以所在地名定为某村初级小学校；二、自然村不能自行设置普通小学校，且不便与其他村庄联合设立，得共同建立巡回小学校，定名为某某村巡回小学校；三、至少每区设一高级小学校"。④

2. 采用一切办法动员、说服教育或者用法令强迫入学的方法，普及边区的小学教育

1938 年毛泽东指出，"办理义务的小学教育，以民族精神教育后代"⑤。当然普及小学教育是以政治动员和宣传解释为主，必要时配合政府的强迫措施。1940 年 4 月《中共中央关于国民教育的指示》中关于学校教育的规定，"运用说服解释方式及政府法令的强制力量，大量动员学龄儿童入学，设法克服他们不能入学的实际困难。一切革命者家属的儿童，应首先入学，起模范作用"⑥。除因特殊情形经当地主管教育机关之特许外，一概强制入学。晋察冀边区五专署在 1941 年颁布《儿童入学惩罚办法》中也规定："凡学龄儿童家庭经济在统一累进税免税点以上者一律入学。经说服动员后仍不能入学者应受一定的惩罚。凡学龄儿童家庭经济在免税点以下者，应尽量争取入学，或入小学附设之夜学班及其他补习组织"。⑦ 通过这些措施的实行，使边区小学生入学率有所提高，小学生的在学人数也得到巩固。

3. 制定政策、采取措施鼓励贫困儿童入学

1939 年 9 月《边委会令发抗属及贫苦子弟等入学优待暂行办法》，经本村村

① 王谦主编：《晋察冀边区教育资料选编》教育方针政策分册（上），石家庄：河北教育出版社，1990 年版，第 133 页。

② 皇甫束玉、宋荐戈、龚守静编著：《中国革命根据地教育纪事（1927.8—1949.9）》，北京：教育科学出版社，1989 年版，第 179 页。

③ 王谦主编：《晋察冀边区教育资料选编》教育方针政策分册（上），石家庄：河北教育出版社，1990 年版，第 120 页。

④ 河北省地方志编纂委员会编：《河北省志》第 76 卷《教育志》，北京：中华书局，1995 年版，第 138 页。

⑤ 《论新阶段》，解放社，1944 年版，第 75 页。

⑥ 王谦主编：《晋察冀边区教育资料选编》教育方针政策分册（上），石家庄：河北教育出版社，1990 年版，第 120 页。

⑦ 《晋察冀日报》，1941 年 4 月 30 日。

长、教育委员会及群众团体证明的初小学生，家境确系赤贫者、抗属子弟无力购买书籍者由村中供给书籍费①。1941年2月10日晋察冀边委会颁布《贫寒儿童随学办法》，规定，"为了普及国民教育，解决贫寒儿童的入学问题，各地学校应该收容半工半读的学生"②。放宽入学年龄限制，对女学童更是从宽掌握。小学增设儿童义务随习办法班。小学教育在不断改造的过程中向普及发展，老解放区几乎达到每村一校，"到1941年秋，冀中平原二十八县（相当于旧县制二十一县），连游击区在内，平均入学儿童占学童总数目百分之六十二，定南、安平等九县入学儿童达到百分之九十至九十五以上。在山地，一向是地瘠民贫，以遭受敌灾天灾很严重的阜平为例，小学和学生人数也较战前增加了一倍以上。不论平原和山地，不少村庄学童已百分之百入学，贫苦儿童也有了学习的机会"③。这样，贫困儿童入学的机会增加了，也有机会和其他儿童一样去上学读书接受教育了。

4. 采用灵活的办学方式，提高学龄儿童入学率，使小学教育得以普及

根据农村情况，因时因地因人制宜采取多种学习形式，如半日班、早班、午班等，或者"于各校附设半日班、间日班或随习班"④，以吸收半工半读学生。此外，建立巡回小学，一些地方还建立了专门吸收流浪儿童入学的义务小学和吸收抗战军人和家境特别贫穷的儿童的战地小学。1939年11月《边委会关于小学增设儿童义务随习班的办法》规定，各小学均应设置随习班，设法鼓励在校儿童，各率邻近已届学龄而失学的儿童至少一人，在每星期指定的时间，到校入班授课。⑤让学生根据实际情况来校学习，同时又能参加家庭劳动。这些措施，大大提高了儿童的入学率。抗战初期，边区初级小学教育经费由各村按地亩数统筹，县内集中掌握使用。因为抗战初期县政府拨给有学校村庄的教育费，都超出本村缴纳的教育费⑥，这就促进了各村办学积极性。到1939年年底，晋察冀边区70%的村庄恢复和建立了初级小学，小学校数、入学儿童数均超过战前水平。到1940年，学龄儿童入学比例，北岳区为57.91%，冀中区达到75%以上，个别县

---

① 王谦主编：《晋察冀边区教育资料选编》教育方针政策分册（上），石家庄：河北教育出版社，1990年版，第64页。

② 皇甫束玉、宋荐戈、龚守静编著：《中国革命根据地教育纪事》，石家庄：教育科学出版社，1989年版，第193页。

③ 教育阵地社编：《抗战时期边区教育建设》（上），新华书店晋察冀分店印行，1946年6月，第8页

④ 河北省地方志编纂委员会编：《河北省志》第76卷《教育志》，北京：中华书局，1995年版，第138页。

⑤ 王谦主编：《晋察冀边区教育资料选编》初等教育分册（上），石家庄：河北教育出版社，1990年版，第14页。

⑥ 政协唐山市委员会文史资料委员会编：《唐山文史资料》第十二辑，内部发行，1992年12月，第101页。

超过 90%。①

5. 实行免费教育政策

为了使所有儿童都有受教育的机会，边区政府制定免费教育政策，实行免费入学制度，规定当时在校的小学生只需要自己准备伙食费、课本费等，"一律免收学杂费"。② 高级小学，各地区设有一定公费生名额，由政府供给伙食，甚至被服，以解决优秀贫苦儿童入学问题。对沦陷区来边区就学的学生，政府也有优待办法，一切由政府帮助解决。在冀中区"课本也由公家发给"③④，部分县份实行了教育经费由县统筹统支，解决贫苦小村办学的困难。对入学儿童年龄不严加限制外，边区军民根据上述指示，在与日本侵略军浴血奋战和物质条件极端困难的条件下，修复被日军破坏的小学，建立新的小学，改造教会学校和私立小学。到 1941 年年底，全边区小学有很大发展，仅仅冀中区 28 个县初、高级小学即达4187 所⑤。由于边区小学教育的普及，使大批学龄儿童受到文化教育，文化水平和思想觉悟有很大提高，很快成为边区抗日工作中一支不可小视的力量，学生们在抗战宣传、生产运动和扫盲工作中，都做出了很大贡献。

(四) 男女教育机会均等，发展女子教育

近代以来，女子教育的思想就已经被提上国民教育的日程，但是由于受传统思想的束缚，女子教育处于一个十分缓慢的发展状态。即使能受到教育的女子，也只是极少数的上层社会的开明家庭中的人。普通社会下层的老百姓，尤其是面朝黄土背朝天的农民，就更没有财力和意识让自己的女儿上学接受教育。边区自建立以来，就本着"教育为大众服务"的观点，在发展普及男子小学教育的同时，也大力发展和推广女子小学教育。

边区采取一切政策措施，尽量使女子能像男子那样受到小学教育，学习科学文化知识。1938 年 1 月晋察冀边区军政民代表决议案中的文化教育决议案，对于作为国民教育基础的小学教育，做了明确规定："恢复乡（村）镇的初级小学和高级小学，一律于春季开学，学生男女兼收"，"要大量吸收妇女入学，自因[应]估计到中国旧社会中封建思想的存在可在某些地区设立女两级小学成女高级小学

---

① 河北省地方志编纂委员会编：《河北省志》第 76 卷《教育志》，北京：中华书局，1995 年版，第 130页。

② 教育阵地社编：《抗战时期边区教育建设》（上），新华书店晋察冀分店印行 1946 年 6 月，第 4 页。

③ 刘皑风：《冀中抗日政权工作七项五年总结》(1937. 7—1942. 5)，北京：中共党史出版社，1994年版，192 页。

④ 1940 年边区教育处宋邵文主任在边区文化教育会议上的报告中提到，小学完全免费，小学课本由公家买，由村合理负担办法开支。

⑤ 河北省地方志编纂委员会编：《河北省志》第 76 卷《教育志》，北京：中华书局，1995 年版，第 138页。

或实行男女分班，但同时，应该提倡男女同学，一切学校均应吸收女子入学。"① 这些政策都鼓励女童入小学，录取标准比男生放宽，打破封建思想对女子入学的束缚，随时动员随时入学的办法。当然小学女生人数比例是一步步增加的。以冀中区为例，参看下表：

表1　冀中区历年来初高小女生占学生总数百分比

年　度	统计县数	男女学生总数	女生数	女生百分比	备考
1938	26	170360	22410	13.15	游击县份均在内
1939	26	220084	43892	19.94	
1940	23	316342	132647	41.93	
1941	29	454053	197151	43.44	

来源：河北省晋察冀边区教育史编委会编：《晋察冀边区教育资料选编》续集，北京师范大学出版社1991年版，第738页。

1941年1月晋察冀边区行政委员会关于国民教育的指示中强调，在动员儿童入学的过程中，"须注意大量女子入学，以争取男女儿童入学之平衡发展"②。为了能动员女童入学，在个别落后的地区，因动员女子确有困难时，尽可能地聘用女教师，或者采用男女分班或分校的办法。③ 这是一种向男女合校合班的过渡形式。经过几年的努力，在教育工作比较先进的巩固区，基本实现了男女教育机会的均等，而在教育比较发达的冀东区，到20世纪30年代末期，就已经几乎是校校都有女生了。④ 这时低年级男女合班的教学形式已经普遍为人们所接受，但是不同桌而坐。在教室里一侧是男生，一侧是女生，界限十分分明。

据1941年冀中区二十九县统计，小学女生占全体学生43.5%，其中有七县⑤女生占45%～51%。北岳区据阜平、徐水、满城、唐县的调查，女生占43%～50%，亦可见一斑。⑥ 这些地区，在同一家庭里，男童能入学，女童不能

---

① 河北省社会科学院历史研究所等编：《晋察冀抗日根据地史料选编》上册，石家庄：河北人民出版社，1983年版，第248页。

② 河北省社会科学院历史研究所等编：《晋察冀抗日根据地史料选编》下册，石家庄：河北人民出版社，1983年版，第16页。

③ 河北省社会科学院历史研究所等编：《晋察冀抗日根据地史料选编》下册，石家庄：河北人民出版社，1983年版，第16页。

④ 政协唐山市委员会文史资料委员会编：《唐山文史资料》第十二辑，内部资料，1991年版，第101页。

⑤ 指的是饶阳、安国、高阳、蠡县等。

⑥ 教育阵地社编：《抗战时期边区教育建设》(上)，新华书店晋察冀分店印行，1946年6月，第8页。

入学的情形，已经不存在了。

这就很大程度上打破了女子不用上学学文化的传统旧观念的束缚，把女子从旧道德的束缚中解脱出来，为女子的解放做出了很重要的贡献，也为以后小学教育中男女同校、同班打下了良好的基础，使女子获得了和男子一样的受教育的权利，这是中国教育史上的一大进步。

(五)"民办公助"，教育为群众服务

1. "民办公助"的含义

这个概念是1942年整风运动后才被正式提出来的。晋察冀边区在1944年10月2日发出《关于研究与试行民办公助小学的指示》，要求各区普遍试办"民办公助"的"民办小学(俗称'民学')"。这里的"民办公助"，采取以工、以农养学的办法，[①] 指的是"群众自己出工、出力、出人办学，政府在政治上、业务上领导，为学校推荐与培训师资，在经费上适当补贴"[②]的办学方式。明确其主要精神是一切为了群众需要，一切通过群众自愿，真正做到为战争、生产服务，为群众服务。学校的形式和教育内容由群众自己决定，学校行政和组织由群众自己管理，经费由自己筹措，教师由群众自己聘请。小学教师由校长聘任或由县选择合格人员充任。小学教师均为专任，小学校长得兼课。[③] 但是，民办与公助不能分离，不能听任自流。[④] 政府出面经常督促、检查、帮助，随时解决群众的困难，纠正不应有的偏向。民办和公办学校之间的关系，是普及与提高的关系，各有所侧重。公办学校是民办学校的核心。当时群众办学仅为初等学校，干部教育和完全小学，规定由政府办理。[⑤]

2. 采取"民办公助"政策的原因

一是边区小学教育在1941年到1943年近三年严重困难时期受到很大损失，小学数量大大压缩了，边区得到巩固之后，重新恢复发展了小学教育，学生增多，政府包办不起小学了;[⑥] 二是由于旧教育的影响。边区的小学教育还存在着很多弊病，由于1942年整风运动的影响，各级干部深感教育与劳动、社会、生活、家庭进一步相结合的必要;三是大生产运动与减租减息以后，边区人民的生

---

① 孙维华、胡尔森主编，平谷县志编纂委员会编:《平谷县志》，北京:北京出版社，2001年版，第467页。

② 山西省史志研究院编:《山西通志》第三十七卷《教育志》，北京:中华书局，1992年版，第647页。

③ 董纯才主编:《中国革命根据地教育史》第二卷，北京:教育科学出版社，1991年版，第95页。

④ 《解放日报》，1944年4月23日。

⑤ 史仲文、胡晓林、徐酒翔等编著:《中国全史》第20卷《中国民国教育史》，北京:人民出版社，1994年版，第161页。

⑥ 高明乡主编，阜平县地方志编纂委员会编:《阜平县志》，北京:方志出版社，1999年版，第671页。

活改善了，文化生活的需要提高了，念书识字的要求逐渐增长。通过这种方式，发动了群众，群策群力，促进了教育事业的发展，克服了教育与群众需要脱节的现象，解决了教育与生产的矛盾，促进了边区小学教育的普及与发展。

3. "民办公助"小学实施状况

1944 年 9 月在阜平县的朱家营、大道进行试点，试办"民办公助"小学取得成功。民办小学多数是初小，也有少数是高小和完小。有的是由劳动模范创办的；有的是模范教员宣传民办方针，取得群众信任，经过群众酝酿成熟，由公办转为民办的；有的是在村庄分散、人口稀少的地方，群众翻身后迫切要求子女入学，或者由村干部倡导建立，或者热心家长积极推动创办的。学校入学年龄不加限制，满足超龄少年及青年男女入学。在山区大量出现半日制、隔日制、巡回小学及一揽子学校。小学教育的普及程度又向前迈进了一步。

"民办公助"的实施，使小学教育得到了发展，提高了群众的文化水平。而且进一步密切了中共和群众的关系，群众把学校看成是自己的学校，更加关心和爱护，常常能解决政府无法解决的经费、办学方法等困难。有一次，晋察冀边区山沟里有一个民办公助的小学，房子要塌，群众自愿出力出物资，没有几天就修盖好了。教师的思想也有了转变，不再是看不起村塾、识字班、识字组，而是热情地帮助他们。更为可喜的是，在"民办公助"过程中，由于走的是群众路线，根据地内出现了许多模范教师。他们密切了党群关系，博得了群众的爱戴。这些模范教师，这种办学精神，不仅在战争年代是需要的，就是在今天也是需要的，是值得提倡和学习的。

二、晋察冀边区小学的学制、课程和教学方法

晋察冀边区处在华北抗战的前沿，情况很复杂。在同一个抗日根据地内，同一时期各个地区的情况很不一样，不同时期也很不一样。因此，晋察冀边区师生根据实际情况，实行了灵活的学制、教学方式方法，在教学内容上也是灵活多样。

(一)学制

边区小学的学制包括修业年限，教学时间，放假时间等的制定和实施。

1. 学制

边区包括四五省地区，有山地有平原，有广大农村也有城市，各地的社会经济条件不同、文化水平不同，因而对儿童的要求都不一样。因此就影响到儿童学习时间的长短与内容的差别。由于战争环境的影响，各地区小学学制一度不一。根据这些情况出发，1940 年晋察冀边委会在学制方面规定"小学修业年限定为 6

年，初级 4 年，高级 2 年。学龄由 7 周岁至 12 周岁"①。在边区入学儿童的年龄是有标准的，但国民教育未普及前不严格限制，有的可能是 6 周岁入学，有的是 8～15 岁入学，②"修业期满均须进行毕业测验及鉴定，合格者发给毕业证"③。边区学制虽然实行"四二制"，但是不很严格。一方面总的目标、课程是一致的，另一方面，各地可以具体情况机动变化。因此，随着根据地情况的变化，在执行过程中学制有不少的变化。一般情况下，农村小学根据农业节气的变化，每学年有三个学期。④

2. 教学时间

由于边区的情况复杂，所以教学时间等方面，都需要灵活掌握。学校根据不同对象、不同季节变更教学时间。教学时间在城市大都是整日制，也有半日制、二部制，在农村教学时间的灵活多样更是一个创举。学校不是机械地规定上课下课的时间，而是因时制宜、因地制宜，随农时忙闲创造性地采用了"整日班、半日班、早晚班、午班等灵活多样的办学形式。"⑤还有班级教学、小组教学、个别教学等形式。如龙华桑文义小学，春天开学后有四十个儿童入学，二十四个上整日，十六个上半日。整日班下午不上游戏课，早放学让儿童回去帮家里拾粪打柴，照顾孩子，推碾子。半日班早上上午劳动，下午上学，但还有四十多个更贫苦的儿童不能上学，就又和家长讨论好了，每隔一天上一晚上；两个放牛儿童，则每天放牛时学两个字，或在午休时学习。这样全村八十多个儿童都有了学习的机会。麦收时地里活特别忙，于是改整日班为半日班，过去上半日的改为早饭前上一课，晌午上一课，其余时间在家生产。有的只在午休时学习，学珠算。教学时间虽然有多有少，但是每个儿童都能经常坚持学习，比起过去一般小学机械地坚持整日上课，多数学生"三天打鱼两天晒网"来，成绩好得多。由于解决了学习与生产时间上的矛盾，许多地区的儿童，如平定神水泉村一百〇六个学龄儿童，阜平南峪六十一个学龄儿童，都百分之百的入学了。⑥

3. 边区小学放假时间各地也灵活掌握，而不是墨守成规

"边区的学年为三十六周至四十周，各县都是根据本地情况决定假期，每年

---

① 教育阵地社：《抗战时期边区教育建设》(上)，新华书店晋察冀分店印行，1946 年 6 月，第 96 页。
② 蓟县志编修委员会编：《蓟县志》，天津：南开大学出版社，1991 年版，第 771 页。
③ 康俊娟：《抗战时期晋察冀边区教育事业的发展》，《档案天地》，2002 年增刊。
④ 人民教育社编：《老解放区教育工作片段》第二辑，上海：上海教育出版社，1958 年版，第 88 页提到，学校假期，在农村的小学只有麦假、秋假和极短的春假。同时这一精神也贯彻到了乡村中的中学与师范学校中去。如晋冀中学，学期规定为：第一学期由霜降到大寒，第二学期由雨水到芒种，第三学期由夏至到秋分。由此可以得知，农村的小学学期就是根据节气变换而划分的。
⑤ 卢建启主编：《沧州市教育志》，石家庄：河北教育出版社，1995 年版，第 88 页。
⑥ 人民教育社编：《老解放区教育工作经验片段》第二辑，上海：上海教育出版社，1958 年版，第 87 页。

三次或两次［城市多半为寒暑假，农村平原为麦（假）秋假，山区为秋假寒假］[1]，在特别农忙时，为儿童参加生产的方便，也有临时放几天假的。"为了适应农村的需要，学校改变了星期日，改为每月七、十四、二十二、二十九为休息日，十五、三十或三十一为生产日。阜平县小学，为了缩短休息时间，改为十日一休息。"[2]而在有些小学为了适应附近的集市，将十日的休息制改为根据集市的日期来排列。这些改革，在农村特别是贫困而又缺乏劳动力的农村，是普及教育的重要措施。

(二)课程

在课程设置上，边区政府扫除了教条主义的毒害，教授的是群众需要的知识，克服了学和用的脱节。

为了恢复和发展小学教育，1938年2月晋察冀边区边委会颁布《晋察冀边区小学教学科目及每周教学时间表》对课程设置和教学时间做出规定。

表2　晋察冀边区小学教学科目及每周教学时间表

科目 \ 时间（分钟）\ 年级	一、二年级	三、四年级	五、六年级
国难讲话	60	120	180
国语	540	420	420
社会（常识）		180	180
			120
算术	120	150	180
劳作	120	90	60
美术		90	60
体育音乐（唱游）	240	240	180
			120
总　计	1080	1290	1500

来源：王谦主编：《晋察冀边区教育资料选编》初等教育分册（上），石家庄：河北教育出版社，1990年版，第1—2页。

---

① 教育阵地社编：《抗战时期边区教育建设》（上），新华书店晋察冀分店印行，1946年6月，第96页。

② 人民教育社编：《老解放区教育工作经验片段》第二辑，上海：上海教育出版社，1958年版，第88页。

一、二年级不上常识课，而是从国语中渗透一些；从四年级起，算术课加教珠算；国难讲话科目除了讲授国难知识外，也指导学生做课外救亡的活动，以养成儿童爱国家、复兴民族的意志和信念；三民主义教材，一、二年级容纳于国语课中学习，三、四年级在常识课中学习，五、六年级则在社会常识中学习；唱歌课以教唱救亡歌曲为主，以激发儿童的爱国情绪，培养儿童的民族意识；时间支配以三十分钟一节为原则，视科目的性质，可以延长到四十五分钟或六十分钟[①]。

晋察冀边委会还明确规定了小学各个课程在总课程中所占的比例："初级小学：国语30％，常识（政治、社会、自然）25％，算术20％，工艺10％，唱歌5％，游戏10％。（春耕、麦收、秋收等活动，学校另行处理，不在工艺之内）"；"高级小学：国语25％，政治常识15％，社会（史地）10％，自然7％，算术15％，劳作5％，美术5％，军事10％，音乐5％。"[②]高小的历史、政治常识主要是讲授社会发展简史、新民主主义简明教程、反法西斯统一战线等。

从以上资料我们可以看出，小学课程的设置，大体有以下几部分：

一是政治常识，注重统一战线与抗战政治的教育，使学生关心抗战，对抗战形势有简单的了解，增强抗战的信心和力量。这一部分是非常重要的内容，贯穿国难讲话、国语、唱游等许多课程中。它的重要性也可以从边区对初小学生学习的检阅上体现出来。《边委会发各级小学检阅月的号召》对此有比较详细的规定。边区组织县区检阅委员会，对一、二年级学生只测验政治常识一科，用口试的方法；对三、四年级学生用笔试检测国语、算术，再选每村学生若干，用口试方式检测政治常识。[③] 除此之外，这种抗战政治的教育还体现在对小学生的救亡教育上。在1938年4月晋察冀边区颁布了《边委会训令颁发抗战时期小学校救亡中心训练周训练条目》，确定抗战时期小学校救亡中心训练周训练条目及应注意事项，主要包括以下内容：统一战线周、抗战周、春耕运动周、锄奸周、自卫周、防空周、服务周、慰劳周。[④]

二是基础知识的课程，包括初小的国语、算术、常识、劳动、体育、唱歌、美术等，高小的国语、算术、自然、史地、政治、体育、唱歌、美术等。国语与算术在教学中占着重要的位置，社会知识和生产知识也占着重要位置。体育课以

① 王谦主编：《晋察冀边区教育资料选编》初等教育分册（上），石家庄：河北教育出版社，1990年版，第1—2页。

② 王谦主编：《晋察冀边区教育资料选编》教育方针政策分册（上），石家庄：河北教育出版社，1990年版，第133页。

③ 王谦主编：《晋察冀边区教育资料选编》初等教育分册（上），石家庄：河北教育出版社，1990年版，第10—11页。

④ 王谦主编：《晋察冀边区教育资料选编》教育方针政策分册（上），石家庄：河北教育出版社，1990年版，第5—7页。

军事体育为主。① 但是"至于课程，要根据各地的具体情况、学生的成分、学校的性质和形式来决定，取消刻板的课目表"②。1943年教学改革后，扭转了教育与实际脱离的旧型正规化倾向，边区对小学办学宗旨及学制课程等提出了新的意见，国语增加了应用文，教些路条、通知、契约、记账等实用知识。

三是课外活动，主要内容是做优待抗属的工作；开展抗日救亡工作，做抗战宣传动员工作和放哨、送信、检查路条；动员家长努力春耕，抽出时间做生产工作，如种蔬菜、种庄稼等。

总之，边区小学教育经过近八年的发展，形成了一套适合边区特点的教学体系。

(三)教学方法

1. 巩固区抗日小学的教学方法

晋察冀边区委员会建立后，边区既有巩固区，也有游击区、敌占区。边区一直比较重视巩固区的小学教育。在巩固区的小学是抗日小学(也叫抗日一面小学)。即在抗日巩固的解放区里创办的小学组织形式。因为没有敌人的干扰，小学上课是直接使用晋察冀边区编写的抗日课本上课，教学地址相对比较固定，教学环境比较安定。据冀中区完全县等八县不完全统计，1943年年底抗日一面小学有422所。③ 采用复式教学和巡回教学的方式来组织教学。

(1)复式教学

这种教学方式的形成是因为教师、学生少以及教室的缺乏，因此就把两个或两个以上不同年级的学生放到一个教室里来学习的形式。边区的复式教学多是单级复式，即由于学生人数少，教师缺乏，就把一所学校的学生编在一个班级里的教学方式，一般是一人(教师)一校。④ 边区在整理小学办法中规定，高级小学有两个年级，如果经常到校学生总数50人以下的，一律合为一班，进行复式教学，只设教师1人。如五、六年级的学生在一个教室上课，教师就先给五年级的学生布置好作业，然后给六年级学生讲课，在下节课的时候改为给五年级学生讲课，六年级的学生写作业自习。1942年4月北岳区在初步整理小学时规定高小学生在六十人以下者只成一班，教师两人(校长在内)，六十人以上者分为两班，初小

---

① 丰润县文教局教育志编写办公室编：《丰润县教育志》，丰润县文教局(内部资料)，1988年版，第70页。

② 陈元晖：《中国现代教育史》，北京：人民教育出版社，1979年版，第188页。

③ 河北省地方志编纂委员会编：《河北省志》第76卷《教育志》，北京：中华书局，1995年版，第138页。

④ 王谦主编：《晋察冀边区教育资料选编》回忆录分册，石家庄：河北教育出版社，1990年版，第38页。

学生在六十人以下者，只成一班，一班教师一人。[1]

（2）巡回教学

分为隔日巡回制和半日巡回制。指的是一名教师在两个村子轮流授课的方式。巡回教学一个教员至多巡回两校，两校之间距离至多不得超过二十华里（十公里）[2]由于教师缺乏，村子之间距离比较远，常采用这种方式。如果甲乙两村相距 2.5 公里以内，入学学生均在 25 人以上，40 人以下，可两村合请一个教师，采用半日巡回制，上午在甲村，下午在乙村；如果附近的几个村庄每村入学学生均不满 25 人，可让某数村学生集中于甲村，某数村集中于乙村，实行半日巡回制；如果可能集中的村庄相距 2.5 公里至 5 公里以内者，可采用隔日巡回制[3]。一般是隔日巡回教学，今天在这个村子的学校教学，明天就在那个村子的学校教学；也有半日巡回制。我们可以从当时的一个课程表来了解一下隔日巡回小学上课的安排情况。

表 3　隔日巡回日课程表

星期	年级	1	2	3	午饭	4	5	6	7	8
时间（分钟）		40	40	30		40	40	30	30	
一	一、二	周会	国语	算术	午	算术	国语		游戏	点名散学
	三、四		算术	国语		常识	算术	国语		
二										
三	一、二	算术	国语	唱歌	饭	常识	国语		游戏	
	三、四	国语	算术			国语	常识	算术		
四										
五	一、二	国语	算术	唱歌		算术	常识	国语	检讨会	
	三、四	算术	国语			国语				
六										

来源：中央教育科学研究所编：《老解放区教育资料》抗日战争时期下册，教育科学出版社，1986 年版，第 379 页。

---

[1]　王谦主编：《晋察冀边区教育资料选编》初等教育分册（上），石家庄：河北教育出版社，1990 年版，第 59 页。

[2]　王谦主编：《晋察冀边区教育资料选编》初等教育分册（上），石家庄：河北教育出版社 1990 年版，第 60 页。

[3]　顾明远总编：《中国教育大系·马克思主义与中国教育》（上），武汉：湖北教育出版社，1994 年版，第 1108 页。

从上表可以知道，甲校星期一、三、五由教师上课；教师不在的星期二、四、六上午，有义务教师时，可以增加国语两节，算术五节，常识两节，体育、劳动等科，但是只上半天，下午生产，没有义务教师时，由小干部领导作文、写字、做算术作业或自习。乙校的课表是星期二、四、六上课，与甲校的教学时间穿插进行。

2. 游击区小学的教学方法

抗战初期，边区对游击区的小学教育比较忽略，没能引起重视。1941年秋季反"扫荡"以后，晋察冀各个根据地周围碉堡林立，沟墙纵横，巩固区空前紧缩，但由于中国共产党反蚕食的胜利，根据地的工作已经逐渐通过敌人的封锁线，伸展到敌后之敌后。逐渐加强对游击区的教育工作的重视和指导。到了1943年，边区在组织机构上增添了宣教助理员，加强了对游击区教育工作的指导，在各级教育会议上都把游击区教育问题放在相当重要的位置。在这种情况下，游击区教育工作展开了一个新的局面，各抗日民主政府为发展抗日民族教育，各地逐步建立其抗日小学，直接讲授晋察冀边区编写的抗日课本，采用"敌来我走（或敌来我散），敌走我学"的斗争方法，坚持办学。同时学校的组织上，产生了五种不同的教学组织形式：两面教学（也叫伪装教学）、分组教学、游击教学、化装教学、洞口教学。

（1）两面教学（也叫伪装教学）

两面教学是在敌伪据点附近群众基础较好的村庄，在敌伪小学里，表面上是学习敌伪规定的课本，实际上是以伪课本为掩护，讲解抗日课本，进行抗日教育。这是一种"合法"形式的教学形式。为了避免敌人的突然袭击，边区政府派那些坚强的取得合法地位的教师来上课。平常学生学习抗日课本，敌伪来了或者风声紧了，把敌人的课本《百家姓》、《千字文》拿出来做样子，敌伪一走，仍然学习抗日的课本。课程表上虚设日语课，用来掩护自己，蒙蔽敌人。读一些诸如"工人努力做工，农民努力种田，好男儿去当兵，小朋友要宣传，大家努力，一齐抗战"[①]之类的文章。也有的地方是在这样的小学设立两种教师，一种是"应敌教师"，多是村中略识一些字的老年人，敌伪巡逻来时，就由他们出面教学，敌伪巡逻的一走，就由抗日教师接替继续讲抗日课本。这种应付敌伪的方法，在游击区和近敌区的小学是普遍使用的。比如在冀东区的遵化县卢各寨完全小学，中共派党员戴景初、马宗周、尹铭玉、于立娟等担任校长和教员，建立起抗日小学。送到这所学校上学的，有许多是革命干部和抗日堡垒户的子弟，学校规模达到一百多人，其中高小二三十人，这所学校名义上是日伪政权遵化县教育局开办的，

---

① 王谦主编：《晋察冀边区教育资料选编》回忆录分册，石家庄：河北教育出版社，1990年版，第147页。

实际上执行的是抗日救国的教育方针。为了应付敌伪政权派人来校检查,将日伪的奴化教育课本放在外面,教员教的,学生学的是晋察冀边区编写的抗日课本。奴化教育课本则成为教师教育学生、揭露敌人的反面教材。在学习文化课的基础上,结合抗日斗争形势的发展,组织学生学习时事,讲解抗日必胜的道理,大量教唱抗日革命歌曲,坚定学生抗日的信心和决心。当然这种抗日两面小学,关键是争取教师真心站在抗日人民一边,按抗日民主政府的要求办学,边区政府也尽可能地派优秀党员到各小学区充当教师。这样的两面小学,据1943年完县等11县的统计,有154校,据1944年晋冀区的统计,在1058个小学中有抗日两面小学168个。[①]

(2)分组教学

分组教学是在近敌区,为了防止敌伪包围袭击而采取的教学方法。

①组织方面:按学生的年龄、性别、住处远近,把班级分为若干小组,每组选觉悟高、功课好、机警灵敏的小学生当小组长,并从高年级学生中指选指导干事一人,全校设联络员、巡视员若干,负责全校的联络和巡视指导工作。选择偏僻地方掌握敌人活动规律,进行分组教学。

②活动方面:各小组需要自行找寻地点授课。教师先给小组长和指导干事上课,指导讨论问题内容及教学方法和步骤,再由小组长和指导干事带领本组学生到自己寻找好的隐蔽地点上课。为了不被敌人发现,上课地点经常改变。当然,在进行教学活动时,派人站岗放哨,监视敌人活动。小组和小组之间,学校和民兵自卫队之间,都建立情报关系,一遇上敌人进村,互相通报,学生立即分散,避免受敌人摧残破坏。养成学生自觉遵守纪律的习惯。用竞赛的方法,鼓励各小组互相竞赛,互相观摩,以求教学与生活的迅速进步。每日开学习小组会,研究教学,开生活检讨会,检讨师生生活,每星期开干部会议两次,互相讲评。有淘气的学生,不服从小组长的领导,不接受同学的批评,即报告教师,由教师解决。

(3)游击教学(也叫流动教学)

1943年冬季开始,日伪军经常下乡"清乡""扫荡",袭扰抗日根据地。学校则采用"游击式"教学方法。口号是"化整为零,集零为整"。学生轮流放哨、报警。有了敌情,师生迅速离校转移,敌人走后就回来上课。有青纱帐的时候,就把青纱帐、丛林、荒坟作为天然课堂。课余时间,参加校外儿童团的对敌斗争活动:站岗放哨,盘查行人,传递信件、情报,协助民主政府人员的工作,十分活跃。游击教学,即不固定校址,由教师领导学生在游击中教学。为了避免敌伪经

---

① 高奇主编:《中国现代教育史》,北京:北京师范大学出版社,1985年版,第228页。

常的骚扰，学校不在固定村庄或固定地点上课，避免被敌伪破坏，遭受损失。由教师或组长领导，今天在这村上课，明天在那村上课，上午在这家上课，下午在那家上课，或者到青纱帐里，或到田野里去上课，集体的或分散的，游击着，进行教学。使敌人无法破坏。学校设备极简单，教学方法灵活，有必要时，很快就能搬到别处去。

(4)化装教学

当敌情紧张，无法进行分组教学和游击教学的时候，晋察冀边区创造了化装教学的方式。比如，晋察冀边区安国某村的小学教师，化装成卖货郎，沿村敲梆集合学生进行教学。学生则化装成买油的，买针线的，等等，围着"卖货郎"听课，听抗日救国的道理。定南某村庄教师化装成小杂货铺掌柜，对化装为买油打醋的学生，进行个别教学①。

(5)洞口教学

在平原进行地道战的地区，把教室设在地道洞口的屋子里，一有敌情，马上钻到地道中去。地道里也有教室，可以在那里上课，即使敌人来了也不影响上课的进程。因为中共平时进行的气节教育很成功，所以在进行机敏、灵活、随机应变的"应敌教育"时，都能严守秘密，不走漏风声。

当然以上的教学方法不是单一的，经常是几种方法混合使用，只要能达到学习的效果就行。上述教学方法，正是适应了特殊的战争环境，使得边区才能对学生进行经常性的教育，才能坚持抗日民族的教育阵地。这都是在中国共产党的领导下，在群众的爱国热情支持下，才创造出来了多种多样、机动灵活的，因时制宜、因地制宜、注重实效的教学方法。边区师生创造的这些灵活的学习形式和他们表现出的坚韧的斗争精神，的确是历史上的奇迹。

三、教学设施、教育经费和教材

(一)教学设施

由于抗日战争动荡环境的影响，日伪军的摧残破坏，致使晋察冀边区的办学条件有限，没有完整的校舍，多是利用庙宇、祠堂等公共场所和借用较大的民房。在抗战初期，小学刚刚恢复成立的时候，教室桌凳等设备，差不多都是很完善的，教室里张贴着各种图表、标语、漫画，挂着纸绣球，布置得相当整洁②。但是在根据地遭到敌人扫荡之后，教室桌凳等设施遭到严重破坏，使人们提高了警惕性，人们不再像过去那样暴露小学的目标，随便一间房子，一座树林，一片河滩，或是山坡，或是山顶，随处都是学生们的课堂。图书、课本、文具都事先

---

① 高奇主编：《中国现代教育史》，北京：北京师范大学出版社，1985年版，第201页。
② 人民教育社编：《老解放区教育经验片段》第二辑，上海：上海教育出版社，1958年版，第34页。

预备好可以隐藏的地方，比如冀东地区小学好多是在教室里事先挖好地窖子，把文具图书放在里面藏好。甚至桌椅都能保存起来。但是多数情况下，条件还是很艰苦的。校舍没有了，就只能找别的地方上课，于是就有了露天教室、绿色教室，即天气晴好的时候，就在广场上、大院里上课，天热的时候在树林里（绿色教室）上课，赶上风雨天就在门洞里上课。学生每人都有一个自己编织的草垫，和书包一起，走到哪里背到哪里，上课的时候，坐下来，膝盖一盘就是桌子。墙上的黑板没有了，就做一个小黑板，在哪里上课就挂在哪里。"教师没有粉笔就用石灰块在黑板上写，没有纸张就在瓦片上写，地上画"[1]，学生没有石板石笔，就用树枝在地上画字。教师没有教学用的粉笔，有些小学就开始自制粉笔，三十斤白土掺十两白面就成。[2] 不仅供自己使用，剩余的还拿到市场上卖钱充作教育经费。其他的一些文具，比如纸张、笔墨、水砚台、毛笔，边区人民都可以自己制造。边区也可以制造笔记本，把印刷局所剩余的小块报纸集起来，做一个皮子就可以。[3] 总之，学校的一切，都是因地制宜，因时制宜，因陋就简。

（二）教育经费

当时的教育经费开支，主要包括小学办学所需的各项开支和教师工资的发放等。教育经费的短缺是制约教育发展的一个重要因素。晋察冀边区行政委员会建立后，即加强了对教育的领导，并采取多种措施筹集教育经费。这些措施主要有：在巩固地区加强税收；军民开展大生产运动；号召边区人民募捐；厉行节约等。[4]

1. 在巩固地区加强税收

小学教育经费主要是通过税收获得的。当时晋察冀边区征收的是统一累进税。统一累进税就是向财产所有人及收入所得者直接征收，并把所有资产与收入应纳的税，统一于一种税中。[5] 每年征收一次，县区地方附加税款一律停征。1940年11月，晋察冀边区政府制定《统一累进税暂行税则》，最早开征，以后推广到整个华北根据地。税率按等累进，共分12等。征收办法是采用民主评议，

---

① 高明乡主编，阜平县地方编纂委员会编：《阜平县志》，北京：方志出版社，1999年版，第671页。

② 《晋察冀日报》，1942年5月30日。

③ 《边区教育》第十二、三、四合刊第二卷，晋察冀边区行政委员会教育处编印，1940年8月1日出版，第19页。

④ 河北省地方志编纂委员会编：《河北省志》第76卷《教育志》，北京：中华书局，1995年版，第693页。

⑤ 徐达本：《晋察冀边区统一累进税的实施》，晋察冀抗日根据地史料丛书编审委员会编：《晋察冀抗日根据地》第二册（回忆录选编），北京：中共党史出版社，1991年版，第119页。

每年逐户核定分数，确定负担数额，"县内集中掌管使用"①。初小教育经费一直在向统筹统支的方向努力，高级小学教育经费由边区政府拨款，列入县经费预算，由县政府统领统发；不足部分由学校勤工俭学补充解决。② 但是在当时的情况下，不可能完全做到统筹统支。于是当时的统一累进税针对农民自私自利不肯吃亏的落后意识，本着有钱出钱的原则，实行更为合理的公平负担，以每家农户的财产多少、收入高低和消费水平统一计算，由村民评议会议决定。这些税收中的一部分就用作小学教育的开支。除了税收外，也用少量学田和公产的收入来支撑小学教育。初级小学经费原则上由村自筹，其已由县统筹统支，由县供给，由村自筹的，"旧有义田及祭田等收入的可提作学款"③，高、初小学合办者，高小班由县拨给，初小班由村自筹。至于贫苦村庄，可以由县给予补贴。新建学校无旧款的，由县统筹统支。1940 年开始，有些乡村小学教育经费由地方征收公粮中解决。④ 不因设立小学、送子弟上学而增加本村人民的负担。1940 年边区政府颁布《晋察冀边区行政委员会关于村概算的规定》，村教育经费除教师每日吃小米一斤二两，每月零用费由四元到十元，不另发柴菜金及服装费外，学校里必要的开支由各村自行规定。⑤

2. 开展大生产运动

当时的小学教育是在战争的动荡环境中艰难生存的，尤其是环境最恶劣的时候，经济相当困难时期，政府曾经一度停拨教育经费，于是学校实行民办公助，采取以工、以农养学的办法。⑥ 经费主要是依靠广大群众用生产的办法来解决的。运用生产的办法就是群众有计划地组织起来，发挥集体的力量，由学生或学生家长集体开荒(也称"开垦学田")、搞运输、打柴来解决学校经费，也有的把村上的不动产变为动产投入合作社，用合作社的红利来供给学校开支；有的学校，师生自己动手进行开荒，进行手工业生产，解决一部分经费问题和学生的文具、课本费问题。比如学生利用业余时间集体打柴，解决教室里冬天烧柴和灯油问题。为解决办学经费和学生学习用品的困难，在大生产运动中有的学校组织年龄较大的学生实行生产自救，勤工俭学，组织学生黎明即起，走街串巷，高喊"捉

---

① 政协唐山市委员会文史资料委员会编：《唐山文史资料》第十二辑，内部资料，1991 年 12 月，第101 页。

② 高明乡主编，《阜平县志》，北京：方志出版社，1999 年版，第 686 页。

③ 政协唐山市委员会文史资料委员会编：《唐山文史资料》第十二辑，内部资料，1991 年 12 月，第101 页。

④ 密云县编纂委员会编：《密云县志》，北京：北京出版社 1998 年版，第 525 页。

⑤ 魏宏运主编：《晋察冀边区财政经济史资料选编·财政金融编》，天津：南开大学出版社，1984 年版，第 646 页。

⑥ 孙维华、胡尔森主编，《平谷县志》，北京：北京出版社，2001 年版，第 497 页。

懒虫"之类的顺口溜，也敦促百姓不睡懒觉，积极进行生产自救。① 他们改"学田"租种为自种（自耕、自种、自管、自收），还组织学生纳鞋底，既支持了军需，支持了生产，又解决了学校经费的不足。还有许多的小学，教师和学生利用课余时间自制黑板、粉笔等教学用品，比如，1943 年北岳区小学校的课余产品主要有：地球仪、挂图、认字牌、黑板、粉笔、石板、石笔以及草帽、毛衣、毛袜、手套、手巾、袋子、筐篮等。② 既解决了办公费用的不足，也锻炼了学生的动手能力。

3. 厉行节约，减少浪费

边区政府成立初期，财政混乱，浪费严重。1940 年初，边区政府决定全面推行预决算制度。边区政府规定"凡一切浪费和不正当的开支以贪污论"，"村概算以外，未经村民代表大会或区公所核准的花费，一律不准开支，开支了以浪费论，村民代表大会得以检举之"③。村小学教育经费须按边委会规定村代表会批准开支④。为了厉行节约，边区政府对小学教育经费开支情况做了详细规定：1941 年晋察冀边区规定县高小经费开支的标准是：开办费，每校为边币120 元～150 元。教员每人每月零用费，校长 8 元，教员 6 元，厨夫 3 元，所吃粮食、柴菜金、服装，实行供给制，与政府工作人员同。公杂费为每成立一班每月 18 元；两班者第二班为 15 元；三班者，第三班为 10 元，以后每增一班增加公杂费 10 元。每区可设公费生 3 名，以优待优秀贫苦子弟入学，所需书籍、粮食，由县统一开支。⑤

由于教育经费很紧张，教师工资经常拖欠。⑥ 为了节省教育经费，晋察冀边区建立初期，教师工资是以其家境的贫富而定的，或是甘尽义务，或是酌发一些生活费。⑦

除了以上措施外，政府还号召边区人民募捐。边区里有财产的开明士绅，在中共的号召下，捐地、捐资，扶助边区小学教育的发展。有的小学在复学时为取得办公经费，曾假意取得过日伪政权的批准，而学校实则属于共产党的领导。⑧

---

① 平山县地方志编纂委员会编：《平山县志》，北京：中国书籍出版社，1996 年版，第 683 页。

② 《解放日报》，1943 年 8 月 17 日。

③ 魏宏运主编：《晋察冀边区财政经济史资料选编·财政金融编》，天津：南开大学出版社，1984 年版，第 647 页。

④ 魏宏运主编：《晋察冀边区财政经济史资料选编·总论编》，天津：南开大学出版社，1984 年版，第 532 页。

⑤ 《北京财政志》编纂委员会编：《北京财政志》，1998 年版，第 369 页。

⑥ 吴静顺主编，宝坻县志编修委员会编著：《宝坻县志》，天津：天津社会科学院出版社，1995 年版，第 715 页。

⑦ 李公朴：《华北敌后——晋察冀》，北京：生活·读书·新知三联书店，1979 年版，第 10 页。

⑧ 《丰润县教育志》，丰润县文教局（内部资料），1988 年，第 70 页。

(三)教材

1. 教材的编写

由于处于战争的动荡环境之中，也由于当时处于新旧教育的转折时期，晋察冀边区小学教育中教材的严重匮乏是发展教育的一大难题。

最初教材的编辑是十分混乱的，各行其是。因为课本严重匮乏，许多地区就是有许多的教师自编教材，以解燃眉之急。《赤城县教育志》曾记载，"当时都是以救国抗日思想教育和识字为主，没有毕业班，也没有规章制度。在战争环境里也没有教材，1943 年以后有边区的暂编教材，也不多，主要是老师写，学生抄。"①一些抗日小学以抗日传单、《解放日报》为教材，并自编开设语文、算术、唱歌等课程。② 有些地方的小学各科无教材的时候，多数学校仍用私塾教材，少数校自编③。有的教师编写的教材，内容是以《抗敌报》上选择一些，或教师自己以《抗敌报》为根据编写一些。多是除奸反特的抗日救国方面的。诸如"哥哥玩木枪，弟弟玩木枪，拿上刀枪杀敌人"，后来增加了《时事手册》《毛泽东选集》单行本。

在编辑人员缺乏和没有参考书的情况下，小学课本统一由边区教育处组织编写教材，各个行署的教育科也附设编审委员会编辑小学教材。边区教育处组织编写教材，各个行署的教育科也附设编审委员会编辑小学教材。边区政府教育科规定，发行各种国民教育的教科书，应有专人与机关负责编辑审查出版教材与参考书并力求其完备与统一④。还规定，发行各种国民教育的教科书，应有专人与机关负责编辑审查出版教材与参考书并力求其完备与统一大都是在编写前，广泛地搜集各地教师自己创作的临时课本，油印小报、黑板报上刊登的故事、农谚、儿歌等加以分析研究，作为主要的参考资料，同时也参看了邻区的课本和抗战前的旧课本。最初教材的编写是按以下大纲来进行的：一、配合政府法令；二、解释申述抗战建国工作；三、注意儿童需要；四、启发群众的国家民族观念；五、认识国际形势；六、侧重政治训练。⑤ 在 1938 年春，边区教育处为解决无教材的燃眉之急，曾组织人赶编了临时小学国语课本六册，每册三十课，前三册供初级使

---

① 河北省晋察冀边区教育史编委会编：《晋察冀边区教育资料选编》(续集)，北京：北京师范大学出版社，1991 年版，第 631 页。

② 孙维华、胡尔森主编，平谷县志编纂委员会编：《平谷县志》，北京：北京出版社，2001 年版，第 486 页。

③ 静海县编修委员会编：《静海县志》，天津：天津社会科学院出版社，1995 年版，第 593 页。

④ 河北省社会科学院历史研究所等编：《晋察冀抗日根据地史料选编》上册，石家庄：河北人民出版社，1983 年版，第 248 页。

⑤ 李公朴：《华北敌后—晋察冀》，北京：生活·读书·新知三联书店，1979 年版，第 139 页。

用，后三册供高级使用。① 这套临时教材的取材，主要是由救亡歌曲以及一部分当时的抗战故事综合编成的，初步代替了国民党不肯"侈言抗日"旧有的小学国语课本，曾解决了这一时期缺乏教材的困难，鼓舞了当时教师学生日益高涨的抗日情绪。但是这套课本编纂仓促，内容太少，课文内容不适合儿童年龄特点，因此难切实用。1939 年冬，教育处又编辑了抗战时期初小国语和常识课本各八册。这套课本，形式较完整，考虑到由浅入深，由简而繁，循序渐进的原则，知识面较广泛，但也存在着与现实斗争联系不够，以及部分课文政治化的倾向。到1940 年夏，边区政府为贯彻加强抗战教育，又重新修订了初小全套国语、政治常识课本。这次编辑的宗旨是：提高儿童文化政治水平，培养抗战意识，增强抗战知识和革命道德质量。② 同时，边区教育处在华北联大的协助下，编写出边区高小国语、算术、历史、地理、自然、政治常识等一套战时抗日课本，由边区政府石印了二十二万两千册，③ 各县也翻印，基本解决了教材的困难。同时，各行署为了解决课本问题，也编印教材，比如冀东行署就编印了新课本发行使用。到1945 年抗战胜利时，教材前后修订了四次。以下是抗战时期对小学国语和常识课本的编订情况。

表 4　抗战时期对小学国语和常识课本的编订情况④

课本名称	册数	编辑机关	出版年月	何时始业	备考
初小国语课本	三	晋察冀边区行政委员会教育处	一九三八年二月	没有确定	
抗战时期初小国语课本	八	晋察冀边区行政委员会教育处	一九三九年十二月	春季始业	
抗战时期初小常识课本	八	晋察冀边区行政委员会教育处	一九三九年十二月	春季始业	
抗战时期初小国语课本	八	晋察冀边区教育研究会	一九四〇年七月	春季始业	
抗战时期初小国语课本	四	晋察冀边区教育研究会	一九四〇年七月	春季始业	
初小国语课本	八	华北联大教育研究院	一九四三年一月	春季始业	

---

① 刘松涛：《对七部小学国语课本的检讨》，《人民教育》，1950 年第 6 期。
② 刘松涛：《对七部小学国语课本的检讨》，《人民教育》，1950 年第 6 期。
③ 居寅：《晋察冀边区中小学教育初探》，《河北学刊》，1985 年第 1 期。
④ 此表格题目为编者所加。

课本名称	册数	编辑机关	出版年月	何时始业	备考
初小常识课本	八	华北联大教育研究院	一九四三年一月	春季始业	
国语课本	八	晋察冀边区行政委员会教育处	一九四五年十二月	春季始业	
常识课本	四	晋察冀边区行政委员会教育处	一九四五年十二月	春季始业	
国语课本	八	晋察冀边区行政委员会教育处	一九四八年一月	春季始业	
常识课本	四	晋察冀边区行政委员会教育处	一九四八年七月	春季始业	
国语课本	八	华北人民政府教育部	一九四八年十一月	春季始业	国常合编

来源：刘松涛：《对七部小学国语课本的检讨》，《人民教育》1950年第6期。

这些课本，"绝不同于抗战以前任何的旧有的初小国语课本。旧有的初小国语课本，最大的毛病是思想贫乏，这些新课本却是思想丰富，它是从劳动人民出发，体现了新时代的新精神，体现了新民主主义社会在艰苦斗争时代的实践"①。这些课本的编辑出版，解决了抗战时期晋察冀边区小学的教材问题。

教材的内容是活生生的现实的教材，不仅有课本，还有补充教材。目的是要让学生"读活书，活读书，读书活"。因为根据地内平原和山区的情况不一样，城市和乡村不一样，一套课本不能适应当地教学的实际需要，不能很好地结合当地的抗日斗争的实际，所以需要编写适合本地情况的补充教材。因此边区政府授权各级省县政府编发补充教材，或是删去课本不适应当地情况的部分，开创了灵活编写和使用教材的先例，打破了旧时代使用教材死板教条的倾向。很受儿童及家长的欢迎。

但是即使编辑出了统一的教材，由于处在战争环境，交通困难，有些地区的课本很难送到教师学生手中，即使送到，数目也是非常少，只给教师，学生用书无力解决②。地理、历史、唱歌、体育等多种课程更是没有课本可言，仅有名目

① 刘松涛：《对七部小学国语课本的检讨》，《人民教育》，1950年第6期。
② 静海县编修委员会编：《静海县志》，天津：天津社会科学院出版社，1995年版，第593页。

而已。比如 1944 年阜平县小学除语文、数学有课本外，其余都是谁教谁编①。

2. 教材的印刷

由于环境动荡，且学生数目激增，少数印刷工厂亦远远不能满足客观的需要。边区采取了高度分散的印刷方式。边区政府只印刷样本，分发各县，自行翻印，个别地区环境特别残酷，无法翻印的，由边区印刷机关供给。但是制造课本的方法，根据各地条件是多种多样的，有铅印、石印、油印、木板印、手抄等。各县教育科附设印刷室，高小、中心小学设印刷机，随时翻印小学教材。边区教育处创造了一种巡回印刷的方法，就是将刻好了的课本木板用驮骡分运各地，在纸厂附近印刷，印够一定数量后，又整理好木板，驮往别处去印。后来在实践中边区发明了"胶泥制版"的方法，减少了铅印课本的许多困难。有大部分是用毛头纸（糊窗户纸）刻印的，比较粗糙。一般地解决了小学课本的供给问题，由初期的混乱（用什么课本的都有）现象，逐渐有了全县统一或全行署统一的教材。在日本帝国主义军队扫荡晋察冀抗日根据地之后，小学的教学设施被严重破坏，大印刷厂无法存在，油印机也被毁坏了，在冀中地区，人们发挥自己的聪明才智，自制"简易油印机"，"选一个大木轴裹上 3 层旧自行车里带做油滚子，用旧罗底贴上一个底，仍旧可以印讲义"②。

3. 教材的使用

处于战争时期的边区小学，条件很艰苦。虽然边区政府努力解决，但是，边区小学一直存在教材紧缺的问题。1938 年 2 月，边区委员会成立不久，《边委会通知本区域内小学开学办法数条》中规定，学校课本，一、二年级由边委会编定令发，三年级以上者，仍用教育部审定课本，由边委会编订补充教材，但在边委会未编定以前，各县选集有关抗战教材暂行教授。三年级以上课本，因交通限制，购买不得时，可尽量搜集旧本分用③。

除了教师和高年级学生帮助低年级学生抄写课本外，各地教育部门提出了"爱护课本"的口号，教师经常对学生进行爱护课本的教育。灵寿县不少小学曾订有《爱护课本公约》，束北县教师更经常对学生进行爱护课本的教育④。学生一入学即告诉学生如何隐蔽课本，学习时不要在课本上乱画乱写字，包课本时不要揉

---

① 王谦主编：《晋察冀边区教育资料选编》回忆录分册，石家庄：河北教育出版社，1990 年版，第 10 页。

② 刘皑风：《冀中抗日政权工作七项五年总结》（1937.7—1942.5），北京：中共党史出版社，1994 年版，第 213 页。

③ 王谦主编：《晋察冀边区教育资料选编》初等教育分册（上），石家庄：河北教育出版社，1990 年版，第 3 页。

④ 曹剑英、刘茗、石璞、谢淑芳：《晋察冀边区教育史》，石家庄：河北教育出版社，1995 年版，第 67 页。

折了书角。有的地区还采用了上届学生用完课本保存好，由学校统一收购，再分发给新升级的学生接着使用的办法①。

当时的小学生就像爱护生命一样爱护自己的课本。在抗日两面小学，学生都是有两套教材，用两个书包包着，对付敌伪的书《国语》《算术》《修身》等，上学的时候带到学校，放学回家后放到桌子上，炕头上，让人一眼就能看到它，敌人来扫荡时还可以夹在腋窝里跑，被敌人捉住的时候，看见他们编的课本，就不会下毒手了！它的用处就是这样。还有一套课本，比较粗糙，包括《国语》《算术》两本书，它的内容全是革命的、抗日的、解放的真理。这套课本每天上学时带到学校里，放学之后把这些书隐藏起来，不能被敌人发现。还要找好抗日课本隐蔽的地点。有的把课本放到夹壁墙里，有的放到地道里，有的放进枯树洞里，有的放进水井壁的小洞里……总之，学生对来之不易的课本是倍加爱护的。

四、晋察冀边区的小学教师

(一)师资状况

1. 师资严重缺乏，已有教师文化素质普遍较低

晋察冀边区自建立起，小学教师就严重缺乏。这是制约边区小学教育发展的一个重要因素。

当时小学教师队伍异常复杂，教师水平参差不齐。大部分地区的小学教师文化程度很低，尤其是历来经济不发达、偏远的地区，小学教师的文化水平更低。比如晋北应县的小学教师起初由村干部和群众推选能识字者担任②，可见其小学教师文化水平的程度低得可怜。就连看似有点知识的教师有时候也出错误。比如有的教师给学生讲历史课的时候，居然说"辛亥革命就是大革命，大革命就是辛亥革命"，别人说他讲错了，他还不服气。③ 1940—1942 年的冀中地区小学教师的质量统计表中我们可以了解一下当时小学教师队伍的素质，如下表：

---

① 王谦主编：《晋察冀边区教育资料选编》回忆录分册，石家庄：河北教育出版社，1990 年版，第 5 页。

② 河北省晋察冀边区教育史边委会编：《晋察冀边区教育资料选编》(续集)，北京：北京师范大学出版社，1991 年版，第 602 页。

③ 王谦主编：《晋察冀边区教育资料选编》回忆录分册，石家庄：河北教育出版社，1990 年版，第 11 页。

表5　高小教员质量根据十二个县的统计和比较

	七月组织会议前											
	总数	性别		政治面貌				文化程度				
		男	女	共产党	国民党	群众	其他	初小毕业	高小毕业	简师毕业	中学毕业	中学以上
涞源	34	29	5									
易县	18	17	1	5	4	9			5	3	10	
龙华	5	5		5					5			
满城	9	9		2	4	3			2	2	5	
阜平	49	41	8	8	9	14		4	17	15	7	6
曲阳	25	20	5	18	4	3						
唐县	20	19	1	9	9	1	1		8	8	3	1
新望	16	15	1					7		8	1	
平山	31			20	3	6	2		3	4	11	3
灵寿	21	17	4	7	7	7						
行唐	14	13	1	8		4	2		7	1	6	
井陉	2	2		1	1					1		抗大1
总数	244	187	26	83	41	47	5	11	48	41	43	11

来源：王谦主编：《晋察冀边区教育资料选编》初等教育分册上，石家庄：河北教育出版社，1990年版，第74—75页。

由表5可以看出，冀中地区小学教师多是高小、中学或者简师毕业，文化程度都不太高。当时教师素质在各地区并不平衡，在个别教育发达的地区，如冀东地区丰润县，是边区教育最发达的地区，小学教师的文化程度相对较高，我们从下表即可以看出。

表6　丰润县1937年小学教员文化程度一览

文化程度	人　　数
大 学 毕 业	8
专门学习毕业	17
省立师范毕业	101
后期师范毕业	14
县立师范毕业	155
师范讲习所毕业	75

文化程度	人　数
师 范 学 校 修 业	12
中 学 毕 业	260
中 学 修 业	30
其 他	17
合 计	689

来源：《丰润县教育志》，丰润县文教局（内部数据），1988年版，第161页

2. 师资缺乏的原因

小学教师的严重缺乏一直是边区小学教育面临的一个很严峻的问题。第一，抗战前教师本来就缺乏；第二，日本侵略者占领华北以后，部分教师流亡；第三，晋察冀抗日根据地建立后，由于干部严重缺乏，吸收了原有教师的80%参加抗日武装，抗日政权和其他抗日群众团体[①]。在冀西的曲阳、阜平等县，小学教师离开原岗位竟占到4/5。在抗日战争进入高潮，中国共产党军队急需军政人员之际，丰润县杨官林小学有数名教师和55名学生投笔从戎。[②] 第四，旧有小学恢复后，又有众多的小学建立发展起来，而当时又不能及时培养出大批的师资。因此师资匮乏成了边区普遍性的问题。

3. 解决师资的办法

一是团结、改造和利用旧知识分子。这里主要是"吸收过去的小学教员"[③]，或者是吸收被改造的私塾先生，或者是在乡的旧知识分子。边区积极建立文教统一战线，组织"教师报国会"等组织，加强教师队伍的建设和巩固。聘用在乡知识分子做教师，加强对教师的团结、教育、改造，使之胜任教师工作。

二是以专区和县为单位，开办短期师范训练班和师范学校，培养新师资。随着根据地的巩固与扩大，小学教师仍是不足，急需大量培养新教师。要在短短的期间内培养出胜任的新的小学教师，就不能不改变过去的所谓正规师范教育老一套的办法。在课程标准、教材编辑与教导计划的编订上，着重提出了"少而精，学以致用"的原则。凡是小学教师用得着的，必须彻底弄清楚，暂时用不着的尽可能少讲或不讲。

---

① 刘松涛：《华北抗日根据地用革命办法办学的几点体验》，《人民教育》，1951年第2期。

② 丰润县文教局教育志编写办公室编：《丰润县教育志》，丰润县文教局（内部资料），1988年版，第52页。

③ 河北省社会科学院历史研究所等编：《晋察冀抗日根据地史料选编》上册，石家庄：河北人民出版社，1983年版，第247页。

三是"大批吸收与〔鼓〕励青年知识分子"①，录用优秀高小毕业生，从农村党员、干部及抗日积极分子中抽调一些略有文化的人去从事教学工作，充实教师队伍。②

也有时候利用一切可能得到的人才来当教师。比如迁西县韩庄抗日小学有一个教师叫隋文清，他是俘虏来的日本翻译，有文化，政府派他到韩庄抗日小学当教师③。

(二)小学教师的检定、培训与提高

为了保证抗日小学的正确方向和应有的教育教学水平，适应抗日战争这个时代的需求，边区政府对小学教师加以检定，努力改善教师待遇与提高教师社会地位。由于存在教师数量不足和质量较低的问题，边区政府加紧对教师的训练与进修，以提高其文化水平、业务能力和政治思想认识。村公所及青教会、儿童团、妇救会等群众团体发动学生家长对教师进行慰问，从各方面帮助教师改善生活，提高教师的社会地位，从而巩固与发展了教师队伍，保证教育的健康发展。

1. 检定

边区建立之初，小学教师的成分很复杂，1938年1月晋察冀边区第一次军政民代表大会在整顿学校教育的决议中就曾规定"检定小学教师，其认识不足、程度过低者加以训练"④。为了保证抗日小学正确的教育方向和应有的教育水平，1938年4月边委会又发出《小学教师检定办法》，对现任和旧有的小学教师加以检定。检定分无试验检定及试验检定两种。无试验检定的物件是：(不用考试只检验资格)(1)师范大学或其他大学教育系毕业者；(2)旧制完全师范及现制师范学校毕业者；(3)简易师范乡村师范及师范讲习所毕业者；(4)高级中学毕业曾在教育界服务2年以上者；(5)初级中学毕业曾在教育界服务3年以上者；(6)事变后曾受短期教师训练合格者。⑤ 试验检定的物件是：(1)初级中学毕业者；(2)高级小学毕业者曾在教育界服务3年以上者；(3)在教育界服务3年以上确有成绩者；(4)曾参加救亡工作确有成绩者。试验检定的试验科目以政治、国文、算术、口试为准。试验检定各科均以百分为满，以平均分达到60分者为及格。检定时，

---

① 河北省社会科学院历史研究所等编：《晋察冀抗日根据地史料选编》上册，石家庄：河北人民出版社，1983年版，第247页。

② 满城县地方志编纂委员会编：《满城县志》，北京：中国建材出版社，1997年版，第691页。

③ 王谦主编：《晋察冀边区教育资料选编》回忆录分册，石家庄：河北教育出版社，1990年版，第124页。

④ 刘皑风：《冀中抗日政权工作七项五年总结1937.7—1942.5》，北京：中共党史出版社，1994年版，第188页。

⑤ 王谦主编：《晋察冀边区教育资料选编》教育方针政策分册上，石家庄：河北教育出版社，1990年版，第10页。

须呈验各种证明文件，如证明文件遗失者，得由现在政府机关服务人员2人以上之保证。另外，无论试验检定与无实验检定，凡年在40岁以上，身体衰弱，无服务精神者，一律取消其资格。检定合格的教师由各县办给小学教师许可证，并造册呈报本会教育处备案。未得许可证的小学教师一律停用。[①] 为进一步提高小学教师质量，保障小学教师职业，统一小学教师的任用，1942年3月，晋察冀边委会颁布《晋察冀边区小学教师检定任用办法》，对小学教师再进行检定。《办法》规定，"凡年满18岁以上，坚决抗日，热心教育，具有高小毕业以上程度者，不分男女，均得参加检定"[②]。检定合格者，发给小学教师许可状，可以优先任用，许可状有效期2年，县立小学教师由县政府统一任用，村里小学教师由村公所聘请，报县批准。这种检定贯穿抗战时期始终，保证了教师的质量，促进了教师的进取。

2. 培训与提高

抗战时期晋察冀边区小学教师的培训可以分为两个阶段[③④]，第一阶段是1938年2月到1940年5月，这一时期边区教育工作的重点放在了恢复和发展小学教育上，小学教师的培养在这一时期主要是短期培训，而很少有正规师范学校毕业生。第二阶段是1940年6月到1945年8月。1940年6月，晋察冀边区召开文化会议并形成《文化教育议决案》，其中规定了师范学校修业年限定为4年，入学年龄为15周岁至25周岁，暂仍按2年执行。同时规定，各中学附设之师训班，专门训练初小教师和调训现任初小教师，至于高小教师，由边区负责培训，至此，边区的师资培训进入了一个新的阶段，师资培训进入正规化阶段，中学里附设的短期师范班，学制一般为6个月或1年。当时师资培训并使教师素质提高的途径由以下几个方面：

(1)开办师资训练班、讲习所或座谈会

旧的小学恢复后，又有众多的新的小学建立发展起来，师资的缺乏日甚一日。而当时又不能迅速培养出大批师资，为解燃眉之急，1938年6月边委会制定了《小学教师短期训练办法》，该办法规定："凡各区小学教师程度不齐或不敷分配时，得依照本办法举办小学教师短期训练班，招收热心救亡并对教育有兴趣

---

① 王谦主编：《晋察冀边区教育资料选编》教育方针政策分册上，石家庄：河北教育出版社，1990年版，第10—11页。

② 皇甫束玉、宋荐戈、龚守静编著：《中国革命根据地教育纪事(1927.8—1949.9)》，北京：教育科学出版社，1989年版，第221页。

③ 贺彩英、刘晓虹：《论晋察冀解放区的师资培训》，《冀东学刊》，1996年第2期。

④ 《论晋察冀解放区的师资培训》一文论述的是晋察冀解放区在抗日战争和解放战争时期的情况，贺彩英、刘晓虹两作者把师资培训分为了三个阶段，笔者采用其观点，但是笔者论述的只涉及抗日战争时期的小学教育，因此，把这篇论文中的师资培训划分为了两个阶段。

者训练补充之，并对现任教师加以培训。"①并且说明不是非得全体教师参加，而是主要的是程度差的教师参加，以及即将补充的新教师参加训练班。受训时间定为两星期至四星期，但是具体什么时间开始各县自定。还规定各县利用麦假、秋假或寒暑假来举办。同时，各区都设有教师联合会，每周六开漫谈会，由教师轮流做主席，②研究如何坚持敌后教学，为抗日斗争出谋献力。

1938 年 6 月 17 日，边委会颁布《自由报考师资训练班招生简章及各县报送人员选拔办法》，决定在民族革命中学先成立师资训练班，通过人民政府及群众团体的动员，招收一切尚未参加工作的在乡的各种知识分子包括大学生、师范生、中学生以及旧教师、塾师，予以训练。训练时间，一般是一个月到两个月，有的延长到三个月或半年。在教学方法上，根据"理论与实际一致"的原则，如讲完时事政治课，就组织学员到附近村上对农民进行宣传动员，讲到游击战的常识，晚上就演习紧急集合和夜间行军。经过训练之后，训练期满经严格考核，精神、学习均及格者发给证书，充任小学教师。如冀中区，仅 1938 年内，就训练出 6354 个小学教师。③1940 年 4 月《中共中央北方分局关于国民教育的指示》中关于学校教育的规定又提到"开办各种小学教师训练班，或讲习所给以必要的训练"④。

冀东区乐亭等地还组织了"知识分子抗日救国会"（简称"知救会"），编写《知识界》、《七月》等理论、文艺刊物进行抗日宣传。有的还组织读书会，辅导教师学习《社会发展简史》《新民主主义论》等革命理论书籍，⑤加强了对教师队伍的团结教育工作。

(2)开办师范班或设立短期师范学校

随着根据地的巩固与扩大，小学教师仍是不足，急需大量培养新教师。因此边区"有计划地在几个中心地区设立师范学校，或在中学中附设师范班，或与此性质相同的学校，大批培养男女小学教员"⑥。修业年限为半年或一年不等。⑦

---

① 王谦主编：《晋察冀边区教育资料选编》教育方针政策分册（上），石家庄：河北教育出版社，1990 年版，第 12 页。

② 吴静顺主编，宝坻县志编修委员会编著：《宝坻县志》，天津：天津社会科学院出版社，1995 年版，第 714 页。

③ 曹剑英、刘茗、石璞、谢淑芳：《晋察冀边区教育史》，石家庄：河北教育出版社，1995 年版，第 62 页。

④ 河北社会科学院历史研究所等编：《晋察冀抗日根据地史料选编》上册，石家庄：河北人民出版社，1983 年版，第 247 页。

⑤ 唐山市教育志编委会编：《唐山市教育志》，北京：教育科学出版社，1993 年版，第 120 页。

⑥ 河北社会科学院历史研究所等编：《晋察冀抗日根据地史料选编》上册，石家庄：河北人民出版社，1983 年版，第 247 页。

⑦ 王谦主编：《晋察冀边区教育资料选编》回忆录分册，石家庄：河北教育出版社，1990 年版，第 65 页。

1940 年晋察冀边区行政委员会公布《边区附设短期事发班暂行办法》，规定短期师范班的教育方针是"提高认识，坚定抗战建国必胜必成的信心。加强社会科学常识的教育。提高理论水平及培养工作能力。陶冶为人师表的品质"[①]。短期师范班招收的对象是"16 岁至 30 岁的初中毕业生或同等学力、坚决为抗战建国事业努力、愿长期担任教育工作的青年。短期师范班学习期限为 2—6 个月"[②]。晋察冀边区除在大学、中学附设的短期师范班外，前后创办短期师范学校十处。一般都是一年毕业。短期师范班或师范学校的学生除了招收高小毕业生外，还有一部分是工作积极、思想进步但是文化水平低的现任教师[③]，他们被介绍、保送免试或公费到中学学习。

在短短的期间要培养出胜任的新的小学教师，就不能不改变过去的所谓正规师范学校老一套的办法。在课程标准，教材编辑与教导计划的编订上，着重提出了"少而精，学以致用"的原则。凡是小学教师用得着的，必须彻底弄清楚，暂时用不着的尽可能少讲或不讲。师范学校在培训教师的课程设置上，大体可分为三类：第一类是语文、数学、历史、地理、生物等普通基础课；第二类是音乐、体育、教学法、自然常识、应用文等专业课；第三类是政治、军事、劳动等应用课。第二类是小学教师必须具备的。那时解放区的小学校，多是一村一校，一人（一名教师）一校，一校多级多班。小学教师必须是"全面多能"。他除了教好学生的语文、算术等课外，还必须会教学生（有的还包括群众）唱抗日歌曲；还必须向学生和群众宣传抗日道理和科学知识；还必须会教学生和群众的日常家庭应用，如写对联、写信、记账、打算盘，等等。只有这样的小学教师，才能胜任，才能受到学生和家长的欢迎和尊敬。（当时师范学校开设的课程不是十分一致，有的学校开设的课程是：社会发展简史、唯物辩证法、乡村句韵、新文学、教学法、语文、算术等）。

广大小学教师，通过学习，了解了中国的社会性质及目前的革命性质，认清了抗战的形势，树立了民族自尊心与自信心，坚定了走革命道路，明确了当前应做的事情。在日常工作中，他们积极参与政权建设，开展群众工作，教育和保护儿童，同敌人展开了不屈不挠的斗争，成了边区文化教育战线上的一支强大的主力军，是政权建设、对敌斗争的有生力量。

---

① 皇甫束玉、宋荐戈、龚守静编著：《中国革命根据地教育纪事（1927.8—1949.9)》，北京：教育科学出版社，1989 年版，第 173 页。

② 皇甫束玉、宋荐戈、龚守静编著：《中国革命根据地教育纪事（1927.8—1949.9)》，北京：教育科学出版社，1989 年版，第 173 页。

③ 满城县地方志编纂委员会编：《满城县志》，北京：中国建材出版社，1997 年版，第 686 页。

（3）培养"学习教师"，然后再提高为小学教师

短期师范需要很长时间，而且学生毕业后又不能全部去做教师，因此远远赶不上实际的需要。因此晋察冀边区创造了"学习教师"的方法来解决小学师资不足的需要。这实际上就是"带徒弟"的办法——大量吸收高小学生和初小程度精通文字的青年，有计划地分配他们和程度较高的正式教师一起工作，使他们一面给低年级学生授课，一面向正式教师学习。因为学过之后马上要用，他们学习异常认真，进步也很快，一般经过一两年，使可提升为小学教师。如晋察冀边区平定县神灵台村的王执玉，原是一个一字不识的青年长工，就是因为在县里受训时识了一些字，后来又被分配为学习教师，逐渐成了正式教师，① 后来被选为全专区的模范教师。

（4）加强在职教师在日常工作、假期期间的交流学习与提高

对于在职教师，因为程度不齐，所以边区在领导上加强了这一工作。主要采取了以下措施：

一是，利用教师联合会或中心小学来组织在职教师的学习。在职的小学教师在日常工作中的交流学习，很被重视，小学教师们为了加强自己的学习，即时交流经验，解决工作中的困难。有的由教师联合会以五六个小学为单位，组成小组，进行有组织有计划的学习。每两周全组的教师在一块举行学习讨论会。有的以中心小学区为学习单位，由中心小学校长，或有经验的教师领导学习，研讨解决教学中的疑难问题。每一周或两周学习一次，有不少地方还经常举行示范教学，互相观摩、互提意见，以改进教学方法。文化水平低的小学教师，更是利用集体学习的机会，请中心小学教师补习文化。中心小学教师遇到有自己不能解答的问题，便向区教育助理员或县教育科写信请教。这些做法在边区是比较普遍的。

二是，利用假期集体学习。在寒假、麦假、秋假时统一把小学教师集中到县或专区。在党政宣教部门和教联会领导下进行大规模的集训。除进行政治时事教育外，还请模范教师做典型报告，交流工作经验。1943 年 5 月《边委会发麦假教师训练方法》，决定利用麦假的时间，在 10 天的时间里，抽调教师进行短期训练，主要是学习教材和教学参考资料，抽调参加训练的对象，巩固区以文化程度低的教师为主，游击区以政治落后的教师为主。1943 年 8 月，《边委会通知秋假举行现任小学教师训练》，对现任小学教师遵照 1943 年麦假时的训练要求加以训练，主要是训练麦假时没有受到训练的教师。时间是十天到半个月。

这样有计划有组织的培训，不但充实了教师队伍，教师政治文化水平也有了

---

① 曹剑英、刘茗、石璞、谢淑芳：《晋察冀边区教育史》，石家庄：河北教育出版社，1995 年版，第61 页。

很大的提高。本着"大量训练小学教师，政治与业务并重"①的思想，教师训练的内容中，突出了抗战意识和民族精神的教育，坚定了教师的抗战信念，同时对教师进行民众知识和军事知识培训，提高了教师做群众工作和参加抗战斗争的能力。

（5）用精神和物质鼓励来提高小学教师的工作热情

边区政府也注意在精神上加强对小学教师的鼓励，以利于教师职业道德思想和精神品质的提高，调动小学教师工作的积极性、主动性。每年"六六"教师节，各县教师们都举行大的集会，在这个集会上政府照例要予以精神上的慰问和物质上的慰劳；学生及学生家长，也在这一节日，在青年联合会的号召下，举行尊师运动，并给教师一些礼品，或向教师献花。同时，为了鼓励小学教师的进步，每年在教师节前后，开展着选拔模范教师的运动。选拔那些为群众服务观点强的，爱护学生，在教师工作岗位上有创造的模范教师。这种选拔由教师大家进行，也有由广大群众和学生参加来进行的。如把教育和生产相结合，学以致用，成绩卓著的陈继和1941年被评为阜平县模范教师②；1942年边区政府决定纪念"六六"教师节的办法，发奖金二千元奖励模范小学教师③，同年9月晋察冀边区行政委员会宣布北岳区所属21个县"六六"教师节选拔的53名模范教师。

表7　北岳区"六六"教师节选定模范教师的名额及等级表

县别	甲等	乙等	丙等	额外
代县	方英	李靖轩　高士英		
灵邱	刘德华		郑霞均　韩耀祥	
繁峙		田镜　毋恩生	黄布政	
应县		麻西亭		刘华　张寿之
广灵	刘贵存	刘玉璞　仲勤		
易县		崔其昌		
满城		王仁光　王哲光		
唐县	刘维岳	张正善	陈英	
阜平	张治然	李增堂	张雷	

①　刘皑风：《冀中抗日政权工作七项五年总结(1937.7—1942.5)》，北京：中共党史出版社，1994年版，第196页。

②　王谦主编：《晋察冀边区教育资料选编》回忆录分册，石家庄：河北教育出版社，1990年版，第364—366页。

③　《晋察冀日报》，1942年5月16日。

续表

县别	甲等	乙等	丙等	额外
云彪	路锡光	刘建勋	马梦熊	
完县	李尊三　王仙洲	王桂		
曲阳	何光第　李林	牛月如		
行唐	王之　张主斌	李品三		
平山	孙学恭　齐学成	王家驹		
灵寿	周有均　程修武			
井陉		程廉甫	栾湘	
平定	刘三民	王填		
昌苑	梁春霖　高明远	陈廷儒		
涞水	赵文胜　王殿楹	杨宏量		
房涞涿			李万民	
合计	21	21	8	2

来源：王谦主编：《晋察冀边区教育资料选编》初等教育分册（上），石家庄：河北教育出版社，1990年版，第89—90页。

从表7中可以知道，甲等21名，乙等21名，丙等8名，额外者2名，共52名。并根据北岳区奖金九百元之规定，决定发给甲等每名20元，乙等每名15元，丙等每名10元，额外者每名奖同丙等。比如满城县小学教师王哲光、王仁光当选，并根据北岳区奖金900元之规定，发给每人奖金15元（乙等奖15元，甲等奖20元）[①]但为了加强模范教师的学习起见，特从每人奖金内各抽出边币二元四角代购点滴社出版的《小学教师》（五角）、《中国历史》（三角）、《小学教学法》（一元）、《政治经济学讲话》（六角）四书。另外再奖《村政权理论与实际》及《论政权机构与领导干部》二书，连同奖金一并发下。

1942年边区政府通令褒奖定北县模范小学教员王文金、杨长兰、赵兆群。杨长兰曾被敌人捕去两次，遭受了敌寇非人道的惨刑，但他始终不屈，坚守其岗位，继续进行教育工作。王文金、赵兆群在敌寇残酷的"扫荡"与包围下，仍能带领一群学生转往隐蔽的地方继续进行教育不松懈。[②]阜平县的李翠珍在1944年成为当时全县、全边区教育战线上的一面红旗。1944年5月4日《晋察冀日报》刊登

① 满城县地方志编纂委员会编：《满城县志》，北京：中国建材出版社，1997年版，第693页。
② 《晋察冀日报》，1942年1月11日。

通讯《阜平县模范教员李翠珍》，并发表社论指出，"朱家营小学李翠珍善于使教育与生产结合，又善于掌握教、学、做合一的原则，不但教育了学生，还推动了村里的生产运动"①。这种民主的选出教育界的英雄模范，对他们予以奖励表扬，通过他们做桥梁，可以起带头作用，推动教育工作和学习运动的开展。

广大小学教师通过学习增长知识，提高文化水平和业务能力，接受新理论、新思想，促进了思想革命化，树立起坚定正确的政治方向，密切结合自身的业务工作，为民族独立和劳动人民翻身解放，做出了很大贡献，成为革命根据地文化教育战线上一支强大的主力军，成为边区政权建设、对敌斗争的有生力量。

(三)小学教师的生活状况

1. 遭受敌人残酷的压迫

在抗日战争环境里，维系着广大民众，生长着新的斗争力量的是边区小学教师。然而他们却遭到敌人残酷的高压、威吓和残杀。许多教师在对敌斗争中，为掩护抗日干部，维护群众利益，献出了自己宝贵的生命。如五台县士集村小学教师石兰亭，总是以党员的模范行动，革命的乐观主义精神，带领教师，克服困难，完成任务，1944 年 11 月，由于汉奸告密，到韩家湾下乡的石兰亭被敌人包围逮捕，被敌人施以种种酷刑，也没有泄露我方情报，最后惨死在敌人屠刀之下，年仅 30 岁；②士可杀而不可辱的灵丘县河南镇西沟村小学教师孙虔，为村里的小学教育和抗日工作积极努力，被汉奸告发，1940 年 5 月 24 日被日本鬼子逮捕杀害，年仅 23 岁；③具有铮铮铁骨的滦县冯庄乡王官营村教师孙凤翥，刚直不阿，凛然大义的民族气节深得当地群众的爱戴和尊重，1940 年旧历九月被日伪逮捕，不被敌人威逼利诱所动，最后被敌人杀害；④还有心里只装着革命工作，为国捐躯的深南县教师徐素珍等。⑤他们为边区小学教师做出了很好的榜样作用。

2. 繁重的工作，多能的教师

1942 年 3 月 1 日晋察冀边区公布《晋察冀边区小学服务章程》，规定"小学教师的职责是教学，指导学生生活学习，考查学生成绩等"；"教师应协助所在村工

---

① 《晋察冀日报》，1944 年 5 月 4 日。

② 王谦主编：《晋察冀边区教育资料选编》回忆录分册，石家庄：河北教育出版社，1990 年版，第 344—346 页。

③ 王谦主编：《晋察冀边区教育资料选编》回忆录分册，石家庄：河北教育出版社，1990 年版，第 347—348 页。

④ 王谦主编：《晋察冀边区教育资料选编》回忆录分册，石家庄：河北教育出版社，1990 年版，第 368—370 页。

⑤ 王谦主编：《晋察冀边区教育资料选编》回忆录分册，石家庄：河北教育出版社，1990 年版，第 371—374 页。

作";"教师须按时上课,完成其他工作";"战时教师不得自行停课或离校"。[①]因此,在工作方面,小学教师从来都很繁重。每人每周的功课在二十小时以上。[②]或者说一个小学教师,教授三十多个儿童,在边区是普遍的现象。一天到晚,除上课,还需做家庭访问、办识字班、民众学校、墙报等。除此之外,有的还要帮学生做饭洗衣,还要配合县区做中心工作,帮助村子里老百姓解决困难问题和一切繁杂的事情;同时,在没有课本的情况下,还要在课余时间抄写课本,再转交学生。一个人的精力有限,而工作却如此繁忙,在社会上可算首屈一指了。可见,小学教师"散处在边区的各个角落,看护着、教育着全边区人民的儿女,是很辛苦的",特别是游击区的教师们,"从敌伪的刺刀下面,从敌伪奴化的氛围里,抢救着成百成千的儿童"[③],这种生活自然是很紧张,很残酷的。也正是由于有了广大小学教师的辛勤努力,才使根据地的教育能够开展起来和坚持下去。

3. 微薄的物质待遇

从总体上说,晋察冀边区小学教师的工资各地区不尽相同,普遍还是比较低的,生活很艰苦。抗日战争八年间,特别在 1940 年以后,随着法币发行量迅猛增加,我国城镇居民的工薪(货币收入)一直都呈上升的趋势,但同期生活费价格的上升速度更快、幅度更大,全国各地通货膨胀愈演愈烈,普遍地时局艰难、物资匮乏、物价飞涨,我国民众和教师的经济生活越来越贫困,因此,民众和教师实际生活水平不断下降。

虽然边区政府尽力要改变小学教师的待遇,但是因为当时,理应集中一切力量包括物质力量在内去消灭敌人,所以小学教师的生活还是不能从根本上好转。因此,抗战时期边区小学教师除了薪俸外,很少有什么其他的福利待遇。鉴于当时处于战争环境,小学教师待遇,"由各县政府就各县生活情形,酌情规定"[④]。当时小学教师工资支付形式可以分为供给制和薪金制。

(1)供给制

建立抗日政府的乡村学校,教师实行供给制。每月由政府发给生活米和零用费。这种分配的内容主要是解决填饱肚子的生存问题,而并不保证"穿衣、住房"的条件。供给标准较低,大体平均,略有差别。在那种特殊情况下,这也是别无

---

① 皇甫束玉、宋荐戈、龚守静编著:《中国革命根据地教育纪事(1927.8—1949.9)》,北京:教育科学出版社,1989 年版,第 221 页。

② 河北省晋察冀边区教育史编委会编:《晋察冀边区教育资料选编》(续集),北京:北京师范大学出版社,1991 年版,第 319 页。

③ 刘皑风:《教师节寄语小学教师》,《教育阵地》,1943 年第 1 卷第 6 期。

④ 王谦主编:《晋察冀边区教育资料选编》教育方针政策分册,石家庄:河北教育出版社,1990 年版,第 1 页。

他法可行的制度。1937年9月，中华苏维埃政府西北办事处财政部制定的"各级政府工作人员供给制标准"，1939年1月，八路军参谋部规定各机关部队的供给制标准，规定生活津贴分五等：第四等是教员和文书、管理员、排级干部等，每月2元，[①] 按照日用品的购买力，当时（抗战头两年）法币1元约合今日人民币1.5—2元，但1939年以后全国各地物价飞涨，货币迅速贬值，供给制的标准改为以实物计算。[②]

在游击区，由于抗日游击队的流动性很大，缺乏比较固定的经费来源，因此，没有也不可能有比较固定的供给标准。1940年3月3日，晋察冀边区政府通令各县，规定小学教师每人每天用公粮发给食粮1斤3两，生活费每人每月发给4元至8元。[③] 经济条件好的地区，除了每月的供给之外，还有一定的津贴（这里的津贴大多时候指的是用公粮发放的津贴）。抗战前期，阜平县小学教师实行供给制，每月供给一定数量的米、面和菜金。平西专区的蔚县小学教师物质待遇很微薄，实行供给制，每人每月只发给边币三元作为补贴，有的地方条件较好，每月发给教师小米或莜麦面三十七斤半，作为特殊照顾。[④] 晋东北的广灵县民主政府规定，教员的待遇为每月莜麦一百斤，由村政权负担，顶替村子一部分公粮。满城县巩固区1943年教师每日生活米一斤四两，零用费10元（1943年6月份以前），由村供给。一般的都能按时供给，不发生问题[⑤]。应县小学教师待遇是一年发给一个草帽，一双鞋袜、一套洗漱用具、吃粮每月四十五斤，由村公所负责。有的教师待遇由全村里负担，工资由学生摊派。[⑥] 满城县游击区小学教师每月生活米三斗——四斗，零用费10—30元（伪钞），一般的教师皆为本村人，因此，在家里吃饭，生活上还比较富裕[⑦]。

在游击区，群众很苦，给教师的待遇也很低，每月只能给四十多斤米来维持

① 陈明远：《文化人的经济生活》，石家庄：文汇出版社，2005年版，第256页。
② 陈明远：《文化人的经济生活》，石家庄：文汇出版社，2005年版，第256页。
③ 皇甫束玉、宋荐戈、龚守静编著：《中国革命根据地教育纪事(1927.8—1949.9)》，北京：教育科学出版社，1989年版，第169页。
④ 河北省晋察冀边区教育史编委会编：《晋察冀边区教育资料选编》(续集)，北京：北京师范大学出版社，1991年版，第508页。
⑤ 《满城县小学教育情况》，王用斌、刘茗、赵俊傑编选，河北省晋察冀边区教育史编委会编：《晋察冀边区教育资料选编》(续集)，北京：北京师范大学出版社，1991年版，第331页。
⑥ 河北省晋察冀边区教育史编委会编：《晋察冀边区教育资料选编》(续集)，北京：北京师范大学出版社，1991年版，第602页。
⑦ 河北省晋察冀边区教育史编委会编：《晋察冀边区教育资料选编》(续集)，北京：北京师范大学出版社，1991年版，331页。

生活。① 高小教师的生活和供给制干部一样，但是还是比较清苦的。每人每天供给一斤小米，衣服鞋袜和被褥，还要靠家里供给。② 在对敌斗争最残酷的时候，人民政府虽然尽力照顾教师的生活，但很长时间吃不到盐，吃不到菜，没有衣服换，没有被子盖的事是常有的。涞源县抗日根据地在抗战初期教师"工资是村里给，但是花察哈尔币，每月工资十三元，能买五六斗米，能够正常上课。在经济条件稍好的地区，供给制的教师，由边区政府发衣服，发粮票。③ 粮票由边区政府印制，在解放区内使用。供给制确定了个人的经济生活状况，不仅物质生活、还有政治待遇都依赖于"公家"的分配。供给制一定程度上保证了铁的纪律。

（2）薪金制

以米计薪：获鹿县初小教师原则上实行"薪金制"，月支不过百斤小米，④ 这是以米计薪。阳高县小学教师的工资都以小米计算，大村教师工资小米130斤，小村教师工资小米80斤⑤。

以货币计薪：1938年2月晋察冀边委会曾经对教师的工资有一个总体的规定，"教职员之薪金，以能维持最低生活费为准，每年暂定自六十元起码，至多不得超过一百二十元"⑥。但是实际上，在晋察冀边区建立初期，一些非常贫苦地区教师的薪俸是以其家境的贫富而定，或是甘尽义务，或是酌发一些生活费，但是没有超过十元的。然而这已经是边区各级津贴费的最高数额。⑦ 当然，小学教师的工资因教师的级别不同也有所不同。下面是经济条件和教育基础好的冀东区丰润县的一些资料。

表8　民国26年（1937年）××完全小学教职员月薪

等　　级	1	2	3	4	5
教　　员	31元	29元	25元	24元	23元
校　　长	40元				

来源：《丰润县教育志》，丰润县文教局（内部资料）1988年版，第165页

---

① 河北省晋察冀边区教育史编委会编：《晋察冀边区教育资料选编》（续集），北京：北京师范大学出版社，1991年版，第612页。

② 王谦主编：《晋察冀边区教育资料选编》回忆录分册，石家庄：河北教育出版社，1990年版，第115页。

③ 王谦主编：《晋察冀边区教育资料选编》回忆录分册，石家庄：河北教育出版社，1990年版，第124页。

④ 河北省鹿泉市史志编纂委员会编：《获鹿县志》，北京：中国档案出版社，1998年版，第619页。

⑤ 河北省晋察冀边区教育史编委会编：《晋察冀边区教育资料选编》（续集），北京：北京师范大学出版社，1991年版，第607页。

⑥ 王谦主编：《晋察冀边区教育资料选编》初等教育分册（上），石家庄：河北教育出版社，1990年版，第3页。

⑦ 李公朴：《华北敌后——晋察冀》，北京：生活·读书·新知三联书店，1979年版，第10页。

表 9　民国 32 年(1943 年)××完全小学教职员月薪

校　长	主　任	教　员				
		等级 1	等级 2	等级 3	等级 4	等级 5
190 元	155 元	150 元	70 元	63 元	62 元	58 元

注：每人每月发给津贴费 50 元，发给月米 30 斤

来源：《丰润县教育志》，丰润县文教局(内部资料)1988 年版，第 165 页

从表 8、表 9 我们可以知道，在丰润这个边区教育最发达的地区，当时小学教师的工资待遇相对来说是很低的。1937 年的时候教师最高工资是每月 31 元，最低工资是每月 23 元，校长工资是每月 40 元，到了 1943 年，小学教师最高工资是每月 150 元，最低是每月 58 元，校长每月工资是 190 元，但是抵不上物价飞涨的速度。

有的地区采取公办村补的办法来解决教育经费的。[①] 通常除米贴外(米贴够吃)，每月只能抵十元上下，仅有少数的几县，每月可得到二十元以上的薪资。这种薪资，既无法仰事抚育，个人生活，亦甚难维持。[②]有些地区，比如 1938 年到 1939 年度，晋东北区与冀西北区有低到年薪四十元者，冀中区有低到年薪六十元者，[③] 以当时的物价论，这样低微的薪金，维持最低微的生活都有困难。有些特困地区，实在发不出工资，教师就义务教学，不拿报酬，当然这样的教师是以家庭还比较富裕，能吃得起饭为前提。"有些地方当局，自 1941 年下期起，每月增加十元或二十元上下的薪水，但是这些薪水的增加还远赶不上物价的飞涨的程度。"[④]

4. 边区小学教师的社会地位

整个抗战时期，边区小学教师的政治地位和社会地位都较低。小学教师工作没有保障，再加上待遇较低，生活艰苦，一般人多认为担任小学教师是没有出路没有前途的工作。特别是积极进步的青年都设法离开这个工作岗位。小学教师的相当一部分阶级成分较高，因而长期处于被审查的地位。于是小学教师曾经形成工作不安心、苦闷、工作情绪低落的现象。为了提高小学教师的社会地位，从 1941 年起，边区开始隆重纪念民国政府确定的"六六"教师节。1942 年边委会又

---

①　静海县编修委员会编著：《静海县志》，天津：天津社会科学院出版社，1995 年版，第 608 页。

②　河北省晋察冀边区教育史编委会编：《晋察冀边区教育资料选编》(续集)，北京：北京师范大学出版社，1991 年版，第 319 页。

③　河北省晋察冀边区教育史编委会编：《晋察冀边区教育资料选编》(续集)，北京：北京师范大学出版社，1991 年版，第 308 页。

④　河北省晋察冀边区教育史编委会编：《晋察冀边区教育资料选编》(续集)，北京：北京师范大学出版社，1991 年版，320 页。

发布《小学教师考核奖惩条例》来整顿小学学风和鼓励教师。边区政府也采取措施尽量提高小学教师的经济地位。1943年边区教育处处长刘皑风建议，边区政府应"在照顾人民负担能力的原则下，尽量改善教师的待遇"①。因此中共领导的根据地解放区，在对教师等旧知识分子进行思想教育改造的同时，重视小学教师的待遇，尽最大努力保证他们的生活。1943年4月晋察冀边委会颁布《小学教师服务暂行规程》，对小学教师的考核和奖励办法都做了具体规定，对小学教师的菜金、零用费也有规定，对深入的敌占区工作的教师更特别照顾，经批准按规定给以补助费，至于女教师及其子女，亦额外加以优待。② 这使小学教师的实际困难大都得以解决，使他们的工作积极性有所增强，工作质量有所提高。村公所及青教会、儿童团、妇救会等群众团体发动学生家长对教师进行慰问，从各方面帮助教师改善生活。当时的小学教师是自由职业者，不是边区政府公务人员，但是边区政府规定当教员算一个劳动力，如果家中有地，雇人耕种不算剥削。这就调动了当时稍有文化的人愿意当教师。③ 从而巩固与发展了教师队伍，保证教育的健康发展。

1943年5月边委会制定的《小学教师服务暂行规程》明确规定小学教师享受同级干部待遇，规定高小校长、教师按政府科长、科员待遇，初小教师的待遇稍低。对外籍教师、敌占区教师、女教师，家境特别贫苦的教师的特殊困难，都定有津贴补助或优待办法，基本解决了小学教师日常生活中的困难问题。在建立了抗日政权的乡村，小学教师还可以参加村政权召开的各种会议，协助村干部搞好各项行政工作，"党员的小学教员一般可兼任支部的宣传干事及各种政府教育负责工作"④。边区政府提倡提高小学教师的社会地位，对其中的优秀分子，给以各种的奖励，反对任何轻视他们的不正确的观点。1939年《边委会令发抗属及贫苦子弟等入学优待暂行办法》中规定初小学生的父兄于七七事变后充任小学教师成绩优良或充任教育委员，热心公务，成绩卓著的，其学生由村中供给书籍费。⑤ 由此可见边区对教育工作者的重视。1940年8月25日晋察冀边区《抗敌报》发表题为《论晋察冀边区的文化教育运动》的社论。社论指出"应继续发展边区

---

① 刘皑风：《教师节寄语小学教师》，《教育阵地》，1943年第1卷第6期。

② 《新华日报》，1943年6月30日。

③ 河北省晋察冀边区教育史编委会编：《晋察冀边区教育资料选编》(续集)，北京：北京师范大学出版社，1991年版，第603页。

④ 河北省社会科学院历史研究所等编：《晋察冀抗日根据地史料选编》上册，石家庄：河北人民出版社，1983年版，第249页。

⑤ 王谦主编：《晋察冀边区教育资料选编》教育方针政策分册(上)，石家庄：河北教育出版社，1990年版，第64页。

的小学教育……提高小学教育质量，改善小学教员生活，提高小学教员的地位"①。虽然边区政府为了优待小学教师规定小学教师的待遇办法，"有些地方还不能按照这个办法来执行"②，但是这些措施在很大程度上调动了边区小学教师的革命工作热情和积极性。

由于尊师重教传统思想的存在，边区小学教师比较受老百姓的尊重。如阜平县的农民平时常给教师送菜，端午节送粽子，杀了年猪请教师到家中吃饭，坐上席称"先生"③。总体来说，当时小学教师的生活艰苦，但是那时教师的工作热情却是比较高涨的。每天有一斤小米的供给，比起没有粮食吃的农民来不知要好了多少倍了！④到1944年随着全国抗战形势的好转，进一步加强了对小学教育的领导和管理，更注意了改善和提高教师的待遇。随着边区的发展，小学教师在政治地位上也与全边区人民一样获得了真正的自由平等的地位，受欢迎、拥护和爱戴，随着生活的改善而提高了。

五、结语

(一)晋察冀边区小学教育的特点

晋察冀边区小学教育就是理论与实践相结合的模范教育。这是边区小学教育的最突出的特点。边区非常注意"学用一致"，"理论与实践统一"的原则，使教务工作和生活指导统一起来。课外活动成为教学工作的一部分，制订教育计划照顾到教学进度和活动内容密切联系，合理分配教学及活动的所需要的时间，并使教学内容和活动内容密切联系，相辅相成进行。

简言之，晋察冀边区小学教育的特点：

1. 课堂教学和课外活动相结合

这从教材本身就能很好体现出来。边区教育处编发的小学课本是根据调查研究经过数次修改的成果。它的内容符合群众的需要，适合抗战的需要，因此教师们在讲授时，很容易密切联系实际。边区有些小学，为了使学生学到的知识能够在实际中应用，就在村里找了间房子，成立"群众代笔处"。利用课外时间，由三、四年级的学生轮流给村里人开路条，写工作报告，开会做记录，写文契、对

---

① 皇甫束玉、宋荐戈、龚守静编著：《中国革命根据地教育纪事(1927.8—1949.9)》，北京：教育科学出版社，1989年版，第178页。

② 王谦主编：《晋察冀边区教育资料选编》教育方针政策分册(上)，石家庄：河北教育出版社，1990年版，第166页。

③ 高明乡主编，阜平县地方志编纂委员会编：《阜平县志》，北京：方志出版社，1999年版，第683页。

④ 《坚持敌后根据地的抗日高小——关于抗日战争时期束鹿县高小教育工作的回顾》，王谦主编：《晋察冀边区教育资料选编》回忆录分册，石家庄：河北教育出版社，1990年版，第115页。

联、黑板报，帮助群众算公粮账，给各户计算统一累进税的分数，村民选举的时候，代写选票。这样学生在课外活动中能应用到课堂中学到的知识，促进了他们在课堂上的学习热情。学生们在课堂上学的歌曲、小剧目，在课余时间就到集市、庙会去宣传，尤其是"扩军、征公粮宣传大的胜利消息等，学校还要组织学生到附近村庄进行宣传活动。他们表演的节目有戏剧《送郎参军》《夫妻识字》《白毛女选段》；有快板如《交公粮》等，有歌曲如《八路军进行曲》《游击队之歌》《二月里来春耕忙》《大刀进行曲》等；有舞蹈如《秧歌舞》《霸王鞭》等。很受群众欢迎"①。优待抗属，帮助抗属干活，给前方战士贺功，这些课外活动都是在课堂教学的指导下进行的。学生的课外活动积极性被调动起来，在进行生产教育的课外活动中，课余产品相当丰富。这些活动的进行改变了过去书本知识和实际生活分离的大毛病，也适应了敌后抗日人民的需要，受到了群众的欢迎。

2. 课堂教学与日常生活相结合

课堂教学与日常生活相结合，体现"学用一致"，从课本中处处都可以体现出来。在春耕时节有这样的课文："春天里，百花开，大家快来把树栽，多栽梨杏有果吃，多栽杨柳把房盖。"②因为内容切合儿童生活，念着顺口，学生都愿意练习写字，而且直到会念、会讲、会用，写得好。这样一来，儿童不光认识了很多字，写的情绪也高了。

各地教师根据当地群众需要编写的补充教材，更是体现了"学用一致"的原则。如阜平水泉学生曾学过这样的课文："好儿童要生产，勤学习，不偷懒。……捉枣蛾放了松，打步曲，费了工。后四月，麦稍黄，豌扁豆，齐上场。点陇子，耩黍麦，插山药，种麻子。五月里，是端阳，过了麦夏家家忙。"③这样，使学生了解了与自己息息相关的生活、生产状况。

教师在日常教学中也注意与学生的生活实际相联系，体现"学用一致"的原则。算术，他们不仅简单算四加五等于九，十六减七等于九，而还算东北四省，加华北五省，敌人共占我们几省？十六个鬼子给我们老百姓杀掉七个，还剩几个？④又如：两本书加上三本书是几本书？四支石笔用了两支还有几支？同时，教师还结合生产教育作为算术的素材。如正在学加法，就让学生把几个人或几个

---

① 河北省晋察冀边区教育史编委会编：《晋察冀边区教育资料选编》（续集），北京：北京师范大学出版社，1991年版，第476页。

② 王谦主编：《晋察冀边区教育资料选编》初等教育分册（上），石家庄：河北教育出版社，1990年版，第177页。

③ 王谦主编：《晋察冀边区教育资料选编》初等教育分册（上），石家庄：河北教育出版社，1990年版，第177页。

④ 河北省晋察冀边区教育史编委会编：《晋察冀边区教育资料选编》（续集），北京：北京师范大学出版社，1991年版，第528页。

组的生产成绩加起来，如学的是减法，就拿每个人或组为单位来比较（甲组比乙组多编几顶草帽，张生比王生多拾了几斤柴等）。如果正在学习乘法或者除法，就计算每组每个人平均的生产成绩和大家共同的生产成绩。这样经常计算，不但便于统计生产成绩，小学生生产的情绪和学习算术的兴趣也提高了，而且使算术的教学收到更好的效果。小学高年级的学生学习统累税的计算，可以帮助村里解决计算统累税的困难（因为村子里会算统累税的人很少），使学校地位得到提高，家长送自己子女去上学的积极性也提高了。同时也加强了学生应用算术的能力。总之，不管什么课程，学了会应用，有实际应用的机会，学生学起来便有兴趣，便能学得好，而且到处行得通，受到大家的普遍欢迎。

3. 课堂教学与抗战工作相结合

学校是战争中村庄的宣传站。许多工作在上级布置到村里的时候，都是教师把工作的要点向学生宣讲，通过他们动员家里的人。比如动员家里人参军，或者动员家里人同意儿子参军，动员家里人交公粮的时候要晒干打净，起到了很好的作用。学生们和村公所、民兵、部队相互配合，随时注意敌情，学生们站岗放哨，这在各地是相当普遍的。学校里讲到自卫队、讲到慰劳伤兵，都在实际工作中真正实习了。"小孩子早晨来上学，不是打开课本来咿咿呀呀的朗诵，而是拥挤着推进门来争抢马刀到村口去站岗。"①尤其是在农忙抢收季节，他们代替成年人节省了无数劳动力。学校里的反奸反特教育，使得学生机警敏捷认真负责，不少到根据地刺探军情的特务，被儿童查获。学校作为边区的通讯站，学生经常帮助送情报、送文件、送书报，完成了许多成人不好完成的工作。战斗过程中，不少学校把学生派到临时伤兵医院。交通站和兵站服务，帮助看护伤员，收发信件，搬运东西，甚至有时候帮助运粮，抬担架等。"比如习字，他们不叫小孩子在纸上乱画，而叫他们到街头去写标语。作文，他们不叫做什么游记、记梦之类，而教他们和敌人进攻阜平、进攻定意的事实，以致王大哥是怎样参加游击队的，等等"②。在这些学校里随时都可以听到："拿起三八枪，子弹推上堂，拿起手榴弹，敌人好干粮，背上子弹袋，浑身有力量。手榴弹开了花，勇敢包围上……"③学生们在这样的实际活动中锻炼了坚强的意志，把学校里学的东西运用到了实际，而且为抗战的胜利起到了积极的作用。

① 河北省晋察冀边区教育史编委会编：《晋察冀边区教育资料选编》（续集），北京：北京师范大学出版社，1991年版，第527页。
② 河北省晋察冀边区教育史编委会编：《晋察冀边区教育资料选编》（续集），北京：北京师范大学出版社，1991年版，第528页。
③ 河北省晋察冀边区教育史编委会编：《晋察冀边区教育资料选编》（续集），北京：北京师范大学出版社，1991年版，第605页。

(二)晋察冀边区小学教育的成就及存在的问题

1.成就

(1)小学教育得到普及

晋察冀边区的小学教育不是旧教育的继续,而是新教育的创造。边区政府建立以来,不仅恢复了旧小学,而且许多县份像平山、饶阳、任丘、蠡县……都较抗战前增加了一倍以上。[①] 学龄儿童入学率大大超过了抗战前水平,所有农民子女都能上学,几乎普及了小学教育,50 户以上的村庄都有一所小学,[②] 打破了教育由少数有钱有权人垄断的局面,人人都要接受教育的思想深入人心,这是旧社会从来没有达到的奇迹。从一些数字就能看到这一点。到 1944 年底,据冀晋、晋察三十三个县的统计,共有高小 115 处,初小 3253 处,合计 3368 处。共有高小学生 5291 人,初小学生 130427 人,合计 135718 人,这比 1943 年年底,高小增加了 49 处,初小增加了 58 处,高初级小学学生共增加 54132 人。[③] 在抗日战争胜利前夕,晋察冀边区小学教育出现了空前发展的局面,小学生达 1464784 人,[④] 教育达到相当规模。

(2)学生受到了良好的劳动教育,获得了宝贵的生产知识并运用到实际生活中

小学教育是边区政府下大力气搞好的一项工作,在取得可观的生产成绩的同时,学生们通过自己的劳动,配合了抗战抢收抢割,比如 1940 年冀中区在保卫麦收实行"快收快打快藏"的运动中,据 13 个县的统计,参加集体收割的小学生就有 162000 多人,拔了 91880 亩麦子,还做了许多零活,可以代替 3400 多个壮年人 10 天的工作。此外 12500 多个儿童替代成人站岗放哨还不计算在内。拾麦队共拾得小麦 349 石。[⑤] 学生的劳动观念有很大提高,劳动的热情和劳动的能力多有加强,不仅帮助家庭生产,使家庭的劳动能顺利进行,解决家庭的生活问题,而且在学校集体劳动中很大程度上解决了学校的经费问题,改善了师生的学习条件。这些都为推动边区抗战的胜利起到了不可忽视的作用。

(3)边区小学教育的系统大体上建立起来

边区政府自成立以来,很重视小学教育的发展,在实际工作中逐渐形成了关

① 王谦主编:《晋察冀边区教育资料选编》教育方针政策分册(上),石家庄:河北教育出版社,1990年版,第 88 页。

② 李公朴:《华北敌后——晋察冀》,北京:生活·读书·新知三联书店,1979 年版,第 40 页。

③ 教育阵地社编:《抗战时期边区教育建设》(上),新华书店晋察冀分店印行,1946 年 6 月,第 84页。

④ 曹剑英等:《晋察冀边区教育史》,石家庄:河北教育出版社,1995 年版,第 17 页。

⑤ 刘松涛:《在华北抗日根据地小学中进行劳动生产教育的经验》,王谦主编:《晋察冀边区教育资料选编》回忆录分册,石家庄:河北教育出版社,1990 年版,第 79 页。

于小学、小学教师的一套法规，"民办公助"的办学模式，小学教育由村管理的体制，普及小学教育的措施，战时小学教育的课程、教材、教法等等一系列的教育体系，这些都从无到有地发展起来，虽然不是很完善，但是毕竟形成了一定的系统性。边区所采用的灵活的教育方式方法，虽然不是完全出自边区的创造，然而却是经过了一番批判、修正与洗练，很大程度上扩大了教育的效果。这些创造，成为边区作为全国模范抗日根据地的不可或缺的一部分。

2. 晋察冀边区小学教育取得成就的原因

(1)晋察冀边区小学教育取得一定的成绩，是与中共对教育事业的重视支持分不开的

早在土地革命时期，中国共产党就把文化教育建设看作是同政权建设、经济建设一样重要的工作，不可分割。在抗战期间，中共非常重视教育在民族抗战中的功能，指出："伟大的抗战必须有伟大的抗战教育运用相配合，二者间的不配合现象应免除。"①中共认为晋察冀边区小学教育作为边区文化建设的一部分，可以起到打击敌人、鼓舞人民的作用，在对敌斗争中有十分重大的作用。晋察冀军区司令员兼政委聂荣臻就曾经指出"需要战斗力就一定需要文化"②，"文化工作是整个革命事业中不可忽视的重要方面"③，"开展国民教育，是培养革命干部与知识分子，动员群众参加与坚持抗战的重要环节，各地党的领导机关各地宣传教育干部，必须把这个工作当作中心任务之一"④。"我们要有力抵制敌伪腐朽文化，使扼杀进步文化的国民党统治区文化相形见绌"⑤。中共深知边区文盲众多，人们大多没有文化，这就严重影响中共方针与政策的宣传、理解与贯彻，只有群众识了字，认识提高了才能使抗战教育和抗战较好的配合，才能最终达到发动群众抗日的热情和决心。在具体行动上，晋察冀边区政府成立后立即指示限期内恢复各地被破坏的小学。为此，边区政府做了大量的工作。成立了一个强有力的教育行政系统，各级都有专管教育的机构，修缮校舍、编撰课本、培训师资、筹集教育经费。到1938年，各村庄普遍建立了初级小学。

(2)边区小学教师具有坚定的革命意志，高度的政治责任感，这些为小学教育营造了良好的政治环境

边区的小学教师大都受到过相当程度的文化教育，奠定了爱护国家、民族的

---

① 中央档案馆编：《中共中央文件选集(1939—1941)》第11册，北京：中共中央党校出版社，1988年版，第616—617页。

② 聂荣臻：《聂荣臻回忆录》，北京：解放军出版社，1992年版，第251页。

③ 聂荣臻：《聂荣臻回忆录》，北京：解放军出版社，1992年版，第483页。

④ 河北省社会科学院历史研究所等：《晋察冀抗日根据地史料选编》上册，石家庄：河北人民出版社，1983年版，第247页。

⑤ 聂荣臻传编写组：《聂荣臻传》，北京：当代中国出版社，1994年版，第248页。

意识基础。抗战爆发后，又大都受了严格的检定和短期训练，甚至有的学校教师绝大多数是青年党员干部，思想政治觉悟高，生活上不怕艰苦，工作上积极努力。① 他们具有抗战必胜，我们必胜的坚定信念。广大教师在紧张而残酷的战争环境中，坚持抗日教育阵地，克服种种困难，利用一切机会，机智勇敢地向学生进行爱国主义教育和文化教育。虽然他们的生活很艰苦，但是他们却始终不动摇不妥协，这种伟大的精神是建筑在高度的政治认识上的。他们认为，全民都在抗战，都在流血，他们为战胜日本帝国主义，为中华民族的彻底解放做出牺牲是完全应该的，是一个有良心的中国人的天职和本分。因此，那时很少有人计较个人的生活待遇，很少有人经常顾家。当教师就是参加革命了，随时准备牺牲自己的一切。正是他们艰苦卓绝的精神和高度的政治觉悟，激发了民众的爱国情绪，他们唤醒了迷梦者，催动了怯懦者，使最大多数的民众起来，一齐同敌人奋勇斗争。他们分散在广大的村落里，联结着千百万的民众，他们肯于最大的牺牲，向一切不愿做亡国奴的民众传播我们的胜利消息，破坏敌伪的造谣欺骗。这种崇高的自我牺牲和全心全意为人民服务的精神，为边区小学教育营造了良好的政治环境。

（3）中共贯彻执行了正确的知识分子政策，乡间知识分子从精神和物质上对根据地文化教育事业给以大力支持，在边区教育活动中发挥了积极作用

知识分子不是一个独立的阶级，也不是革命的决定力量，但是由于其本身拥有比普通劳动者更多的知识和技能，在社会生活中具有较强的活动能量和影响力。因此处理好知识分子问题，才能促进边区教育事业的发展。毛泽东曾指出："革命力量的组织和革命事业的建设，离开革命知识分子的参加，是不能成功的。"②晋察冀边区自创立以来，边区政府十分重视知识分子工作，正确地贯彻执行了党的知识分子政策，使广大知识分子在边区斗争和建设中发挥了巨大作用。1940年4月，中共中央书记处发布《中共中央关于国民教育的指示》提出："大批地吸收与鼓励青年知识分子及过去的小学教员，担任小学教员工作。在国民教育方面，共产党应力求同有正义感的名流学者、公正士绅实行统一战线。"③在中共政策鼓舞下，各县学生和小学教师要求工作，自愿为国服务者日益增多。

中共重视教育事业的发展，但是由于战争的制约，一时又拿不出足够的教育经费支持教育发展。尤其是在政府实行"简政"后，公立小学略有减少，于是政府通过允许小学村立和私立的办法，奖励私人捐资兴学。在这种情况下，有钱的开

---

① 贾烈清：《回忆抗战时期"崞县联高"的教育工作》，《教育理论与实践》，1984年第4期。
② 《毛泽东选集》第2卷，北京：人民出版社，1991年版，第641页。
③ 河北社会科学院历史研究所等编：《晋察冀抗日根据地史料选编》上册，石家庄：河北人民出版社，1983年版，第247页。

明士绅在解决教育经费短缺方面发挥了一定积极作用。他们捐地，捐资助学，形成了一种良好的社会风气，为边区小学教育经费的解决做出了贡献。由于开明士绅在乡间的影响力，许多共产党的政策都是他们宣传解释的，他们在执行边区合理税收的负担方面，解决边区财政经费问题上，起到了很好的带头作用。他们推进统一累进税的实施，自动减租减息。有一富户知识分子胡汉楠在上级派他推行合理负担时发挥了很大作用。因为他了解乡情，按合理负担的条件，公开催讨。一些绅士富户叫苦，胡汉楠现身说法："你们叫什么苦？谁家有我家交得多？"其他绅士富户无话可说，都顺利缴纳了粮款。① 为边区经费的筹集起到了重要作用。除了有名望的士绅之外，一些青年知识分子在边区的小学教育发展上也做出了很重要的贡献。他们义务办学，义务教学，为边区小学教育的发展起到了很重要的作用。他们怀着挽救民族危亡之心，尽自己最大努力发展本地的小学教育。比如应县小石口村（晋北）有八位青年志士于 1937 年 10 月联合创办了"八德义务学校"，这八位青年是曹百让、曹公士、姚旭、姚责、田华、韩培烈、于壁、王才。他们把村里的奶奶庙作为校舍。开学头一年，只向学生摊点烧的柴，后来一年向每个学生收费一元，作为办公费，他们都是义务教学，每年年终余下一二十块都周济给家庭困难的教师王才，做生活补助费，其他人毫无代价。②

与此同时，开明士绅对教育提出自己的见解，对根据地教育的发展起到了很好的促进作用。开明士绅是一个有知识的阶层，许多人曾经在教育界任职，对教育很在行。例如灵寿县著名士绅赵鸿钧曾经任中学教员和教育局长，对教育是内行，在县议会上，他对教育提出了批评与建议，在他的帮助下，教育有很多改进。开明士绅还利用士绅座谈会，对根据地政府的教育工作提出许多建议，③ 这些都为晋察冀边区小学教育事业的发展发挥了积极作用。

3. 存在的问题

因为长期处于战争的分散农村环境中，边区小学教育的方向虽然是正确的，所走过的道路却是曲折的。工作中也就不可避免的出现一些缺点和弱点。主要表现在：

（1）忽视儿童教育的特点，存在严重政治化倾向

由于当时编写课本的人员，大多数是从大城市来农村不久的知识分子、教师或学生，对农村生活不熟悉，有的把北方儿童从来没有听到的"骑竹马""压岁钱"

---

① 中共中央党史研究室编：《中共党史资料》第 46 辑，北京：中共党史出版社，1993 年版，第 66—67 页。

② 河北省晋察冀边区教育史编委会编：《晋察冀边区教育资料选编》（续集），北京：北京师范大学出版社，1991 年版，第 600 页。

③ 李庆刚：《论抗日根据地开明士绅的历史贡献》，《阴山学刊》，2003 年第 4 期。

等也编写了进来。① 这就忽视了课文内容应该适合儿童实际的特点和规律。晋察冀边区教育工作始终是"政治挂帅，以思想为灵魂"②，在紧张的抗战环境里，强调政治教育是需要的，但是不应过分强调。如在 1940 年编辑的小学国语和常识课本的 397 课中，政治常识的就占了 314 课，占全部课文的 78％。③ 结果学生患了消化不良的毛病——太政治化的病症。④ 政治教育存在着口号化及牵强附会的偏向，⑤ 儿童只学会了一套政治名词语句和口号，但是并不能了解这些东西的内容。

有关自然常识、生理卫生、地理、历史知识教学，把国语上和常识上的课文加在一起，共有 30 课，还不到 1/13，⑥ 如果拿小学教育的总方针来衡量，则相差太远。以致学生缺乏这方面的知识。至于边区以外的世界那对他们更是漆黑一团了。自然课不受重视，很被教师忽略，认为没有什么用。"这恐怕是一种普遍现象。只要检讨抗日根据地的国民教育教材，就可以看出最缺乏的是这方面的知识。"⑦后来这种现象有所改变，在 1943 年华北联合大学教育研究室编辑的那套课本里，把生硬的政治常识的内容由 80％减到了 29％，有关日常生活的内容由 6％增加到了 18％，⑧ 增加了大量插图，目的是通过日常生活讲出的原则大道理，以提高儿童的阅读兴趣。

(2)社会普遍对教师的重要性认识不够

对于小学教师的重要性，一般还没有充分的了解。有些地方，能力强的小学教师，教不到几天就调走了，这虽然也是提拔干部，可是提拔得并不适当，一般人都以为能干的人，不应该当小学教师，那么只有工作能力差一些的才让他们当小学教师，因此小学教师的质量普遍不高。这就导致小学师资的缺乏。

其次是工作能力强的干部不肯做小学教师。有些干部不明了小学教师的重要性，因此不肯当小学教师，甚至现任的小学教师中也有这种现象，认为自己所做的工作不很重要，难免自暴自弃，不了解政府对于他们的希望是非常的重大。

干部中还有些人，对于小学教师尊重得不够，甚至还有瞧不起他们的现象。对于小学教师的待遇不能按照政府的规定来执行；政府为了优待小学教师，规定

---

① 刘松涛：《对七部小学国语课本的检讨》，《人民教育》，1950 年第 6 期。

② 刘星华：《对老解放区教育工作的一些体会》，《人民教育》，1958 年第 8 期。

③ 刘松涛：《对七部小学国语课本的检讨》，《人民教育》，1950 年第 6 期。

④ 中国教育科学研究所编：《董纯才教育文选》，北京：教育科学出版社，2005 年版，第 2 页。

⑤ 史仲文、胡晓林、徐遒翔等编著：《中国全史》第 20 卷《中国民国教育史》，北京：人民出版社，1994 年版，第 171 页。

⑥ 刘松涛：《对七部小学国语课本的检讨》，《人民教育》，1950 年第 6 期。

⑦ 中国教育科学研究所编：《董纯才教育文选》，北京：教育科学出版社，2005 年版，第 4 页。

⑧ 刘松涛：《对七部小学国语课本的检讨》，《人民教育》，1950 年第 6 期。

了小学教师的待遇办法，可是有些地方还是不能按照这个规定来执行，使得有些教师们的生活不能改善，不能安心教学。

虽然常有假期讲习班，但是未成定例，时有时无。没有大批地提拔和培养女教师，边区小学的女教师，在数量上还不很多。① 并且边区小学教师在数量上来说，远远不能满足实际需要。

（3）义务教育未完全收到预期的效果

义务教育虽然以法律强制为根本特征，但是它又不是单靠行政命令就能解决的。原因在于，普及义务教育需要两个基本条件：经费与师资。在经济条件十分落后，人们的温饱问题还得不到解决的情况下，师资和经费极其缺乏，尤其是在日寇的进攻，国民党封锁的最困难时期，就像毛泽东所描述的："我们（在抗战的）开头还有饭吃，有衣穿，随后逐渐困难起来，以至于太困难，粮食不足，油盐不足，被服不足，经费不足。"②强制性地推行义务教育，真正做起来有一定困难。晋察冀边区就采用过"评议"法，凡经"公众评议"应该入学的，必须入学，也引起了有的群众不满。③ 初小学生入学人数虽然总趋势是有所增加的，但是总的入学率还是不高，读五、六年级距校稍远即需住宿，非富裕中农以上的户是无力承担学生的生活费用的，各校女生读五、六年级的就更是百无一二了。好在这些现象在抗战时期，大约1944年左右得到了检讨和纠正，但这些教训仍不失为以后长期教育发展中的借鉴。

（4）在生产教育中存在两种偏向

一是对生产劳动不重视。1939年自从中共中央召开生产动员大会以来，不少干部、教师把劳动作为教育的附加物，没有真正从思想上解决问题。在最好的情况下，也是把生产劳动作为一时解决困难的方法或手段，而不是把生产劳动作为新教育产生的重要标志。

二是片面强调生产忽视教育。抗日战争进入了相持阶段，特别是1942年以后，革命根据地十分困难，无论是学校还是机关、部队都曾经大规模地开展生产劳动，克服物质困难，取得了极大的成绩。但是一些教育工作者单纯强调生产，强调经济利益，忽视教育意义；甚至有少数人误认为生产劳动就是教育。有的只是讲一些空泛的书本知识，不能和当地当时的实际问题联系，以达到学以致用的目的。有的不是从实际需要出发，不是从群众利益出发，而是机械地搬用别处经

①　王谦主编：《晋察冀边区教育资料选编》教育方针政策分册（上），石家庄：河北教育出版社1990年版，第165页。

②　《毛泽东选集》第3卷，北京：人民出版社，1991年版，第1108页。

③　史仲文、胡晓林、徐酒翔等编著：《中国全史》第20卷《中国民国教育史》，北京：人民出版社，1994年版，第170页。

验。有的地区让女生和男生一样开荒种地，有的教师偷懒，滥用半日制，随便减少教学时间，学生的生产劳动存在放任自流现象。① 有的教师只是把学生带到地里去学习，单纯地认为这就是教育与生产劳动结合了，使儿童学习受到不必要的损失。这些做法流于形式，不起作用。这样，不仅使教育受到了损失，也招致群众的不满。在教育中尤其是劳动教育中，理论的学习，生活的修养和工作的锻炼，没有真正地很好地融合起来，只是黏合在了一起。这些现象都及时得到了批评和纠正。

(5)1940 年下半年，晋察冀边区教育开始出现"旧型正规化"的偏向

1940 年 6 月，华北发表了《创立正规的教育制度》的社论。1941 年 1 月 18 日，边区政府发布《关于普及国民教育的指示》，提出了"强迫入学"的口号。1941 年 4 月 10 日，边区政府又发布《晋察冀边区小学暂行办法》，提出了小学正规化的要求。冀中区根据该《办法》，采取了以下措施：小学实行"四二制"，实行秋季始业，普遍进行编班考试；把高级小学与中心小学合并为中心完小，实行教导合一；对小学教师进行检定，加强在职教师的培训。晋察冀边区实行"正规化"的尝试，对于提高小学教育质量能起一定的作用，但时机尚未成熟。好在后来边区政府改正了这个错误。

(6)"民办公助"当时因为是初步尝试，也出现过主观主义的一哄而起，甚至为了完成任务而采取比赛的方式，使很多学校流于形式。学校办完后，不督促，不检查，把自愿和民办当成了放任自流，很大程度上影响了群众办学的积极性和效果。这种做法及时地得到了纠正。

从以上内容我们可以看出，边区小学教育因为环境恶劣，又属新形势下的创试，虽然存在这样那样的缺点和偏颇之处，但其发展的势头一直很好。这给革命事业的胜利提供了良好基础，也为后来中国教育事业的发展提供了一片新天地，以及在这片新天地上施展作为的宝贵经验。

(三)研究边区小学教育的现实意义

1. 边区进行劳动教育的经验，值得肯定和借鉴

这些劳动经验虽然是在紧张的战争环境中创造的，和我们今天的情况大不相同，但是，通过各学科的教学和参加劳动实践的亲身体会，培养学生劳动光荣的观念，培养学生热爱劳动的感情，在今天的小学里同样适用。把现在"衣来伸手，饭来张口"的小皇帝们锻炼成能做一些简单劳动的真正的德智体美劳全面发展的学生。把课堂教学和实际的劳动密切结合起来，使理论与实践一致。比如，在不影响教学的情况下，适当安排学生参加一定的生产劳动，利用实物进行直观教

---

① 史仲文、胡晓林、徐洒翔等编著：《中国全史》第 20 卷《中国民国教育史》，北京：人民出版社，1994 年版，第 175 页。

学，把讲授自然科学知识和推广农业生产先进技术结合起来，在今天的农村学校都适用。

2. 一些教学方式方法和教学原则可以借鉴

目前我国各地经济状况和小学教育的发展仍然极为不平衡，半日制，甚至早午制，在某些居住分散、经济条件很差的农村或山区，可以适用的。这样既可以减少学生流动现象，又会受到群众的欢迎。

分组制教学现在我们还在普遍使用。在我国实施义务教育，小学升初中不再搞选择入学的情况下，对分组教学进行必要的研究，借鉴一些历史经验是有益的。我国分组教学现在有校外分组和校内分组，校外分组相当于国内现在的重点、次重点和普通学校；校内分组，相当于国内现在的重点班（尖子班）和普通班。校外校内分组除按综合智力水平划分以外，还有按特殊能力（种类）分班的，班内分组是把一个班不同水平的学生分为几个组，实施分层次教学，对"后进生组"加强辅导，使他们赶上全班进度，对优等生组给予辅加课教学，使他们扩大知识面，学得更深一些。现在最应该提倡的是班内分组，这有利于不同层次的学生都能得到相应的提高，班内分组设立学习小组长，领导小组同学学习，可以使学生的学习主动性和独立性更高些。

3. 边区小学教材编辑、使用的方式方法也可以借鉴

比如教材的编辑使用不强令全国各地一致，而是各省各县可以采用不同版本的教材，可以采用各省各市自己编辑的教材来使用，现在我们国家已经在这么做了。边区当时补充教材的编写和使用的思想，为我们今天小学校本课程的开发提供了很好的思路。尤其是在提倡课程改革、提倡教学新理念的今天，当时好多的经验和思想可以供我们借鉴。在课本的使用上，我们也可以借鉴当时节约的原则，虽然当时是在纸张及其缺乏的情况下采用的方法，但是现在我们同样可以采用这个方法。这种"皮新肉不新"的教科书确实是对能源的一种浪费。如果新书用的时候注意保持干净卫生，不乱写乱画，然后可以留给下一届学生使用，这样不仅可以减轻学生的书费负担，而且课本可以循环再利用，提高课本的利用率，减少课本的重复印刷，可以节约纸张，从而大大减少对木材用料的需求，减少对森林的砍伐，间接地达到保护环境的作用。

4. 当时师生不怕困难、艰苦奋斗的精神，值得发扬光大

用一切办法来克服困难的做法，我们绝不能机械地搬用。但是，在我国还有一些偏远、贫困落后地区，师资相当缺乏，有的小学只有为数不多的代课教师，有的甚至缺乏真正的教育设施，师生居住的条件很艰苦。但是比起抗日战争时期的条件还是好多了，因此，只要我们继续发扬抗日根据地艰苦奋斗办教育的精神，就可以在努力改善办学条件的前提下，把普及教育的伟大事业开展起来。

　　总之，历经近八年的实践，边区终于找到了一条基本符合晋察冀农村情况的、具有时代和地方特点的新民主主义性质的普及小学教育比较成功的模式，在小学教育的方针政策、普及小学教育的做法，战时小学教育的课程、教材、教法等方面有许多新的创造。晋察冀边区的小学教育，为老解放区教育史谱写了光辉的篇章，也为解放战争时期及其以后小学教育的发展提供了很好的借鉴。

用亚里士多德幸福观解构央视"你幸福吗?"

郭思远①

近来,央视在《新闻联播》推出《走基层百姓心声》特别调查节目"你幸福吗?"在电视镜头中频现"神一样的回答",诸如"我姓曾""对被插了""不要问我""我耳朵不好"等,在不断给人以笑料的同时,也引起人们对幸福的思考。

关于幸福,千百年来哲学家和伦理学家都在对其进行探讨,这是研究伦理学不能绕过的话题。那么,幸福是什么呢?从今人的视野纵观中西方伦理学思想史上对幸福的界定,仁者见仁,智者见智。然而,当我们今天对幸福进行探讨时,就不得不提到亚里士多德在《尼各马科伦理学》对幸福观的论述。

当我们用亚里士多德幸福观去解构央视特别调查节目"你幸福吗?"时,会发现原来央视所指的幸福是"新闻联播里的幸福",远离人们的真实生活。

一、亚里士多德的幸福观

亚里士多德在《尼各马科伦理学》的第一卷"善"中,认为"人的每种实践与选择,都以某种善为目的"②,而人的目的就是实践最高的善,这种最高的善就是幸福。

提出幸福是最高的善之后,亚里士多德还对幸福到底是什么进行了探讨,并从人的功能和活动方面进行说明,他认为,"幸福是灵魂符合品德的现实活动"③。因此,亚里士多德认为一个人想要得到幸福,首先就需要拥有良好的品德,一个品德败坏的人是不可能幸福的。

对幸福的获得,亚里士多德认为是"德性或某种学习或训练获得的",并认为幸福是"最为神圣的事物"④。所以,从这角度来说,一个人的幸福不是天生的,与神也是无关的,而是后天的。

---

① 郭思远:人民日报社《人民周刊》记者。

② (古希腊)亚里士多德著,廖申白译注:《尼各马科伦理学》,北京:商务印书馆,2003 年版,第 1页。

③ 王成光、刘笔利、王立平:《论亚里士多德的幸福观及其当代意义》,《四川大学学报》(哲学社会科学版),2010 年第 2 期。

④ (古希腊)亚里士多德著,廖申白译注:《尼各马科伦理学》,北京:商务印书馆,2003 年版,第 25页。

亚里士多德在《尼各马科伦理学》第七章论述"快乐"时，把快乐与幸福进行比较。他认为，因为人性趋向快乐避免痛苦，相对痛苦是恶，快乐也是某种善，但并不是幸福。

幸福一定是让人感到快乐的，"即使大多数快乐是坏的或在总体上是坏的，某种特殊的快乐仍然可以是最高善。正因为这一点，人人都认为幸福是快乐的"①。这就出现一个有意思的现象，一般人们都把快乐当成是幸福，然而，"某种特殊的"限定了快乐很难成为幸福，即在"如果兽类和人都是追求快乐，这就是表明它在某种意义上的确是最高善：众口相传的事，就绝不会是胡说"②。在这里，我们也可以看出，亚里士多德对人们认为快乐就是幸福的观点表示尊重。

亚里士多德还在《尼各马科伦理学》第十卷"幸福"中，论述了"幸福与沉思"，其实他在第一篇"善"中就提出人有三种生活，即享乐的、政治的和沉思的生活。③ 他认为，如果幸福是一种合德性的活动，便是人们自身中那个最好部分的德性的活动，即沉思，这是最完美的生活。④

人们只有在沉思的生活中，才能得到幸福。可见，亚里士多德要告诉人们的道理，就是对事物进行思辨，因为思辨才是"那个最好部分的德性的活动"，思辨越大，人们能够得到的幸福也越大。

幸福的实现还受外部条件影响。亚里士多德认为："做高尚［高贵］的事无需一定要成为大地或海洋的主宰。只要有中等的财产就可以做合乎德性的事（人人都看得到，普通人做的公道的事并不比那些有权势的人少，甚至多）。有中等的财产就足够了。"⑤

可见，亚里士多德的幸福观是认为幸福是最高的善，并且可以通过学习或训练获得，虽然幸福一定是快乐的，但是与快乐不同。他还认为，在沉思的生活中才能得到幸福，而且受到外部条件影响，最好是中等的财产。

二、当代人需要怎样的幸福

对亚里士多德的幸福观进行论述后，让人不免产生一个问题：当代人需要怎

---

① （古希腊）亚里士多德著，廖申白译注：《尼各马科伦理学》，北京：商务印书馆，2003年版，第222页。

② （古希腊）亚里士多德著，廖申白译注：《尼各马科伦理学》，北京：商务印书馆，2003年版，第222页。

③ （古希腊）亚里士多德著，廖申白译注：《尼各马科伦理学》，北京：商务印书馆，2003年版，第11页。

④ （古希腊）亚里士多德著，廖申白译注：《尼各马科伦理学》，北京：商务印书馆，2003年版，第330页。

⑤ （古希腊）亚里士多德著，廖申白译注：《尼各马科伦理学》，北京：商务印书馆，2003年版，第310页。

样的幸福？尤其在一个物质生活泛滥、精神道德匮乏的年代里，人们怎样才能找到属于自己的幸福？

如果央视在黄金时段推出特别调查节目"你幸福吗？"仅仅是娱乐大众，给人以笑柄，那一定有失央视作为中央级媒体和党的"喉舌"的严肃性，而其初衷肯定在于反映十年来国内经济快速发展和生活水平提高，民众是否感到活得幸福？

幸福作为一个形而上的概念，却真真切切地反映在生活中，可以说，决定幸福的因素有内因，也有外因。按照马克思主义观点：生产力决定生产关系，经济基础决定上层建筑。因此，人们的幸福与物质基础有一定关系，但问题就在于通过改革开放三十多年的发展，中国经济得到了快速发展，而道德领域却出现诸多问题，如官场腐败、食品安全、医疗黑幕，等等。

可以说，中国社会存在最大的问题就是腐败问题。温家宝认为，"执政党的最大危险就是腐败。这个问题解决不好，政权的性质就可能改变，就会'人亡政息'"[1]。据中央纪委研究室 2012 年 6 月公布的数据显示，从 2007 年 11 月到 2011 年底，全国纪检监察机关共立案 57.3 万件，给予党纪政纪处分 60.9 万人，其中省部级干部 60 多人，涉嫌犯罪被移送司法机关处理 21 900 多人。[2] 因此，防治腐败仍是当前执政党的当务之急。

腐败问题还会产生很多衍生问题，如政府公信力下降、社会公平公正受到挑战等。试想，在这种环境中，人们的生活会过得非常幸福吗？

央视当时在浙江海宁采访一位捡垃圾的大爷，问："大爷，您今天收了多少瓶子？"答："73 岁。"问："您收了多少个瓶子了？"答："我现在（靠）吃政府的低保，650 块一个月，政府好。"问："您觉得您幸福吗？"老人："我耳朵不好。"有网友在微博上就吐槽："其实不用问大爷，问问自己即可：如果你 73 岁时靠捡瓶子吃低保度日，你幸福吗？"

用亚里士多德观点来说，"人的幸福还需要外在的东西。因为，我们的本性对于沉思是不够自足的。我们还需要健康的身体、得到实物和其他的照顾"[3]。因此，当人们基本的外在需求得不到满足时，去妄谈幸福，只是一种徒劳的悲戚。

因此，笔者认为，当代人需要的幸福首先应有一个政治清明的社会环境，人身安全和拥有的财富不受到威胁，有一种安全感，进而对国家有一种归属感和依

① 《温家宝：执政党的最大危险是腐败》，新华网 http://news.xinhuanet.com/lianzheng/2010-08/30/c_12496668.htm.

② 叶铁桥：《让阳光成为最好的防腐剂》，《中国青年报》，2012 年 10 月 8 日，第 1 版。

③ （古希腊）亚里士多德著，廖申白译注：《尼各马科伦理学》，北京：商务印书馆，2003 年版，第 310 页。

赖感。而不是像中国一些富人一样，把大部分财富都转移到国外，自己移民到国外，这种现象只能说明，富人为富不仁，同时对这个国家不再信任。

其次，社会个体要有上升的空间和渠道，能够通过自身的努力，达到一个合理而又让自己满足的收入或地位。中国人都讲究"找关系"，但对于草根一族来说，他们处于社会的底层，没有什么社会资源可以利用，因此，政府给这部分人提供发展的空间和平台，让他们能够通过自己的努力得以生存。

三、央视的"皇帝的新装"

对央视《新闻联播》而言，这次如此原生态地报道普通老百姓的看法，应该算是有史以来难得的一次突破。从宣传的角度来说，这个节目策划是成功的，起码在社会上引起了轰动。

然而，我们回过头来用亚里士多德的幸福观，解构一下央视《新闻联播》里的幸福，这些幸福是真的吗？

首先，快乐与幸福的问题。亚里士多德认为，幸福一定是快乐的，但是快乐不一定是幸福。因此，我们可以理解快乐是比幸福低一层次的善，如果人们生活都感受不到快乐，很难说人们生活在幸福当中。

就央视推出"你幸福吗？"这个节目的同时，正处于中秋、国庆双节假期，全国各大景点人声鼎沸，像江西庐山、安徽黄山等一度因人多而暂停售票，北京长城、故宫等景点人满为患，有人笑称：只看到人，看不到景。试问，这些人会快乐吗？会幸福吗？所以，在同一时间内，把节目"你幸福吗？"与社会现实情况比较一下，就会觉得这个节目似乎带有讽刺性。

其次，是否有沉思的生活。现在处的这个社会太浮躁，要想有沉思的生活需要个人自身具有一定的修养，戒骄戒躁。然而，亚里士多德所说的沉思的生活，应该不仅是如此。

沉思的生活代表一种思辨，这就需要思想自由。说到底，就是在一个国家"是否有言论与出版之自由，因为言论与出版是思想获得与传达的主要途径"[①]。伯里认为，"思想自由原则是社会进步的最高条件"[②]。

思想自由对于社会道德的影响就在于，当一个国家思想越自由，证明言论和出版也越自由，人们的科教文化和知识水平就越高，公民对社会道德的认识水平也越高。反之亦然。而央视作为党的"喉舌"，能否给老百姓说真话的平台与空间，也有待细细琢磨。

最后，外部条件是否达到幸福的标准。按照亚里士多德的幸福观，人们有中

---

① 王海明、孙英等：《美德伦理学》，北京：北京大学出版社，2011年版，第350页。

② ［英］J. B. 伯里著，宋桂煌译：《思想自由史》，长春：吉林人民出版社，1999年版，第129页。

等的财产才是幸福的。改革开放三十多年来，我国经济得到快速发展，但是贫富差距却越来越大，东南沿海地区非常富裕，中西部偏远山区非常贫穷，如何缩小贫富差距是政府必须面对的问题。

央视特别调查节目"你幸福吗?"采访了一个农民工，农民工面对镜头时，直接说"不要问我"，这句话道出了多少草根的自卑和心酸？如果连基本的物质生活都保障不了，要说自己活得幸福，这只是一句空话。

对于幸福，无论是哲学家、伦理学家，还是社会大众与媒体，还将会一直探讨下去，而央视这次特别调查节目"你幸福吗?"就如同"皇帝的新装"，老百姓活在真实生活中，幸不幸福他们心中体会最深，通过这央视"导演"后，"神一样的回答"的人成了那个说破谎言的小孩，而谁又是那个"皇帝"呢？

婚姻制度与婚姻文化互动的新视角

——评李慧波著《北京市婚姻文化嬗变研究(1949—1966)》

武 婵[①]

婚姻作为人类社会生活中一个最基本的领域，是人类自身延续和发展的最基本的形式，有学者称："婚姻乃全部社会生活之'万世之始也'。"[②]追求美满幸福的婚姻生活是人类社会一个历久常青的主题。因而，关于婚姻的研究也是古往今来，历久弥新。国内外研究者从不同的领域、不同的概念框架、不同的视角对婚姻问题的研究给予了广泛的关注。改革开放后，国内学者关于婚姻研究的队伍逐渐壮大，研究者们从法律史、文学史、历史学、民俗学、社会学、心理学、语言学、性别史等不同角度对婚姻进行研究，成果颇丰。然而这些研究成果大多集中于对近年来出现的婚姻现象的研究，其研究的范围和系统性有待进一步拓展与加强。

近年来，社会文化史作为一颗学术新星悄然升起，"越来越多的研究者受到吸引而投身于社会文化史方向的研究探索。"[③]李慧波的新著《北京市婚姻文化嬗变研究(1949—1966)》(以下简称《婚姻文化》，社会科学文献出版社，2014年版)一书是梁景和教授主编的"中国近现代社会文化史论丛"中的一本，是社会文化史研究的又一新力作，也是为数不多的一部从社会文化史视角对新中国成立初期的区域婚姻进行系统、全面研究的成果。作者试图通过梳理新中国成立后十七年间北京市婚姻文化发展变化的"小历史"，最终透视出中国社会"大历史"的变迁。

一、内容与框架

《婚姻文化》是作者在博士毕业论文基础上修改完成的，全书共分为八个部分，可概括为绪论；晚清、民国时期北京的婚姻状况；新式婚姻制度的建立；"择偶—恋爱—结婚"婚姻建立三部曲；婚姻的变异；婚姻文化嬗变的评价和启示。

---

① 武婵：首都师范大学历史学院博士研究生
② 梁景和：《近代中国陋俗文化嬗变研究》，北京：首都师范大学出版社，2009年版，第30页。
③ 李长莉：《社会文化史的兴起》，《天津师范大学学报》(社会科学版)，2003年第4期。

绪论部分，《婚姻文化》首先对婚姻、婚姻制度、婚姻文化等相关概念做出了自己的界定。婚姻"从广义上而言是配偶之间一种特定的社会结合。从狭义而言是规范和制度化的社会条件下的男女两性为满足生理、物质、精神和情感等多元需求而结成的关系"。婚姻制度"是统治阶级制定的婚姻行为规范"。婚姻文化"是人们在社会实践中形成的具有普遍和自发性的婚姻价值取向和行为规范。它包括婚姻观念、婚姻行为、婚姻心理、婚姻习俗、婚姻模式和婚姻伦理等多个范畴"。那么，婚姻制度和婚姻文化之间有着怎样的关联呢？作者认为："婚姻制度和婚姻文化有着密切的联系，婚姻制度中的相关规定是在吸纳、改造和整合婚姻文化的基础上形成的。婚姻文化也随着婚姻制度的改变而发生变化。它们都具有调整和规范人们婚姻行为的功能，并成为指引、评价人们婚姻行为的尺度。它们共同作用于婚姻领域，使得婚姻秩序得以稳定。"[①]

任何事物的发展都有一个循序渐进的演化过程，"中国现代婚姻文化嬗变是整个中国现代社会文化演变的一个重要组成部分"[②]。因此，新中国成立后的婚姻文化嬗变也是中国现代社会文化演变的一部分，且和晚清、民国时期的婚姻文化有着紧密的联系。第一章中，作者追述了晚清、民国时期的婚姻制度和婚姻习俗，总结了这一时期婚姻变化中的特征，概述了这一时期婚姻文化的变迁："晚清和民国时期，国家对婚姻制度的改革迈出了一大步。在继承传统的同时，又吸收了其他国家先进的立法理念，具有一定的超前性。但鉴于当时的实际状况，难免会出现与现实相脱节的问题。晚清时期的北京，无论是从婚姻制度方面来看，还是从人们的文化观念方面来看，多数人还是遵照着传统的婚姻模式。民国时期，执法机关并没有坚决彻底地贯彻执行国家制定的婚姻政策，而是采取一种积极妥协的态度。这使得新的婚姻制度和婚姻观念并没有得到切实执行和改变。"[③]

在中国传统社会中，夫妇关系是五伦中最重要的关系，社会中的一切关系都由五伦演化而来。因此，新中国成立后，毛泽东将《婚姻法》的制定作为是仅次于《宪法》的国家大法来看待[④]，有学者从法学的角度对新中国成立初《婚姻法》的改革进行研究，指出"上世纪婚姻法改革运动是国家高度同质下全部机构、全体民众总动员的一个缩影。运动的途径是由官方自上而下灌输法意，呈现出单一单向的从官到民的传播特点，其意图是在全中国强制推行新的婚姻制度和观念，塑造一个崭新的婚姻家庭生活"[⑤]。而《婚姻文化》则从历史学角度出发，对这一问题

① 李慧波：《北京市婚姻文化嬗变研究》，北京：社会科学文献出版社，2014年版，第7—8页。
② 梁景和等：《现代中国婚姻文化嬗变研究》，北京：社会科学文献出版社，2013年版，第27页。
③ 李慧波：《北京市婚姻文化嬗变研究》，北京：社会科学文献出版社，2014年版，第52—53页。
④ 马起：《中国革命与婚姻家庭》，沈阳：辽宁人民出版社，1959年版，第81页。
⑤ 金眉：《我国上世纪50年代婚姻制度改革运动的反思》，《法学》，2010年第8期。

进行了再研究。第二章中作者首先回顾了中共革命根据地婚姻的演变和发展。在此基础上，复原了1950年《中华人民共和国婚姻法》颁布后国家的宣传和北京市民众的反应，描述了1951年和1953年两次规模较大的宣传《婚姻法》运动，将当时行政体制的运作、宣传和实施过程中各阶层互动的实践列入考察的范围，分析新的《婚姻法》给民众的婚姻家庭状况和观念所带来的变化。

第三章至第五章，作者致力于"择偶—恋爱—婚礼"，走进婚姻殿堂的三部曲研究。在"择偶的社会模式"一章中，作者通过对不同职业、不同婚龄、不同文化程度间的择偶模式进行比较分析研究，发现婚姻当事人在职业状况、年龄结构、文化程度和政治条件等方面都存在相似性，说明了这种模式结合的婚姻稳定性更高。此外，作者通过描述国家倡导的择偶观，略窥了国家对私人领域的干涉程度。第四章"婚姻的确立方式"，作者主要阐述了恋爱方式在各个阶层的表现形式及特点，分析了一种新的文化现象，人们面对传统文化已破裂和新文化暂未确立时所产生的迷茫和困惑，以及国家在这种情况下采取的干预和引导措施。婚礼作为恋爱双方步入婚姻殿堂的标志，是婚姻研究中一个最重要的部分。按照西方传统，在这个仪式上，男女双方要"庄严地宣布同意建立婚姻这一伦理性的结合，……婚礼仪式表达了家庭和自治团体对它相应的承认和认可，只有举行了这种仪式之后，夫妇的结合在伦理上才告成立"①，在中国大致也有此意。作者在第五章"个人、家庭和国家利益冲突下的婚礼仪式"中，通过对婚礼日期的选择、婚礼仪式、婚礼参加人、婚礼中的各种象征性符号的分析，阐释了婚礼在人们的社会活动中的功能，并揭露了在新的社会条件下，民众应对国家制度和社会文化的策略。

第六章主要讨论了婚姻的变异，包括离婚、复婚和再婚。首先，作者通过分析档案资料中的离婚案例，探讨了离婚的原因。进而分析了不同群体、不同年龄、不同结婚时间的离婚人群的特征，指出了这一时期在离婚案例的处理方面存在哪些问题。最后，对再婚和复婚进行了简要的阐述。

在第七章"评价及启示"中，作者对新中国"十七年"间的婚姻文化进行了整体评析，是全书的亮点与精髓所在。新中国"十七年"间北京市婚姻文化的变化基本是在国家要求的轨道上进行的，其特点主要有：第一，在婚姻文化变化中权力随之转移，即民众从服从家庭权威向服从国家权威过渡，家庭内部权力从家长转移到个体成员；第二，男女两性的权益逐渐趋向于平等；第三，婚姻文化具有动态性特性；第四，婚姻文化的变迁反映了人性自我完善的过程。最后，作者提出了"规范性社会文化"，试图通过新中国'十七年'间不同群体从抵制到开始接受并认

---

① ［德］黑格尔：《法哲学原理》，上海：商务印书馆，1961年版，第180页。

可新的婚姻经历来分析国家制度贯彻执行到多大程度就会产生规范性社会文化现象，并就规范性社会文化的形成、存在的问题及如何构建良性的规范性婚姻文化提出了自己独到的见解，"强有力的制度的推行可加快文化变迁的速度，推进文化变迁的广度和深度，……强有力的制度的推行容易导致规范性文化的生成，……但这种文化对人类的发展是一把双刃剑，正如新中国'十七年'间婚姻文化的变迁一样，党和政府的能动干预和引导以及国家政策法律的制定是新中国婚姻文化演变的决定因素，国家政权通过强有力的制度的推行，使得《婚姻法》迅速为民众所接受。一夫一妻的推行与倡导，使个人脱离了家庭，家族的束缚，有了更为自由的婚姻，拥有了更多的精神和情感体验。这对'人'的发展而言，不能不说是一个进步。"[1]

二、理论与方法

《婚姻文化》从婚姻制度与婚姻文化互动的视角出发，对新中国"十七年"间北京市婚姻文化变迁中的一些重要问题进行了考察和研究，是社会文化史研究的一部新力作。

首先，作者运用了传统史学、马克思主义史学和近现代史学研究的多种方法，主要包括宏观与微观、具体与抽象、描述与实证、比较分析分析等历史学研究的基本方法。例如：作者运用宏观与微观相互渗透，定量分析和定性分析相结合的办法分析了择偶、恋爱和离婚的社会特征；通过总体与个案相结合的、描述与实证相结合的办法来研究新中国成立十七年来北京市婚礼的特征以及婚姻发生变异的原因，力求把握调查资料的内在联系和规律性，并通过数据分析升华为理论认识。此外，大量的比较研究也是本文的一个特色，作者按照年龄（"30"后、"40"后、"50"后）、文化（文盲、半文盲、知识分子、高级知识分子）、职业构成（工人、农民、干部、军人）等对研究对象进行了划分，并在此基础上对各类群体进行了分析比较研究，努力将婚姻文化、社会阶层、性别视角、法律诱因、行政原则、基层策略等多个角度的内容糅合在本书的解读中。

其次，作者在强调基本的史学方法，依靠文献资料进行研究的基础上，借鉴了许多国内外有关论著中的理论和研究范式。例如：运用社会学的访谈法、抽样调查法来搜集资料，以扩充弥补文献资料的不足。运用社会心理学和心态史的研究方法，分析了国家在贯彻《婚姻法》过程中普通民众的"众从"和"从众"的社会心理变化；运用"价值内化理论"和"同类匹配"理论解释相近或者类似的异性更容易结为配偶，用"交换理论"解释婚姻关系的形成；运用"婚姻市场理论"解释婚姻市

---

[1]　李慧波：《北京市婚姻文化嬗变研究》，北京：社会科学文献出版社，2014 年版，第 404 页。

场中存在的挤压现象及婚姻的成立过程；运用"社会比较理论"解释个人对他人和自己的文化认同；运用"交换不均衡理论"解释婚姻的变异现象，用"择偶过滤理论"解释婚姻中的价值一致与互补关系；借助社会心理学理论分析婚姻文化中的"众从"和"从众"现象分析民众的行为；最后试图通过规范性社会文化理论为本研究作一个总结。

最后，中国幅员辽阔，地区间差异性大，因此把中国的历史变迁置于空间维度下进行考察是最切实可行的方法，也是最能将研究进一步推向深入的"捷径"。《婚姻文化》将研究范围锁定在北京市这一区域内，对新中国成立初期的区域婚姻进行宏观系统的研究，这一独特的研究视阈无疑是本文的一大亮点，一方面弥补了区域婚姻研究的不足，另一方面进一步拓展了社会文化史研究的空间维度。

三、创新与不足

《婚姻文化》史料翔实，论述有力。史料是史学研究的基础，离开了史料，历史学这座大厦就失去了坚实的根基。史学工作者的研究，首要任务就是史料的挖掘与搜集，进而将其应用到研究当中，"史学的创新，不仅在于理论与方法的创新以及研究视角的转化，亦在于史料的创新，即对新史料的发掘与利用"[①]。李慧波在本书的研究中运用了大量的档案、方志、回忆录、传记、文学作品、电影、戏剧、文集等，有理有力有据地支撑了文中的论述。

人是婚姻生活的主体，也是婚姻制度的实践者，作者认为：作为婚姻制度的参与者最有发言权，只有深入婚姻制度所运行的历史现场，真实地反映当地民众的观念才能揭开真正的面纱。基于此，作者围绕新中国"十七年"间北京市的婚姻文化这一主题，随机遴选了这一时期的百位老人，对他们进行了为期三个月的访谈[②]，通过与历史当事人的直接对话，获得了丰富的第一手口述史资料，使作者可以"对一些已经熟知的事件和文化现象做出'民众的解释'，用'民众的声音'表述民众历史记忆和感受"，这一过程具体地诠释了口述史方法的两重含义："其一，史学家搜集史料的方法；其二，史学家利用口述史料撰写历史的方法"[③]，更重要的是正如梁景和教授所说："访谈录本身的价值和意义也许并不亚于著作本身，这些珍贵的访谈资料的光芒必将会随着时间的推移而越发地彰显。"[④]

如果说史料是史学研究的基础，那么理论研究则是对史学问题的总结、凝练

---

① 张玮：《战争·革命与乡村社会——晋西北租佃制度与借贷关系之研究》，北京：中国社会科学出版社，2008年版，第30页。

② 梁景和主编：《中国现当代社会文化访谈录（第三辑）》，北京：首都师范大学出版社，2013年版。

③ 梁景和、王胜：《关于口述史的思考》，《首都师范大学学报》（社会科学版），2007年第5期。

④ 2014年9月30日在首都师范大学历史学院博士研究生讨论课上的一次讲话。

和升华，是史学研究的精髓所在。本书史料虽扎实，但在理论提升方面稍显欠缺，对许多史料的分析不够透彻。"社会文化史是研究社会生活极其内在观念形态之间相互关系的历史"①，围绕婚姻生活形成的婚姻文化是社会文化的一个重要内容，作者通过对大量史料的整理和分析把新中国成立后十七年间北京市婚姻文化变化的全貌清晰地展现在了读者面前，从婚姻制度与婚姻文化互动的视角出发，论述以国家强制力为坚实后盾的政府对婚姻制度的有力推行，自上而下地推动了婚姻文化的嬗变，并最终形成了一种"规范性社会文化"，这无疑抓住了新中国"十七年"间婚姻文化嬗变的关键因素。但是，作者没有进一步深入分析作为首都的人民在这十七年间婚姻观念、婚姻思想上的变化，以及观念和思想变化所带来的婚姻生活方式的具体变化，反过来，婚姻生活方式的变化又对婚姻观念和思想产生了怎样的影响。这是研究社会文化史的根本途径，只有把握婚姻文化内部各要素与婚姻制度之间相互影响、相互作用的内在联系，才能将婚姻文化的研究在理论上更进一步。

从文章的结构上来看，作者在每章后面都附有"本章小结"，目的在于对本章论述的主要内容做一简单总结，对各章节的研究思路做一梳理，如果能在小结中进一步对本章内容进行理论探讨，对研究内容进行凝练，并升华到理论分析层面，将使研究更加深入。例如：第四章"婚姻的确立方式"，作者提出新中国成立后婚姻的确立方式由传统的"父母之命，媒妁之言"变为"恋爱"，对恋爱的经历和特征；婚姻结合的三种方式——自由恋爱、包办婚姻、半包办婚姻；旧的婚姻方式被打破，新的婚姻方式还未确立时人们在恋爱中的迷茫和困惑；国家倡导的恋爱观做了详细的叙述，在"本章小结"中，作者就个人、家庭、国家对自由恋爱的态度、立场，做了简单的分析，指出："家庭已经不再是阻碍婚姻的主导力量，面对家庭的反对，青年男女可以去寻求组织的帮助；面对已经成立的事实，家长只能默认。……家庭在国家强大的政治压力下，做出了妥协和让步。……我们还看到，国家一方面宣传自由恋爱，另一方面又倡导青年为国家、集体利益牺牲个人利益。所以很多人会因国家提倡的'无私'行为，而不去花更多的时间恋爱。"②可以看出，作者的归纳分析是高度概括的，也引发了一些思考。婚姻的确立方式是婚姻文化嬗变的一个重要标志，国家倡导的恋爱观以及确立的婚姻制度在婚姻的建立中具有极其重要的作用，但是婚姻制度与政府的宣传并不能一劳永逸地将传统婚姻文化彻底消灭。同时，传统婚姻习俗，婚姻观念的存在是阻碍恋爱自由、婚姻自由的一个重要因素，故而这一时期的婚姻确立方式呈现出新旧杂陈

① 梁景和主编：《中国社会文化史的理论与实践》，北京：社会科学文献出版社，2010年版，第31页。

② 李慧波：《北京市婚姻文化嬗变研究》，北京：社会科学文献出版社，2014年版，第231页。

（自由恋爱、包办婚姻、半包办婚姻）的现象，可见婚姻文化的嬗变是各方面综合因素的结果，婚姻制度是在与传统婚姻习俗、婚姻观念等的相互较量、渐次渗入中逐步确立了新的婚姻文化，如果在"小结"中，作者能进一步做出理论提升，探讨婚姻制度与婚姻确立方式之间的互动关系，本章的研究将更有理论高度。

从文章选定北京这一代表性区域进行研究的视阈出发，也可以把本文的研究视为区域社会史研究的一部分，相对于宏观的社会史而言，区域社会史是微观的，但区域社会史"研究的目的并不在于区域或者地方，而在于整体"①，相对于区域社会史追求的整体性而言，本文的研究又是微观中的微观，即新中国成立初期北京市社会生活中的婚姻文化。如此赘述，并不是强调本文作为区域社会史研究的诸多缺点，因为它严格意义上来讲并不是区域社会史。但是，从这个思路出发，我们就不难理解婚姻文化的变化是整个社会生活中的一个重要部分，除了受婚姻制度的影响外，经济发展水平、社会环境状况，特别是思想观念的变化也是制约婚姻文化嬗变的重要因素，在强调婚姻制度与婚姻文化互动的同时，如果能更全面地把握影响婚姻文化嬗变的各要素之间的关系，把婚姻这一社会生活的主要研究内容嵌入社会生活整体的变化之中，更能清晰地呈现婚姻文化的嬗变过程，也就是说只有把握了整个社会生活的嬗变脉络，才能更直观地呈现婚姻文化的演变。

此外，婚姻的延续和破裂是一个动态演变的过程，而这个过程在作者的描述中几乎缺失，文章从"婚礼"直接跳到"离婚"，将具体的婚姻生活直接切除。费孝通曾指出："在婚姻中同时缔结了两种相连的社会关系——夫妇和亲子。这两种关系不能分别独立，夫妇关系以亲子关系为前提，亲子关系也以夫妇关系为必要条件，这是三角形的三边，不能短缺"②。亲子作为婚姻的结晶，是一个家庭爱的桥梁，在婚姻的发展变化过程中起着十分重要的作用，因而忽略婚姻中具体的生活过程，包括亲子这个重要的婚姻关系，直接从"婚礼"跳跃到"离婚"，对于揭示婚姻文化嬗变的具体过程可能也是一种遗憾。

四、小结

通观《婚姻文化》，作者从婚姻制度和婚姻文化互动的新视角出发，探讨了新中国成立后十七年间北京市婚姻制度与婚姻文化相互影响、相互作用，共同推动婚姻文化嬗变的过程、结果和意义，并借此进一步引申出社会文化和社会制度之间的关系，提出："鉴于社会文化具有'滞后性'的特点，特别是我国这样一个在

---

① 赵世瑜：《小历史与大历史——区域社会史的理念、方法与实践》，北京：生活·读书·新知三联书店，2006年版，第4页。

② 费孝通：《乡土中国生育制度》，北京：北京大学出版社，1998年版，第159页。

某些方面还具有'后发展外生型'特点的国家来说，文化的发展更需要制度的强有力的推动和支持。在这个过程中，社会制度与社会文化之间应当寻找一个适当度，尽可能地掌握、协调各个方面存在的问题，社会才能更为健康和谐地向前发展。"①因此，《婚姻文化》不仅填补了学术界在这一领域研究的缺漏，而且提出了从社会制度和社会文化互动的角度研究社会和谐发展的新路径，无疑具有抛砖引玉的意义。

---

① 李慧波：《北京市婚姻文化嬗变研究》，北京：社会科学文献出版社，2014 年版，第 404—405 页。

"第三届中国二十世纪婚姻·家庭·性别·性伦文化学术研讨会"综述

王　胜①

2013年3月9日，"第三届中国二十世纪婚姻·家庭·性别·性伦文化学术研讨会"在北京召开。本次会议由首都师范大学历史学院近现代社会文化史研究中心主办，首都师范大学社会科学处承办。来自天津、上海、西安、石家庄、沈阳、武汉、北京的20余名学者参加了此次研讨会。会议分四个单元，分别由首都师范大学的梁景和教授、河北师范大学的张志永教授、天津师范大学的杜芳琴教授与陕西师范大学的李继凯教授主持。本届讨论会的主题是中国近现代社会文化史研究的重要内容，主要集中在以下几个方面：

一、婚姻问题研究

此次会议关于婚姻问题的四篇论文，研究时段从清末民初一直延续到2011年，跨度比较大。袁熹和黄巍分别探讨了民国时期北京和东北地区民众的婚姻生活。辛亥革命后，随着反对封建专制制度、要求平等自由的启蒙运动的深入开展，特别是对封建婚姻的批判，北京市民的婚姻开始出现了新的变化，婚姻自由平等的风气开始形成。但是，落后的封建婚姻习俗并没有根除，因此这一时期的婚姻形态呈现出新旧并存的状态。而东北地区相对偏远，文明之风很难在短时间内影响到这些地区。所以，民初东北地区的婚姻问题多以传统为主，虽也融入了西方近代文明的元素，但从整体来看，女性在婚姻中仍处于被动地位，很难真正把握自己的幸福。

李慧波分析了新中国成立后十七年间北京市不同群体初婚年龄的特点：结婚年龄逐渐增大，而男女的婚龄差距却在逐渐缩小；在不同阶层的人群，初婚年龄也存在差异；制约婚龄的主要因素是国家政策、文化程度、职业状况和经济状况等社会条件。

杜芳琴于2011年8月对河南登封市耿庄村就婚居自由进行专题调研，探讨

---

①　王胜：河北省社会科学院历史所助理研究院

婚居变革对生育养老的影响。从该村坚持 27 年推动婚居变革的实践来看，尽管目前的婚居自由、公平对待的措施对计生、养老、家庭和谐、经济发展有积极意义，但与动摇父权制的根基还有相当大的距离，充其量是在刚性结构中增加一些弹性与空间，以解决实用性的家国之需。

二、文学作品中的女性形象研究

当代女性小说的婚恋书写，以女性的爱情、婚姻、家庭与事业为切入点，通过婚姻家庭日常生活和家族伦理叙事，发现了男女两性在多重生存空间里因性别观念的差异所造成的尖锐矛盾。王红旗以张洁、徐小斌、谌容、张辛欣、王海鸰等女性作家的作品为例，分析了当代女性家庭与事业双重角色的沉重负担，改变之艰难，认为其根本原因在于社会文化对封建男权传统的爱情婚姻家庭观念的集体无意识。因此，应该以性别平等为核心，以关爱伦理为灵魂，以和谐幸福为宗旨，建构当代家庭文化。

男性作家笔下的女性命运也是一个非常重要的议题。李继凯以鲁迅和莫言的小说叙事为例，指出，虽然二者女性观不同，生活的时代存在差异，但其对中国女性的命运状况却有相似的体认，即女性的爱情婚姻家庭与社会生产生活命运仍然无法由自我主宰，她们的命运仍然是男性视角下被他者化的一种命运状况。无论占有生产资料、参与公共劳动或接受教育与否，在男权依然是中国社会同一性与中心性的文化背景下，女性命运都很难有根本改观。

台湾女性小说通过书写当代台湾女性的独特经验，展现了女性借由身体进行主体建构的生命历程。李昂、朱天文、苏伟贞对"食、衣、色"的突破性书写，是其标志性文本。以这三位作者的作品为切入点，艾尤认为，从日常生活视角出发，通过对日常生活中女性身体经验的叙写和阐释，建立一个女性主义的日常生活性别叙事诗学体系，既有利于沟通、连接不同阶层女性的生存经验，又有利于女性文学创作超脱男性中心创作和批评观念的束缚，还能将性别解放真正落到实处，因为日常生活中的两性关系才是最普泛、也是最大的性别政治。

三、关于性伦的研究

性的商品化问题，是一个颇具争议的社会问题。高永平认为，人类不能容忍性的商品化的最深层次理由，是因为性行为是每一个人生命的滥觞，它应该是神圣的，也必须是神圣的。但是由于人类性行为具有生殖目的和快感目的相分离的特性，性在具有神圣性的同时也具有商品性。而神圣的东西和可以买卖的东西之间，却又存在着天然的对抗关系。人类置身于这样的纠结关系中间，我们对性的商品化的天然敌意，就是这一心理的外在体现。

视奸论是男权制对女性身体性消费形成的身奸论的扩展与延伸。佟玉洁通过分析艺术史中的女性形象和当代女艺术家对美术史视奸论中的男权话语强权的反讽和批判，指出，对于中国当代女艺术家来说，唯有认清和批判一切歧视与侮辱女性身体的话语形式，使自己成为具有独立意识与批判意识的政治工具学意义的身体。在建立了具有政治工具学意义的行为主体话语的同时，也是对社会维度中女性身体视奸论形成的最有力的批判。

四、清末民初与女性相关问题的研究

姜海龙以 1902—1910 年前后天津《大公报》对缠足之害的宣传为主线，透视了其背后道德话语、科学话语、民族主义话语等多种话语的交织。"缠足"在成为被讨论的"议题"的同时，也反过来造就了一种基于地方、指向国家、呈现于媒体之上的公共话语。但是，这种公共话语在相当程度上只是一种媒体话语，而非有极大效力的社会事实。

艾晶以民初司法统计年报为基础，分析了当时女性所处的经济困境和犯罪的趋势。民初女性解放运动高涨，女性因经济问题参与社会活动的机会增加。但社会动荡、经济不景气、大家庭逐渐解体等因素，使其难免遭遇经济困境而毫无出路，有人便会选择通过犯罪来获得最基本的生活需要。因此，民初女性犯罪出现经济化趋势。

秦方从时间和空间两个维度梳理了 20 世纪初期"女界"一词形成之过程。"女界"一直通过不断的否定来界定自己的主体和内涵，"女界"之界也始终处于一种不断调整和强化的过程中。在生理性别、启蒙与被启蒙的权力关系以及社会等级等多种因素的共同作用下，"女界"或许是一个意图包含全体女性的新概念，但是它却无法成为一个容纳全体女性的新世界。

五、关于其他问题的研究

20 世纪 20 至 40 年代基督教女青年会本土化过程中，实现了由"小姐会""太太会"到"民间去"的转型，从而使其社会形象呈现出矛盾与分离的图景。王丽认为，这种转型是近代中国社会背景使然。在民族国家迫切需要重建时，基督徒身份、性别身份和国际主义都让位于民族主义，女青年会成为中国历史上少有的能将各种阶层的女性组合在一起的组织。它催生了很多走向共产主义道路的女性，这与女青年会最初的设想是背离的。而这种背离，却在一定程度上与历史发展进程相契合，走向了当时中国发展之路的共同方向，有利于女青年会在复杂的历史时期延续下来。

张志永和王胜（河北省社科院）分别探讨了 20 世纪五六十年代河北省的计划

生育工作。新中国成立后，于1954年开始了计划生育工作，大致经历了个别节育指导、公开宣传节育知识和节制生育宣传运动三个阶段，初步改变了群众的生育观念，传播了避孕知识，在一定程度上减缓了人口增长速度。可惜大跃进运动兴起后，党和政府片面强调人的生产力属性，轻率地放弃了节制生育政策，致使我国丧失了计划生育工作的最佳战略机遇期。1963年，计划生育工作重新启动，措施以四术（放节育环、人工流产、男结扎、女结扎）为主，然初见成效即遭遇"文革"，计划生育工作再度中断。

姜进的《越剧的故事：从革命史到民族志》围绕1965年上海电影制片厂出品、谢晋导演的电影《舞台姐妹》（代表了共产党对越剧历史的叙事）和1998年上海越剧院出品的同名越剧舞台剧（揭示了越剧人对越剧及其历史的理解）展开叙述。这两种对越剧历史的不同叙述所关联的不只是越剧的历史，还给我们提供了一个思考中国近现代史的切入口。也许，中国近现代更为基本的历史过程并非在我们历史书写中占了主导地位的革命斗争，而是普通百姓所经历的由工业化、都市化带来的日常生活的转型。

中国社会文化史的研究已经迈进了一个新阶段，在进一步发展的时期内，深入思考和探索有关社会文化史的理论方法问题更显得十分重要，也是学术发展的内在要求。梁景和根据自己对社会文化史多年的研究心得，提出"常态与动态""生活与观念""碎片与整合""一元与多元""真实与建构"等五对概念，并对其进行了详细阐释，有助于社会文化史的深入研究和探索。

此次会议的最大亮点是对同一领域的跨学科对话。与会学者分别从史学、文学、法学、哲学、女性学以及艺术批评等角度对婚姻、家庭、性别、性伦等问题进行交流和探讨，会议气氛热烈、融洽，而又充满新鲜感。尤其是对性的商品化问题以及视奸论的探讨，使性伦领域的研究得到了进一步的深入和拓展。因此，不同学科之间多元视角、多元观点的并存与交锋，有助于拓展研究思路。

应注意的是，部分论文着重于梳理历史表象，在问题意识上不够明确，而且具有明显的社会科学化的倾向。这也是当前的中国近现代社会文化史研究存在的一个需要突破的瓶颈。因此，回归叙事史的写法，提升问题意识，注重建构"中层理论"，不露痕迹地借用其他学科的理论与方法，是研究中国近现代社会文化史需要着力拓展的方面。

首届"全国青年学者社会文化史理论与方法学术研究会"综述

徐晨光[①]

2013 年 9 月 21—22 日，由中国社会文化会研究会、首都师范大学历史学院中国近现代社会文化史研究中心联合主办的"首届全国青年学者社会文化史理论与方法"学术研讨会在北京举行。有来自海峡两岸 30 余所高校、科研院所，以及数家史学刊物和新闻媒体约八十余位代表参加。此次会议的目的，旨在为青年学者搭建学术交流平台，展现当代青年学者在社会文化史领域的研究成果，鼓励更多的年轻学者投身于社会文化史研究当中，为今后社会文化史的发展注入新鲜血液，从而推动中国社会文化史朝着更为深入、更为广阔的前景不断迈进。

本次会议由首都师范大学梁景和教授主持，我国著名历史学家耿云志先生作为中国现代文化学会会长在开幕式上致辞，刘志琴先生和李长莉先生在开幕式上致辞。几位史学前辈梳理了社会文化史的兴起、发展、机遇与挑战，以及该领域与西方新文化史的关联与区别。他们寄语青年学者，希冀通过跨学科对话、多种学术平台交流等方式，持续推动社会文化史的研究。本次会议的发言主体为科研院校的青年教师、研究人员和硕博学生，共提交 27 篇论文，主要围绕以下四个方面展开深入探讨：

一、社会文化史理论与方法的深入和反思

自 20 世纪 90 年代"社会文化史"学科概念提出以来，学者就对社会文化史的理论与方法进行不断的探索。20 余年间，对于社会文化史概念问题的研究逐渐走向深入与创新。首都师范大学副教授余华林对以往学界有关"社会文化史"概念问题的讨论进行了梳理，提出社会文化史的研究价值更多的在于视角或方法论层面，这就既需要对社会问题开展"观念史"的研究，也应在对"观念史"中的核心概念进行"概念史"清理的基础上，关注观念史的社会化研究。首都师范大学教授梁景和则提出"社会文化史"研究的一个新概念——"生活质量"，他从社会文化史的

---

① 徐晨光：首都师范大学历史学院博士研究生。

视角对"生活质量"的研究价值、方法和可行性进行了初步探讨。

在研究方法上，对多种资料的广泛运用与独特解读，是社会文化史研究逐步深化的重要特色。中华女子学院助理研究员李慧波通过对档案、报纸、杂志、文学作品、电影、戏剧、民谣、顺口溜、图片、影响资料、口述史资料等运用过程的具体展现，进而思考从史料本身来透视深刻的社会和政治内涵的方法与实践。首都师范大学博士生张弛认为"电影"之所以可以成为社会文化史的研究素材，在于"电影"可以为史学提供一种"社会—历史"的研究方法，而以"电影"为切入点来观察精英思想和底层回声的交流互动，则符合社会文化史的研究路径。进而，作者以民国儿童电影《小玩意》为例，采用"再解读"的文本分析方式，以细致入微的实证研究，来探讨电影在何种意义上成为社会文化史的研究素材。

"他山之石，可以攻玉"，社会文化史的理论与方法从来都是兼容并包的，借鉴其他研究的有益之处，可以挖掘和丰富社会文化史的研究深度与面向。潘宗亿和王宇英都关注到"记忆研究"对于社会文化史研究的实践意义。台湾东华大学专任助理教授潘宗亿以文化记忆的物质与空间基础的研究取向为指导，以"北京天安门广场"与"柏林浩劫纪念碑"为个案，还原了"记忆政治"对"物质与空间"的营造过程：前者是毛泽东关于中国革命论述语言的物质化结果，后者的建立则是两德统一后为重构国家认同基础而造成的政治结果。中国传媒大学副教授王宇英面对"文革"史料所带有的记忆特点，提议应在梳理记忆视野中的"文革"图景的基础上，尝试应用创伤记忆与社会记忆理论，通过对记忆与现场以及不同记忆进行考证与对比，从而获得对"文革"更为准确的历史认识。

蒋竹山和李二苓的研究都指向相关学术史的清理，以期为社会文化史的研究提供可资借鉴的研究视野与理论方法。台湾东华大学副教授蒋竹山通过对台湾重要史学刊物《新史学》自 1990 年创刊至 2000 年之前十年间所收录文章的研究，来探讨当代台湾史学文化转向的多态成果，以及受西方影响却又不同于西方的本土特色。中国人民大学博士生李二苓对中国近百年来"区域社会史"的研究成果进行追溯与反思，提出"区域社会史"本土化所应采取的立场与方法。

对历史书写与研究内容进行反思，将使"社会文化史"的研究更具深刻性与现实性。首都师范大学博士生董怀良提醒历史学家要摆脱"精英心态"，对社会文化史的研究不能仅停留在对抽象"民众"的表面关注，而是要"以人为本"，加深对"个人"的历史关怀，从而达到认同传统价值和改造思想倾向的深层意义。中国政法大学副教授黄东强调社会文化史研究必须注重"现代性问题"，这样不仅可以使历史与现实对接，以纠正新文化史研究之失，还可以给后人以历史启迪，从而趋利避害，改变心态。

二、文化史研究的再认识

近代知识分子的文化观念与社会实践是文化史研究的重要内容，以往学界对此研究易于陷入"传统"与"现代"二元对立的模式。刘春强、张立程、赵中亚、高波、郑国等人通过各自的研究，试图超越二元文化观，将知识分子的思想放回社会，以社会文化史的研究路径，来呈现知识分子文化观念与社会实践的多样化与复杂性。聊城大学讲师刘春强通过对陶希圣创办《食货》杂志过程的梳理，展现了陶希圣的传统经世思想和现代关怀，而这种"传统"与"现代"的并存，导致了他秉持中国历史特殊性之观念，与其译介具有普遍性的西方社会科学之行动二者间的冲突与矛盾。浙江大学副教授张立程的研究再现了黄炎培地缘网络的建构、维系、恢复的过程，以及黄炎培在由地缘网络所形成的"场域"中所展现出的社会能量，而这种地缘交往基本上仍是传统地缘关系的延续。山西大学中国社会史研究中心讲师赵中亚对晚清普通下层知识分子赵宏的西学认知与实践做出梳理，指出赵宏在"西学东渐"中所具有的意识自觉、主动参与及心态平和的独特质量。中国人民大学讲师高波就1919年年初张东荪与傅斯年等人关于新旧文化是否可以和平竞争的辩论，从争论过程与前后语境进行了考索，作者认为尽管此次辩论实为新派内部之间的新与新战，但张东荪主张新旧文化和平竞争的想法也不可能为傅斯年等人所接受。青岛市社科院副研究员郑国分析了灵学人物伍廷芳的思想变动与精神世界，展现了近代知识分子知识结构古今中西并行的特点，从而呈现出当时知识界对科学认知的多元与模糊。

社会文化史研究关注社会生活和观念形态之间的互动，对社会现象进行"文化史"解读是社会文化史研究的重要内容和取径，这也为文化史研究提供了更为广阔的学术视野。首都师范大学博士生王栋亮对学者潘光旦的"人文史观"进行梳理，并将之运用于近代婚姻变革研究之中，认为"人文史观"较之"唯物史观"能够更好地解释婚姻变革中新旧纷呈的现象及婚姻文化的走向。北京师范大学博士后湛晓白对西方星期制度在近代中国的引入、传播、流行、争议进行全方位的考察，展现了星期制度对中国民众休闲观念与模式的深刻影响。首都师范大学硕士生张菲考察了福建义序黄氏祠堂自古至今的功能变迁，展现了一个典型的被解构又被重构的祠堂形象，进而说明宗族在现代社会的角色变化。

三、女性研究的新视野

女性研究是社会文化史研究的重要内容，在此次会议中吕文浩、秦方和徐晨光所提交的三篇论文从新颖的研究视野出发，对近代"妇女解放"、女性身体与女学等学术问题进行重新解读，为社会文化史研究提供了新思路。中国社科院副研究员吕文浩梳理了潘光旦在民国时期有关妇女的论述及其所引发的争议，展示出近代"妇女解放"话语背后的另一种叙述。对保守的男性学者言论逻辑的具体分析，可以为我们规避简单化的历史叙事，从而呈现历史事实的多元面貌。首都师范大学讲师秦方以 1906 年吕美荪电车事故为个案，将近代女性身体分别置于西方现代性的移植、近代女学之兴起与女性的自我叙述三种不同视角之中进行解读，进而呈现出中国现代性所具有的流动性和不稳定性意义。首都师范大学博士生徐晨光通过分析近代知识分子有关"兴女学"的具体论述，阐明了近代中国"女子宜习医"思潮兴起过程中的社会诉求与家庭诉求，以及与此相关的设计构想，理清了近代女性医学话语与实践的历史发展。

四、国家的社会管理与文化保护

在社会文化史研究中，向来重视国家与社会的互动，尤其关注近代国家对社会的渗透、干预与管理；当代文化保护研究亦借用社会文化史的研究路径，着重分析国家在保护文化方面的角色与举措。河南大学教授段自成通过论述清代乡约类型的多样化和乡约政策的地域特点，来思考清代乡约教化的复杂性。黑龙江大学副教授魏影考察了清末民初黑龙江移民社会保障的具体内容、过程与效果。在各种移民政策有效实施的情况下，关内农民大量移至黑龙江，改变了黑龙江地区长期封闭落后的状态，有利于减少内乱和实边固防。天津社科院助理研究员丁芮考察了北洋政府时期北京警察对传染病的防治，研究表明近代公共卫生事务管理逐步走向正规化，国家权力得以对民众和社会生活进行深入控制。与此同时，作者认为警察机构兼管公共卫生职能实为过渡时期的特殊举措。太原科技大学副教授刘荣臻梳理了南京国民政府前期北京官方社会救助在救助机构、救助制度、救助举措等层面的变革，作者指明北京社会救助充分体现出注重实效、管理规范、举措创新等多元面向。河北省社科院助理研究员王胜以河北省为个案，考察了1958—1963 年中国最大一次伤寒疫情时期的政府应对问题。当时中央政府对伤寒疫情的忽视，致使卫生政策和相关制度出现滞后问题，从而导致地方政府的防疫效果大打折扣，也给地方经济发展和民众生命健康造成损失。北京市委党校讲师蔡杨在梳理乡村文化保护现状与经验的基础上，提出当前乡村文化保护与发展面临的问题，以及进一步依靠国家发展的对策建议。

"第四届中国二十世纪婚姻、家庭、性别、性伦文化学术研讨会"综述

李志成 [①]

2014年3月7—8日，由中国社会文化研究会主办，首都师范大学历史学院中国近现代社会文化研究中心与首都师范大学社会科学处联合承办的"第四届中国二十世纪婚姻、家庭、性别、性伦文化学术研讨会"在北京召开。国内20余所高校、科研院所及相关机构的40余位研究人员代表参加了本次会议。与会代表分别从历史学、社会学、法学、伦理学、政治学、教育学、文学等学科对近代以来中国婚姻、家庭、性别、性伦文化进行了深刻热烈的学术探讨。本次会议共收到论文23篇，主要围绕以下方面进行探讨：

一、婚姻、家庭研究

本次研讨会涉及的婚姻家庭问题主要包括婚恋、婚育习俗和婚姻家庭法律等方面。中山大学胡雪莲副教授选取了陈济棠主粤期间广州《越华报》《国华报》等商业报纸为研究对象，检视它们据以赢得最大读者量的社会新闻是如何报道女性追求自由婚姻事件的。认为负面报道比正面报道更具有吸引力，指出父母主婚基础上之女儿意愿的正当性，这种尊重父母与女儿的双重意愿的做法，是婚姻自由在中国社会生活实践中的一种诠释。

山西省社会科学院陕劲松研究员认为，山西婚俗是历史上长期多民族文化互动下的产物，并且与当地的地理环境相关联，是农耕文明与游牧文明长期互相交流融合的产物。陕西师范大学郭海文副教授以"陕西省周至县老县城村育俗文化调查研究"为主题，采用口述史的研究方法，对陕西省周至县老县城村生育观念、生育习俗进行了深入的调查和研究，分析得出了该村不同年龄段妇女育俗观念差异，以及现代科学孕育方式影响下，出现孕妇缺乏运动、营养过剩，以及剖腹产增多等新生育问题。

上海大学刘长林教授以学术界较少使用的《新民报》《文汇报》等上海本地报刊

---

① 李志成：首都师范大学历史学院博士研究生。

资料对因婚自杀的报道为研究对象，探讨了这一时期因婚自杀问题中政府政策、民众干部的作用以及报刊的报道策略。三峡大学潘大礼老师以法律社会史为路径，对南京国民政府时期的湖北重婚问题进行了研究，并考察了重婚与家庭、社会的互动关系。

黑龙江大学王歌雅教授认为，离婚债务清偿，既关涉离婚当事人的权益保障和债权人的债权实现，也关乎社会诚信风尚的确立与社会伦理关怀的推进。中南民族大学尹旦萍教授从女性主义理论及《解释(三)》颁布实施两年多的实践两个方面，对《解释(三)》涉及的性别问题进行了探讨。

二、女性史研究

郑州大学郑永福教授、吕美颐教授对中国近代妇女史研究进行了系统的梳理和分析，在研究理论、研究方法、研究范例、研究视野以及史料方面为女性史进一步研究提供了借鉴和思路。首都师范大学余华林副教授以 2000 至 2013 年以来大陆妇女史研究成果为对象，概括了其呈现的两大特点：内容趋于深入和广泛、"妇女史—社会性别史"研究渐入主流，同时分析了整体研究的三点不足：一是对于妇女史中的一些基本概念缺乏深入细致的分析；二是性别视角中的男性群体缺乏关注；三是性别研究中使用的分析工具盒范畴略显简单。

不同历史时期，社会制度和文化对女性身体在起着巨大的"规训"作用。中国人民大学杨剑利副教授对人们耳熟能详的性别规训与儒家政教体系之间的关联做了分析，认为儒家性别体系是儒家政教体系的一个子系统。谈论儒家性别体系的稳定性和延续性需要超越性别视域。

首都师范大学秦方老师以吕碧城为个案研究对象，从晚清女性公共形象的制造与传播的角度，探讨了"擅旧词华，具新理想"的吕碧城形象的制造与传播过程，展现了晚清时代背景下女性新形象塑造与传统才女文化认同之间的矛盾与妥协。

三、性别研究

性别研究是本次会议的一个热点，相关发言主要包括女性教育、性别平等的法律保护、女性福利等几个方面。西南大学黄湘金副教授研究了癸卯学制与晚清女子教育的关系，指出这一时期女学教育制度研究应注意晚清学务部门行政力量的有限以及关涉女学具体人事两方面因素。

华东理工大学何玮副教授《近代日本女子教育思想的形成及实践——兼论与中国之比较》一文认为，日本在近代化过程中，近代女子教育经历了盲目追随欧美和确立中西合璧式贤妻良母女子教育两个阶段。并对明治时期著名女子教育家——下田歌子的女子教育思想和实践进行了探讨。认为，"务实性""妥协性""国家至上主义的局限性"是近代日本女子教育推进历程中的重要特点。为我们思考和理解后发型近代国家的"近代性"问题开启了新的思想空间。

华中师范大学娜仁图雅老师以宪法、教育法和妇女权益保护法为基础，从静态的角度探讨了中国学校教育中性别平等的法律保护问题。目前法律对性别平等的规定还处于一种理念或原则宣示阶段，在责任主体、保障实施、法律后果等方面尚缺乏明确规定。在探讨我国学校教育中的性别平等问题时，要考虑到学校教育现状及相关法律执行情况。

郑州大学蒋美华教授以郑州市农村外出务工女性福利获得为调查研究对象，从"包容性增长"角度细化分析了当代农村外出务工女性福利获得的具体问题。认为，包容性增长要求在经济增长过程中能够做到机会的平等。不仅需要政府发挥主导作用，而且需要外出务工女性发挥主体地位，需要从微观、中观、宏观多维层面入手。

四、性伦文化研究

聊城大学历史文化学院罗衍军副教授以"拯救与抵制：20 世纪 30 年代的杭州废娼运动与社会反应"为题，探讨了 20 世纪 30 年代初期杭州废娼运动前后的各方反应。他肯定了在中国民党各级党部指导下的 20 世纪 30 年代初期杭州废娼运动对娼妓和贫困女性的救助，在改变娼妓困境、提高女权方面具有一定作用，表达了新政权力图展现自身现代化建设者、代表者的意图，同时指出杭州新政权对娼妓救助的同时，又一定程度上限制了包括娼妓在内的更为广大女性的经济和人身自由，救助规模的有限与庞大数量娼妓之间的矛盾，让娼妓回归家庭的措施以及对私娼的很少顾及等，使这次废娼运动反而恶化了娼妓的生存条件。

北京林业大学硕士研究生董晓莹采用质的研究方法，对三个同性伴侣暴力的个案进行了分析，认为同性伴侣暴力的本质是权力和控制，建议社会各界应给予重视，希望尽快出台反家暴法律并将同性亲密伴侣暴力纳入受保障范围，并希望建立和资助更多非政府组织为受暴者和施暴者提供心理辅导和相应的帮助。

华东师范大学社会科学部讲师侯艳兴从性与性别的角度对 1928 年余美颜自杀事件进行了探析。她指出余美颜的自杀式传统社会性别权力在其身上施予的最高暴力。

总之，本次研讨会是不同学科和专业背景的学者思想的碰撞和交汇，这种学科多领域的交流和探讨进一步深化了对婚姻、家庭、性别、性伦文化的研究。

"第三届中国近现代社会文化史
国际学术研讨会"综述

武　婵[①]

2014 年 9 月 19 日至 20 日，由中国社会文化研究会和首都师范大学历史学院中国近现代社会文化史研究中心联合主办，首都师范大学社会科学处承办的"第三届中国近现代社会文化史国际学术研讨会"在北京举行，来自中国社会科学院、中国人民大学、中国政法大学、北京师范大学、南开大学、湖北大学、日本铃鹿国际大学、日本立命馆大学、中华女子学院、首都师范大学、中国政协文史馆、《光明日报》理论部史学版、社会科学文献出版社等 19 个海内外高校和科研机构的学者和列席代表 60 余人参加会议。会议提交论文 21 篇，主要围绕"社会文化"这一主题，就社会文化史研究的新理念新方法、社会生活、民俗礼俗、婚姻家庭、性别性伦、医疗卫生与民国时期基层社会转型中的教育、司法等问题展开热烈讨论。

一、社会文化史研究的新理念·新方法

首都师范大学历史学院梁景和教授近年来注重社会文化史研究的理论探索，并发表相关论文，例如：《社会生活：社会文化史研究中的一个重要概念》(《河北学刊》，2009 年 03 期)、《关于社会文化史的几个问题》(《山西师范大学学报》，2010 年 01 期)、《关于社会文化史的几对概念》(《晋阳学刊》，2012 年 03 期)，并主编出版了《中国社会文化史的理论与实践》(社会科学文献出版社，2010 年 5 月)，该书是对过去二十年(1989—2009 年)中国大陆社会文化史研究的回顾与总结，是史学界第一部有关社会文化史理论研究的著作。他为这次会议提交的《生活质量：社会文化史研究的新维度》，从历史学本体出发，提出了社会文化史理论研究的一个新理念，即把生活质量作为社会文化史研究的一个新维度，进一步探索为什么要从历史学角度来研究生活质量，关于生活质量主要研究哪些内容和问题，怎样进行研究。梁教授认为：所谓生活质量是指人们客观生活的实际状况

---

①　武婵：首都师范大学历史学院博士研究生。

以及对生活的满意程度，研究生活质量具有重要的意义和价值。在此基础上，梁教授追溯了生活质量研究的学术承续，探讨了生活质量的研究内容，详细介绍了宏观微观、综合分析、理论命题、史料提炼、相互比较和感受想象六种研究方法，并且指出：这六种研究方法是你中有我，我中有你的辩证关系，在运用上是多维交叉同步进行的，这种辩证关系不但是研究生活质量的一种思维方式，同样也是研究生活质量的一种研究方法，因为如何看待和评价生活质量的本身具有错综的复杂性，生活质量的优劣高低是会发展变化或是彼此相互生发的。文章对于拓展社会文化史研究的新领域和新视角具有重要的理论贡献，可以说是社会文化史理论探索的又一重大突破。

中华女子学院李慧波老师的《追求大历史与个体生命的融合——社会文化史研究方法探析》一文，聚焦于共和国成立初期乡村女教师的职业生涯，运用生命历程分析框架探究了共和国成立之初乡村女教师群体的职业进入，流动与变化的路径及其影响因素。作者认为，在乡村女教师的职业生涯中，个人、组织与环境纠结在一起发挥着错综复杂的作用。文章最重要的特征是作者创新性地提出将生命历程的概念引入社会文化史研究，进而将人的主观能动性、历史时空观、生活时机及相互关联的生活与个体的生命历程发展联系起来的研究方法，这一方法在研究某些特定团体、人群、个体方面必将发挥重要的作用。

劳动作为人类社会生活最重要的一部分，近年来也引起了学者们的重视。缘起于欧洲的一种新的史学流派——劳动史，渐渐进入国内学者们的视野。湖北大学郭莹教授在本次会议上提交的《论劳动史研究的新视角》，就是以汉冶萍档案研究为例，从劳动史视角出发对汉冶萍公司的劳动者群体和劳动制度展开深入研究，这是以往政治斗争史和工运史所无法触及的，劳动史不同于传统的生产史或者技术史注重生产过程以及技术分析的路径，劳动史更强调对人的关注，注重对社会层面的分析，这种新的研究视角不仅具有填补以往汉冶萍研究空白的重要作用，最重要的是作为一种新的研究视角，必将进一步拓展社会文化史的研究领域。

二、婚姻·恋爱·性别·性伦的视角

婚姻、恋爱、性别、性伦等问题作为社会文化史研究的重要领域，受到了研究者的广泛关注，是社会文化史中研究最深入、成果最丰富的一个领域，也是本次会议的一个主要议题。

南开大学历史学院江沛教授的《华北根据地"妻休夫"现象评析》一文，以20世纪40年代在华北根据地出现的"由女性主动提出"为特征的"妻休夫"离婚现象为研究对象，力图跳出传统的"压迫——解放"框架，从传统、革命、性别三个视阈切入，将各根据地的乡村女性存在、婚姻与情感的多重考察与乡村传统、民族战争与革命的时代背景相结合，力求客观阐释华北根据地女性婚姻变革及妇女解放的实态与意义，并进一步探讨了这一婚姻现象的曲折过程及与民族战争、政治变革、进行性别解放等相互纠缠的复杂关系。

首都师范大学历史学院余华林副教授的《婚姻与贞操：五四前后知识界的贞操观》，梳理了五四前后知识分子对贞操观念、贞操与婚姻、贞操与恋爱的相互关系等问题展开论战的大致脉络，理清了五四前后知识界贞操观的演进理路，说明了在婚姻自由、恋爱自由的舆论氛围中，知识界在大力批判传统贞操观的基础上，先是将贞操与婚姻问题相联系，强调维护夫妻之间的贞操；进而将贞操问题扩展到婚姻以外，强调对于恋人保持贞操；最后将贞操的人身依附性完全去除，仅仅将贞操与爱情相联系，这种仅仅与爱情相联系的贞操观念，不仅对当时知识青年的实际生活产生了巨大的影响，其余波也一直延至后世。

首都师范大学历史学院博士生王栋亮的文章是《民国时期知识女性婚姻的"五宗罪"》，作者选择了在五四新文化运动中，相对于顺应潮流，勇于变革婚姻的少数知识女性外，那些大部分的"其他女性"为研究对象，尝试以她们的婚恋状况为切入点，从五个方面剖析其在婚姻问题上的社会心理状态，进而提出：为什么她们的婚恋观念与思想界宣传倡导的理念相差甚远呢？由此判断思想启蒙对社会的影响力度及对婚姻变革产生的影响。文章论点鲜明，条理清晰，最终说明了五四新文化运动虽然给青年们送来了新理念，但并没有形成一套完整的文化价值体系来替代传统文化体系，国民性改造因缺乏操作性而难以完成，女性仍没有摆脱传统的精神依附乃至克服自身的弱点，如果仍以传统文化心理做基础，那么女性的婚姻解放绝不是仅仅靠独立意识觉醒、经济独立就能完成。因为，女性自身的问题不仅仅是女性问题，更是社会问题。

首都师范大学历史学院博士生董怀良的《改革开放后中国同性恋现象变迁研究（1978—2001）》一文，详细梳理了1978年至2001年间同性恋现象的变迁过程，认为这一时期，政府、社会对同性恋的态度发生了缓慢而艰难的解冻过程，逐渐走向了人性化的方向，同性恋者对自身特征、性别权力的认识也更加深刻。尽管如此，政府并未在法律上承认同性恋与同性婚姻的合法性，大部分人也并未改变对同性恋"污名化"的观念，仍为社会伦理和道德规范所不容，二者直接加重了同性恋者的思想束缚，因此，社会充分尊重人性、尊重人权、尊重多元选择氛围的形成是改善同性恋生存状态的关键，一旦这种氛围形成，同性恋者会更加自信的认知自身，也能促进政府采取更加人性化的政策。

首都师范大学历史学院博士生廖熹晨在《人民共和国初期的性教育（1949—1966）》一文中，具体论述了人民共和国初期（1949—1966）的性教育，梳理了

1949—1966十七年间国内性教育的观点，对期间性教育的具体实践情况进行了整理和阐述，作者认为，在这十七年间，尽管家庭和学校中对性教育的关照相对缺失，社会性教育的具体内容受到知识认知和观念的局限，但是性教育开始由民国时期的城市精英教育走向了一般民众的健康常识教育，对于农村群众的性教育关注有所增强，这样的趋势有进步的历史意义。

首都师范大学历史学院博士生张弛的论文是《气枪与娃娃：民国时期玩具文化中的性别议题》，文章选题新颖有趣，作者运用形象丰富的图像资料向读者再现了民国时期儿童与玩具的生动画面，并从性别视角出发对民国时期的儿童玩具进行了深入分析，通过检视有关性别议题的玩具话语、广告和真实生活，关注那些似乎和固有的玩具分配模式相悖的有趣现象，对男性和女性特质是如何通过玩具这一客体影响并建构儿童主体的生理和现实的问题进行了研究和判断。

三、社会生活与民俗礼俗

日本立命馆大学杉本史子老师的《民国时期留日女学生的留学生活》一文，以奈良女子大学研究班对民国时期留日归国女生的职业形成和经历所做的相关社会调查为基础，将民国时期留日女学生的具体生活划分为三个主题：留学生的语言问题、留学生的宿舍生活、留学生的恋爱问题，分别从这三个方面对奈良女子高等师范学校中国留学生的生活进行了介绍，并加以分析。作者从学生个体入手，运用丰富的史料描绘了留日女学生在异国他乡的生活，展现了一幅丰富多彩的留学生的生活画面。

中国人民大学历史系何黎萍副教授的《试析抗战时期后方女工的流动问题》一文，作者就抗战时期后方（国统区）女工的流动问题进行了探讨。文章从女工的地域流动、工厂之间的流动、女工职位升迁导致的工作中上下流动、女工改行的流动、女工失业的流动这五个方面对女工流动的背景、原因、具体过程、影响和意义等做了详细的分析，不仅深化了对抗战时期女工生活、工作状况的认识，而且介绍了战时整个工人、社会、工业生产的情况，从而弥补了学术界在这方面研究的不足。

"问君祖籍在何方，胡广麻城孝感乡"，对于移民史专家研究的这个重点问题，湖北大学历史文化学院周积明教授提交的《"麻城孝感乡"历史记忆中的移民心态与策略》一文，试图转换视角，将关注点转到"麻城孝感乡"的历史记忆中，关注"人们以为发生过什么样的事"，其移民心态背后，又隐藏有什么样的历史内容，在此过程中，移民们如何运用文化策略，提升自己的社会地位，取得主流文化的标记，建立自己的身份认同。作者认为：只有进入这一层面，有关"麻城孝感乡"的移民史才能真正的丰满和真实起来。

庙会和"皇会"作为人类学和民俗学研究的热点问题之一，近年来也引起了社会史学者的诸多关注。首都师范大学历史学院韩晓莉副教授的《被延续与被改造的传统》一文，以1937—1949年华北根据地、解放区的乡村庙会为研究对象，考察了革命政权改造下，庙会对乡村社会的意义变化，进而以庙会为中介关注共产党领导的革命政权与乡村社会之间的互动关系。中国社会科学院近代史研究所助理研究员李俊领的《从妙峰山看晚清礼俗教化的变迁》，对妙峰山这一民俗学研究的领域进行了历史学的考察，从教化的角度，讨论了妙峰山信仰礼俗如何影响晚清朝野上下的日常生活，进而透视了晚清官民共营共享的神灵信仰教化与社会生活的互动机制及背后的文化观念。

四、医疗卫生：社会文化史研究的新领域

社会文化史是研究社会生活与其内在观念形态之间相互关系的历史，医疗卫生作为人类社会生活最重要的一个内容，是医疗卫生史研究的对象。目前，从社会文化史角度对医疗卫生问题进行的研究有其独特的学术意义。参加会议的几位青年学者，创新性地从社会文化史角度，对晚清、民国等时期的医疗卫生问题进行了个案研究，不仅开拓了社会文化史研究的新领域，而且深化了医疗卫生史的研究。

近代以来，随着西医新法的输入，作为几千年传统中国生育中的主要助产者，旧式产婆及其代表的接生法，在近代受到了西医洋术的冲击和挑战。淮北师范大学历史与社会学院朱梅光副教授的《取缔抑或养成：近代国人关于旧式产婆出路之争》，以近代国人对旧式产婆的出路之争为切入点，对近代产婆的主体身份构成与职业习惯、对于产婆取缔和改良的论战等相关问题进行了考察。鸦片战争后，由于自身的局限和与非科学，她们日益成为时人批判与取缔的对象。但牢固的社会信仰与新式产科人才培养的迟滞，使得她们注定的命运又发生了新的转变。由取缔到养成，由淘汰到改良，在分娩医疗化和国家化的趋势下，她们又逐步纳入正规的助产职业教育的行列中，从而成为近代妇婴卫生得以推行的一支重要力量，并且在共和国后很长一段时间被继承和保留下来，对共和国妇婴卫生的改良，发挥了相当重要的作用。首都师范大学历史学院博士生徐晨光的《晚清美以美会北京医疗活动述论》一文，以北京同仁医院的建立、管理与活动为中心，梳理了晚清美以美会在北京所从事的福音传教、医疗救治与医学教育等工作，并指出这些都得益于晚清独特的社会背景、西医先进的医疗水平与完善的管理制度，从而透视出"西学东渐"对晚清北京所带来的历史影响。

河南师范大学政治与管理科学学院李洪河教授提交的《抗日根据地的医疗卫生展览会研究》，将目前史学界鲜有涉及的根据地医疗卫生展览会作为一个整体

进行个案研究，以抗日根据地的医疗卫生生态为背景，理清了根据地医疗卫生展览会的发展脉络，分析了展览会举办中的社会动员及其所带来的较为深刻的社会影响。无独有偶，来自北京联合大学应用文理学院历史文博系李自典老师提交的《新中国成立初期的卫生宣传教育》一文，也提到了医疗卫生展览会的问题，可见抗战时期的这种宣传方式被保留到了新中国之后，所不同的是，新中国之后的卫生宣传教育形式更加丰富多彩。作者以北京市为例，介绍了新中国成立初期，北京市通过多种形式展开的卫生宣传教育工作，向民众介绍卫生工作的方针政策，普及卫生常识，民众卫生观念、生活习惯等随之改变，社会效果明显。

五、民国社会转型中的教育与司法问题

陆军大学是民国时期中国培养军事人才方面的最高学府，但是，大陆学术界在这方面的研究屈指可数。日本铃鹿国际大学细井和彦教授的论文是《试论国名当政权下选拔陆大学院制度》，作者在介绍了陆大成立发展的背景和概况之后，从法规和制度方面分析了陆大学院的招聘方式，并通过真实的陆大学院回忆录进一步整理了陆大考试情形，填补了以往对陆大研究中的不足。

北京师范大学历史学院朱汉国教授的《民国时期华北乡村教育的转型与困境》，从乡村教育所包含的办学理念、办学机构、课程设置、师资问题、经费问题等方面系统地考察了民国年间华北乡村教育由旧式教育向新式教育转型的表象、内容及困境，指出华北乡村教育由旧式教育真正转向现代意义的新式教育是在民国时期，并对如何发展乡村教育这一重要问题，从思想观念、乡村经济、师资力量等方面做了思考，凸显了乡村教育的重要意义。

中国社会科学院近代史所唐仕春副研究员提交的论文《北洋时期基层司法经费的来源与分配》，以基层档案、地方志等为主要资料分析了北洋时期基层司法经费的来源、支取与分配，进而讨论了它与司法制度变迁的关系。作者认为：在北洋时期由于国家财政困难，采取由地方行政机关筹措司法经费，以司法收入补充司法经费，进而维持司法运作，这种选择实属无奈，也带来了许多不良后果。

经过会议紧张地讨论，取得了预期的效果。一些新理念的提出、新方法的运用和新领域的探索，将进一步推进中外学界对中国近现代社会文化史的关注和深入研究。